第一屆「生命實踐」

學術研討會論文集

華梵大學中國文學系◎主編

第一屆「生命實踐」學術研討會論文集

目 錄

學理探討

心得分享與回饋

迴響

宗旨與緣起

自 1949 年以來，中文系在台灣的發展，已逾五十年之久。然對一門學科而言，五十年尚稱少壯。五、六〇年代，中文學界榛莽初闢，研究成果並未彰顯。七〇年代以後，學術研究逐漸強化。八〇年代以來的中文學界，學術性格十分強烈，學術研討會如雨後春筍般不斷舉辦，學者無不傾注所有心力從事學科分化後的中國文化研究。

然而，學術研究蓬勃發展之際，難免出現學問工具化之流弊。八〇年代的台灣社會，又適逢解嚴之後，從立足於台灣的「中國文化」情懷，轉而出現「台灣文化」情結，傳統中文系在科際整合中，分化出「台灣文學系」、「應用中文系」等學門。中文學界面對「本土化思潮」及「現代化應用」之衝擊，學術研究導向於政治化與應用化。究竟「中文系」的定位為何？眾說紛紜，莫衷一是。為貞定傳統中國文化精神，扭轉學問工具化之風氣，華梵大學中文系籌備舉辦第一屆「生命實踐」學術研討會，重新思考中國學問之本質──生命實踐。

本系秉持著「覺之教育」的創校理念，自設系以來，即以「生命實踐」為創系宗旨，九年來在全系師生共同努力下，對生命學問之探研與教學，深有所感。故思進一步結合國內致力於「生命實踐」課題之同道，共同研討生命實踐之義理與心得，以開創生命實踐之風氣。

本研討會舉辦之形式分為兩大類：

㈠「生命實踐」學理探討：

以論文發表形式，對中國以「生命實踐」的學問為特質，作學理之探究。

㈡「生命實踐」心得分享與回饋：

以專題演講之形式，邀請長期關注中國「生命實踐」之學的學者，作具體實踐的心得分享與回饋。

在「生命實踐」的主題之下，第一屆的子題為「中華文化的生命觀」，分別由儒、釋、道義理思想，以及哲學、文學、美學等學科角度，釐清中華文化各層面對生命之看法。由本屆子題「中華文化的生命觀」，可開展出「生命本質取向」、「生命教育原理」、「生命終極價值」、「生命實踐型態」等系列議題。第一屆為嘗試性質，其成效均可作為未來舉辦之參考。

本研討會之舉辦，期盼能深化生命實踐之學理及心得分享，讓校園內的中國文學及中國文化教學，除了知識性的傳授之外，更能多一分對生命的體悟與醒覺。倘能結合對生命實踐有深刻思考，以及熱烈嚮往之同道，真實地傳遞彼此的心情，讓生命實踐的種子，在你我心中萌發，則是本系衷心期盼的願望。

第一屆「生命實踐」學術研討會議程表

（一）論文宣讀

九 十 一 年 三 月 九 日 （ 星 期 六 ）			
時　間	主 持 人	發表人	論　文　題　目
08：30 ｜ 09：00 報　　　　到			
09：00 ｜ 09：20 開幕式及 創辦人致歡迎詞	林素玟 主 任	創辦人曉雲導師 馬遜校長	
09：20 ｜ 10：50 論文宣讀與討論 （一） 論文宣讀與討論 （二）	周春塘 教 授	高 柏 園 鄭 錠 堅	生命實踐的理論性與實踐性 做夢與說謊──論修行之道的 虛妄與真實
		林 素 玟 林 碧 玲	原型之人──先秦哲人對生命 型態的終極嚮往 《詩經‧周頌》的生命觀
10：50 ｜ 11：10	茶　　　　　　　敘		

時間	主持人	發表人	論文題目
11：10 — 12：15 論文宣讀與討論 （三）	高柏園　教授	吳冠宏	支配與觀照——解讀老子思想的生命反思
		邱棨鐍	莊子對性命之體悟與道德實踐
		曾文瑩	論船山易學與道德生活的開展
12：15 — 13：40	午　　　　餐		
13：40 — 15：10 論文宣讀與討論 （四）	吳冠宏　副教授	許宗興	寂滅與普照——談《圓覺經》的佛性論
		陳秀慧	地藏願行對生命實踐的啓示
		王惠雯	理想的生命實踐——以「菩薩戒」的自律精神爲基礎之探討
		胡健財	《楞嚴經》「二十五圓通」述義
15：10 — 15：30	茶　　　　敘		
15：30 — 16：15 論文宣讀與討論 （五）	邱棨鐍　教授	王隆升	苦難與超越——由〈定風波〉一詞談蘇東坡的生命抉擇與意境
		侯迺慧	迷失與回歸——《紅樓夢》空幻主題與寶玉的生命省思和實踐

	16：15 — 16：30	閉　　幕　　式

（二）心得分享與回饋

<table>
<tr><td colspan="4" align="center">九十一年三月十日（星期日）</td></tr>
<tr><td>時　　間</td><td>引　言　人</td><td>主　講　人</td><td>主　　題</td></tr>
<tr>
<td>09：00
—
10：30
心得分享與回饋
（一）</td>
<td>林素玟　副教授</td>
<td>王鎮華　副教授</td>
<td>生命的澄清，主體的建立</td>
</tr>
<tr>
<td>10：30
—
10：45</td>
<td colspan="2" align="center">茶</td>
<td align="center">敘</td>
</tr>
<tr>
<td>10：45
—
12：15
心得分享與回饋
（二）</td>
<td>曾昭旭　教　授</td>
<td>王邦雄　教　授</td>
<td>一命二運三緣份──老子《道德經》的人生智慧</td>
</tr>
<tr>
<td>12：15
—
13：30</td>
<td colspan="2" align="center">午</td>
<td align="center">餐</td>
</tr>
<tr>
<td>13：30
—
15：00
心得分享與回饋
（三）</td>
<td>王邦雄　教　授</td>
<td>曾昭旭　教　授</td>
<td>六十自述──我的成長體驗</td>
</tr>
<tr>
<td>15：00
—
15：20</td>
<td colspan="2" align="center">茶</td>
<td align="center">敘</td>
</tr>
</table>

15：20 ｜ 16：50 心得分享與回饋 （四）	許宗興　副教授	鄭振煌　教　授	生命的機轉與昇華
16：50 ｜ 17：00	閉　　幕　　式		

學 理 探 討

生命實踐的理論性與實踐性

高柏園
【淡江大學中國文學系專任教授】

中文摘要：

　　生命基本上乃是在時間中展開，因而亦必然呈現出種種活動與歷程。然而，一般之活動與歷程並不等同於「實踐」，必須有一主體之自覺與努力，方可謂之實踐，如是而有生命之實踐。

　　生命之實踐乃人類普遍之活動，唯中國哲學發展之初機乃是針對生命自身之實踐與實現而發，此所謂生命的學問，實踐的哲學。中國哲學在此誠有其特有之心得與表現。

　　生命實踐誠然是實踐的，然而種種之實踐方式與內容，卻也顯示出實踐的不同問題及其對份之道。當吾人對此種種加以自覺思考、反省，即可構成生命實踐之理論性。此中實踐性無論在發生及價值上，皆較理論性為優先。同時，實踐性與理論性也是互補互動的，此乃是回應人的歷史性。至於實踐的理論性問題頗多，本文試圖以一承繼性之形式展示之，並嘗試理出初步之解決方法。而諸如義命對揚、變化氣質、有限與無限等問題，將是主要之參考線索。

關鍵詞：

　　生命的學問、實踐性、德性主體、認知主體、理論性、優先

一、問題的提出

　　人的生命乃在通過時間空間而展開的一段存在歷程，人除非不存在，否則一定是在一活動中存在，因而實踐似乎是必然的事實。然而事實並非如此，例如許多生物亦同樣是在時間空間中展開其存在的歷程，但是我們並不會認為牠們有所謂的「生命實踐」。因此，我們在此首先應該區分「生命活動」與「生命實踐」之區別。凡是生物存在於一定的時間與空間之中，因而亦必有其相應的「生命活動」，但是這樣的生命活動不必然具有充分的自覺，因而只是「活動」而不必是「實踐」。易言之，生命活動只是一生物學之事實，此中不必涉及價值及自覺；至於「生命實踐」則不能僅止於生物之活動，而必須預設充分之價值自覺，如此方有所謂「實踐性」。此義既明，則吾人便能回應一種因誤解而來的質疑，亦即認為人生處處是活動，是以又何必再談實踐？此中之誤解主要即在其未能清楚區分「活動」與「實踐」之差別。就此而言，則所有人皆有生命活動，但並非所有人皆有生命實踐，而有生命實踐者則又因其實踐工夫之深淺而呈現出不同之境界與層次。即就此種種不同之境界與層次，便可有種種論與種種說，由是即由生命實踐之實踐內容轉出其中之理論性。生命實踐之理論性是後天的而非先天的，是對生命實踐之種種內容加以後設之反省而後有之種種說。今生命實踐是一，然其實踐之發動者則有種種之差別，而其發動者之存在背景亦各有不同，再加上發動者對此實踐內容之感受與體悟亦有不同，是以生命實踐之理論性便呈現出十分多元而豐富的面貌。本文的主要目標，便是試圖說明

生命實踐的理論性與實踐性間之關係。筆者認為，生命實踐的理論性與實踐性間，有著優先次第之關係，亦有著互補、背反的辯證關係。同時，此問題之澄清可以有助對哲學史中之某些爭論提供平議之標準，也可以為現代社會提供有意義之參考。

二、生命實踐的理論性

㈠ 根據問題

　　一如前論，人生而即在一活動中展開其存在，由是而有生命之活動與歷程，此為一必然的分析命題之內容。然而，從生命活動到生命實踐，此中似乎並非是必然的，而有賴人的自覺與反省。唯有當人開始有價值自覺與反省之時，人才由活動轉為實踐，由一實然之事實轉化為一具價值與意義的創造。更進一步，則由生命實踐而有種種對生命實踐之反省與言說，亦即有種種生命實踐之理論則又是另一層之發展，此中之發展亦不具必然性。蓋某人可以有生命活動而不必具有生命實踐，而且也可能具生命活動與實踐，卻不必有生命實踐之相關理論之理解。此中，生命活動至生命實踐，生命實踐至其相關理論之提出，這二個轉折也正是有關生命實踐理論的重要問題所在。

　　誠如牟宗三先生所言，中國哲學是生命的學問，也是實踐的學問。①所謂生命的學問，其重點並不在對生命進行一客觀的知識分解，反之，生命的學問乃是以一創造為首出之要求，我們

────────────

① 參見牟宗三：《中國哲學十九講》及《生命的學問》二書。

的重心不在以客觀知識對生命進行種種之講述或說明，這只是一種旁觀者的態度，也是一種非存在的態度。反之，我們是要實際地創造一種有意義、有價值的生命，我們要通過每個人的生活內容，實際地呈現出生命之價值與意義。人在此永遠不可能被視為一客觀的對象加以理解，而必須被視為一創造的主體加以體認，這才是一種存在的態度。就生命的學問乃是以一存在的態度為基礎而展開。因此其亦必然是一種實踐之學，唯有實踐才能如實相應生命的學問之所以為生命的。

　　生命的學問既是一實踐之學，是以實踐為優先之關懷，其初不必以理論為關心之對象，則生命實踐的理論性又當如何安立呢？筆者以為，此中之根本動力，仍應由實踐之要求本身說起。當吾人由生命活動進至生命實踐階段時，乃是以價值自覺為主要動力，是價值自覺使吾人由生命活動進至異質的生命實踐。今吾人之價值自覺與要求既是價值的，則其並無充分之理由必限定其價值僅為某種特殊有限之價值，反之，就吾人存在的實際內容看來，人不但有價值的自覺，而且就在此價值自覺的同時，也要求一無限完美之價值要求，此方能滿足人的理想性。當吾人之價值自覺與要求並不限於一隅，而為一無限之要求時，則吾人必不止關心自身之實踐，同時也關心他人之實踐，更希望能在交換彼此實踐心得之時，獲致更為圓滿的實踐方法與內容，同時此更為圓滿的實踐方法與內容又能為人人所普遍接受，而使人類能普遍地實踐一理想的價值世界，正是在此義上，人才會由實踐之關懷轉為一理論之關懷。易言之，生命實踐之理論性基礎仍是以實踐為本，牟宗三先生有「良知之自我坎陷」一說，以明良知由德性主體轉化為知性主體，亦正是本文在此所持之立場。②當然，此中

的普遍性乃是預設了人性及其存在模式的相似性。就儒家而言，人皆有良知四端，人皆可為堯舜；就道家而言，人皆有道心，人皆可成至人、神人、聖人、真人；就佛教而言，人皆有佛性，人皆可成佛。此中說明生命實踐其理論性之普遍性，乃是立基於人性之同一性上。除了人性的同一性之外，人的現實生命存在之內容亦有其相似性，如告子謂「食、色，性也。」，孟子謂「理義之悅我心，猶芻豢之悅我口」，亦是以人性現實內容之相似性為討論基礎。當吾人之生命實踐之種種理論乃是依人性之同一性及現實生命之相似性為基礎，則其便有普遍的實用性，而能提供生命實踐者在實踐過程中之參考。

除了普遍的實踐要求外，生命實踐理論性之提出亦與個人之實踐要求息息相關。若生命實踐乃是一價值之自覺而有之活動，則此自覺不只促成一活動，而且此自覺亦可回過頭來，對此活動本身加以反省，由是而可以做進一步之實踐開展，另外亦可以對此實踐採取一理解之態度，以進一步釐清自身實踐之種種意義及其可能之限制，進而能提供自我實踐之參考。易言之，人無自覺則已，一旦有自覺，則此自覺既可是一實踐之要求，亦可是一理論之反省，此二者看似不同而實乃互補互成者，其共同之基礎仍在生命之實踐也。吾人對生命實踐的理論性其根據問題之說明，其實也說明了何以會由生命活動進至生命實踐，又何以會由生命實踐進至生命實踐之理論的提出。根據以上分析，我們也不難發現其中的主要內容，此即：心性論、修養論與境界論。

---

②參見牟宗三：《現象與物自身》（台北：臺灣學生書局，民國73年，四版）。

㈡主要內容

前文在論及生命實踐理論性之根據問題時，其實也就是在回答心性論的問題，人之生命實踐所以可能，依儒家乃是預設了人的良知本心而後可能，也就是以心性論為基礎。值得注意的是，根據只是根據，它只是說明生命實踐是可能的，但並未保證生命實踐自身之圓滿與完成。而由未圓滿而至圓滿之過程，也正是修養論的主要用心所在。根據問題只說明了可能性與基礎性，這是心性論的內容，至於實現性與實踐性，便要由修養論加以回應。

其次，我們在前文曾經強調生命實踐理論性之具有普遍性意義與價值，其重要基礎之一，便是人性的同一性，以及現實生命的相似性。由人性的同一性，我們可以說明人性論之重點之一，便是肯定人性的普遍性與平等性。由人性的普遍性與平等性，我們才能安立人的平等價值與尊嚴之根本。另一方面，人在現實生命的相似性上，我們可以說明人與人之間的特殊性與差別性。在此義上，人與人是不必平等的而只是不同的，雖然有部份相似之內容。由於種種不同之內容，由是而有種種不同之工夫修養之形式與內容，如是也豐富了生命實踐理論之內容。甚至我們可以由人性現實表現之無限差別，而建立相應之無限修養論，此亦佛教所謂之「無量法門」也。蓋證法性之道無他，唯是就此生命之種種內容加以掌握，今此內容既無限，則此證法之門徑亦可無限也。若另就吾人現實生命之相似言，則雖然人性之表現可無限豐富而個個不同，然而其間亦可有一相似之處，此即修養論可無限，然吾人所秉持之法門又畢竟非無限也。此一方面是因為人

性之相似性，由是降低差別性與複雜性，另一方面則是吾人之生命實踐之重點亦不必落在種種差別性之無限上說，人僅可直握重點以實踐，此則有大方向之指引即已足，不必為無限複雜之內容一一定其修養理論也。唯就歷史而言，有較重人性之相似性，其修養論亦必以簡約為尚，此如明道、象山、慧能；另有以人性之差別性為重，由是而重修養論之細節，如伊川、朱子、唯識宗等。此中皆是為滿足其生命實踐而有之論，因而皆有其價值，至於以何種方式表現則並無定則，端視其能否充分滿足實踐之要求而已。

第三，吾人之修養乃是在一歷程中展開，而此歷程中所表現出之意義不必相同，而且其間亦可有高下盈離之不同，此時即可有種種境界之差別可說。所謂境界無他，即是生命當下所呈現之意義，而生命當下所呈現意義之多寡優劣，則端賴生命修養精粗深淺，莊子謂「且有真人而後有真知」，亦是說明此種種境界乃是相應種種生命之實踐而有。今修養之層次及內容無限，則理論上說此境界之層次與內容亦當無限。然而吾人亦可為實踐之方便，而將此無限之層次與內容做種種方便區別，例如佛教之區分佛、菩薩、阿羅漢等，儒家之區分聖人、賢人、君子、小人等，凡此，皆不必為定論，蓋此修養歷程原本是一連續之歷程，初無段落之存在。今吾人為實踐參考之方便，故而暫時做如此區分以方便立教而已。易言之，境界論之層次及內容之說明，其用心端在提供實踐者一參考對比之可能，至於此中層次之區分方式並無邏輯之理由，因而亦不必有必然性。此中之不具必然性正是一正面的發展，蓋吾人實踐之內容與過程原本是唯一無二之存在，因而其所呈現之意義亦是唯一而無二，今若必以某一型態或標準做

為規範，則正是對實踐之否定，何以故？以其遠離真實之實踐故也。是以境界層次區分之不必然性，正是為境界論保留一開放之可能，避免其遠離實踐之真實情境也。

當吾人說境界層次之區分不具必然性，此說並不表示對已有之種種境界層次區分之否定，反之，既無必然性而又如是之存在，則必有其如是存在之理由，吾人由此更可進一步認識各大教間之差別，此差別即是一歷史文化與個人創造之差別。同一人性而有種種之差別，此差別必不能來自人性自身，因而必來自人性之外之客觀歷史文化與主觀之個人氣質，由是而有種種教與種種境界論。人既是一歷史文化的存在，則必有其用以參考之境界論，只要不以其為唯一之標準，即可避免此中之獨斷性，則方便亦是法門，並無不可。然而問題亦在人做為一歷史文化之存在，未必能超越其歷史文化之限制，由是而有種種誤執之可能，此即下文所論之內容。

三、實踐性與理論性

㈠ 生命實踐理論性之自我否定

筆者於前文引用牟宗三先生「良知之自我坎陷」一義，說明生命實踐理論性之必然發展，易言之，生命實踐若求一完美，則其不能捨此理論性而完足，因而此理論性亦成為生命實踐必有之內容之一。然而此必有之內容卻也隱含著自我否定之可能。

首先，生命實踐理論性之自我否定，表現在其理論的普遍性與理論內容的多樣性之不一致。吾人之所以要建構有關生命實

踐之理論，其目的之一便是試圖建構一具普遍性之內容，以做為吾人實踐之參考。然而當吾人試圖建立此種種普遍性時，仍必須以自身之有限經驗為基礎，因而展現出種種理論之多樣性與差別性。此時，我們在觀念上試圖建立一普遍之生命實踐理論，而事實上，卻是建構了許多不同理論，理論本身之間就無法獲得一致之結論。例如同樣是中國哲學，對心性論、修養論及境界論之看法便不必相同，因而種種理論不但不能提供一普遍的共法，反而造成觀念之衝突。

其次，當吾人用「坎陷」、「方便」來說明理論性建立所不得不有之限制之時，其實也正說明了理論性與實踐之距離。例如，吾人由實踐之要求轉為一理論之要求，此中乃是實踐之自我否定而轉為認知，此時便已指明理論與實踐的異質性，也說明了理論發展愈精到，其實踐性之自我否定亦愈徹底而深刻，由是造成理論欲成全實踐時，所遭遇的自我否定。老子謂「為學日益，為道日損」，亦正說明此中之困境。

第三，究竟而言，生命實踐理論性對生命實踐之自我否定，其根本原因乃在理論對實踐的不相應上。無論是生命活動或是生命實踐，其本質上皆是一活動之存在歷程，此中初無種種段落、種類、形式之區別，今吾人在建構理論之時，也正是在此如是如是之歷程之上，以種種段落、種類、形式加以說明，此即說明此理論在根源上乃是與實踐活動不相應的。牟宗三先生曾以「內容真理」說明中國哲學的真理觀，並由內容真理之屬於主體性，而強調中國哲學之重主體性。③主體乃是在一時間中展現為

---

③參見牟宗三：《中國哲學十九講》及《中國哲學的特質》二書。

一歷程之存在，是以與理論之分析不相應。

第四，除了理上的種種自我否定之外，另外亦有因人而起之種種自我否定。蓋理論相對於生命實踐而言，固然有其必然性，然種種理論內容卻只是方便而不具唯一性與永恆性。當吾人忽視了此中之方便性與暫時性，而誤執為唯一而永恆之真理，便形成理論對實踐之否定，因為實踐正是自我之自覺與反省，如今一旦執取某理論為唯一真理，也正是封閉自覺之可能，也即是對實踐之否定。當然，認為理論即足以取代實踐，而誤將實踐問題視為理論問題，則又是另一種理論對生命實踐之自我否定之形式。

總之，生命實踐不但不必排斥理論性，而且必然要有此理論性，以充分圓成其實踐之圓滿性。此義，我們分別由實踐之圓滿性及現實種種生命實踐之理論中得到印證。然而，此理論亦可能造成與其根源之生命實踐，形成背反與誤執，結果使理論性對生命實踐造成自我否定的矛盾中。今若欲消解此中之矛盾，則尚須回到實踐性自身尋找根源。

㈡ 生命實踐的實踐性

生命實踐既是實踐，則其實踐性乃是一分析命題之內容，無須多論。本文在此所論之實踐性主要是為回應理論性之自我否定而說。

一如前論，生命實踐之理論性之所以會對生命實踐形成自我否定，其主要原因乃在其與生命實踐的不相應上，則吾人亦可針對此不相應所引發之種種矛盾予以消解，此即由分別說、分解說，進至非分別說、非分解說。分別說與分解說乃是就原有之歷

程予以一分別之展示，而在此分別過程中造成種種之不相應。今
此分別說、分解說所代表之理論性即是有意義而不可免者，則如
何達至「去病不去法」之境，便須有一理論之安立。依牟宗三先
生所言，則當由分別說進入非分別說。④今分別說既有意義，是
以其存在仍須肯定，然其有與實相不相應之可能，是以必須予以
遮撥，此即是「即說即掃」之義。說為肯定，掃為否定，在一個
句子中同時對對象予以肯定與否定，此即為一詭辭型態，亦非分
別說之必然型態也。

　　即就實踐而言，吾人當下之生命實踐乃是一唯無二之存
在，是以當吾人對此境之意義有所說自是可有之義，然而，當時
過境遷，此中之意義亦隨之而轉，是以此時乃掃已說之論，而予
以一開放之可能，以容受日新又新之意義。若此義能成立，則詭
辭、非分別說真正之意義，不在提供任何具體之內容，而毋寧是
保持心靈的開放與活潑，以繼續吾人生命實踐之種種內容與意義
之創造也。非分別說以其無內容，是以為無可諍之論；同時，它
也與分別說屬不同之層次，分別說提供對事物之說明，而非分別
說無所說，以其無所說而安立一切分別說，由是而與分別說分屬
不同之層次，而是使分別說避免封閉與自我否定之最後根源也。
易言之，生命實踐有種種形式與內容，然其根源之開放與創造，
卻正是非分別說的詭辭所要表現的，詭辭之非分別說，不僅是對
分別說之理論之自我否定予以治療，更是與生命實踐真正相應的
內容。如果我們忽視了生命實踐的實踐性，則不免會認為非分別

---

④參見牟宗三：《中國哲學十九講》，（台北：臺灣學生書局，民國80
　年，四刷）。

說有神我之感，然一旦我們認清生命實踐之真實內容，則此非分別說才是實相之展示而非神祕。

(三) 背反或互補

生命實踐之根本精神雖然是一種自覺、開放與創造，然而此自覺、開放與創造並非空論，而是在實際的生活中展開，由是而必然具有種種之內容，亦必然有種種對此內容之反省，由是而有種種之理論。是以理論的提出不但不應視為生命實踐的歧出，反之，應視為生命實踐內容之豐富。朱子有「格物致知」之論，姑不論其本義為何，然其格物之理論及內容，足以豐富吾人之生命實踐則無疑。問題是，當吾人之精神完全被現實之種種內容所吸引時，也正是逐漸遺忘其自身之自覺、開放與創造之時，此時即造成理論性與實踐性之背反。唯此背反乃是理論性之誤執而起，是以只要去除此理論性之誤執，即可消解此背反，進而使理論性與實踐性成為互補之存在。若理論性缺乏實踐性，則理論性是盲目的；若實踐性缺乏理論性，則實踐性是空洞的。

此義既明，我們可以看以下二個例子的討論。

首先，我們在《六祖壇經》裡明顯發現惠能與神秀之差別，而且惠能亦批評神秀之靜「是病非禪」。關此，我們可以說，無論是惠能或神秀，皆是以實踐為其根本之要求，此中二者應無差別。其間之不同乃在其對此實踐之方式與內容有所不同。依神秀，靜坐觀壁乃是古訓，亦是入道之法門，不必為病。而且初機參法不易，能予以一方便法接引之亦非錯誤。此見神秀尚重理論性之重要性，以其做為方便參考仍有無上之價值也。依惠能，則生命實踐之重點既在，應無所住而生其心，則此種種理論

僅是虛相，重點當在直探本心之活潑無執，大本既立，諸法亦可一一安立矣，又何必以靜坐為尚呢？此見惠能較重生命實踐之實踐性。然而，神秀之教固有如惠能批評之病，而惠能之教亦可能石頭路滑，於劣根大眾難以受用也。

又如象山與朱子亦有爭論，朱子謂象山近禪，而象山則以為朱子「泰山喬嶽，可惜學不見道。」就朱子、象山之重實踐而言，甚至就二者之重讀書而言，皆可無別。然而此中象山學乃直承孟子，以「先立其大，小者不能奪」為主軸，由是而直探生命實踐之實踐性。朱子未嘗否定此實踐性之重要，然又不能安於止於此實踐性，由是而更強調種種工夫層次與內容，諸如格物致知、涵養察識，皆所以豐富此生命實踐之內容，並為後學提供一具體入手之道，此朱子更重生命實踐之理論性之理由。當然，依牟先生之分判，朱子與象山之學在本質上有根本之差異，而非僅是工夫入格之差異。⑤然吾人亦可就實踐性與理論性之角度比較二人之差別也。

回顧歷史，儒家雖以仁為中心，然不能去禮。此仁、義、禮三者仍不可或缺。佛學雖以般若為重，然不害其戒律之嚴整。此中之深義當可由生命實踐的理論與實踐性中加以印證。踐仁以知天雖是核心，卻不能去禮樂教化之種種形式與內容；般若證如自是究竟，然戒律森然亦有不可廢之意義。此即說明生命實踐之實踐性與理論之必要性與互補性。吾人是由實踐而引發理論，亦由種種理論深化吾人之實踐。

進入廿一世紀，生命實踐不但在理論上有種種挑戰，即使

---

⑤參閱牟宗三：《心體與性體》。

在實踐上也有不少危機。首先，廿一世紀承繼廿世紀的資訊發展，依然是一個知識爆炸的時代。人類所面對的經驗，不僅在量上遠非昔日可比，而且在質上亦有明顯之異質性。因為經驗在量上的激增，使人類在面對經驗、理解經驗時已然疲於奔命，難有充分之精神再做進一步之思考與反省，因此，人們的生命活動增加了，但是生命實踐卻大量減少了，這是大量經驗的衝擊所在。其次，新世紀的經驗也與昔日之經驗，有著相當的異質性與非連續性。新的科技使人類的感官能力獲得空前的解放，而且科技的發展也創造出嶄新的經驗與對象。例如生命科學在基因工程上的努力，便造就出全新的經驗，而為昔日人類所無法想像的。因此，根據昔日經驗所建立的種種生命實踐理論，是否仍能合理而有效地解決今日的生命實踐問題，便是挑戰新世紀人類的一大課題。

其次，由於人類長期依賴科學的結果，使人日漸習以知識的態度面對世界與生命，此義並非錯誤。然而過分強調知識的結果，卻也無形中降低了實踐的反省與創造。我們愈來愈習慣以一旁觀者的態度來構述生命的內容，卻較少能以實踐的方式去創造生命真正的價值。我們在台灣當前的大學教育裡，可以發現許多例子以印證以上所論。此中，較為異類的例子便是華梵大學中文系。華梵中文系師生人數較少，其間之互動並不以知識為首出，而更重視境教與人格培養，可說是難得的特例。

總之，人類在新世紀裡累積了更多的知識與理論，但是卻愈遠離真實的生命實踐。生命實踐的理論或許增加了，但是諸多不必一致的理論卻造成人們的無所適從，反而陷入一種不知所措的虛無狀態中。同時，過於複雜的經驗內容，也耗盡了人們的精

神,更難專心反省而從事生命實踐,而逐步被生命的活動所填
滿。當然,我們也不必如此悲觀。中國人說陰陽消長,吉凶相生
卻也是十分合理的。當人類長期處在生命活動之中而缺少生命實
踐之時,生命之完整性、深入性、創造性及自主性均無法充分發
展,此時生命亦必然無法充分安頓。此時,人即可能因此重大之
痛苦與刺激,重新反省生命,展開新的生活實踐。事實上,我們
看見社會普遍存在的慈善團體等,皆表示人性的自覺與奮起的努
力。另一方面,諸多的生命實踐理論雖有不一致,然而亦充分呈
現出生命實踐的種種理論可能,此為一豐富性之開顯。同時,近
年來普世倫理(world ethics)的反省亦逐漸興起,它顯示人類正
努力尋求一普遍性的倫理共識,以做為人類彼此對話的基礎。這
也說明生命實踐的理論性仍在發展中,至於其成果則有待時間之
驗證了。

四、結論

動與靜、一與多,一向是哲學的主要問題之一。這樣的問
題不只是一理論問題,同時在生命的實踐中亦有此問題的存在。
就生命實踐的實踐性言,則顯示的是動與一,是歷程的不可分、
可說的動態性與當下性,而對此意義唯有利用詭辭加以描述或逼
顯。就生命實踐的理論性而言,則靜與多,結構性與形式性的靜
態性、可言說性、歷時性便成為焦點,由是而成就種種理論。事
實上,這二種態度乃是人生而有之的內容,亦是人生不可免之內
容。生命實踐的理論性與實踐性有背反的一面,亦有互補的一
面。而我們的努力,便是試圖避免背反,而保住彼此豐富的內

容。此義既明，則哲學史上諸多理論之衝突，亦可經由以上之說明而獲得善解。本文在此分別以惠能與神秀、朱子與象山為例，說明其間之互動可能。當然，這樣的說法並不是要泯除彼此的差別，而是在保住差異的同時，更能消除表面上的排斥。或許這不是理論之間唯一的發展可能，但就人類生命實踐之理想要求而言，終極和諧仍然是生命實踐的終極理想所在，而本文的說明亦正是回應此終極理想。當然，我們希望我們不只是被動的回應，而更能積極地創造，這就是必須由理論更轉為種種實踐方有可能實現了。

做夢與說謊

論修行之道的虛妄與真實

鄭錠堅

中華大學通識教育中心專任講師

中文摘要：

　　不同的人格類型造就不同的自我執著，不同的自我執著生起不同的夢局困限，或本能生命的夢、或運動生命的夢、或情感心靈的夢、或理智心靈的夢，顛倒眾生，千年一夢，一夢千年。但夢至深處又含藏覺醒的契機；夢，有它的虛妄與真實。同理，夢由謊言編織而成，謊言也有它的虛妄與真實；低層的謊言自誤誤人，但高明的「謊言」卻是航向真如之地的舟筏。

　　紅塵滾滾，在夢話與謊言中提鍊智慧反修，夢與謊言都有它的假與真、迷與覺、執著與自由、昏昧與覺知的雙面性。當然煩惱中自有菩提，但也小心菩提中也暗藏煩惱、無明的陷阱。

關鍵詞：

　　夢、四種夢、謊言、七種謊言

緒論

一、關於構寫本文的方法

在長期研究東方古代經典及西方科學論著的交叉閱讀經驗下，終在民國八十六年發表了〈從「反饋原理」詮釋「事上磨鍊」的儒家家風〉一文①，定下了學術研究的基本態度：「打開心胸，回歸傳統，尊重西方，取消單一標準。」也即是「叛逆研究成法」與「揉合東西路線」成了多年來一直關心的學術研究方法破與立的問題。尤其「測不準原理」（uncertainty principle，德國物理學家W‧海森伯1927年提出的重要量子力學原理②）的發現，證實了研究者（或觀察者）選擇不同的研究方法、角度、範圍會影響或「製造」出不同的研究結果，觀測者無法與觀測對象絕對分開，主觀必然會影響客觀。或者說絕對、純粹的客觀知識根本是不存在的！近代科學花了數百年時間建立客觀主義的努力到最後竟然是絕對客觀的不存在與瓦解！而對一個東方思想的研究者來說，更是學術靈魂深層的震撼：我們古代各家各派的經典不是一再陳述真理與生命主客不二的一體性嗎？進一步量子力學中的「波粒二象性」、「雙孔實驗」、「薛汀格貓論」等更證實基本粒子（最基本的物質單位）超越客觀時間與空間的奇異性與一體性──物質因觀測者的觀測而存在，是科學世界的唯心主義！不只知識，連物質的客觀性也根本動搖③！以牛頓為代表的

---

① 拙文見《華梵學報》，1997年，第四卷第一期，頁19～32。
② 見《大英百科全書》中文版第3冊，丹青圖書，1987年，頁201。

古典物理揭示了客觀主義的知識，其實也是另一種形式的主觀，相對於東方傳統的主體心性之學，又何嘗不具有另一種客觀性；何況理論物理發展了數百年終於打破了絕對客觀主義的神話，客觀知識的源頭已經瓦解，如果學術研究還要堅持「純粹」的客觀主義那不是只落得無知的頑固？何必去檢拾已經破舊、落伍的「西方方法」。我越來越相信：在學術研究上「多元發展」（取消單一標準）與「回歸傳統」（重建民族自信）的可能。

在這樣的思考背景下，本文採用兼重前人論據與個人心得，揉合理性分析與主體經驗的研究方法。當然這樣的學術論文不是那麼「傳統」。像品種改良的蘋果不是傳統的蘋果，但它依然是一種蘋果。如果從真理的表達來說，任何表達形式都是「謊言」，本文只是選擇其中的一種。

二、前言：世事一場大夢

> 世事一場大夢，人生幾度秋涼。（〈西江月〉）

一千年前的蘇軾，由其敏感的詩人心靈，對「人生如夢」的生命本質早有深刻的體會。每個人自困在自設的夢局裡，其間經歷幾度人生悲涼的衝擊。其實不管美夢惡夢、好夢壞夢都是一

---

③關於「測不準原理」、「波粒二象性」、「雙孔實驗」、「薛汀格貓論」等量子力學觀念可參考下列二書：

John Gribbin 著，李精益譯《薛汀格的貓——奇幻的量子世界》，牛頓，1995 年。

Robert Gilmore 著，葉偉文譯《愛麗絲漫遊量子奇境》，天下文化，1998 年。

場大夢。有人做著發財夢，有人自陷權力遊戲的夢，也有人做成佛成祖的夢，有人落入必須不斷幫助他人的夢，有人形役於辛勞夢，有人自迷在憂傷的夢……只要身不由己，業力牽引，都是夢裡眾生。而夢中人說夢中話，也都是廣義的謊言。其實每個人自己決定自己生存狀況的起落與悲喜，做夢中夢，說荒唐言。

蘇軾又說：「古今如夢，何曾夢覺？但有舊歡新怨。」（〈永遇樂〉）詩人更進一步感喟在漫漫的歷史歲月裡，從夢中覺醒的稀有與艱難。

正論一

三、幾個關於夢的寓言

在討論夢的真妄覺迷的含義之前，讓我們先來看幾個關於夢的寓言及其寓意。

寓言1：夢中人

人生如夢，每個人都做著不同的夢——都有不同類型的偏執與陷溺，你我都是夢中人。譬如二人對話，只不過是你說你的夢話，我道我的囈語，而且只管自說自話並以為聽著對方講話，其實並沒弄懂對方的真正意思，人生並沒有真正的了解與溝通。何況夢話是根本沒有意義的。人往往在自己與世界之間架設一道「鏡牆」，讓自己孤立其中，所見所聞的盡是自己的影子、我執、與夢。人從外界、他人上面盡讀到自己的影子，他根本不了解鏡外的世界、夢外的實相。又譬如睡中內急，反映在夢裡如廁，其實問題沒有真正的解決，唯有讓自己真的「覺醒」過來，才了解

真實的需要，也才有真正的行動及解決問題的能力。其實人在夢
中不管做什麼事，都是盲目與虛幻，在人生的大夢裡又何嘗不是
如此。我們都是夢中人。至於在人間究竟有多少「覺者」呢？在
夢中的人是不會知道的。關於人生如夢的寓意，佛學裡有深刻的
證悟：

> 一切有為法，如夢幻泡影。（《金剛經》）
> 色如聚沫，受如水泡，想如陽燄，行如芭蕉，識如幻
> 事。（《大莊嚴經》）

又《金剛般若波羅密經》將一切有為法作九種譬喻──人
間一切有為法如星、如翳、如燈、如幻、如露、如泡、如夢、如
電、如雲。謂之金剛九喻。夢中之人，自迷錦繡，如星如翳，如
燈如幻，既無由感知覺者的存在，也不悟自己身陷夢中。如果就
生命的狀態區分，有三種人：覺者、夢者與夢醒之間的人。對覺
醒的人來說當然沒問題；對造夢者來說也一時不會有問題，因為
他安住夢中；只有對徘徊在夢醒之間或在惡夢邊緣掙扎著要醒過
來卻力有未逮的人而言是最痛苦的，但痛苦會讓靈魂深刻，也可
能誘發覺醒的契機。

寓言2：逃離監獄

第四道（The Fourth Way）大師葛吉夫常常談到「監獄」與

---

④葛吉夫（Gurdjieff 1872－1949）是亞美尼亞的著名哲學家及修行家，
他創立了「第四道」的修行體系，關於他的「逃離監獄」與「魔法師
的催眠」兩個寓言，請見P.D. Ouspensky著，黃承晃等譯《探索奇
蹟》，方智，1999年，頁42～43及頁286。

「逃離監獄」的例子④。葛吉夫認為人生的夢局就像一座監獄，每一個夢中人都是牢囚。如果要逃離「自我」的牢獄，從「自我囹圄」越獄，首先必須了解被囚禁的生存實況。

佛學「四聖諦」苦、集、滅、道也是從「苦諦」開始，先得了悟「苦」的人生本質，才會想辦法從中脫困，如果不了解這生存本質，甚至以苦為樂，「逃獄」之道也即無從開始。有了逃獄的渴望，接著要得到曾經逃獄成功的人的幫助及建議，要具備逃獄的知識，要擁有逃亡的工具，要定下逃跑的策略，要開始慢慢在牆角挖地道，最好還能有一個逃獄的組織相互掩護支援……修行之道或覺醒之道即是一個逃獄的歷程，逃離監獄，逃離夢，逃離自我的困限與執著。但葛吉夫說在種種越獄的條件中以「人必須明白他是在監獄中」為首要條件，因為只要不明白這個重點，只要囚犯錯覺自己是自由的，逃獄之道即不可能開展。事實上要做到這一點是困難的，不是每個生命都能輕易了悟人生的本質，尤其許多老囚犯還會恐懼、逃避外面天地的自由。

藏密大師索甲仁波切也說：「我們自以為崇尚自由，但一碰到我們的習氣，就完全成為它們的奴隸了。」⑤仁波切還舉了一首〈人生五章〉的詩說明業力（夢、監獄）的深重與逃離：

　　1、我走上街，
　　　　人行道上有一個深洞，
　　　　我掉了進去。

_____

⑤見索甲仁波切著，鄭振煌譯《西藏生死書》，張老師文化，1996 年，頁 52 ～ 53。

我迷失了……我絕望了。

這不是我的錯，

費了好大的勁才爬出來。

2、我走上同一條街。

人行道上有一個深洞，

我假裝沒看到，

還是掉了進去。

我不能相信我居然會掉在同樣的地方。

但這不是我的錯。

還是花了很長的時間才爬出來。

3、我走上同一條街。

人行道上有一個深洞，

我看到它在那兒，

但還是掉了進去……

這是一種習氣。

我的眼睛張開著，

我知道我在那兒。

這是我的錯。

我立刻爬了出來。

4、我走上同一條街，

人行道上有一個深洞，

我繞道而過。

5、我走上另一條街。

走上另一條街？從自我生命的業力慣性，逃離。

寓言3：魔法師的催眠

不只有個人自設的夢局，生活中更充斥種種集體催眠的機制。葛吉夫即曾說過一個魔法師催眠羊群的故事：

> 有個東方故事，描述一個很有錢的魔法師養了一大群羊，但他非常小氣，不肯雇用牧羊人，也不願在羊群吃草的地方圍籬笆。羊群經常漫遊到森林中或是掉進峽谷裡，更嚴重的是牠們會逃跑，因為牠們知道魔法師要牠們的皮肉，牠們可不願意。
>
> 最後魔法師想到了一個法子，他催眠他的羊群，首先暗示牠們是不朽的，剪毛對牠們一點也無害，甚至有好處，而且愉快；其次他示意自己是一個好主人，他愛牠們如此之深，以致於願意為牠們做任何事；第三點他暗示萬一真有事情發生到牠們身上，也不會在當時發生，至少當天不會發生，因此，牠們不須為此擔心。魔法師又進一步暗示說，牠們根本不是羊；牠們有些是獅子，有些是老鷹，有些是人，另外一些則是魔法師。
>
> 從此，所有他對羊群的顧慮與擔心便告結束，牠們不再逃跑，只是安靜等候魔法師某一天到來，取走牠們的皮和肉。

這個寓言說出了人生的實況，眾生是做著不同夢境的羊群，人間處處是催眠的機制。索甲仁波切稱這種人間的催眠性機制為「奇異衝力」，說：

> 我們的生活似乎在代替我們過日子，生命本身具有的奇異
> 衝力，把我們帶得暈頭轉向；到最後，我們會感覺對生命
> 一點選擇也沒有，絲毫無法作主。⑥

「覺醒」意指解除催眠，理論上覺醒是可能的，但實修上非
常困難，即使偶然在惡夢中一身冷汗睜眼驚醒，但覺醒的力道曇
花一現，無明的力量又會以十倍的威力使人立刻沈睡，甚至在夢
中以為已經清醒，以迷為悟，夢中之夢，「魔法師」不讓你我有
一點覺醒的機會。

四、夢的含義與例子

讀完前文的幾個寓言，得知所謂的「夢」，是自設的、我執
的、虛幻的、禁制的、催眠的。到這裡，我們嘗試整理一個關於
「夢」的定義。

所謂夢，是不同的人的不同生命特質，會呼應、陷落在不
同而繁多的內、外、身、心的催眠機制中，造成強大的生命慣性
與身、心痛苦，至使生命不得自由，心靈無由覺醒，意識停止進
化。

這種身、心、內、外的機制是一張嚴密而龐大的羅網，緊
緊困鎖著人的靈魂，讓生命陷溺在種種機械式的制約與反應，使
得我們不能成為自己的主人，我們變成僕人、奴隸，與機械人。

---

⑥見索甲仁波切著，鄭振煌譯《西藏生死書》，張老師文化，1996 年，
　頁 35 。

讓我們看看幾個身心機械式反應與制約的例子。

　例子1：「身」的制約

　　身體與心靈是一體的兩面，身體是反映心靈的一面鏡子，內心的正、負面情緒會反映在身體的健康與疾病上，同樣的不同的身體模式也會帶動內在不同的情緒模型。生理與情感的創傷或壓力會導致肌肉及筋膜組織緊縮、硬化，肢體活動將喪失原有的協調與活力，肢體持續僵硬也會使情感的彈性範圍縮小。也就是說，內心情感的持續受傷會漸漸形成「冰凍的記憶」，痛苦的冰凍記憶存貯在身體內變成了不同的疾病模式甚至改變生理結構，定型的身體結構又會反過來不斷「提醒」內心的創痛。這種身、心互動的情形稱為「身心一如理論」或「身體語言學」。⑦在身體語言學的審思下，我們假設一個「工作狂」或「緊張型人格」——典型的都市文明病患。通常長期的工作或情感壓力會累積在肩部肌肉，壓力定型成「冰凍的記憶」，肩部的肌肉慢慢變硬變短變厚，而肩部肌肉僵硬造成軀幹的能量、營養流向頭部的障礙，進一步造成了頸部的僵硬，所以許多都市的上班族都有頸、肩習慣性酸痛等的疾病。假想這位緊張型人格今天開始放長假，他暫時放下了所有工作，舒服、放鬆的坐在他心愛的搖椅上，第一個五分鐘他或許覺得很滿意；但第二個五分鐘他開始覺得頸與雙肩怪怪的、酸酸的，心裡也開始感到莫名的不安，原來他肩、頸的習慣性僵硬開始喚醒他性格中的緊張情緒——外在制約內在；第三個五分鐘他從搖椅上坐直，並且坐立難安；到了第四個

---

⑦關於「身心一如理論」或「身體語言學」可參考 ken Dychtwald 著，邱溫譯《身心合一》，生命潛能，1998 年。

五分鐘這位工作狂朋友受不了了，跳起來尋找工作或找事情忙去。我們看到一個「身體制約」的例子，一個「緊張的夢」的例子，而這位緊張型人格掙脫他的夢（放鬆）前後不到十分鐘甚至更短的時間。而肩、頸的肌肉僵硬只是他千千百百個身、心、內、外的集體催眠機制中的其中一個，龐大的催眠機制讓他繼續沈睡做夢，不得自由與覺醒。不同的生理模式說著不同的內心故事，身體語言學的其他例子譬如：結實的胸肌可能制約著攻擊性人格或強勢人格的夢，氣喘或呼吸方面的疾病隱藏著生存深層恐懼的夢，腹部膨脹引發著情感豐富的夢，四肢瘦弱可能代表行動力不足的夢，用力抓地的腳及習慣咬緊的下顎可能壓抑著恐懼的夢……。《國語》：「夫貌，情之華也。」形貌是心靈的外在表現，身心一如，美麗的情緒開出美麗的花朵，惡劣的情緒開出枯萎的花朵。

　　例子2：「心」的制約

　　心之夢，內心的種種制約，例子更是不勝枚舉。譬如一樁愛戀的分離與失落，一段痛苦的童年成長經驗，一個難堪事件的回憶……可能都會讓當事人身陷夢中，「心」不由己。也可能是意識型態，性格陷阱，心理執著……困在不同的「思想」囹圄。或許由於不同的心的「顧慮」──顧慮別人的反應及想法，顧慮自己對別人不夠好，顧慮責任的承擔……種種顧慮牽制、破壞，甚至瓦解生命的自主與自由。

　　人心容易選擇、執著、認同不同的事物──情感、理念、身體、物質、個人、情緒……緊抓不放；「認同」是最大的心的制約；「認同」是不選擇、自由、覺醒，整體性的對反；我們要學習辨析種種「認同」的幽微形式，而且時時警覺，不讓自己被

「認同」奴役；否則認同造就割裂，割裂成破碎的、無明的、不自主的、機械式的內心的夢。

例子3：「境」的制約

「環境」中也處處充滿夢的制約與惰性，與個人的業力與慣性相呼應，會流成一個強大的夢之漩渦。譬如種種社會潮流加強了人們對名、利、情慾、物質的愛戀與依賴，譬如人類的教育體制整體而言不是為了培育一個覺醒的人而是要把人群推進世俗的政、經洪流中，譬如生活中如果有著許多壓迫性因素（施給壓力的人或環境）會加深你我恐懼或怯懦的生命慣性，又譬如周遭的親人朋友會阻撓我們獨立、覺醒、掙脫環境奴役的嘗試好讓我們「安全」的留在眾人皆醉的集體無明之中……人類環境提供、販售足夠強大的無明與催眠。

德國著名哲學家E・弗洛姆在其文章〈自由、愛與生命〉中稱這種社會集體催眠機制為「匿名的權威」。[8]弗氏區分出「外顯的權威」與「匿名的權威」兩種概念。所謂「外顯權威的運作是直接而且是顯而易見的。」譬如古代專制帝王的權力控制。「匿名的權威」則將影響力隱藏，「外顯權威是在生理方面的強制，而匿名權威則使用心理上的控制。」「從十九世紀強調外顯權威轉變成二十世紀的匿名權威」，在匿名權威中，個人被消費活動完全操控，通過一個包含食物、衣著、電影、電視、廣告、娛樂、奢侈品、意識型態的強大暗示性網路，運作著兩個目標：「第一——不斷以新產品來刺激個體的胃口。第二——使

---

[8]弗氏該文附錄在《夏山學校》一書，本文的引文見A.S. Neil著，王克難譯《夏山學校》，遠流，1984年，頁256～257。

大眾的口味走向最有利於工業生產的方向。人變成被動的消費
者，或像不斷吮吸母奶的嬰兒」。在今天不是權威已經消失，
「而是從外顯的權威轉向暗示性或說服性的匿名權威。」「現代人
被迫形成一種幻想，每件事都合自己的意」，其實是受著「精巧
的控制」，人「的滿意並不是真正的在自覺中反省而得」，而是通
過操控，人其實是消費機器人。

　　人類環境中的催眠機制自古已然，但到了今天尤其嚴重，
雖然本文講「境」的制約，並不僅指消費行為的制約，也包含了
內在情感的制約，但不管如何弗洛姆講得很真確的一點是：任何
權威的目的都是為了「奴役」，古代的外顯權威奴役人的身體，
現代的匿名權威卻奴役、摧毀了人自主的靈魂。

　　相反的，如果個人嘗試掙脫境的制約或匿名的權威，環境
反撲的力量是嚴厲的。古代許多經典都描述了這種「摩擦」與
「考驗」。回教「蘇菲宗」即曾說明這種考驗力量的龐大及必要
性：

　　　除非你遭到上千上萬自命誠實的人指證你為異端，你就尚
　　　未到達真理階前。（〈到達真理階前〉）⑨

　　《周易》亦屢屢說明掙脫環境制約「先迷後得」的過程，及
遇到環境反撲力量的嚴厲。譬如：

---

⑨見伊德里斯・夏輯，孟祥森譯《蘇菲之路》。聯經，1986年，頁
　96。

君子有攸往，先迷後得主。（〈坤卦〉卦辭）

初九：有厲，利己。（〈大畜卦〉初爻──遇到環境反撲
力量的嚴厲，要懂得停止。）

九二：輿說輹。（〈大畜卦〉二爻──環境反制的力量強
大到像讓車輪的輪軸脫落，生命成長的腳步再無法前
行。）

前文討論了三種機械式制約的例子：種種身的制約，種種
心的制約，種種境的制約，合成嚴密而強大的集體催眠機制，催
人入夢，無由覺起，沈睡千年，千年一夢。

五、夢的類型

談完了夢的深義及無所不在的催眠性質之後，我們嘗試分
析夢的類型。每個眾生的夢各不同，先行了解自己夢局的底蘊，
才能尋求夢醒的方法。

關於夢的類型是屬於「人性論」與「人格分類學」的領
域，其實古代的教誨多有提及。譬如佛學提到的「貪嗔癡」三毒
或「貪嗔癡慢疑」五毒，即可視為三或五種不同眾生的夢。又譬
如《論語》〈陽貨〉7 的「六言六蔽論」──六種性格命題及六
種性格陷阱，即描述了六種不同的夢境類型：

好仁不好學，其蔽也愚。

好知不好學，其蔽也蕩。

好信不好學，其蔽也賊。

> 好直不好學，其蔽也絞。
>
> 好勇不好學，其蔽也亂。
>
> 好剛不好學，其蔽也狂。

孔子深刻的描述了六種夢境──濫好人的夢、聰明人的夢、執著固定標準的夢、過於耿直的夢、勇敢的夢、強勢人格的夢──如果依賴夢的慣性而欠缺覺醒的學習（不好學），即會掉落不同性格的傷害與陷阱。另外，像「術數」傳統中的命理相學，也多有涉及人格分類（夢的類型）的問題。

其實不同的夢是由不同的重點人格或人格類型，妄執「自我」而生，也即是對「自我」不同的認定，衍生出不同的夢境。本文介紹一套「第四道」關於夢的分類模型，一套自我了解的參考座標。第四道將眾生的夢局分為本能人的夢，運動人的夢，情感人的夢，及理智人的夢[10]。將在下文一一分說。

㈠ 第一種夢稱為本能人的夢

它源自某人強勢的「本能中心」。本能中心相當於人體脈輪中「生殖輪」的位置，在中國醫學穴位理論中呼應前、後「關元」及「長強」二穴的氣點。

---

[10] 關於本能中心、運動中心、情感中心、理智中心的說法可參考下列第四道的著作：
見 P.D. Ouspensky 著，黃承晃等譯　《探索奇蹟》，方智，1999 年。
見 Susan Zannos 著，劉蘊芳譯《人的形貌》，方智，2000 年。
本文關於四種夢的說法，大部分取自第四道的「中心理論」，加上作者個人的整理及補充。

本能中心又稱第二能量中心，他生產生命中有關性、生存本能、及群體組織關係等的能量。

一個本能中心能量特別充沛的人，可能會陷落於下列幾種人格傾向的其中之一：他可能是一個特別注重健康、養生或維生問題的人，或對生存隱藏著深層的恐懼，他生活中大部分的時間與精力都花在飲食與健康的關懷及照顧上。當然，強勢的本能中心也可能發展出一個沈溺感官慾望的享樂主義者，他對本能的享樂特別有興趣及需要，他可能是一個美食者、玩家或追求感官刺激的人。另外，強勢的本能人也可能因為感受到尖銳的生存威脅而發展出強大的生存鬥志甚至異能，他們是人生的強者，而擁有特殊能力的人也可能出自這個強勢的脈輪或中心。這三種人格傾向可以稱為「健康型人格、享樂主義者、意志型人格」。

總之，廣義的本能人陷溺在對「健康、生存、感官」的關懷、執著、夢境之中而掙脫不出，他們侷限在本能的生命領域而發展不出其他的能力及自由。他們可能是情感的遲鈍者、直覺力弱、對人心不夠敏感、對他人的關懷也匱乏；他們也可能理解力不夠、邏輯頭腦貧乏、短視、缺乏對整體的關懷……他們被困在一個對本能及生存深深執著甚至恐懼的夢中。

本能中心是生命一切的基礎，但過度發展的本能中心，卻反成為生命進化的障礙與牢籠。一旦夢醒的本能人將會看到，在生存之外，還有更廣闊曼妙的天地。

(二) 第二種夢稱為運動人的夢

它源自某人強勢的「運動中心」。運動中心相當於人體脈輪中「臍輪」的位置，在中國醫學穴位理論中呼應前、後「神闕」

及「命門」二穴的氣點。

運動中心又稱第三能量中心，它生產生命中有關原始情緒、行動意志、運動慣性、日常生活能力等的能量。

一個運動中心能量特別旺盛的人，可能會陷落於下列幾種人格傾向：他可能是一個性格安分、穩定、跟從生活習慣的人；這種人不喜歡冒險與突破，他愛好「不改變」，他能夠完全安於千篇一律、重複刻板的生活及工作，運動中心有它非常機械性的一面。但，強勢的運動人也可能是「運動」狂熱者，他迷戀從事（至少觀賞）各式各樣的運動、活動、冒險；這種人個性外向，不安於室，或許是天生的旅行家，或許是一流的運動員，至少特別喜歡到處跑或搬家。當然，某部分的運動人卻可能對運動的「思考」或「設計」具備優越的天賦，他們對運動感、空間感、節奏感有著異常敏銳的觸覺及設計能力，他們可能是出色當行的運動理論家、科技人員、設計師、發明家⋯⋯。運動中心的三種人格傾向分別表現出該中心的機械性格、情感性格、及理智性格，這三種人格傾向可稱為「穩定慣性人格、運動嗜好者、運動感設計家。」

總之，廣義的運動人表現出對「動」的敏感及執著，這同時是他們的強項與弱項，相對的較難發展出豐富的同情心與抽象思考能力（即使是理智性格的運動人卓越的思考能力也必然是建基在具體的實物運動上）；運動人被困在一個不能不動、而且不動不安的夢中。

生命除了「動」，還有「靜」的一面。運動人的夢裡無法體驗深邃的寧靜與喜悅；要夢醒，運動人得訓練「不動」。當然訓練過程對這種人來說會是很痛苦的。少了「動」的「靜」是一潭

死水，缺乏「靜」的「動」卻帶來生命深處的騷動與不安。

(三) 第三種夢稱爲情感人的夢

它源自某人強勢的「情感中心」。情感中心相當於人體脈輪中「心輪」的位置，在中國醫學穴位理論中呼應前、後「膻中」及「至陽」二穴的氣點。

情感中心又稱第四能量中心，它生產生命中關於各種感情、愛情、人際關係等的能量。

一個情感中心能量天生強勢的人，可能陷落於下列幾種人格狀態中：他可能是一個性格溫良友善、乖乖服從約定俗成的社會規範與情感的好公民；這種情感人是種種傳統及社會制約下的好好先生、好好小姐，但似乎缺少了冒險犯難的精神與創意。當然，情感人也絕對可能是典型的熱情人格、深情人格、或情感佔有者，他們愛戀著生活、工作、理想、或情人，他們有著強烈的情感需求，而感情也是他們的人生中最重要的問題，煩憂及學習課題。當然，強勢的情感中心也可能生出真正顧慮他人的人，這種人性格內斂、慈悲、寬厚，許多偉大的宗教家都出自這個人格類型；如果說第二種情感人喜歡被愛，第三種情感人卻喜歡愛人；但問題是誰也不比誰偉大，都只是不同形式的執著；第二種情感人的問題在「我執」，第三種情感人在「他執」。情感中心的三種人格狀態分別表現出該中心的機械性格、情感性格、及理智性格。這三種人格傾向可稱為「規範型情感人格、強烈型情感人格、無私型情感人格。」

總之，廣義的情感人都有著強盛的感情能量，但感情的力量可正可反，它可以很聖潔，也可能很危險；而且相對的，情感

人較難發展出清晰的理性頭腦，卓越的行動能力，或較欠缺謀生的本事。他們被陷進一個情海翻覆的深夢之中。

　　情感是人性中的美麗花園，也可以是幽秘難測的心靈魔窟，端視情感後面是否有一顆覺醒的心。覺醒的心，覺醒的情感；昏昧的心，痛苦的情感。

㈣ 第四種夢稱爲理智人的夢

　　它源自某人強勢的「理智中心」。理智中心相當人體脈輪中「喉輪」的位置，在中國醫學穴道理論中呼應前、後「天突」與「大椎」二穴的氣點。

　　理智中心又稱為第五能量中心，它生產關於思想、溝通、自我表達、自我認同等的能量。一個理智中心能量強大的人，可能會陷落在下列幾種人格型態中：理智人可能是

　　一個善於收集資訊、計算數字、儲存語言的高手；他們是消息靈通人士，博學多聞，但這類型的理智人缺乏的卻是「思考」的能力，他們通常博聞而不深刻、善於累積知識而不善於思辨知識、長於機械研究而短於原創研究。第二類的理智人卻是知識的嗜好者，他們熱衷於各種類型的心智學習及遊戲，喜愛清談，沈溺於「觀念」的吸收與溝通；但這類型理智人對「知性」的態度是情感性的，所以他們的興趣會經常更換，從興趣盎然到索然無味到另結新歡；這類型的理智人通常深富知性人格的迷人魅力，卻無法持續深度研究。第三類理智人的性格較穩定，他們是理智中心中唯一可以被稱為「思考」的性格成分，他們是人類中真正的深思者或沈思者，但思考性心智的運作速度緩慢，遠不如第一類理智人提取、記誦知識的「嫻熟」及第二類理智人對知識的

「瘋狂」，更顯得敏捷快速，人類心智真正聰明的部分往往顯得笨頭笨腦。理智中心的三種人格狀態分別表現該中心的機械性格、情感性格、及理智性格，也就是機械性心智、情感性心智、思考性心智，他們分別的缺點是「淺薄、沈溺、與虛耗。」這三種人格狀態又可以稱為「資訊收集者、嗜知者、及深思型人格。」

總之，廣義的理智人對「文字、語言、知識、觀念、理論」特別擅長，但理性心智畢竟不是人類心靈的全部，相對的理智人可能直覺性心智較差、情感經驗貧乏、行動力較弱、反應較遲鈍。更危險的是依賴理性為唯一的選擇與依據，掉進一個深睡不醒的理性之夢。

成熟的心靈必然了解理性心智的功能、極限、與危險；敲醒理性之夢，人類最聰明的頭腦不等於最偉大而進化的心靈。

本節所談的四種人格類型的夢境，請參考下列圖表，將有更清楚的一覽。

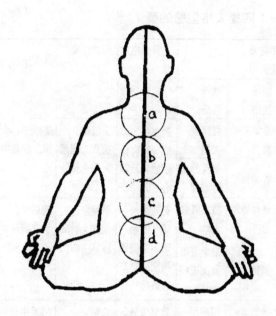

圖一：脈輪氣點圖

d、生殖輪　　第二能量中心　　前穴：關元　　後穴：長強

c、臍輪　　　第三能量中心　　前穴：神闕　　後穴：命門

b、心輪　　　第四能量中心　　前穴：膻中　　後穴：至陽

a、喉輪　　　第五能量中心　　前穴：天突　　後穴：大椎

表一：四種人格型態的夢

三種性格傾向及主要執著或弱項			主要人格向度	相關脈輪及穴道	強勢中心	
理智性格	情感性格	機械性格				
意志型人格	享樂主義者	健康型人格	對生存、本能、感官特別敏感及關心	生殖輪 前穴：關元 後穴：長強	本能中心 第二能量中心	第一種夢 本能人的夢
專制強悍	耽溺物慾	很深的生存恐懼				
運動感設計家	運動嗜好者	穩定慣性人格	對運動規律、運動感、空間感特別敏感及有興趣	臍輪 前穴：神闕 後穴：命門	運動中心 第三能量中心	第二種夢 運動人的夢
抽象思考力弱	過動	缺乏冒險及突破精神				
無私型情感人格	強烈型情感人格	規範型情感人格	著重情感、愛、人際關係	心輪 前穴：膻中 後穴：至陽	情感中心 第四能量中心	第三種夢 情感人的夢
他執、需要愛人	我執、需要被愛	太隨和、忠順、缺乏自我				
沈思者	嗜知者	資訊收集者	對文字、語言、溝通、觀念、理論、各種知性活動特別敏感	喉輪 前穴：天突 後穴：大椎	理智中心 第五能量中心	第四種夢 理智人的夢
思考性心智	情感性心智	機械性心智				
虛耗心力	沈迷知識	淺薄				

六、破夢之道

　　前文提到不同的人格類型造就不同的夢境困限，所以夢醒之道，便是掙脫、放下、瓦解自我的人格型態──破除我執。許多古代的教訓包括回教的蘇菲宗多有提及解除自我執著的見解：

> 做一個蘇菲，乃是要把你腦中的東西擺脫──你以為的真理，你的先入為主的觀念，你的種種制約──而去面對發生在你身上的事（〈做一個蘇菲〉）⑪

> 蘇菲，是剝去外殼的真理。（〈蘇菲〉）⑫

孔子也曾說：

> 毋意，毋必，毋故，毋我。（《論語》〈子罕4〉）

莊子也有相同的意見：

> 至人無己。（《莊子》〈逍遙遊〉）

---

⑪見伊德里斯·夏輯，孟祥森譯《蘇菲之路》，聯經，1986年，頁79。

⑫見《蘇菲之路》頁84。

必須「毋我」、「無己」，拋棄自我人格型態的種種制約，才有夢醒的機會。

關於夢如何形成及破夢之道如何出現，請詳覽表2所描述的發展歷程。

表2：破夢之道

A	B	C
強勢的人格中心 強勢的脈輪、氣點 重點人格 格性型態 業力 （一物異名）	天生強勢的生命能 量強項 ➡（陽：生命潛能）➡	過度使用 形成自我的「執著」 「認定」 （夢境開始） 不管是本能、運動 、情感或理智的夢

D1

限制、障礙

（過度依賴、過度使用「自我」，

反而妨礙了其他生命空間的發展）

D2

➡ 虛耗

（強勢的生命能量

過度使用以及大量消耗）

加深依賴「自我」、能量虛耗更嚴重
更無力承受與外界的碰撞、摩擦 ⟶

D3

碰撞

（天生的強項由於使用過度逐漸

形成與外界摩擦、碰撞的稜角）

E 　　　　　　　磨角 F
➡ 形成「痛點」、弱項　➡ 痛苦智慧
　痛苦、惡夢開始　　　　反修
　（陰：黑暗存在）　　　（痛苦中可以發現、反
　　　　　　　　　　　　　思、扭轉、昇華、蛻變）

「自我」
瓦解
➡ 　G 夢醒之道

　　根據表2，A 項描述了「自我」的不同名稱------中心、脈輪、氣點、重點人格、或生命慣性（業力）……等等，不管名稱如何，這是人生大「夢」的根源。在 B 項裡，「自我」表現成強勢的生命能量，不同的人各有不同的性格強項，也就各有不同的自我執著。因為根據生命陰陽不二的原理，任何一個存在都會引發另一個相對性存在的出現，呼必有吸、陽必有陰、正必有反、甘必有苦、生必有死；同樣的，強勢的生命潛能必然潛伏著痛苦的黑暗存在。所以《易經‧繫辭傳》說：「一陰一陽之謂道。」於是自我的「執著」與「認同」形成了，人生的夢境開始了，因為強勢能量不斷被過度使用，因此「自我」之夢益形堅牢。在 D 項裡，「過度使用」造成三種連鎖的後果：由於過度依賴「自我」，反而妨礙、阻斷了其他生命能力及空間的發展，並且造成某強勢脈輪或中心龐大的能量消耗，進一步愈過度使用的自我愈易演成生命的稜角與外界發生磨擦、碰撞，而愈虛耗的稜角又愈無法忍受磨擦與碰撞；惡性循環的結果造就了人生的痛苦、弱項、黑暗存在，夢境進一步沈淪成噩夢。所以說最強的最弱，最

光明的最黑暗，人生的煩惱、憂傷往往源自最光輝、璀璨的性格。

上段文字描述了夢境形成的過程，但最痛苦的夢卻常常是破夢之道出現的契機，這就是 F 項所說的「反修」或「痛苦智慧」。原來為了尋求夢破，每個根器不同的眾生必須找到屬於或適合「自我」的修行法門、訣竅、竅門、或關鍵——「磨角」。為什麼叫「磨角」呢？它的深義是：眾生必須經歷人間不同的業力與夢境，在夢境裡觸發痛苦，藉由深刻的痛苦上溯造成痛苦的源頭與稜角（自我了解），然後開始慢慢的把稜角磨平——「磨角」。這「磨」的過程當然更痛，因為夢的慣性已經是累世以來根深蒂固，但通過「磨」的歷程眾生逐漸發現、尋覓到屬於他的修行法門、訣竅、竅門、與關鍵，而且痛苦的根源愈磨平，生命也愈清醒與覺知（自我治療）。這經驗痛苦、發現痛苦、了解痛苦、對抗痛苦、扭轉痛苦的「磨角」歷程，稱為「反修」，歷程中會生出許多的「痛苦智慧」；於是「自我」更趨瓦解，心靈逐漸甦醒，夢中眾生慢慢的走上 G 項所說的夢覺之道、修行之道、或破夢之道。所以老子說：「反者道之動，弱者道之用。」（《老子40》）反面經驗，弱勢生命是真理發動的最佳時機！痛苦是通向自由與覺知的偉大道路。痛苦最大的缺點是痛苦，但痛苦最大的優點是讓人深刻的清醒。

（關於「痛苦智慧」及破夢道上的實修工夫，本文限於篇幅，無法再另闢章節討論。）

經過上文的舖陳說明後，我們將表 2 進一步簡化成表 3，以方便品味與思辨。

A　　　　B　　　　C　　　　D　　　　E　　　　F　　　　G
自我　➡　強項　➡　過用　➡　障礙　➡　痛苦　➡　反修　➡　夢覺
　　　　（陽）　　　　　　虛耗　　（陰）
　　　　　　　　　　　　碰撞

表3：破夢公式

　　第四道稱每個人不同的強勢中心、脈輪、重點人格……為「輪軸」⑬。意思是所有的東西像生命能量、執著、煩惱、潛力、痛苦……都繞著它旋轉，它是一切夢與醒的軸心與源頭。所以修行工作便是要找到自己的「輪軸」，開始了解它、研究它並與之對抗，讓無明的生命輪動停下來，而發展出一條屬於自己的覺知途徑、夢醒道路。

正論二

七、謊言的種類與覺醒之秘

　　夢是由謊言編織而成的。根據前文脈絡，謊言是指不同眾生的不同自我執著的自欺之言；或許說，在夢裡眾生的一切言語行為，都是廣義的「謊話」。第四道大師葛吉夫說人類的生活是充滿謊言與欺騙的：

⑬關於「輪軸」的說法見P.D Ouspensky 著，黃承晃等譯《探索奇蹟》，方智，1999 年，頁294 至295 。

多年來錯誤愚蠢的生活，耽溺於各式各樣的軟弱中，無視
於自己的錯誤，盡力逃開所有令人不悅的真象，經常欺騙
自己，為自己辯護，責怪他人，不勝枚舉。⑭

　　說謊的心靈是軟弱的，說謊的動機是各種形式的逃避。只
要面對真實，不做夢，人就不需要說謊了。葛吉夫稱製造各種謊
言的人造裝置為「緩衝器」——「緩衝器是讓人覺得自己總是
對的裝置，緩衝器使人感受不到他的良心。」⑮但如同夢有假與
真——執著製造夢境，是假的；但夢到痛處卻能教人清醒，是
真的。謊言也有假與真——隨著每個心靈扭曲、受傷、昏睡的
程度不同，謊言與緩衝器的虛假性也有深淺之別，有些謊言是自
欺欺人，有些「謊言」卻是學習覺醒的工具。下文將根據性質與
程度的不同，討論謊言的虛妄與真實。

㈠ 第一種謊言：欺人型1

　　這一類型的說謊者稱為「炸彈亂投型」。

　　受傷、扭曲的心靈靠謊言逃避真相。他們到處說謊，他們
不得不說謊。這種說謊者經由謊言獵取內心的滿足，倒不見得是
為了實質的利益。事實上這種說謊的行為是不自覺的，說謊的技
巧是拙劣的，因為他們往往要替上一個謊言圓謊必須製造更多的
謊言，慢慢的他們周遭的人發現面對的不是一個人，而是一個謊
言的世界，處處充滿荒謬與誇張的邏輯。於是朋友與他們漸行漸

⑭見《探索奇蹟》頁201。
⑮見《探索奇蹟》頁202至203。

遠，但為了得到內心虛榮的獎品，他們只好更換一批新的朋友與
謊言。謊言，讓說謊者不斷離開人群與真實。

㈡ 第二種謊言：欺人型2

　　這一類型的說謊者稱為「一矢中的型」。

　　如果說第一種謊言是「拙劣的騙術」，那第二種謊言就是
「高明的騙術」。雖然廣義的說，說謊行為都是不自覺的，但這一
類說謊者不自覺的「動機」卻更為明確，他們說謊通常是為了具
體的現實目標，他們有著深沈的城腑。第二類說謊者不會隨便說
謊，甚至大部分說的都是真話，他們只在一大堆真話的關鍵處說
一句謊言，混淆視聽，一矢中的，便達到最優質的謊言效果。高
明的說謊家只要在利害處稍加點撥、矇騙，說了謊還覺得自己不
是不太誠實。第二類說謊者的心機更深，手段更高明，緩衝器的
機制更精緻，當然良知也更扭曲了。

㈢ 第三種謊言：欺人型3

　　這一類型的謊言不是經由單一的說謊者，稱為「天羅地網
型」。如果說前兩類是「個人」的謊言，這一類則是「集體」的
謊言。原來人類環境處處充滿集體說謊的機制，尤其以教育體制
最是披著善良的形式。如果我們的教育體系是教導人當政府的順
民、放棄獨立性、盲從主流的價值觀、迷信泛科學主義、只訓練
記誦性心智卻不培養思考性心智、忽略心靈能力的價值、甚至是
暗示功利性思想……等等，那這樣的教育體系當然是集體說謊的
世界。葛吉夫把這種訓練裝設「緩衝器」的教育環境批判得透徹
深刻：

（緩衝器）的出現原是因為人身上存有許多的矛盾：意
見、情感、同情、文字及行動上的矛盾，如果一個人在有
生之年感受到他內在一切的矛盾，他就不可能像現在一樣
平靜無波地生活和行動，他將不斷會有摩擦及不安。……
他會覺得他瘋了。沒有人會高興同意自己瘋了……他必須
毀掉矛盾，要不就不再看到或感受到它們。一個人不可能
毀掉矛盾，但是要他裡面形成「緩衝器」……他不會察覺
矛盾的觀點、情感及言語帶來的衝擊。

「緩衝器」的形成是緩慢而漸進的。許多「緩衝器」通常
是由「教育」特意塑造……「緩衝器」使人們生活好過
些，一個人很難不靠它生活。但是它們使人失去內在發展
的可能性，因為緩衝器被造來減少衝擊，而就是衝擊使人
脫離他目前的狀態，亦即把他叫醒。緩衝器哄人入睡，帶
給他舒適和平靜的感覺，覺得萬事OK，沒有矛盾存在，
而他會睡得很安詳。⑯

　　人性的軟弱，讓人看到生命矛盾而痛苦的真相後，卻不去
面對與解決，反而製造出一堆謊言與緩衝器來逃避，而學校與教
育系統就是訓練人去製造、裝設緩衝器。試想前文「四、夢的含
義與例子」一節提到E、弗洛姆「匿名的權威」的理論，再檢視
我們的教育體系是否幫助政府、企業、消費文化訓練一批一批
「聽話」的良好公民，涉入的程度愈深，便愈傾向「匿名權威」

---

⑯見《探索奇蹟》頁202 。

的共犯結構。

「個體」謊言的傷害是有限的，但教育體系的「集體」謊言卻為整體環境提供天羅地網式的催眠機制。個人的謊言可以同情，但教育體系的謊言卻必須被批判。

(四) 第四種謊言：自欺型1

這一類型的說謊者稱為「編夢者」。

談了三種「欺人」的謊言，再看三種「自欺」的謊言。第四種謊言的重點在「欺騙自己」，這種謊言背後必然有一個嚴重扭曲、受傷的心靈，當事人的生命歷史中有著深刻的痛苦指令及事件，實在太痛了！痛得讓人不能再去觸碰，所以編夢者在痛苦事件的周圍編織一個一個美麗的謊言，這樣做的目的是為了「粉飾」，他的重點是要告訴別人尤其是告訴自己：「我活得很好！」他要築構一個美麗與幸福的假象城堡，但隱藏在城堡深處的靈魂卻顫抖著悸動與不安。遠離真實是病態的，編織者需要的是治療，翻起生命的真實，痛苦、衝擊、磨擦是一時的，而且可以幫助受傷的心從夢中自由與覺醒。

(五) 第五種謊言：自欺型2

這一類型的說謊者稱為「落跑新娘」。

第五型的說謊者似乎比第四型的說謊者心靈受傷的程度較輕，神智也較清明，他不會去編織謊言來掩蓋傷口，他清楚的了解痛苦的經驗及指令確實存在，但他選擇的方法是：「落跑」，不去面對生命的責任。只要他稍有見、聞有關他過去痛苦事件的言語、理論、建議、或治療方法，他便逃之夭夭，絕不要重歷情

感的創痛。逃跑,不願意面對痛苦;編夢,假裝沒有痛苦;也似乎是五十步笑百步之別,都不願去經由痛苦的釋放,開啟自我了解與自我治療的生命工作。

㈥ 第六種謊言：自欺型3

這一類型的說謊者稱為「無奈者」。

這一型的說謊者心智更清明,他清楚知道謊言與緩衝器不是真正解決問題的方法,也不會帶來心靈的解放、自由與覺知。但他也同時了解如果一旦停止所有的謊言,將為他的人生帶來嚴重的衝擊與混亂,他的生命必須重新洗牌,這是一場心靈的冒險。無奈者或許缺乏了些許冒險的勇氣,他寧取溫和、漸進的成長方式;無奈者會比較自覺的維持他的緩衝器,他知道說謊是不得已的,他盡量減少應酬話、場面話、或不由衷之言等等廣義的「謊話」,他說謊是為了維持基本的生活與人際關係,甚至為生命成長營造更多的有利條件,這或許就是子夏說的「大德不踰閑,小德出入可」的真義罷(《論語‧子張11》)。謊言不是為了利益或逃避,只是為了從權;謊言也不是解決問題的方法,而是緩兵之計。

㈦ 第七種謊言：最後的謊言

製造這一類型謊言的說謊者稱為「偉大的說謊家」。

「最後的謊言」是怎樣的一種謊言呢?這得從前文所說的「破夢之道」談起。前文提到為了尋求破夢,每個眾生都必須找到適合自己的修行法門、技術、訣竅、或宗教(不同的修行法門譬如禪坐、冥想、瑜珈、氣功、經咒、觀想、祈禱、蘇菲舞蹈…

…等等不同宗教的不同發現，有些法門偏重身法，有些強調心法，有些身心合修……），然後進行長期的身心鍛鍊及淨化。但這一切的法門、訣竅、技術、宗教都是有為法，其實都是「謊言」！是的。最後的謊言。而且如果不了解這最後的謊言仍然是謊言，修行者的心靈將陷入極大的執著與危險中。譬如人類歷史中許多不同的宗教不了解他們的宗教、法門只不過也是一種「謊言的設計」，而甘心為了自己的「謊言」發動宗教戰爭。名之為「聖戰」，其實是更大的無明與執著。但宗教的本意不是要教導不執著與自由嗎？那為什麼所有的修行法門、訣竅、技術、宗教都是「謊言的設計」？為什麼一切「有為法」都是謊言？關於這點印度修行大師奧修有很精闢的說明。奧修慣用「靜心」（Meditation）一詞，奧修的靜心意義接近悟道、開悟或無為的境界。他說：

> 靜心不能用思考來做……知道的人說：「跳！不要想！」……設計（device）是不需要的。……靜心是進入未知領域的一個跳躍……設計是不必要的……方法是不需要的……努力是不需要的……但是對於一個沒有跨過障礙的人來講，這是荒謬的……設計（指靜心方法的設計）是人造的，它只是一個詭計，用來鎮定你理性的頭腦，然後才能夠把你推進未知的領域。……
>
> 沒有一個方法是靜心的原因……那麼多方法都可能，每一個方法都只是一個設計……但是每一個宗教都說他們的方法是正確的，其他的方法不行，他們都用因果關係來思考。……

比方說，超出這個房間的界線之外是沒有界線的、開闊的
天空，你從來沒有看過。我可以跟你談關於天空的事，關
於它的新鮮，關於海洋，關於超出這個房間之外的一切，
但是你從來沒有看過。你不知道，你只是笑，你以為這是
我捏造的，你說：「這一切都很棒，你是一個夢想者。」
我無法說服你走到外面，因為我能夠談論的每一件事對你
來講都沒有意義。

然後我說「房子失火了！」這對你來講是有意義的……如
此一來，我就不必給你任何解釋，我只要跑，你就會跟著
我跑。房子沒有失火，但是當你跑出來，你不必問我為什
麼說謊，意義就在那裡，天空就在那裡……任何謊言都可
以，謊言只是一個設計，它只是一個將你帶到外面的設
計，但它並沒有使外界存在。

每一個宗教都是一個基於謊言的設計，所有的方法都是謊
言，它們只是創造出一個情況，它們不是因果關係的。新
的設計可以被創造出來……古老的設計已經沒有活力了，
古老的謊言已經起不了作用……⑰

不要忘了，我們所尊敬的宗教、法門、訣竅、技術都是不
同形式的「謊言」！所有偉大的傳統都是「謊言的設計」！都是
類似失火了、淹水了……的一類謊話；而設計這些謊言的就是像
佛陀、基督、老子……這些偉大宗教的祖師們，他們都是歷史上

---

⑰見奧修著，謙達那譯《靜心冥想》，奧修出版社，1989年，頁18～
20。

真正「偉大的說謊家」。所有的宗教與修行法門都是謊言設計，或許可以稱為「最後的無明」，都是舟筏、過程、與橋樑；修行者學習通過謊言進入真實不二的真如自性，經由無明修得覺醒，從舟筏到彼岸，從過程到目的，經由橋樑到達全然自由與覺知的生命境界。但謊言、無明、舟筏、過程、橋樑與自性、覺醒、彼岸、目的、覺知是不同的；修行人如果弄不清兩者的分別，混淆了舟筏與彼岸的「界線」，將落入宗教心靈最危險的無明與執著，「法執」。譬如佛不是屬於佛教的，佛教只是一個舟筏、一個謊言，而且成佛也不一定要通過佛教。所以謊言的設計與說謊的目的，修行法門與真如之地，有為法與無為法，兩者的見地必須分開；譬如宋朝的無見先睹禪師的詩，把「謊言的設計」的捨棄及難以捨棄的觀念說得很精妙：

> 到家舊路須忘卻，未到家時路覺遙。

許多古代的偉大教訓也把這兩層意思的差別抓得很好，我們舉《老子》及《金剛經》的話語為例：

> 道可道，非常道。（《老子1》）
> 一切聖賢，皆以無為法，而有差別。（《金剛經7》）
> 無有定法，名阿耨多羅三藐三菩提。（《金剛經7》）

所以真如與舟筏，常道與可道，阿耨多羅三藐三菩提與定法，無為法與差別，乃至到家與舊路，是兩層完全不同的意思。如果混淆不清，執舟筏為真如，或者以為自己的謊言最「殊勝」

（都是謊言，又怎麼分哪一個比較好呢？謊言的設計沒有高低，只要管用——只要能夠把人騙出封閉的房子就好，而且某謊言對甲管用，卻不一定對乙有效，所以應該設計出許多不同的謊言以適用於不同的人，因此稱為方便法），就不免真妄錯亂了。

所以修行者必須知道一切的法門、宗教、技術、訣竅都是「最後的謊言」，最後的謊言依然是謊言，只是比較深、比較純粹、比較接近覺醒、比較不像謊言的一種謊言；但謊言畢竟不是真實，如果執著謊言為真如，或硬執著自己的謊言最好，便是指鹿為馬，以妄為真了。宗教原意教導自由與覺知，萬一陷落到最後的夢、謊言與法執，為了追尋自由、覺知到最後卻執著追尋自由、覺知的方法，為了覺知卻落入更深的不覺知；真是宗教心靈一個荒謬而諷刺的嚴重警告！最後的謊言，小心變質為最深邃的陷阱；最偉大的謊言，還是最危險的無明？

八、結語：說謊的藝術

看完了夢的種種，謊言的種種⋯⋯我們了解到夢與謊言都有假與真，迷與覺，沈溺與進化，無明與覺知，執著與自由的兩面性。當然，只有在成佛、成道之後，生命才能進入全然無夢、沒有謊言的真如世界。在此之前，在人間學道修真，要懂得藉由夢境觸發痛苦，通過痛苦學習覺知；也要同時學會說謊的藝術——最好能夠學習第七種謊言，找到適合自己的謊言設計與工具，慢慢的航向真如之地；而且懂得真如與法門的二重性，不落法執，不執著自己的宗教，便是最殊勝的修行見地了。而且永遠不放棄相信真如自性一念頓悟的可能，自顯本地風光，那一切謊

言與設計都可立即拋卻。法門不是真如的原因，無為無念自性自覺，也不需要任何的條件。學習謊言的設計，是一路；隨時準備拋棄謊言的設計，是另一路；有無互動、漸頓雙修。不然，至少要學習第六種說謊的態度，減少緩衝器的使用，能夠做到自覺而不是失覺的說謊及使用緩衝器。但要注意的：是聰明的使用緩兵之計，而不是為自己找到逃避成長的藉口。

　　善用說謊的藝術，懂得提鍊夢與謊言中含藏的智慧，那儘管還是「世事一場大夢」，也不見得必然是「人生幾度秋涼」了。當然本文也是一紙謊言，夢中人語，誠邀諸友指教、共參夢境與謊言的實相與奧妙。

原型之人

先秦哲人對生命型態的終極嚮往

林素玟

【華梵大學中國文學系專任副教授】

中文摘要：

　　本文旨在建構「原型之人」此一生命美學概念。所謂「原型之人」，指內在具有原始自然之生命本質，外顯為音樂性藝術人格之生命形式。就先秦美學而言，不分儒、道，亦不分現代學科之文、史、哲，此乃先秦哲人普遍具有的生命型態之終極嚮往，尤以孔、孟、老、莊為代表。

　　就「原始自然」之生命本質而言，孔子稱之為「質」，孟子稱之為「赤子」，老子名之為「樸」，莊子則以「渾沌」之意象表示之。就「音樂性藝術人格」之生命形式而言，孔子以「禮樂」表示之，老子謂之「大音希聲」，莊子以「心齋」、「無聲之樂」形容之。

　　綜合內在「原始自然」之生命本質，及外顯「音樂性藝術人格」之生命形式，所表現的「原型之人」之生命型態，即孔子所謂「文質彬彬」、「盡善盡美」之君子，亦孟子指稱之「大人者，不失其赤子之心者也」的「大人」，亦即《禮記・樂記》中所謂的「中和」境界；而老子、莊子則強調其冥合於「自然之道」的「和」的化境，此又與《禮記・樂記》不侔而合。孔、孟、

老、莊對「原型之人」的內在、外顯形象之描述語言雖不盡相同，然其對完美的生命型態之終極嚮往，其境界則並無二致。即由原始自然之本質，經與天地宇宙冥合之音樂性節奏之薰習與開展，以臻於「和」之超越境界，此乃先秦哲人生命美學之共同蘄向也。

關鍵詞：

原型之人、原始自然、音樂、生命美學、中和

楔子

> 一片葉子有那樣的美，是經過了無數苦難，經過了無數次
> 的淘汰，最後選擇了它最完美的形式。①

這句話乍然映入眼簾時，內心深處似有一根弦被輕輕地撥
動，餘波盪漾，繞樑不絕。長久以來對生命的思考，似乎得到了
共鳴。沈浸在美學的國度裡，經常無端地感動，有時為大崙山上
的滿天星斗；有時為生命的苦難與莊嚴；有時為初生嬰兒藍而黝
深的眸子；有時為默然契會的眼神交流。人世間太多太多的美，
美得讓人柔腸寸斷，教人難以承受。於是，遂想起史作檉的一段
話：

> 真憂鬱者，憂道不憂貧。處兩難，但求所適以近天，純然
> 懿美之人格。②

一、原型之人——生命的永恆回歸

《天下雜誌》2001 年 11 月的特刊「海闊天空 V 美的學習
——捕捉看不見的競爭力」中提及：1999 年 11 月，第三十屆聯
合國教科文組織年會中，理事長梅爾首度提出美感教育宣言，倡

---

①蔣勳：〈發現自己的存在〉，《天下雜誌》，2001 年 11 月，頁 83 。
②史作檉：《憂鬱是中國人的宗教——美學與古典之中國》，台北：博
　學出版社，1980 年，頁 97 。

導美感教育對每個人之重要性。2000 年新加坡新聞與藝術部提出「文藝復興城報告」，試圖從軟體及心靈改造著手，將新加坡打造成一座文藝復興城。2001 年 1 月，美國教育部亦宣示，全國中小學生需接受藝術美感之課程。2001 年 9 月起，我國教育部實施九年一貫課程，將國中小的學程分為七大領域，其中最具創意的即為「藝術與人文」課程。同時，文建會亦推出「一鄉一館」計劃，使民眾在日常生活中便能接觸藝術與美感的文化活動。綜攝上論，前教育部長曾志朗宣稱：「美育是一切教育的核心」。

這一切政策、措施與宣言，似乎均指向於「二十一世紀是美感教育的世紀」。

「美感」與「藝術」誠為人類心靈最原始的呼喚，然則，究竟什麼是「美感教育」？

石朝穎在〈再造人格的真善美——藝術教育的省思〉一文中說得好：

> 美學教育，可以簡稱「美育」，或所謂的「藝術教育」。
> 「藝術」是我們生活「經驗」的一種呈現，不是所謂技術性的「方法」說明。
> 藝術的本質，就是對我們本性的一種「回歸」歷程，所呈現的一種「覺醒」。
> 藝術教育的可貴，就是要喚醒我們不要被工具或技術所「異化」，回歸到「人性」完整而不被分裂的真實存在上。③

---

③石朝穎：《人類是一件偉大的藝術品——美學的形上關懷》，台北：水瓶世紀，1998 年，頁233-234。

　　「美感」或「藝術」，就西方美學之定義而言，可能指稱為
美的人為創造物的形式，可以引發人之愉悅感覺者，此乃狹義的
美學內涵之一小部分。就中國美學而言，人類歷史活動中，一切
人性所發生的矛盾、挫折、衝突、掙扎等心理狀態，都是人類希
望逼向於美的努力過程。誠如蔣勳引友人植物學者徐國士之言，
自然界一切生命的演化過程，是經過無數次的苦難與淘汰，最後
以它認為最完美的形式回報於大自然，此正與六朝畫論家宗炳在
〈畫山水序〉中所謂「山水以形媚道」的精蘊相通。史作檉稱之
為「形上美學」，石朝穎則為其作「美學的形上建構」：

> 真正的形上美學，是一種大想像的世界，它真實而必要的
> 內涵，就是超越一切現實之磨難、現象之阻隔，甚至整個
> 形上世界中，所有思考中形式性之矛盾或詰難，也都必包
> 括其中。
> 人的真正理想是人存在之一種原型的存在……即真正以形
> 上美學以為法之道德之人格，同時亦即中國古典哲學中心
> 之所寄。④

　　人類生命所追尋的理想，是一「原型之人」的存在，也是
一種生命最完美的形式。而此「原型之人」的完成，就中國美學
而言，是一種「形上美學之道德的人格」。這種「原型之人」的
完成，毋須劃分儒家、道家，也毋須作哲學、文學、藝術等現代

---

④史作檉：《形上美學導言－一種對於中國古典哲學之基礎性的反省》，
　台北：仰哲出版社，1982 年，頁109、68。

學科的分類，此乃是先秦哲人對生命思考的永恆回歸。

二、美學的顛覆與建構

大凡一個新思潮的出現，即代表著一種新的美學典範的創造。新創思潮乃因應舊有思潮理論所產生的缺失，或實際在落實層面所造成之社會問題，提供另一種思考的向度。此種新舊美學典範之更替，石朝穎稱之為「美學的顛覆與建構」。何謂也？石朝穎指出：

> 「美學的顛覆」也就是對既有「傳統」的顛覆，其精義不在於否定既有的「傳統」，而是在於超越既有的「傳統」，而達到一種「創新」的意涵。……真正的「顛覆」，就是對「既有」的重新「建構」。⑤

> 「反叛」或「顛覆」的本義，並不是在否定一切的意思。反之，真正的「反叛」與「顛覆」是一種「超越」。⑥

以此「美學的顛覆與建構」的角度審視中國美學的發展歷程：先秦諸子、六朝、大唐、晚明、五四時期等階段，可謂中國美學最具顛覆與建構的時代。何以言之？

---

⑤石朝穎：《人類是一件偉大的藝術品──美學的形上關懷》，頁243。
⑥石朝穎：《人類是一件偉大的藝術品──美學的形上關懷》，頁249。

　　蓋先秦諸子所顛覆的是周文疲弊後的人文禮樂，建構出回歸原始禮樂本質之「新人文美學」典範；六朝時期顛覆了兩漢以來因獨尊儒術而導致單一重質的美感樣貌，建構了世族貴冑發現自我存在與天地冥合的「自然美學」典範；大唐時期，顛覆了世族寒門壁壘分明的社會型態，建構出以文人創造為主體的「藝術美學」典範；晚明時期，顛覆了程朱理學為主的天理人欲二分之美學傳統，建構出文人「游」的「生活美學」典範；五四時期，則全面顛覆了以儒家思想為主的「傳統禮教」規範，建構出以民主、科學為內涵的「應用美學」典範。⑦

　　以歷史思潮角度觀之，凡處於「美學的顛覆與建構」時期，亦即是思想文化最為衝突、價值判斷最為多元的百家爭鳴狀態，因而更能激刺當時代人面臨自身存在價值的問題時，對自我生命的存在意義與定位，重新作一番深刻的反省與釐清。

　　以先秦諸子為例：先秦諸子所面對的藝術環境，就宗白華先生所言，是一個以「鏤采錯金、雕繢滿眼」為美的世界。當時貴族所使用的禮樂典章制度，普遍崇尚豪奢、雕飾、繁複、碩大之美。諸子百家處於人類本質如此異化的時代，莫不嚴厲批判，紛紛提出一己思想，顛覆此形式表象的華麗之美，亟思建構一套回歸生命本質的「初日芙蓉，自然可愛」的美學典範。⑧孔子即指出：

────────────

⑦「人文美學」、「自然美學」、「藝術美學」、「生活美學」及「應用美學」等中國美學史之分期，乃採用龔鵬程先生之說法，參〈人文美的面向〉，收入《1997龔鵬程年度學思報告》，嘉義：南華管理學院，1998年，頁15。

⑧宗白華：〈中國美學史中重要問題的初步探索〉，收入《藝境》，北京：北京大學出版社，1999年，頁344。

> 禮云！禮云！玉帛云乎哉？樂云！樂云！鐘鼓云乎哉？
> （《論語・陽貨》）

> 人而不仁，如禮何？人而不仁，如樂何？（《論語・八
> 佾》）

孔子面對禮壞樂崩後的周文，徒具禮樂的華美、雕飾之器物形式，而喪失了禮樂的根本精神——生命本質之「仁」，故而興發了「吾不復夢見周公，久矣」之嘆！孔子欲復周公制禮作樂時之禮樂精神，提出了「仁」作為「原型之人」的本質。

相同地，老子亦對當時的審美價值觀提出批判，老子曰：

> 天下皆知美之為美，斯惡矣；皆知善之為善，斯不善矣。
> （《老子》第二章）

> 失道而後德，失德而後仁，失仁而後義，失義而後禮。夫
> 禮者，忠信之薄而亂之首也。（《老子》第三十八章）

老子所批判的禮，和孔子相同，皆針對疲弊後的周代禮樂典章制度而發。老子否定當時社會價值觀之下，流行的美、善、道、德、仁、義等人文世界之德行規範，老子所期盼的，是超越當時代審美價值觀之上的，更為極至的美善境界。就先秦哲人的心靈而言，孔、老終極的關懷如出一轍，乃是對人類最完美的生命型態——「原型之人」，作最深沈、最憂患的思考。此「原型

之人」的完美生命型態，可從「生命本質」和「生命形式」兩大
面向加以思考。

三、原始自然——生命本質的美感追尋

史作檉在論述人類文明之發展時，曾謂：

> 人類文明之發展，必遵三元性之結構而向前進展：原始原
> 創之自然－人文之觀念創造－人文之形式應用。⑨

依史作檉之言，所謂「原始」，指的是文字文明創造以前的
世界，亦即是「自然生成之物，自無人文世界中，以某人為之方
式所呈現之個體可言」；所謂「人文」，指的則是文字文明創造
以後的世界，亦即是「形式、符號、表達、理論或系統的存
在」。中國由殷商以前之原始自然之存在，進入到周公制禮作樂
之觀念的創造，周代之後，則有人文形式的應用，中國文化文明
之體系，於焉形成。

以此文明之發展軌跡審視先秦哲人對生命本質之美感追
尋，無不落在「原始自然」的人格型態上，此為先秦儒道哲人共
同之肯定。

此「原始自然」之本質，就孔、孟、老、莊而言，雖有不
同的語言塑造，然所指稱的生命質地卻毫無二致。

---

⑨史作檉：《社會人類學序說》，台北：唐山出版社，1989年，頁
30。

　　首先，就抽象的生命本質而言，「原始自然」的生命型態，孔子稱之為「質」，《論語》中記載：

　　子曰：「質勝文則野，文勝質則史。文質彬彬，然後君子。」（《論語‧雍也》）

　　生命「原始自然」的質樸本性，雖少了一分文華之美，如鄉野之民般，然在「文」、「質」的思考中，生命質地純粹之「質」，卻是孔子所讚賞而以為生命首出之本者。
　　老子對於「原始自然」之生命本質，則稱之為「樸」。「樸」在《道德經》中出現的次數極為頻繁，如《道德經》中言：

　　知其榮，守其辱，為天下谷。為天下谷，常德乃足，復歸於樸。（《老子》第二十八章）

　　敦兮，其若樸；曠兮，其若谷；混兮，其若濁。孰能濁以止？靜之除清。孰能安以久？（《老子》第十五章）

　　見素抱樸，少私寡欲。（《老子》第十九章）

　　道常無名。樸雖小，天下莫能臣也。（《老子》第三十二章）

　　道常無為而無不為。侯王若能守之，萬物將自化。化而欲作，吾將鎮之以無名之樸。無名之樸，夫亦將無欲。無欲

以靜，天下將自定。（《老子》第三十七章）

老子否定周文疲弊後之人文活動與文明之創造，認為人若能素樸寡欲，回復本然之性，則天下社會將無事而安，宇宙萬物將自然生化，則一切回歸最原始自然的純淨之姿。

承老子之緒，莊子則以「渾沌」的意象表示未經人文化成的「原始自然」之生命本質，莊子曰：

> 南海之帝為儵，北海之帝為忽，中央之帝為渾沌。儵與忽時相與遇於渾沌之地，渾沌待之甚善。儵與忽謀報渾沌之德，曰：『人皆有七竅以視聽食息，此獨無有，嘗試鑿之。』日鑿一竅，七日而渾沌死。（《莊子‧應帝王》）

莊子認為世人因有耳目口鼻等視聽食息之感官，追逐感官之慾望無窮，人便喪失了明覺之本性，故莊子主張唯有閉除有形之感官感受之後，心靈方能開啟更真實銳敏的原始生命本能之感受。

其次，若就具象的生命人格而言，儒、道兩家，雖亦有不同之語言陳述，然指涉之內涵，其揆亦一也。孔子所推崇的稱之為「野人」，如：

> 子曰：「先進於禮樂，野人也；後進於禮樂，君子也。如用之，則吾從先進。」（《論語‧先進》）

朱熹《四書集註》謂：「先進、後進，猶言前輩、後輩。

野人，謂郊外之民；君子，謂賢士大夫也。用之，謂用禮樂。」野人，或謂殷商遺民，因處於偏遠之宋國，故為郊外之民。孔子嘗謂「周監於二代，郁郁乎文哉！吾從周」，何以又在禮樂的運用上，以殷商遺民之禮樂為價值取向？其間是否有所矛盾？

就禮樂的存在而言，史作檉嘗指出：在中國的歷史發展中，禮樂有三種不同的型態：

(一)原始之禮樂：即周文以前之禮樂，亦即一自然之禮樂。

(二)創造性之人文的禮樂：即有組織之周、孔所言之禮樂。

(三)世俗之禮樂：即漢魏以後之禮樂。⑩

所謂「禮失而求諸野」，孔子的時代，面臨周文疲弊、禮壞樂崩的社會，孔子所稱許的生命型態是「郊外之民」，亦即原始自然的生命質地之殷人，此或因孔子為殷商遺民之血緣關係。若論生活中禮樂的實踐，則孔子肯定的是周文以前之禮樂，也即是夏、商以來巫術性宗教濃厚的原始自然之禮樂。所謂「郁郁乎」的周文，乃指「監於夏商二代」之原始禮樂。

就禮樂的本質而言，「野人」的素樸自然之禮樂，並未受文字文明之理論所洗禮，所謂「殷政尚質，寬簡溫厚」，反倒具有心靈感應之神秘力量，能真實扣合人類心靈底層非理性的企盼與想望，作為心靈精神之依皈；反之，周公制禮作樂後的「創造性之人文的禮樂」，較重官制、禮樂、刑法、農業、教育諸事，所謂「周政尚文，禮煩政苛」，⑪畢竟是一套專為人倫社會之和諧所制定的、約定成俗的理性的儀式軌範。就人心而言，「創造

---

⑩ 史作檉：《社會人類學序說》，頁24。9

⑪ 蕭公權：《中國政治思想史》，台北：聯經出版社，1981年，頁63。

性之人文的禮樂」實已具備了「用世之心」，並不全然切合人類心靈的終極渴求，因此燦然明備的周文，乃因襲夏商二代寬簡溫厚之質地，方為孔子所推崇。其後因人性不斷地質變異化，周文成為貴族競逐名利之符號表徵，早已喪失原有之精神，故而孔子在現實中會傾心於夏商以前原始自然的「野人」質地，以及原始自然的巫術性宗教式禮樂生活。

其次，就孟子而言，孟子所追尋的的具象生命本質，稱之為「赤子」。孟子曰：

> 大人者，不失其赤子之心者也。（《孟子·離婁下》）

朱熹《四書集註》謂：「大人之心，通達萬變。赤子之心，則純一無偽而已。然大人之所以為大人，正以其不為物誘，而有以全其純一無偽之本然。是以擴而充之，則無所不知、無所不能而極其大也。」孟子所謂「赤子」，就朱熹之解，是「純一無偽」的生命人格。「偽」字作「人為」解，亦即禮樂教化之人為文飾。如此言之，孟子所言「赤子」，即生命質地純粹單一、未經「創造性之人文的禮樂」教化的原始自然之生命。石朝穎亦指出：所謂的「赤子之心」，指的正是人的一種「自然原始的本質」。[12]

同以「赤子」為生命本質之美的，如〈大學〉亦如是謂之。〈大學〉引《尚書·康誥》曰：

---

[12] 石朝穎：《人類是一件偉大的藝術品——美學的形上關懷》，頁236。

如保赤子，心誠求之。（〈大學〉）

〈大學〉之教，治國必先齊家，朱熹《四書集註》謂：「此引書而釋之，又明立教之本，不假強為，在識其端而推廣之耳。」如先保有原始自然之生命本質，再用真誠之心推求，則循本而末立，齊家、治國、平天下可得而為之。「原始自然」之生命本質，仍是一切文字文明之本源。

不僅儒家孔、孟、〈大學〉，均以「原始自然」為生命美感之追尋標的，即便是道家老、莊，更將「原始自然」之生命人格，作為生命美學之最高理想。老子稱此為「嬰兒」或「赤子」。《道德經》曰：

載營魄抱一，能無離乎？專氣致柔，能嬰兒乎？滌除玄覽，能無疵乎？（《老子》第十章）

知其雄，守其雌，為天下谿。為天下谿，常德不離，復歸於嬰兒。（《老子》第二十八章）

含德之厚，比於赤子。毒蟲不螫，猛獸不據，攫鳥不搏。骨弱筋柔而握固。（《老子》第五十五章）

王弼《老子註》謂：「任自然之氣，致至柔之和，能若嬰兒之無所欲乎？則物全而性得矣。」「嬰兒不用智而合自然之智」，「赤子無求無欲，不犯眾物。故毒蟲之物無犯之人也。含

德之厚者，不犯於物，故無物以損其全也。」綜王弼之言，老子
之所謂「嬰兒」、「赤子」，亦即順任自然之節奏、冥合自然之智
慧、無欲無求的原始質樸之生命人格。王淮亦謂：「赤子與嬰兒
為道家之理想——修道養生者所嚮往之一種人格形態。……嬰
兒之生命柔弱，精神純粹，血氣飽滿，而生機旺盛，凡此皆修道
養生者，所追求嚮往之目標與理想。⑬」

　　至於莊子，則將原始自然之生命型態，以「至人」、「神
人」、「真人」之形象展現。《莊子》曰：

> 至人無己，神人無功，聖人無名。（《莊子·逍遙遊》）

> 藐姑射之山，有神人居焉，肌膚若冰雪，淖約若處子。不
> 食五穀，吸風飲露。乘雲氣，御飛龍，而遊乎四海之外。
> 其神凝，使物不疵癘而年穀熟。（《莊子·逍遙遊》）

> 至人神矣：大澤焚而不能熱，河漢沍而不能寒，疾雷破
> 山、風振海而不能驚。若然者，乘雲氣，騎日月，而遊乎
> 四海之外。死生無變於己，而況利害之端乎？（《莊子·
> 齊物論》）

> 古之真人：不逆寡，不雄成，不謨士。若然者，過而弗
> 悔，當而不自得也。若然者，登高不慄，入水不濡，入火
> 不熱。是知之能登假於道也若此。（《莊子·大宗師》）

---

⑬王淮：《老子探義》，台北：台灣商務，1985 年，頁219-220。

　　古之真人：其寢不夢，其覺無憂，其食不甘，其息深深。
真人之息以踵，眾人之息以喉。屈服者，其嗌言若哇。其
耆欲深者，其天機淺。（《莊子‧大宗師》）

　　古之真人：不知說生，不知惡死；其出不訢，其入不距；
翛然而往，翛然而來而已矣。不忘其所始，不求其所終；
受而喜之，忘而復之，是之謂不以心捐道，不以人助天。
是之謂真人。（《莊子‧大宗師》）

　　莊子以生動的形象說明「至人」「神人」「真人」之心靈不
受人為造作之水、火、風、雷等幻象所侵擾，睡時不夢，醒時無
憂，氣息深長，嗜欲淡薄，其精神純一，自在無礙，與天機天道
冥合，故外顯之相貌若「孺子」、「處子」。《莊子》曰：

　　南伯子葵問乎女偊曰：子之年長矣，而色若孺子何也？
曰：吾聞道矣。（《莊子‧大宗師》）

　　聞道之歷程，由外天下－外物－外生－朝徹－見獨－無古
今－入於不死不生。生命經由一層一層地向上提昇超拔，不斷地
將人文世界所構作的價值觀加以泯除，終見自我原始自然之本
質，亦即莊子所謂的「未始出吾宗」（《莊子‧應帝王》）。故外顯
之相能如嬰兒般肌膚冰雪透明，內蘊之氣則如明鏡一般，不將不
迎，應而不藏，故能勝任萬事萬物而不為物所傷。此外顯如孺
子、處子之「至人」「神人」「真人」之境界，亦即「原型之人」

的生命本質之具象化。

四、情深而文明——生命形式之美感抉擇

　　牟宗三先生論周代禮壞樂崩、周文疲弊，先秦諸子出於王官，為對治周文疲弊，皆提出一套思想學說。《中國哲學十九講》中指出：孔子對周代典章制度採取肯定之態度，然周文因貴族生命墮落而掛空，孔子賦予周文生命化；墨家對周文採取否定的態度，墨子以功利主義的態度看待周文，認為周文的禮繁瑣浪費，故不法周而法夏；道家亦否定周文，道家看不到周文是本於人性、人情，故認為周文是虛文，要求人的心境的自由自在與解放；法家亦採取否定周文的態度，法家著眼於時代問題，當時的社會政治型態是封建，經濟型態是井田制度，法家主張社會型態與政治型態需要解放與轉型。⑭

　　就周代禮壞樂崩之現象而言，牟先生之說法誠然建構了某部分歷史之現象。然就人類終極而超越的心靈境界而言，則如六朝樂廣所言：名教與自然「將無同」。儒道兩家表面上對周文持補充或批判的態度，孔、孟、老、莊在當時社會亦非一宗教家，然細細尋繹偉大哲人之心靈，莫不有一極崇高之宗教情懷與理想，此情懷超越人世間具體個別之人事物，而指向宇宙、人類生命之終極安頓，亦即「天地之大美」。在此一意義上，就中國哲人的心靈而言，此形上的美學關懷，在最高境界上是相通的。

　　若論孔、孟、老、莊對生命的原始自然之美質，外顯於形

⑭牟宗三：《中國哲學十九講》，台北：學生書局，1993年，頁60-65。

式上,有如何的抉擇;換言之,孔、孟、老、莊除了對生命本質之美感追尋,以「原始自然」之質地為主外,對於生命展現於外的形式表達,應以何種方式最能扣合「原始自然」之質地?

　　就人類的歷史觀之,當以「樂」和「禮」最能切合「原始自然」之本質,而完成「原型之人」的存在。而這「樂」和「禮」,並非周公制禮作樂後的「創造性的人文之禮樂」,而是回歸人類真實存在的原始禮樂。這套周文以前的原始禮樂,反而更與天地和其節奏,更與自然同其聲息。在這一形上的生命形式的美感抉擇上,孔孟老莊應是殊途同歸的。

　　就原始禮樂而言,其巫術性宗教濃厚之性格,恰正是原始原創的美學根源。周公制禮作樂之後的創造性人文的禮樂,則是經過規劃的理性之道德文明。若就藝術人類學的角度觀之,前者乃「原型之人」的存在之根源。

　　石朝穎在論「美學的形上建構」時指出:「美學的形上建構」必須正視三種境況:

　　㈠就「人性」來說,人都必須經歷過「童年」而後才進入「成年」。

　　㈡就「歷史」來說,人都必須經歷過「原始」而後才進入「文明」。

　　㈢就「表達」來說,人都必須先有「藝術表達」而後才進入「文字表達」。

　　「童年」、「原始」與「藝術」,乃是「人類美學」的基礎與根源。所謂的「童年」與「原始」指的是:識字前的「兒童心理」與使用書寫文字前的「原始文明」。⑮

　　以此理論觀之:殷商以前的文化是屬於「童年」、「原

始」、「藝術表達」的階段；周代理性的人文思想發達以後，是
屬於「成年」、「文明」及「文字表達」的階段。兩者區分之關
鍵，則在於「樂」。「禮」與「樂」雖常並舉，但真正與生命主
體的氣息相通、與天地的韻律相應者，非「樂」莫屬。「樂」雖
可分為聲、音、樂三個層次，然本質均為聽覺藝術。此聽覺藝術
正是宇宙自然與各種生命形式相感相應的基本元素。史作檉對此
有極為深刻之說明：

> 唯聲音最為特殊，大凡人類文明中所可意識到之有關神
> 秘、絕對、無限、不可知、基礎等事物之根源，都與它有
> 不可分的關係……我們對聲音的真正瞭解，就在於人類不
> 受任何空間性符號表達之限制或束縛，並以一真自由之心
> 懷，向人與自然直接相關之大自然本然宇宙背景的回歸
> 中，方能有所真及。因為真正的聲音、語言或音樂，它是
> 一種訊息，它不來自於文字性城市中造作之理論或教條，
> 它唯來自於果以真自然為背景之自然而生成的世界。⑯

在人類文明的發展歷程上，「樂」一直處於「生命美學」
的層面，溝通著不可知的、神秘的天地與人類的韻律節奏；「禮」
的內涵雖為「文化美學」的層面，然究其根源，實以「樂」為其
本源。誠如宗白華先生所說：「禮之本在仁，在於音樂的精神，
理想的人格，應該是一個『音樂的靈魂』。⑰」殷商以前的原始

---

⑮石朝穎：《人類是一件偉大的藝術品──美學的形上關懷》，頁250-
　251。
⑯史作檉：《藝術的本質》，台北：書鄉文化，1993年，頁25。

禮樂，以「樂」為中心，透過巫術性的詩、歌、舞合一的「樂」，傳達一種人類與天地自然相契相感的生命律動，此亦為中國藝術的美的源泉——節奏。[18]周文之後的創造性人文的禮樂，卻是以「禮」為中心，「禮」之內涵與「刑」相當，「樂」退居為行禮之樂，純為「禮」而奏之配樂，原始禮樂之神秘的生命律動轉而為規則性的宮商律呂，多了管絃器樂的形式，卻少了一份生命原始的悸動與鳶飛魚躍。

故而孔子欲興樂教，以音樂為教育之中心，重新尋找周代禮樂之本質。《論語》中記載孔子論樂之處甚多，舉其要者如：

> 子語魯大夫樂，曰：「樂其可知也。始作，翕如也。從之，純如也，皦如也，繹如也。以成。」（《論語·八佾》）

> 子謂韶：「盡美矣，又盡善也。」謂武：「盡美矣，未盡善也。」（《論語·八佾》）

> 子曰：「興於詩，立於禮，成於樂。」（《論語·泰伯》）

孔子認為生命之圓滿完成，必須歸趨於音樂性的藝術人格，而此音樂性之藝術人格，正為「仁」的道德人格，故孔子論

---

[17] 宗白華：〈藝術與中國社會〉，收入《藝境》，頁208。
[18] 宗白華：〈論中西畫法的淵源與基礎〉謂：「美與美術的特點是在『形式』，在『節奏』，而它所表現的是生命的內核，是生命內部最深的動，是至動而有條理的生命情調。『一切的藝術都是趨向音樂的狀態』，這是派脫(W.pater)最堪玩味的名言。」收入《藝境》，頁117。

樂，強調「盡善盡美」。此「盡善盡美」的音樂性之藝術人格，
孔子又曾以嬰兒的形象加以串連而等同。漢代劉向《說苑》記
載：

> 孔子至齊郭門外，遇嬰兒，其視精，其心正，其行端。孔
> 子曰：趣驅之，趣驅之，韶樂將作。

宗白華先生指出：孔子將嬰兒的心靈的美比做他素來最愛
敬的韶樂，乃因為嬰兒的一雙眼睛令人感到心靈天真聖潔，能如
韶樂般啟示盡善盡美的深厚內容。音樂使我們去把握世界生命萬
千形象裡最深的節奏的起伏。[19]嬰兒與音樂給予人的啟示相通，
嬰兒又象徵「原始自然」的生命本質。故孔子所嚮往的生命型
態，應是具備「原始自然」之美的本質，加上音樂性節奏之美的
形式所摶合而成的藝術人格，亦即「文質彬彬」、「盡善盡美」
之道德人格，亦即所謂的「原型之人」。
　　此「原型之人」的完美呈現，在孟子而言，稱為「大人」。
石朝穎即指出：中文的「美」字，是由「大」字，與「羊」字構
成；而「大」字，從字源上看，是指「一個人站立的正面」，故
象人形。所謂的「大人」，是指那些有能力保持孩童般天真本性
的人，稱之所謂的「大人」！[20]此可以揭示至少二種藝術人類學
的象徵意義：第一，未有系統書寫文字的原始人，頭上戴上象徵

---

[19]宗白華：〈中國古代的音樂寓言與音樂思想〉，收入《藝境》，頁325-
334。
[20]石朝穎：《人類是一件偉大的藝術品──美學的形上關懷》，頁
235。

「文字文明」的裝飾物「羊角」。換句話說，這也許正意謂「美」這個字，指的就是，具有自然、原始本質的人，加上象徵文明裝飾物。一方面既保有自然原始的本質，另一方面又具有文字文明的裝飾。這不正就是孟子所謂的「大人者，不失其赤子之心」的本意嗎？因為所謂的「赤子之心」，指的正是人的一種「自然原始的本質」。㉑

此「原型之人」的美感樣貌，在《禮記‧樂記》中稱為「情深而文明」。「情深」，即「質」，或「原始自然」之生命本質，徐復觀認為：它乃直接從人的生命根源處流出；㉒「文明」即「文」，或「音樂性節奏」之生命形式，徐復觀認為它是指詩、歌、舞，從極深的生命根源，向生命逐漸與客觀接觸的層次流出時，皆各具有明確的節奏形式。㉓

相同地，老子和莊子雖對周文持否定態度，然此乃針對「創造性的人文之禮樂」而言，對於更終極的、直指人類原創心靈的原始禮樂或大自然的生命節奏，老莊則是心嚮往之，老子即曰：

大音希聲。（《老子》第四十一章）

王弼《老子註》曰：「聽之不聞名曰希，不可得聞之音也。有聲則有分，有分則不宮而商矣。分則不能統眾，故有聲者

㉑石朝穎：《人類是一件偉大的藝術品——美學的形上關懷》，頁236。
㉒徐復觀：《中國藝術精神》，台北：學生書局，1988年，頁26。
㉓徐復觀：《中國藝術精神》，頁26。

非大音也。」老子認為：最極至的音樂，是超越一切世俗的聲音，無法以感官之聽覺系統去耳聞，必須以生命最深層的節奏氣息去感應，如此與大自然之節奏氣息相冥合，此方為生命形式最完美之呈現。

與此相同，莊子亦主張完美的生命形式，是具備天地宇宙最極至的音樂性的節奏氣息，莊子稱之為「心齋」：

> 若一志，無聽之以耳而聽之以心，無聽之以心，而聽之以氣，聽止於耳。心止於符，氣也者，虛而待物者也，唯道集虛，虛者，心齋也。（《莊子·人間世》）

所謂「虛則能納」、「虛室生白」。莊子認為生命的形式必須回歸於「虛」的狀態，將感官經驗加以解消，重新回到生命本然的脈動中，所謂「墮肢體，黜聰明，離形去智，同於大通」，才能以主體最靈明的生命律動去感應大自然的節奏氣息。莊子認為主體最深層的生命律動，亦即道體的展現。蔣勳認為這「虛」的審美心理，亦即是音樂中的「無聲」。[24]《莊子》一書中描述咸池之樂，最能代表莊子對生命形式的美感抉擇。其曰：

> 吾始聞之懼，復聞之怠，卒聞之而惑；蕩蕩默默，乃不自得。……夫至樂者，先應之以人事，順之以天理，行之以五德，應之以自然；然後調理四時，太和萬物。（《莊

---

[24] 蔣勳：《美的沈思——中國藝術思想芻論》，台北：雄獅美術，1986年，頁111。

子‧天運》）

視乎冥冥，聽乎無聲；冥冥之中，獨見曉焉；無聲之中，
獨聞和焉。（《莊子‧天地》）

宗白華先生謂莊子所指的「無聲之中，獨聞和焉」是領悟
宇宙裡「無聲之樂」，也就是宇宙裡最深微的結構型式和規律，
亦即是「道」。「道」是一首五音繁會的交響樂，㉕令人聞之產
生懼、怠、惑、愚的崇高、震懾的美感心理，而其最高境界卻是
「應之以人事，順之以天理，行之以五德，應之以自然；然後調
理四時，太和萬物。」此又與《禮記‧樂記》論樂的美感境界相
通。〈樂記〉有言曰：

大樂與天地同和，大禮與天地同節。（《禮記‧樂記》）
樂者敦和。（《禮記‧樂記》

故樂者，審一以定和，比物而飾節；節奏合以成文。
（《禮記‧樂記》）

故樂者，天地之命，中和之紀，人情之所不能免也。
（《禮記‧樂記》）

㉕宗白華：〈中國古代的音樂寓言與音樂思想〉，收入《藝境》，頁
331。

〈樂記〉認為最極至的音樂，應是與天地的節奏相應相和。自然之「一」乃是生命節奏律動的根源，以宇宙自然之節奏「一」來和同人心人情，則所有生命的節奏莫不與宇宙自然相應，便成就出天文、人文渾然一體的「和」的境界，也就是莊子所謂「天地與我並生，萬物與我為一」的「大和」境界。

綜上言之，先秦哲人對完美的生命型態──「原型之人」形式的美感抉擇，率以生命最深沈的音樂節奏及律動為主要內容，此音樂節奏之根源在於天地自然，而呈現於「原型之人」的生命形式中，成為溝通人類靈魂與神秘不可知的宇宙之間，最深最美的律動。

五、結論

整體而言，先秦哲人對生命型態的終極嚮往，乃是一「原型之人」的完成。就生命本質而言，「原型之人」的本質應是具備「原始自然」之質地，如嬰兒、如赤子、如孺子、如野人；就生命形式而言，「原型之人」的形式應是盡善盡美如韶樂、至樂、無聲之樂般的藝術人格。而整全的「原型之人」，應是完成「文質彬彬」、「情深而文明」、綜攝道德與藝術的完美之生命型態。

本篇論文中所反覆申言者，即此一簡單又眾人知曉的道理。但誠如老子所言：

吾道甚易知，甚易行，而天下莫能知，莫能行。

　　舉凡曾經對生命的真實存在與價值有過深沈思考與自覺者，均能體會箇中道理。但人類在不斷成長的過程中，經常不斷地探問生命的困惑：人一旦被拋擲至世間，為何生命必須活著？究竟自己的存在意義與價值為何？人在尋尋覓覓的追問中，幸運者，可找到一己安身立命之終極信念，此生得以「衣帶漸寬終不悔，為伊消得人憔悴」；再不然，便是隨世浮沈，追逐社會的價值觀而一去不復返，生命的本質異化了，代之而起的是物性本能的爭競；尤有甚者，則渾渾噩噩，自我生命的起始與終了，如同泡沫般，未嘗有人留意其存在與消失。每思及此，不覺太息！

　　能長年浸淫於中國文化的國度裡，是一件極為幸福的事。我也曾回顧一己的生命歷程，觀照自我的生命特質，在經典中尋求困惑的解答。所幸者，千古詩心是共通的，長年企盼的對於一己生命型態的終極嚮往，能在先秦哲人的睿言妙語中獲得印證。人類的確是宇宙創生的一件偉大的藝術品，自然界所有生命的苦難與莊嚴，均在此一體呈現。而初生的嬰兒、紅通通的赤子，照見人類靈魂深處最永恆的渴望——回歸「原型之人」的存在。

　　徐志摩有一首詩，道盡了人類存在的終極嚮往：

> 我攀登了萬仞的高崗，
> 荊棘扎爛了我的衣裳，我向飄渺的雲天外望——
> 上帝，我望不到你！
>
> 我向堅厚的地殼裡掏，
> 搗毀了蛇龍們老巢，在無底的深潭裡我叫——
> 上帝，我聽不到你！

我在道旁見一個小孩：

活潑，秀麗，襤褸的衣衫；他叫聲媽，眼裡亮著愛——

上帝，他眼裡有你！（徐志摩〈他眼裡有你〉）

六、後記

行文至此，第一次有種釋放與澄清之感。長期接受學術語言的訓練，本有的最靈明、最能與自然界氣息相通的感覺遲鈍了，代之而起的，只是規範化的格式和冰冷分析的語言。面對中國文化的核心課題——「生命實踐」，學術語言是難竟其功的。誠如石朝穎所言：

生命的奧秘，是一種無法被文字語言解答的情境。㉖

我的書寫，充其量，也只是在釋放自己對生命所積累的感動，以及澄清自我生命的質地。然而書寫之後，又將如何？生命仍舊不斷地在找尋出路。枕上讀到高行健的文字，似乎正嘲弄著我：

我總在尋找意義，又究竟什麼是意義？我能阻擋人去建立用以毀滅自己的這紀念碑大壩嗎？我只能去搜尋渺小的沙粒一般的我的自我。我無非去寫一本關於人的自我的書，且不管它是否發表。多寫一本與少寫一本又有何意義？湮

㉖石朝穎：《人類是一件偉大的藝術品——美學的形上關懷》，頁9。

滅了的文化難道還少？人又真那麼需要文化？再說文化又是什麼⑦？

生命的課題原就充滿了困惑與不確定，充滿了矛盾和荒謬，應如何看待？最後，我想起了《金剛經》裡的一段文字，頗能說明現在的心情：

　　一切有為法，如夢幻泡影，如露亦如電，應作如是觀。

---

⑦高行健：《靈山》，台北：聯經出版社，2001年，頁316。

《詩經‧周頌》的生命觀

中國哲學與文化的生命觀探源

林碧玲

【華梵大學中國文學系專任助理教授】

中文摘要：

　　本論文《詩經‧周頌》的生命觀，屬於中國哲學與文化生命觀的探源研究，目的在解答兩大問題，一為《詩經‧周頌》如何體現其生命觀？一為《詩經‧周頌》所體現的生命觀有何精義？其理論規模與特色為何？對中國哲學與文化的意義何在？本論文透過《詩經‧周頌》篇旨的疑義澄清與分類，歸納出「崇本繼德」與「德化周普」的道德實踐，為《詩經‧周頌》體現其生命觀的兩大面向，形成了以「實踐顯發式」為特色的獨特生命觀體現方式。至於《詩經‧周頌》生命觀的精義則有下述六大綱領：1、道德創生的生命自覺，2、德合三才的生命理想，3、一體合德的生命體驗，4、繼德達孝的生命責任，5、敬勤交修的生命實踐，6、稱德受祿的生命歸向，總結而為道德創生實踐的生命觀。其中蘊蓄了許多中國哲學與文化發端與定向的基本問題與獨特範疇，涵藏了「三才合德‧德合三才」的全幅理論宏規與實踐之道，指向實踐「德合三才‧一體通安」的生命，才是真生命的肯認。希望本論文探源性的研究成果，能成為認識中國生命實踐學，以及中國哲學與文化對外溝通調適的資糧。

關鍵詞：

　詩經、周頌、生命觀、道德實踐、儒學、中國哲學

一、前言

　　開放溝通、交流調適是人類哲學與文化發展到今日的主要課題，同時也已成為當今中國哲學與文化研究的基本關切與歸向所在。從方法上而言，認識與掌握各哲學與文化體系的特色，則是開放溝通、交流調適的基礎；而從源頭處掌握、區辨各哲學與文化體系的獨特精神與理趣，更是不可或缺的工作。這點認識，正是本文寫作的背景與用心所在。本文的副題「中國哲學與文化的生命觀探源」，正是這點用心的表明。

　　相對於西洋哲學與文化而言，「生命實踐」可謂中國哲學與文化的特色。可以說，「實踐」是中國哲學與文化的至高堅持，「生命」則是中國哲學與文化的首出關懷。就中國哲學與文化而言，「實踐」是為了彰顯「生命」的意義與達致「生命」的圓滿，而「生命」的實存與真諦就在「實踐」中開展與完成；同時「生命觀」──對生命基本而終極的、絕對而獨特的自覺信念與力行堅持，也就在生活實踐中同步凝鑄而成，進而作為人生價值取向的判準與實現理想生活的指導。也可以說，從存在的活動而言，固是實踐凝成了生命觀，然而從學理的探究而言，卻是生命觀提領了實踐。「生命觀」與「實踐」的交修共參，展現了中國人獨樹一格的終極關懷，創造了中國哲學與文化的特殊範疇，而為人類哲學與文化的發展別開另一生面。就此而言，認識中國哲學與文化的生命觀，便成為開啟中國哲學與文化的入門之鑰。因此，中國哲學與文化的生命觀研究，便成為研究「生命實踐」之學的初步，而其最簡截直易的切入點便是探本溯源，從中

國哲學與文化生命觀的發端萌芽處，把握其義諦與特質。

中國文明的起源，根據當代考古學的研究所得，「多元交進」已成為常識。且當代考古學的勃興，也使我們對夏、商文化已有較多實物驗證與了解的可能①。不過至今的研究成果，仍未能滿足哲學探索的需求，也不足以提供在學理上完成生命觀建立的文獻資料。且就現存文獻所知，上古中國初見嚴格意義的理性化哲學的興起實在周代，特別是儒家哲學所繼承的周文，其精神的原始勃發則在殷周之際。武王的伐紂滅殷，不僅是一個政治朝代的轉換，同時也是中國上古從原始洪荒的神話世界與宗教信仰，逐漸挺立理性自覺、綻露文化曙光，而孕育哲學之芽的里程碑。因此本文關於中國哲學與文化生命觀的探源研究，便以周初文化為對象。

現存最具代表性的周文化典籍資料，不外為《詩》、《書》、《禮》（《儀禮》）、《易》、《春秋》五經。五經的著成時代頗不整齊，其中完成於周初而足以代表周初理性思想與文化理念的，要為《詩經·周頌》、《尚書·周書》中的文誥②、與《易經》的經文。本文所以只選擇《詩經·周頌》作為研究範圍，一則考慮研究時間與論文性質，二則因為《書》與《易》的哲理，尤其是《易》哲理向為當代學界所重，且研究成果日增月豐，唯獨《詩經·周頌》的哲理研究則相形見黜。但這並不意味

①參見夏鼐：《中國文明的起源》（台北：滄浪出版社，1986年9月），頁83-112。
②按：即《尚書·周書》中的〈大誥〉、〈康誥〉、〈酒誥〉、〈梓材〉、〈召誥〉、〈洛誥〉、〈多士〉、〈無逸〉、〈君奭〉、〈多方〉、〈立政〉、〈顧命〉等十二篇。

著當代《詩經》學的式微，只不過研究進路與興趣多偏向《詩經》的興味情緻與文學意義，因而特別凸顯了《詩經》的文學性格，而哲理性的研究《詩經》所蘊涵的常道義理，並藉此而透發《詩經》的「經典性」，便相對的顯得薄弱許多③。

　　其實《詩經》作為孔子儒學所淵源的周文的重要典籍，又是孔門德教的必修與先學教材，雖然它的教育目標有所謂的能言④、四可多識⑤、達政專對⑥，然而所以能達致此教化功能的原因，乃在於《詩》教本質上是生命情志的觸動與陶冶，是人生意義的指引、是價值理想的興發。因此，在孔門德教中，學《詩》就是學人生之道，《詩》教就是啟發生命價值的覺醒，就是引領生命實踐的起步。因此，《詩經》除了當代所側重的文學性外，本深具哲理性，而值得加以探討。特別是《頌》詩，劉勰謂：「容告神明謂之頌。……頌主告神，義必純美。……斯乃宗廟之正歌，非讌饗之常詠也」⑦，《頌》詩是祭祀上帝、祖先時，游揚德業、褒讚成功、祈請福祿的詩歌與舞容，這是對上天和祖先

③參見楊晉龍：〈臺灣近五十年詩經學研究概述　1949~1998〉，《漢學研究通訊》第20卷第3期（總79期，2001年8月），頁35-44。

④子曰：「不學《詩》，無以言。」（《論語‧季氏16-13》）。本文《論語》之分章，據宋‧朱熹：《四書章句集註‧論語集註》（點校新編本，台北：鵝湖出版社，1984年9月）。

⑤子曰：「小子，何莫學夫《詩》！《詩》可以興、可以觀、可以群、可以怨；邇之事父，遠之事君；多識於鳥獸草木之名。」（《論語‧陽貨17-9》）。

⑥子曰：「誦《詩》三百，授之以政，不達；使於四方，不能專對；雖多，亦奚以為？」（《論語‧子路13-5》）。

⑦梁‧劉勰著、周振甫注：《文心雕龍注釋‧卷二‧頌讚第九》（台北：里仁書局，1984年5月），頁161。

抒情明志，可以說是生命價值理想最直接的省思與坦露。因此本文探索中國哲學與文化生命觀的本源，正可以從《詩經》中最為古奧、作於西周初年的《周頌》進入。不過這雖可能切中精要，然而畢竟不足以涵蓋整體上古生命觀的研究，所以應視為全面探源研究的初步。

二、《詩經‧周頌》生命觀的體現

　　《詩經》作為言志抒情的作品，並不曾系統性的表述其生命觀，後人只能從作品所流露的情志，用以意逆志的方式體會其生命情懷，再加以理論性的建構與表述。可以說《詩經》中作者披露情懷的各個面向與形式，便是《詩經》生命觀的體驗與展現，也就是接引後人調理出《詩經》生命觀的重要指標。也因此，本文探討《詩經‧周頌》的生命觀，首先要面對的問題就是：《詩經‧周頌》如何體現周初文化的生命觀呢？以下「崇本繼德」與「德化周普」兩大面相，便是本文對此問題的解答。其中，「崇本繼德」主要表現在對「典範祖考」的祭頌，以及時王的敬慎自儆，而以「儀刑文王」為眼目；「德化周普」則從祈豐報本的敬農安民，與親敬殷遺的德合天下可以得見。由「崇本繼德」與「德化周普」兩面相的交織鋪衍，便形成了《詩經‧周頌》以道德實踐的自我力行與期許，來體現生命觀的特殊路數。

㈠《詩經‧周頌》崇本繼德的謳歌

　　《詩經‧周頌》三十一篇中具有「崇本繼德」意義的祭頌詩就有二十三篇，包括——

甲、祭天而以文王配享之詩：〈我將〉。

乙、祭祀祖考之詩：

　(甲)、祭祀始祖之詩：〈思文〉。

　(乙)、祭祀先王之詩：〈天作〉、〈烈文〉、〈有瞽〉。

　(丙)、祭祀文王之詩：〈清廟〉、〈維天之命〉、〈維清〉、

　　　　〈雝〉、〈賚〉。

　(丁)、頌祭武王之詩：〈武〉、〈酌〉、〈桓〉、〈時邁〉、

　　　　〈般〉、〈執競〉。

　戊)、成王朝廟之詩：〈載見〉、〈閔予小子〉、〈訪落〉、〈敬

　　　　之〉、〈小毖〉。

　(己)、祭祀成王之詩：〈昊天有成命〉、〈執競〉。

　(庚)、祭祀康王之詩：〈執競〉。

　(辛)、歲時祭廟之詩：〈潛〉。

　　上述的分類乃根據各篇篇旨的釐訂，不過其中有些篇旨學
界猶有歧義，因而本文曾略加考辨。以下即先闡明本文對詩旨歧
義的澄清，再析論「崇本繼德」的體現。

1、《詩經‧周頌》篇旨疑義澄清

　　《詩經》各篇篇旨，歷來學者論斷不一，古注中作為漢宋學
代表的《詩序》與《朱傳》已常見不侔之處，而今人於《詩序》
與《朱傳》的取捨又或有參差，且時有新解。本文上述對《周頌》
各篇旨趣的歸類，主要根據屈萬里所著《詩經詮釋》⑧而加以斟
酌損益，因為屈書的篇旨已檢別、吸收了《詩序》、《朱傳》以

⑧屈萬里：《詩經詮釋》（台北：聯經出版事業公司，1998 年 1 月）。

後的重要新說。不過，其中〈執競〉、〈天作〉、〈時邁〉、〈般〉
等四篇的篇旨，仍有待澄清。

　　〈執競〉一詩因有「執競武王，無競維烈。不顯成康，上帝
是皇」之辭，因此今人率循《朱傳》見解，以為是「祭武王、成
王、康王之詩」，於此屈氏亦無異議。惟此祭三王究為合祭或各
祭其廟之謂？朱守亮據牛運震《詩志》謂：「三王無合祭之禮，
當是一詩而各歌於三王之廟耳」，而認為當以《朱傳》為是⑨。
如此則此詩祭三王當指各祭其廟，因此本文據此而將它分別系屬
於祭三王之詩。

　　其次，〈我將〉一詩，屈氏斷為「祭文王之詩」⑩，不過細
審經文——

　　　　我將我享，維羊維牛，維天其右之。
　　　　儀式刑文王之典，日靖四方。伊嘏文王，既右饗之。
　　　　我其夙夜，畏天之威，于時保之。（〈我將〉）

則見此詩以首尾事天之辭，中包祀饗文王一節，因此本詩的篇旨
實應為「祭天而以文王配享之詩」，今人朱守亮有謂「我將」為
「此祀帝於明堂，而以文王配之之詩」，可謂較近乎詩旨，然而彼
從《朱傳》之本於《孝經・聖治章》而謂祀於明堂，可謂於詩文
無徵⑪。雖然此詩原非主祭文王，然而經文卻不減崇頌文王之

---

⑨以上參見朱守亮：《詩經評釋　下》（台北：臺灣學生書局，1984年
　10月），頁877-879。
⑩參見屈萬里：《詩經詮釋》，頁562。
⑪參見朱守亮：《詩經評釋　下》，頁873-875。

誠，因此若論祭祀文王之作，此詩也可算數。

再者，〈天作〉、〈時邁〉、〈般〉三篇的詩旨，學者的論定也有所不同。屈萬里認為這三首分別是對大王與武王的讚頌，不過朱守亮卻認為這三篇都是祭祀天地山川之詩。以下先討論〈天作〉一詩。屈氏引《朱傳》謂〈天作〉為「此祭大王之詩」⑫，朱守亮則謂「此祭岐山之詩」⑬。然則詩云：

> 天作高山，大王荒之。
> 彼作矣，文王康之。
> 彼徂矣，岐有夷之行。
> 子孫保之。（〈天作〉）

可見此詩之所以頌揚岐山，實非稱美岐山之物理自然，而是因先王疆理興作之人文化成。且詩中於先王不獨讚頌遷岐創業的大王而已，也稱頌治岐昌周的文王。本來先周的崛興，歷經大王、季歷、文王、武王四代的經營，然而卻是肇基於大王而漸盛於文王，因此讚頌首尾二王便足以總賅治岐興周的德業。就此而言，此詩的篇旨應是「祭治岐興周先王之詩」，因此本文將其歸入「祭祀先王之詩」一類。

〈時邁〉與〈般〉二詩，歷來說解多與《詩序》相近，以為是武王巡守時，「告祭柴望之詩」是為〈時邁〉（柴即燔柴祭天，望即望祭山川），「祀祭河嶽之詩」是為〈般〉⑭。因此二

---

⑫參見屈萬里：《詩經詮釋》，頁560。
⑬參見朱守亮：《詩經評釋　下》，頁870-871。
⑭參見朱守亮：《詩經評釋　下》，頁875-876。

詩當是祭祀天地山川之詩，與〈潛〉的歲時祭廟具為周禮祭禮系統中的「中祭」，而有別於祭祀「典範祖考」的「大祭」⑮。不過，屈氏以為二詩都在頌讚武王⑯。考〈時邁〉一詩，雖開首即云：

> 時邁其邦，昊天其子之，實右序有周。
> 薄言震之，莫不震疊。懷柔百神，及河喬嶽。（〈時邁〉）

似是描繪武王巡守時柴望之舉。然而其旨在讚頌武王開國氣象輝煌，德威兼備、人神交感，而勉其懿德治平以保天命，因此下文又云：

> 允王維后，明昭有周，式序在位。
> 載戢干戈，載櫜弓矢。
> 我求懿德，肆於時夏，允王保之。（〈時邁〉）

至於〈般〉詩雖云：「於皇時周，陟其高山。嶞山喬嶽，允猶翕河」，令人彷彿目睹武王登高臨深，祭告百神的氣象。然而此詩下文有云：「敷天之下，裒時之對，時周之命」，實謂有周得命，天下風雲際會，諸侯朝宗；則此詩亦當為頌美武王之作。本

---

⑮參見清·孫希旦：《禮記集解·卷四十五·祭法》（台北：文史哲出版社，初版年月不詳，1976年10月再版），頁1093-1106。又參見方東美：《中國哲學之精神與發展　上》（台北：成均出版社，1984年4月），頁87-88。
⑯參見屈萬里：《詩經詮釋》，頁563、597。

文據上所論而從屈氏說，以〈時邁〉與〈般〉皆為頌讚武王之詩。

經過上述詩旨歧異的澄清、考辨之後，本文便能根據前述的詩篇分類，而探討《周頌》詩篇的崇本繼德體現。

2、《詩經·周頌》崇本繼德的體現

縱觀上述二十三篇祭頌詩，除了〈我將〉之外，都是祭祀祖考之詩。〈我將〉雖有祭天之義，然亦為文王配享之詩，就也有尊美祖考之義。《禮記·郊特牲》云：「萬物本乎天，人本乎祖，此所以配上帝也。郊之祭也，大報本反始也」⑰，〈我將〉即為「大報本反始」之詩。因此，可以說此二十三篇都是祭祀祖考、報本反始的祭頌，主要的精神乃在歌頌典範祖考的文德功業，並以效法祖先的德業而永保天命自勉。

《禮記·祭統》謂：「祭者，教之本也已」⑱，然則祭禮的教義為何？即〈禮器〉所謂：「反本脩古，不忘其初者也」⑲，〈祭義〉所謂：「君子反古復始，不忘其所由生也」⑳，又謂：「致反始，以厚其本」㉑，因此如〈潛〉詩的歲時獻祭，正是合諸天道以追遠思本的踐履。本來祭禮追養孝親的意義就在於念本反始，敦厚本初。然而〈我將〉等二十三篇祭頌詩，其義則不僅在紀念周人自然生命的本源而已，而更在追念創造周人生命意義與價值的本源，也就是《周頌》所謂的「文德」的本源。這是由

---

⑰ 清·孫希旦：《禮記集解·卷二十五·郊特牲》，頁633。
⑱ 清·孫希旦：《禮記集解·卷四十七·祭統》，頁1139。
⑲ 清·孫希旦：《禮記集解·卷二十四·禮器》，頁599。
⑳ 清·孫希旦：《禮記集解·卷四十六·祭義》，頁1120。
㉑ 清·孫希旦：《禮記集解·卷四十六·祭義》，頁1116。

對先人生命的德慧志業傳統，湧生無盡的感念、思慕與推崇，從而自我要求參與、繼承，以維繫、發皇此意義與價值的創造長流，並成為後代子孫生命意義與價值創造的楷模與引領，而這同時也就是對昊天無上命令的領受與持守；如此致反「文德」的本源，以厚培「文德」的長流，就是所謂的「崇本繼德」。因此《詩經‧周頌》的反本祭頌，從對始祖后稷以迄於成、康，都懷有濃厚的形而上意義的道德情感與意志。

首先觀察對始祖后稷的讚頌——

> 思文后稷，克配彼天。立我烝民，莫匪爾極。
> 貽我來牟，帝命率育。無此疆爾界，陳常於時夏。（〈思文〉）

孫希旦曾謂：「凡祖者，創業傳世之所自來也」⑫，〈思文〉強調周之始祖后稷精辨善用天生作物，以稼穡之道兼養遍育眾民，為華夏文明與周人生命，樹立了「安民配天、德化周普」的意義創發與價值實現的典範，成為周人生命意義與價值長流的源頭與啟蒙，這也是后稷身為「周之始祖」的大義。后稷所實現的「安民配天、德化周普」的理想，也正是「有周」之所以為「有周」的精神所在。後代子孫報本崇始之情，也就在興發、默存此「安民配天、德化周普」的「念周、光周」之志，以善繼后稷的文德。

在祭頌先王的詩中，〈天作〉對大王與文王的發揚，也是

---

⑫ 清‧孫希旦：《禮記集解‧卷二十三‧祭法》，頁1093。

著重在二王艱勤墾治天作之高山，以定民計安的意義與價值創造，而以大王的「彼作矣」與「天作」對舉，即在讚揚大王與天同功㉓，而以「文王康之」繹續大王的「彼作矣」，正是善繼善述之意。而末句以「子孫保之」作結，更是令與祭者肅然起敬、昂揚振拔，直見崇本繼德之情洋溢無遺。再者，〈烈文〉一詩更是以「前王不忘」為骨幹，先是頌美「烈文辟公，錫茲祉福。惠我無疆，子孫保之」，繼而憬然戒勉時王「無封靡于爾邦，維王其崇之」，通體是頌祖揚功、崇本繼德之思的流露。此外，〈有瞽〉為「始作樂而合乎祖也」㉔，是舉行祫祭（合祭親疏遠近的先祖）時，大合諸樂而祭祀的詩。此詩鼓樂以報，而鼓樂即所以顯德，《周易》謂：「雷出地奮，豫；先王以作樂崇德，殷薦之上帝，以配祖考」（《豫‧象》)，因此聞樂可以知德；德以誠內，樂以合外。樂者，德之和合；在此，音樂的本質與作用，就是生命情志與理想的流露交感、提升淨化，因此孔子有言：「成於樂」（《論語‧泰伯8-8》)。想當時能舉行如此的盛典大樂，自是實有其大德，也就是必然是凝聚了豐沛的族群情感與鮮明的理想共識，舉行祭典才能神人洽，遠近親，祭受兩端和樂以德，交織、融化在共同的生命理想與願景中。因此〈有瞽〉詩云：「肅雝和鳴，先祖是聽」，果然是表現生命情志與理想交感、綿延的樂章，明顯的就是崇本繼德之義。

　　祭祀文王的詩篇，可以說是《詩經‧周頌》的靈魂，不僅廣義的讚頌文王的詩篇最多，而且也是崇本繼德的核心典範。

㉓參見朱守亮：《詩經評釋　下》，頁870 。
㉔參見屈萬里：《詩經詮釋》，頁574 。

《周頌》中明白祭祀文王的詩就有〈清廟〉、〈維天之命〉、〈維清〉、〈雝〉、〈賚〉五篇，另外詩中包含對文王的祭祀稱頌的，就有〈我將〉、〈天作〉、〈烈文〉、〈有瞽〉、〈武〉、〈昊天有成命〉六篇，合為十一篇。《禮記・祭法》謂：「周人禘嚳而郊稷，祖文王而宗武王」，孫希旦《禮記集解》曰：「周祖文王，大祖也，其始祖則后稷也」[25]，本來上古帝王郊祀祭天，當以始祖配享，然而誠如《周頌》對文王的歌詠——

　　昊天有成命，二后受之。（〈昊天有成命〉）

　　允文文王，克開厥後。（〈武〉）

　　假哉皇考，綏予孝子。宣哲維人，文武維后。燕及皇天，克昌厥後。（〈雝〉）

　　文王既勤止，我應受之，敷時繹思。
　　我徂維求定，時周之命。於繹思！（〈賚〉）

　　維清緝熙，文王之典。肇禋，迄用有成，維周之禎。（〈維清〉）

　　維天之命，於穆不已。於乎不顯！文王之德之純。（〈維天之命〉）

---

[25] 清・孫希旦：《禮記集解・卷四十五・祭法》，頁1093-1094。

可見周人認為武王得天下、受天命，並非武王以霸力相爭，而應
歸功於文王真誠純粹、不貳不息的修德以奉答天命；作為周人修
德典範的文王，才是周人致祿納祥的關鍵。周人尊文王為「大
祖」，而創造周人生命意義與價值的雄偉高峰，正是文王所以尊
大的所在。因此為了紀念、推崇文王修德感化天下，開啟周人得
天命之門，同時更要後代子孫善於效法文王修德以安定四方、永
保天命，周人便將文王也配享上帝而如〈我將〉所頌，由此可見
周人對於文王的崇本愛戴之情。

　　周人不僅對文王有濃厚的崇本之情，同時更是繼德心誠，
而以「儀刑文王」（〈我將〉）自勉，作為「子孫保之」（〈天作〉）
的實質內涵。《周頌》中除了前引的〈我將〉之外，其他頌美文
王的祭祀詩篇，也處處洋溢著這樣的情懷——

> 於穆清廟，肅雝顯相。濟濟多士，秉文之德；對越在天，
> 駿奔走在廟。不顯不承，無射於人斯。（〈清廟〉）

> 維天之命，於穆不已。於乎不顯！文王之德之純。
> 假以溢我，我其收之。駿惠我文王，曾孫篤之。（〈維天
> 之命〉）

　　甚至可以說，《周頌》對祖先的褒德顯容、崇本繼德的謳
歌是以「儀刑文王」作為基調的。嗣後成王對武王德業的紹述，
後人對成康之德的祭頌，也都可視為「儀刑文王」精神的流衍。
如〈執競〉篇分祭三王而同歌：「執競武王，無競維烈。不顯成

康，上帝是皇」，可見成康對武王也是以顯德繼業為志。再如
〈武〉篇美述武王也是先顯揚文王「克開厥後」在前，再祝頌武
王「嗣武受之，勝殷遏劉，耆定爾功」於後。而〈酌〉詩對武王
善於遵養時晦、酌奪時宜的歌頌，也表現在「載用有嗣，實維爾
公允師」的師法精神。乃至成王心中的武王也是以崇本繼德為主
要形象，〈閔予小子〉即謂：「於乎皇考！永世克孝，念茲皇
祖，陟降庭止」。至於成王所長存於心而自我戒勉的，以及後代
對成王的追頌，也是不忘先祖、承德緒業的本懷──

　　維予小子，夙夜敬止。於乎皇王！繼序思不忘。（〈閔予
　　小子〉）

　　訪予落止，率時昭考。於乎悠哉！朕未有艾。將予就之，
　　繼猶判渙。
　　維予小子，未堪家多難。紹庭上下，陟降厥家。休矣皇
　　考！以保明其身。（〈訪落〉）

　　根據上述得知，「崇本繼德」實為《詩經・周頌》的宗
旨，且以「儀刑文王」作為精神止歸、終極理想、至高典範，而
往上推達始祖后稷，往下貫繹武、成、康諸王；而且這樣的旨趣
一直垂流到《大雅》。考察《周頌》起始於〈清廟之什〉，十篇中
廣義的祭頌文王之詩就有七篇之多，可見其深厚義蘊。且第一篇
〈清廟〉即以「秉德無射、對越不息」的「肅雝顯相」之「濟濟
多士」，烘托出文王純正沈奧之德，含蓄婉轉的點出「儀刑文王」
的精神歸趨與價值取向。第八、九篇頌揚武、成、康王的〈時邁〉

與〈執競〉，以及上祀始祖后稷為〈清廟之什〉壓軸的〈思文〉，
都是「儀刑文王」精神的上下流通、無限推擴。乃至〈思文〉起
首即高唱：「思文后稷，克配彼天」，更是與文王之德遙相輝
映，更見德峰迭起綿亙、文霖普施遍潤。由此可知，以「儀刑文
王」為中心的「崇本繼德」的謳歌，正是《詩經‧周頌》體現由
周初王朝所代表的周人生命觀的獨特方式，而「儀刑文王」的道
德期許與理想實踐，即是蟠結周文化生命觀的本根。

㈡ 《詩經‧周頌》德化周普的歡唱

《詩經‧周頌》三十一篇，除去上述表現「崇本繼德」精神
的二十三篇之外，另有表現「德化周普」精神的八篇，而分別實
現在祈豐報本、親敬殷遺兩個面向——

甲、祈豐報本：〈臣工〉、〈噫嘻〉、〈豐年〉、〈載芟〉、〈良
　　耜〉、〈絲衣〉。
乙、親敬殷遺：〈振鷺〉、〈有客〉。

以下即透過這八篇討論，闡明其祈報親敬的宗旨，以及兩
者所蘊涵的「德化周普」之義，從而認識《詩經‧周頌》在「崇
本繼德」之外，另一體現生命觀的方式。

周人以農立國，敬農是周人的重要傳統，《周頌》中自始
祖后稷以迄成王，無不首重稼穡之道而勤務農政。周人對「生民
之仁起於菽粟」、「農事即王道之本」體會甚深，〈閔予小子〉
之什中，〈載芟〉、〈良耜〉、〈絲衣〉三篇相連，從耕耘到收穫
到燕享，無事不備，無一不敬，即在彰明此義。此所以主詠文王

的〈清廟〉之什結穴於〈后稷〉，而下起敬農祈豐的〈臣工〉之
歌——

> 嗟嗟臣工，敬爾在公。王釐爾成，來咨來茹。
> 嗟嗟保介，維莫之春。亦又何求？如何新畬？
> 於皇來年，將受厥明。明昭上帝、迄用康年。
> 命我眾人，庤乃錢鎛，奄觀銍艾。（〈臣工〉）

　　在敬農的文化之下，君臣一心，全民投入，勤力勉作，祈
祝豐收，不僅是周人生活歡樂與盼望來源，同時也是周人立國原
理「親親之道」的發揚，此即〈噫嘻〉與〈載芟〉所唱——

> 噫嘻成王，既昭假爾！率時農夫，播厥百穀。（〈噫嘻〉）

> 侯主侯伯，侯亞侯旅，侯彊侯以。
> 有嗿其饁，思媚其婦，有依其士。（〈載芟〉）

　　更令人感動的是，詩中對於耕作活動與農作物成長的描
述，細膩生動得令人彷彿親臨其境。由此不難看出周人在其中所
投入的深摯關注與情感，宛如勞動與作物對周人而言，並非只是
維生的手段，而是共榮相生的偶體夥伴。因此誦讀〈載芟〉與
〈良耜〉等農耕詩時，直教人一身神氣完足，生機洋溢——

> 有略其耜，俶載南畝，播厥百穀，實函斯活。
> 驛驛其達，有厭其傑。厭厭其苗，綿綿其麃。

載穫濟濟，有實有積，萬億及秭。（〈載芟〉）

畟畟良耜，俶載南畝，播厥百穀，實函斯活。

或來瞻女，載筐及筥，其饟伊黍，其笠伊糾。

其鎛斯趙，以薅荼蓼。荼蓼朽止，黍稷茂止。

穫之挃挃，積之栗栗。其崇如墉，其比如櫛，以開百室。

（〈良耜〉）

　　因而可以肯定的說，除了滿足生存的需要之外，敬農勤工
更是周人精神生活的慰藉，因為它同時就是周人固本培元、報本
反始、昭事上帝、永保天命的意義創造與價值實踐。因此〈豐
年〉、〈載芟〉與〈良耜〉有謂：

豐年多黍多稌，亦有高廩，萬億及秭。

為酒為醴，烝畀祖妣，以洽百禮。降福孔皆。（〈豐年〉）

有飶其香，邦家之光。有椒其馨，胡考之寧。

匪且有且，匪今斯今，振古如茲。（〈載芟〉）

以似以續，續古之人。（〈良耜〉）

上述這些祈豐報本的詩篇，在一片農家生活的風光底下，實含藏
著無限的生民之仁、化育之德，正是后稷無分遍養、敬農安民之
德的紹述，也是周人「德化周普」理想的實踐。

　　至於〈振鷺〉與〈有客〉所流露的對殷遺的親敬，也是

《周頌》「德化周普」表現的一端，從殷周相洽中煥發出天下合德
的精義。〈振鷺〉篇旨是周人頌美微子之詩，〈有客〉所讚頌的
對象，傳統以《詩序》的說法為主，以為是微子，近人則以為當
是箕子[16]。總之，不管是微子或箕子，都是殷之遺賢。周興滅殷
是歷史事實，在政治權力上殷周應是敵對關係，然而〈振鷺〉與
〈有客〉卻對兩位殷遺流露出無盡的親敬、祝福之情——

> 振鷺于飛，于彼西雝。我客戾止，亦有斯容。
> 在彼無惡，在此無斁。庶幾夙夜，以永終譽。（〈振鷺〉）

> 有客有客，亦白其馬。有萋有且，敦琢其旅。
> 有客宿宿，有客信信。言授之縶，以縶其馬。薄言追之，
> 左右綏之。既有淫威，降福孔夷。（〈有客〉）

原來微子與箕子都是深明歷史與治道大義，而懷抱德治理
想的人，在《尚書·商書》的〈微子〉與〈洪範〉兩篇中，可以
見到他們對紂王失德無道的痛切省思與批判，難怪周初王朝對他
們相契彌深，敬愛備至。由此也可見周初王朝對待天下的態度；
天下與我周的關係，乃是建立在以德相感的基礎上。可親可敬、
為客為友的判準，不限血緣，不靠權力，不計利害，而是一歸於
行德。周初王朝這種以德懷柔天下，天下和合以德的情懷與實
踐，即是「德化周普」的一方的表現。
    《周頌》透過祈豐報本、親敬殷遺的詩篇，充分流露出敬農

---

[16] 參見朱守亮：《詩經評釋　下》，頁897。

安民、德合天下的情懷。此情懷廣披萬民，牽游異方；縱衍橫鋪，彌淪無際，不愧稱之為「德化周普」。

　　本節探討《詩經・周頌》生命觀的體現，析其要為兩大端：「崇本繼德」與「德化周普」，而其實義一言以蔽之，就是行德，就是道德實踐。

　　根據前文的討論可知，《周頌》的崇本即是尊祖敬天，而足尊、宜尊之祖乃為行德之祖。行德之祖即是彰顯意義、創造價值的典範，也即是領受、體現天命的典範，因而知尊德祖即知所以敬天。

　　是以《周頌》所崇之本，本質上即為「德」，崇本即崇德。而「德」之精義在「行」，「德之化行」即是「文」，也就是因善的實現、意義的彰顯、價值的創造，而煥發出生命的光輝與生活的文彩（至於「文德」的實質內容則詳「德合三才的生命理想」一目）。所以尊祖敬天即是尊德敬文，天與祖實即分別為文德的形而上與具體化象徵。周始祖后稷與大祖文王是文德世界中的兩大巨人，所以被周人尊崇為具有形而上意義的永恆典範，得以配享昊天上帝。因而周人的「儀刑文王」，本質上就是對於文德所構成的善之天地、意義與價值世界的至極嚮往與熱切追求，同時也就是對於文德實踐的無限莊嚴的自我期許。

　　既然崇本即是崇德，則崇本的具體實踐即應是繼德。而繼德的充盡實行，即應是德化周普。此在周人固是體現為敬農安民的生活與德合天下的情懷。然而究其深心，應是周人祈祝善的實現、意義的彰顯與價值的創造，合該是瀰流上下、溥通四方；生命與生活所煥發出的光輝與文彩，也合該是鋪天蓋地、萬物有分。

　　總結上述，可以說「崇本繼德」與「德化周普」的實質，即是行德，即是道德實踐。而「崇本繼德」與「德化周普」的道德實踐，使周人在善的體現、意義的顯發與價值的創造中，體認了自己，體認了周，體認了人，體認了天地萬物，也體認了昊天上帝，同時也就是體認了生命整體。因而本文認為《詩經‧周頌》由周初王朝以道德實踐的情懷與體驗，展現出周初文化的生命觀。

三、《詩經‧周頌》生命觀的精義

　　《詩經‧周頌》以道德實踐體現了生命觀，然則其內涵的精義為何？這是繼而應該探討的，也是本文研究的最後目的。從上述《周頌》「崇本繼德」與「德化周普」的實踐與體現中，本文提挈其精義應有下述六大綱領，而總結為道德創生實踐的生命觀——

甲、道德創生的生命自覺。

乙、德合三才的生命理想。

丙、一體合德的生命體驗。

丁、繼德達孝的生命責任。

戊、敬勤交修的生命實踐。

己、稱德受祿的生命歸向。

㈠ 道德創生的生命自覺

　　《詩經‧周頌》道德生命觀的首要之義，就是道德創生的生命自覺。此道德創生的生命自覺，從「畏天之威」（〈我將〉）的惕勵中最為透顯。

　　所謂「畏天之威」，就是敬畏昊天的威赫森嚴，而在面對昊天時，懷著戒慎恐懼而又凜然敬重的心情與態度。然則昊天有何威而可畏？原來周人深深體會到：「昊天有成命，二后受之」（〈昊天有成命〉），而「天維顯思，命不易哉！無曰：『高高在上。』陟降厥士，日監在茲」（〈敬之〉）。昊天最為昭顯的威赫森嚴，就在於擁有主宰政權轉移的權柄；昊天的命令將決定天下的得失。而且能獲得昊天的首肯是不容易的，要守住昊天的命令也是不容易的；因為昊天不是高高在上不管事的，昊天的命令也不是一成不變的，昊天可是隨時觀察、考核著人君的行事，以作為行使權柄、下達命令的準據。因此昊天威赫的可畏，就在天命不易、不主故常，就在天命臨監的森嚴。

　　然則天命蕩然可畏，周人為何能通過昊天森嚴的考驗而得到天命？天命的義諦究為何？《周頌》所顯示的周人認知是——

　　　　假哉皇考，綏予孝子。宣哲維人，文武維后。燕及皇天，克昌厥後。（〈雝〉）

　　　　文王既勤止，我應受之，敷時繹思。
　　　　我徂維求定，時周之命。於繹思！（〈賚〉）

　　　　執競武王，無競維烈。不顯成康，上帝是皇。（〈執競〉）

原來是因為文王以勤政愛民、敬慎修德慰悅了上帝，所以周人得到了天命；而武、成、康王又能繼德不忘以顯揚上帝，所以能續保天命。因而周人所體認的天命義諦就是「行德無間」，就是

「道德實踐不息」。所以周人以文王道德創生實踐的清明精一、無間不息與天命不已並列對舉，視文王的純德為天命的具體內容；所謂「維天之命，於穆不已。於乎不顯！文王之德之純」（〈維天之命〉），這可說是周人「以德知命」的極致表現。

　　周人「以德知命」的體驗，固然產生了「天命不易」的心靈警懼，但同時也激發了「天命匪解」（〈桓〉）的生命自覺。雖然天命靡常、守成不易，不過也非莫測高深，毫無法則可循。天命得失的定律在惟德是親，也就是人的修德與否，就是天命得失的判準。既然「文王既勤止」（〈賚〉）而「燕及皇天，克昌厥後」（〈雝〉），「桓桓武王」因為「天命匪解」而「於昭于天，皇以閒之」（〈桓〉），於是後人也能「我其夙夜，畏天之威，于時保之」（〈我將〉）。這就是周人「德命通貫」的思想，以及「修德凝命」、「天命自致」的信念與態度。

　　本文從《周頌》「畏天之威」的情懷，分析出其中蘊藏了「天命不易」與「天命匪懈」對揚的生命信念與態度。前者徐復觀稱之為「憂患意識」，並認為這是「周初宗教中人文精神的躍動」[27]，此已為學界所熟知。後者個人稱之為「創生意識」，且以為兩者固為一體兩面，但若謂周人生命觀的首出意識，則自是「創生意識」為本元，因為若無創生之自覺，則亦無憂患之可言，這在作者的博士論文中已有論述[28]。相信這應該也能為徐氏

[27] 參見徐復觀：《中國人性論史　先秦篇》（台北：台灣商務印書館，1969年1月初版，1990年12月10版），頁20-30。
[28] 參見拙作：〈存在與實踐——從孔子的生命歷程論「儒之道」的顯發〉（中華民國國立政治大學中國文學研究所博士論文，1996年7月初版，1997年9月校定版），頁127。

所同意，因為他自己也說：

> 只有自己擔當起問題的責任時，才有憂患意識。這種憂患
> 意識，實際是蘊蓄著一種堅強地意志與奮發的精神。㉙

總而言之，「天命不易‧匪懈」可謂周人對存在最真切而深刻的
體驗與省思，由此而顯發為「創生與憂患交參一體」的生命意
識，且據此所鍛鍊出的「以德知命」與「德命通貫」信念，則外
發為「修德凝命」與「天命自致」的實踐。這樣剛健蹈勵的精神
信念與生活態度，不僅透顯出周人道德創生的生命自覺，同時也
象徵著中國文化理性思考的覺醒，以及中國哲學端倪的萌芽初
透。

㈡ 德合三才的生命理想

《周頌》道德創生的生命自覺，指向「德合三才」的生命理
想，而由「儀刑文王」的意向所涵藏。

在「天命不易‧匪懈」的深刻體驗之下，「修德凝命」成
為周人保住天命的唯一出路。既然文王是周人得天命的關鍵，則
「儀刑文王」便成為修德路上的指引明燈，〈我將〉便高唱著：
「儀式刑文王之典，日靖四方」，〈維清〉也應和著：「維清緝
熙，文王之典。肇禋，迄用有成，維周之禎」。文王的人格成為
周人的典範，文王的實踐成為周人的生命指南。

到底文王的道德實踐有何奧祕？為何能作為開啟天命的金

㉙徐復觀：《中國人性論史　先秦篇》，頁21-22。

鑰呢？從文王修德得天命的實質即為得天下可知，「道德實踐」的全幅內涵就是「安天下」，「天下」是文王修德實踐的全體對象。在《周頌》中多用「四方」表示「天下」，如〈我將〉的「日靖四方」、〈執競〉的「奄有四方」與〈桓〉的「于以四方」。至於「天下」的具體內涵則以「民」為代表，得天下就是得民，受命就是受民。天與民在概念上雖然有別，但在修德實踐的意義上則是通貫的；天是民的形而上超越主宰，民是天的形而下具現代表，天與民一體而異位。天命的轉移固是以時王的修德與否為標準，然而時王修德與否的判準則在於是否能「安民」。此意在《尚書・周書》的周初諸誥中至為明顯㉚，雖然《周頌》對此不像《周書》諸誥直接明文陳述，但是其實踐活動與意旨則是異曲同工而昭然若揭。

　　《周頌》中「民」範疇只出現一次，就是〈思文〉的「立我烝民」。「立我烝民」的實質就是「安我眾民」，就是「安民」。除此之外，《周頌》的「安民」思想與實踐，便表現在「日靖四方」（〈我將〉）、「勝殷遏劉，耆定爾功」（〈武〉）的真實事功，以及祈豐報本詩中「敬農安民」的具體生活，可見「安民」是《周頌》「崇本繼德」與「德化周普」實踐的實質內涵。前文已論《周頌》尊祖敬天的崇本即是尊德敬文，即是崇德。所以也可說「安民」就是所以尊祖敬天，就是所以尊德敬文。原來「文德」的具體內容就是「安民之行」，就是「安民的實踐」，所以「立我烝民」而德配上天的后稷，《周頌》稱之為「思文后稷」。以

㉚參見徐復觀：《中國人性論史　先秦篇》，頁29。又參見拙作：〈存在與實踐──從孔子的生命歷程論「儒之道」的顯發〉，頁120-121。

〈思文〉的「立我烝民，莫匪爾極。貽我來牟，帝命率育」來理解「安民」，可以說就是「生民成物」，就是讓天下百姓、萬物，都得以保全、實現各自的存在，以及存在的意義與價值；而這就是天命生民成物之善，也就是昊天無上的命令而為人所應敬慎奉持的。因此只要時王能實現生民成物之善，就是「安民」，就是道德，就能如文王之實得天命；這就是周初王朝所真切體會到的善的實踐、意義的彰顯與價值的創造。

根據上述可知，文王的道德實踐實質上即是「安民」，即是「生民成物」，而「安民」即以「安天·生天」，也即以「安己·生己」。原來文王的道德實踐是當下通貫文王自身與民、天的，「天、王、民」的意義與價值是由王德實踐而一體彰顯的。「天·王·民一體通安」便是文王道德實踐所朗現的全幅內涵，此全幅朗現的意旨也可以說即是「安生」，也就是《易經》之「生生」；而此大安廣安、大生廣生的圓滿至高實踐與境界，本文便稱之為「德合三才」㉛，其義諦即為道德創生實踐以遍生通安。這就是「儀刑文王」的實義，也是周人生命理想之所寄與道德實踐的準據，更是周人所以體現「崇本繼德」、「德化周普」的奧祕。準此以觀周初諸王的實踐，則莫不合乎「德合三才」的理想精神，可以說文王因德合三才而感天下，武王因德合三才而得天下，周公因德合三才而安天下，成、康因德合三才而保天下。「儀刑文王」的「德合三才」，實現「天·王·民一體通安」的境界，確是周初王朝一貫的生命理想，也是周初王朝面對「天

㉛「德合三才」的「三才」之義，請參見拙作：〈存在與實踐——從孔子的生命歷程論「儒之道」的顯發〉，頁117。

命不易」而敬勤匪懈的定向指南。

　　周人「德合三才」的生命理想，完全為繼承周文的孔子，以更開放的社會身分形式，與對道德創生實踐的意向主宰與根源活力的自覺點明而加以紹述，並成為中國文化精神理想的標竿。而由「儀刑文王・德合三才」的實踐，也能客觀的抽繹出其中道德實踐的理論模式：「三才合德」，成為具有方法論意義的中國哲學詮釋理論；這在作者的博士論文：〈存在與實踐──從孔子的生命歷程論「儒之道」的顯發〉，都已有初步的研究成果，而為本文詮釋經文時所運用㉜。

㈢ 一體合德的生命體驗

　　《周頌》「德合三才」的生命理想，實植基於「一體合德」的生命體驗與嚮往。本來周人以「血緣連續」作為立國的結構原理，親親一體自是其基本精神㉝。然而在此所謂的「一體合德」的「一體感」，實不限於血緣的緊密繫連與宗法的本支連結，而是從「天・王・民一體通安」的創生理想，推源其存在實感所得。此存在實感在《周頌》固無概念直接言明，然而卻洋溢在詩中對先祖真誠的情感與所描述的日常生活中。

　　由《周頌》中大量崇本繼德、祭祀祖禰的詩篇，不難體會出周人遠徹上帝祖禰、通達山川鬼神的深情摯意。特別是〈閔予小子〉描述武王對文王的繫念而謂：「於乎皇考！永世克孝，念

──────────

㉜ 參見拙作：〈存在與實踐──從孔子的生命歷程論「儒之道」的顯發〉，頁16-34、115-121。

㉝ 參見拙作：〈存在與實踐──從孔子的生命歷程論「儒之道」的顯發〉，頁101-112。

茲皇祖，陟降庭止」，〈訪落〉詩中成王表達對武王的情思而謂：「紹庭上下，陟降厥家」，乃至《大雅·文王》相信：「文王陟降，在帝左右」，在在流露出周家代代心連情繫、溫切依依，而沖漠無隔直達於天的一體繫屬感。而其中「念茲皇祖，陟降庭止」與〈烈文〉的「念茲戎功，繼序其皇之」的二「念」字，即是〈烈文〉「前王不忘」與〈閔予小子〉的「繼序思不忘」的「不忘」之意，「念」與「不忘」就是一體感的自然流露。

　　此外，透過《周頌》中體現周初時王德化周普的日常詩篇，也就是上文已引述過的祈豐報本與親敬殷遺兩類的詩，更能引人親近周人的生活情緻。根據上文所述，這些詩篇充滿了敬農安民與德合天下的精神。而安民的要務就在敬農，據前文已知，周人的敬農並不只是勤作力耕的勞動付出，更包含心靈與情感的投入，直將操勞作物與生命精神通連為一氣而生息相關。至於對待殷遺，既云「無惡」、「無斁」，又云「降福孔夷」，其肫肫至誠、款款深情更是躍然紙上；周人對待故敵尚且如此，則其育民養親之篤厚無已，自是不言而喻。

　　由此可見，周人對生活周遭中的一切，都懷著一體相繫、休戚與共的生命實感。也只有這樣的生命實感，才會促使周人萌生「無分遍養」、「一體通安」的創生理想與實現熱力，而讓周人的一體感充滿了道德的情懷與光華，「天·王·民德合三才」的創生格局，實為此一體無分情懷與光華的總體統攝。

　　從周人遍養通安的一體感中，實蘊涵著一種形上思想與思惟方式，亦即視天地萬物之實為關連一體的存在，而絕不可相互阻隔、離棄，只能彼此顧念、成全，因此即涵藏著主客、物我之間「對偶相生」的思惟運作模式。而且從前述的「天·王·民德

合三才」的創生理想也可知，上天與萬物當應是都以生為性，以安為性，以德為性，同時也是以感通為性的；這即是周人一體感所蘊藏的形上根源。因此只有在「遍養‧通安‧交感」的盡性實踐中，才能充盡實現上天與萬物之性，也才是一體感的飽滿呈顯。此即是《周頌》所盈滿的「一體合德」的生命體驗，也是周人德化周普的動力。後來孔子所體會、提出的「仁」範疇，固是淵源於《尚書‧周書》中由文王所實踐彰顯的「念」㉞範疇，不過《周頌》「一體合德」的生命體驗，應也是其中的歷史文化基礎。

㈣ 繼德達孝的生命責任

　　《周頌》中周人一體合德的生命體驗，及以「德合三才」來「儀刑文王」的生命理想，必然要興發「子孫保之」的責任意識，而自我要求完成「繼德達孝」的生命責任。

　　　天命不易的凜戒與天命匪懈的敬惕，使「子孫保之」幾乎是《周頌》崇本繼德詩類中最殷切的勸勉，後王在祭祀前王時莫不以「子孫保之」之義自我勉戒。如〈烈文〉以「前王不忘」與「子孫保之」對舉；〈天作〉以「子孫保之」作結；〈維天之命〉告文王云：「駿惠我文王，曾孫篤之」；〈賚〉篇中武王祭文王初云：「敷時繹思」，再云：「於繹思」；成王告武王在〈閔予小子〉中謂：「於乎皇王！繼序思不忘」；在〈訪落〉中則敬稟：「將予就之，繼猶判渙」。至於子孫如何保之呢？則一貫以

㉞ 參見拙作：〈存在與實踐──從孔子的生命歷程論「儒之道」的顯發〉，頁187-188。

「儀刑文王」的道德實踐作為敬天保命的典則，因此祭祀頌美先祖時，總也不忘在最後請求先祖引領、保佑修德，如〈時邁〉篇末云：「我求懿德，肆於時夏，允王保之」，〈訪落〉的結語是：「休矣皇考！以保明其身」，〈敬之〉最後更呼求：「佛時仔肩，示我顯德行」。由此可見，子孫繼德以敬天保命是周初時王的孝親之道，此所以《中庸》云：

> 子曰：「無憂者其惟文王乎！以王季為父，以武王為子。父作之，子述之。」㉟

> 子曰：「武王、周公其達孝矣乎！夫孝者善繼人志，善述人之事者也。……事死如事生，事亡如事存，孝之至也。」㊱

宗廟祭祀之禮本就是由敬愛不已的孝思真情，發而為誠信愨著的態度與儀式，因此祭典前事物性的準備也要求敬慎以對而稱之為「散齋」，同時還要有專心思慕親祖的「致齋」㊲儀式。〈祭義〉有謂：「君子生則敬養，死則敬享，思終身弗辱也。……為聖人為能饗帝，孝子為能饗親。饗者，鄉也；鄉之然後能饗焉」。孫希旦引馬晞孟云：「饗帝饗親，致其誠而已。蓋德不足以與之對，則亦非鄉之之盡也」㊳。可知人之孝親祭祖，乃是出

㉟ 宋·朱熹：《四書章句集註·中庸章句18》，頁26。
㊱ 宋·朱熹：《四書章句集註·中庸章句19》，頁27。
㊲ 清·孫希旦：《禮記集解·卷四十六·祭義》，頁1107。
㊳ 清·孫希旦：《禮記集解·卷四十六·祭義》，頁1108-1109。

自對生命之本源不容自已的感念,此感念固因形才之成,然其深意則更在上天安生之德的得以賦予為性;此意在《周頌》中猶鬱而未發,然由前文「一體合德的生命體驗」的論述即可推而得知。且如同前文所云,崇本祭祖實更在推尊先祖發揚光大安生之德,因而子孫的孝思先祖,自應是承紹先祖之修德,而更加榮顯此安生之德,如此才是所謂思孝向親的真義,也才算完成每一代的生命責任。所以《周頌》敬天祭祖的詩篇充滿了「子孫保之」的責任意識,實則子孫所保者,有形而可頌者天下萬民之廣業,無形而可貴者安生大德之尊嚴。

從周初時王繼德達孝的生命責任中,也可看出周初王朝具有「以德潤血」的理想,就是希望父子孫祖的世代相傳,除了自然生命的血脈延續之外,同時也是道德理想的薪火相承,道德慧命的一脈相承。這與周公制禮的用心,乃以「儀刑文王」的主體原理,提挈「血緣連續」的結構原理㉚,可謂一脈相連。周初時王繼德達孝、以德潤血的觀念,不僅為孝道開拓了形而上的深義,同時也成為中國哲學與文化孝道觀的典則與原型;如《孝經·開宗明義章第一》論孝之終始大義,明顯可見為此義的流裔;而且以德潤血、子孫保之以繼德達孝的生命責任,更成為中國人天生無可推卸的神聖使命。

㈤ 敬勤交修的生命實踐

周初時王如何繼德達孝以完成生命責任、實現德合三才的

㉚參見拙作:〈存在與實踐——從孔子的生命歷程論「儒之道」的顯發〉,頁131-135。

道德創生理想呢？就是敬勤交修的生命實踐，而這也是周初時王儀刑文王最深切的心得與最具體的義涵。

文王德合三才的以德相合，實有其真切而具體的實踐之道，此實踐之道即所謂的修養工夫，而由此實踐所化成的人格總體氣象、精神風格，與人文生活世界的廣效大能便是修養境界。此所謂修養境界，包含了個體生命的人格境界與總體生活的文化境界，且兩者在實質上乃交相參贊、通貫為一。以下先討論周初時王對文王道德實踐所化成的生命人格境界與文化生活境界的描述，再探討周初時王由儀刑文王所體會到的文王修養實踐工夫。

〈清廟〉篇以物詠人而形容文王的人格生命為「於穆清」，〈維清〉篇則是以「清緝熙」連唱美述文王。「清」就是明，就是明潔澄朗，「緝熙」就是持續光明而不已，可知不已的光明而無有幽闇就是「清」，而這正是文王穆美之所在，所以《周頌》首篇的首句便唱出：「於穆清廟」(〈清廟〉)。此外〈維天之命〉篇以文王配享上帝，該篇對文王的描述應具有總持性的意義，卻言「純」而非言「清」，似有深意可論。「純」就是精一，精一則不雜不息，不雜不息則澄明無已。是以純則清，「純」是一種比「清」更淵奧的描述，是對文王之德最根本、也最統攝的說法，無怪乎〈維天之命〉篇言：「文王之德之純」。總而言之，文王的生命境界可概括為「清純」二字，且清則緝熙，純則不已，清純不雜則大明無間，這就是「於穆」，也就是文王所配顯的不已之天命所具有的質地與境界。

由此可見，文王的生命總是維持著清純光明而沒有幽暗，而文王的清純光明不已，就表現在恆是專一致力於實現「天·王·民一體通安」的「安生」之德，以「安民配天」回應天命於

穆不已的召喚，因此「安民配天」就是文王道德實踐所創造出的
文化境界，而達致此生命人格與文化生活境界的修養工夫即是敬
勤交修。《尚書‧周書》諸誥篇中對文王的描述也是敬勤兼修，
〈無逸〉可說是最典型的代表。此外，〈賚〉篇云：「文王既勤
止」，而《大雅》篇〈文王〉亦謂：「亹亹文王，令聞不已。…
…穆穆文王，於緝熙敬止！」可見敬勤交修是周人對文王一貫的
認知，文王確是以敬勤不已的生命實踐德合三才，而實現道德創
生的生命理想，創造生命悠遠的美善。而且從《詩》、《書》對
文王敬勤不已的描述可知，「敬」是恆對生命的道德責任有所自
覺，且願意挺立擔當、負責盡職的嚴肅慎重心態與剛健自強精
神，「勤」則是本於「敬」而來的夙夜匪懈、黽勉不已，乃至任
勞任怨的客觀合理性行動。可以說敬誠之於內，則勤發之於外，
且惟有勤之實作於外，才能實盡其內在之敬，這就是敬勤交修之
意。

　　文王的敬勤交修為周人歷史創造了文化的高峰，也使他成
為後代子孫修德繼命的典範，因而「敬勤交修」的修養工夫，便
成為周人「儀刑文王」的力行準則與基本修持。因此武王既是
「執競」（〈執競〉），又是「匪解」（〈桓〉），「執競」則「敬」
矣，「匪解」則「勤」矣，可見武王也是繼承文王敬勤交修的實
踐工夫，所以〈賚〉篇載：「文王既勤止，我應受之，敷時繹
思。我徂維求定，時周之命。於繹思！」（〈賚〉）。武王的敬勤實
踐究竟彰顯了何種廣益大用的文化生活境界呢？就是〈酌〉篇所
讚揚的：「於鑠王師，遵養時晦。時純熙矣，是用大介」。敬則
慎而無操切妄動，勤則勞而養晦務作不息，此武王所以能成〈武〉
篇所祝頌的「勝殷遏劉、耆定爾功」，而在文王文德的基礎上完

成了滅殷的武功大業，成為子孫心中「永世克孝」(〈閔予小子〉)的人。

武王忽逝，成王年幼繼位，雖有周公攝政，仍不無孤怯蒼涼之感，〈閔予小子〉中成王告廟哀哀自謂：「閔予小子！遭家不造。嬛嬛在疚」，又在〈訪落〉與〈小毖〉中兩稱：「未堪家多難」，而三監之亂更讓他產生「大戒慎小」的儆惕，〈小毖〉詩云：「予其懲，而毖後患。莫予荓蜂，自求辛螫。肇允彼桃蟲，拼飛維鳥」。處境艱辛如此，成王也只有轉精加密的慎修先祖所傳的敬勤不敗法寶，於是〈閔予小子〉篇中成王自謂：「維予小子，夙夜敬止」，〈敬之〉篇中成王告廟述其聽勉則為：「敬之敬之」，表其自戒則謂：「維予小子，不聰敬止？日就月將，學有緝熙于光明」，而〈昊天有成命〉則稱揚：「成王不敢康，夙夜基命宥密。於緝熙，單厥心，肆其靖之」，果見其敬之無忽，勤之無逸而光明不已，而終能以敬勤交修不已的工夫，實現安定、化成天下的理想，完成了繼德達孝的責任。

敬勤交修不已的工夫實踐並不只限於周初諸王，而是當時普遍的生命態度。〈清廟〉以「駿奔走在廟」與「無射於人斯」的敬勤實踐勉勵「濟濟多士」；〈臣工〉一要農官群臣「敬爾在公」，一要「命我眾人，庤乃錢鎛，奄觀銍艾」；其他的農耕豐收詩亦處處以敬勤實踐為根柢，乃至〈潛〉詩的按歲時致祭，也莫不是敬勤的實踐，然而其源頭仍然是在諸王代代敬勤的傳承。而由諸王的代代敬勤交修，以領官治民而繼德達孝，可見對周人而言，敬勤與孝順實為一理，生命的實踐與生命責任的完成本是合一不二，而人格生命境界與文化生活境界也是相通貫為一的，這也是周人以德潤血觀念的另一寫照。

　　從「儀刑文王」的實踐中，周人所體會到的清純無已的生命人格境界與安民配天的文化生活境界，以及所以達致此等境界的敬勤交修的實踐工夫，可以說是中國哲學，特別是儒學修養工夫論以及道德生命與生活境界論的淵源，並且是中國人文精神覺醒的指標。可惜後人對文王清純的生命境界與安民配天的文化生活境界研究不多，而對敬勤交修的工夫，也只看重「敬」的精神。清人方玉潤有言：「周家聖聖相傳，家學淵源，不外一敬字」⑩，今人徐復觀也說：「周人的哲學，可以用一個『敬』字做代表。周初文誥，沒有一篇沒有敬字」⑪。作者的博士論文中關於「周之道」的研究，雖已特別提出「念」作為「敬德・明德」的心性基礎與內在動力⑫，但是仍未留意到「勤」作為「敬」之客觀行動落實的意義，及其在「周之道」中的特殊地位。如今根據本文的研究可知，周家家學以及周人的哲思與文化實應以「敬勤」二字做代表，周初的文誥沒有一篇不是充滿著「敬勤」的精神。敬勤交修，即敬作勤、即勤顯敬的修德工夫，實可視為周人道德生命與文化生活自覺的具體展現，也是中國哲學與文化發展理性自覺與行動的開端，更可說是後儒「敬以直內，義以方外」修養工夫的前身；而清純光明無已與安民配天不懈，則是中國人最早體驗到的終極圓滿生命人格與文化生活境界，也是中國哲學獨特的形上存有意涵的生命體驗初基。

---

⑩ 清・方玉潤：《詩經原始　下》（台北：藝文印書館，初版年月不詳，1981 年2 月3 版），頁1306 。

⑪ 徐復觀：《中國人性論史　先秦篇》，頁22-23 。

⑫ 參見拙作：〈存在與實踐——從孔子的生命歷程論「儒之道」的顯發〉，頁121-127 。

㈥ 稱德受祿的生命歸向

　　周初時王以敬勤交修的道德實踐，完成繼德達孝的生命責任，充實一體合德的生命體驗，實現德合三才的生命理想，回應「天命不易・匪懈」的生命自覺，同時也發展出「稱德受祿」的觀念，以落實修德凝命、天命自致的信仰。因此可以說，由周初時王所提挈的周人的生命歸向，就是稱德受祿。

　　《詩經》頌體的內容與功能，除了游揚德業、褒贊成功之外，就是祈請福祿，《周頌》中當然也充滿這樣的內容。〈執競〉詩在頌美過武王、成王、康王之後，就堂而皇之的求福祈祿，一求「降福穰穰」，再求「降福簡簡」，三求「福祿來反」，一重隆盛過一重；〈載見〉篇中成王率領諸侯告廟則籲求武王：「以介眉壽。永言保之，思皇多祜。烈文辟公，綏以多福，俾緝熙于純嘏」；武王祭祀文王的〈雝〉詩也以「綏我眉壽，介以繁祉」作求；歲時祭廟的〈潛〉詩，最後吟出的心聲也是：「以享以祀，以介景福」；豐收報本的〈豐年〉在酒醴獻享之後也祈求：「降福孔皆」；親敬殷遺的〈有客〉，最後也要致上：「降福孔夷」的禮讚；可見《周頌》各類詩中都有祈求福祿的現象。

　　不過特別的是，《周頌》的祈祿求福已有告別原始性的趨勢。原始宗教信仰中的祈祿求福，主要以豐盛的祭品作為滿足現實需求的交換手段，然而周初時王卻已有以德祈祿的轉向。對周初時王而言，繼德達孝才是最究極的祭品，因此祈祿之前總要先述德、勉德，而所求的福祿，最終也無非是請祖先保佑其能實現「子孫保之」的責任，也就是能順利發皇祖德而臻於「天・王・民一體通安」的理想。而且周初時王也深切體認到，只有切實修

德才真能致福得祿，福祿的多寡是稱德而受的，商周易位就是最好的證明。天命不易豈能仗恃？因此才需要敬勤交修不已。天命依德授祿，人道修德致祿，祿隨德來、福德一致，因此求得大福祿就是求成大德行，就是表達欲效法先祖敬勤交修以大創生行德的堅定志願。在這樣的觀念與心態之下，稱德受祿便成為周初時王引領臣民安身立命的生命歸向。

周初時王稱德受祿的心志與態度，應可從前文的討論中獲得深刻的認識，而臣民稱德受祿的心態也可由下文得知。〈有客〉敢求「降福孔夷」，是因為有客「既有淫威」，而主人又懷有德合天下之志。而所以〈豐年〉敢要「降福孔皆」、〈臣工〉敢信：「於皇來牟，將受厥明。明昭上帝、迄用康年」，是因為有〈臣工〉所謂「敬爾在公」、有〈噫嘻〉所謂「駿發爾私」、有〈載芟〉所述「載芟載柞，其耕澤澤」的敬勤農耕生活，所以也才有〈載芟〉、〈良耜〉與〈豐年〉的豐收與燕享，才有〈良耜〉「百室盈止，婦子寧止」的和樂幸福，這些都是敬勤交修實踐的豐厚成果。

因此，稱德受祿的生命歸向對周人而言，既是信念，也是體驗。這充分展現了人道的剛健與莊嚴，也為中國哲學的福德問題，開啟了一片充滿了自由與創造的天空。天命儘管不易，卻也無妄無欺，周人即以稱德受祿的觀念與態度當下自我安頓，昂首擔荷天命，這不是最寶貴的道德創生自覺與實踐嗎？

四、結語

本論文所欲探究的中國哲學與文化源頭處的生命觀，在

　　《詩經・周頌》中並未加以「定義」申明，而是由周初時王透過對民族生命與歷史發展的深刻反省，從對祖先與臣民的情感、意志與行動中流露、透顯出來，以引領時代的生命價值取向與文化風氣。這是一種實踐顯發式的生命觀體現，而非解析定義式的生命觀界定。周人這種顯現生命觀的獨特方式，正是形塑中國文化以「生命實踐」為核心關懷的重要力量。

　　　本論文從《詩經・周頌》實踐顯發式的生命體現中，分析出《詩經・周頌》生命觀的六大精義：1、道德創生的生命自覺，2、德合三才的生命理想，3、一體合德的生命體驗，4、繼德達孝的生命責任，5、敬勤交修的生命實踐，6、稱德受祿的生命歸向，而總結為道德創生實踐的生命觀。此生命觀既然是具有實踐性，當然就具有圓融性。因此，本文的六點分析，其實相互涵攝，難以具體切割，每一點都只是從不同的面相來彰顯此圓融實踐的豐富內涵而已。其中，道德創生闡發的是此生命觀所蘊涵的主體自覺性，德合三才凸顯的是此生命觀所蘊涵的理想方向性，一體合德側重的是此生命觀所蘊涵的實存感受性，繼德達孝顯揚的是此生命觀所蘊涵的價值連續性，敬勤交修提點的是此生命觀所蘊涵的工夫當幾性，稱德受祿則是強調此生命觀所蘊涵的工夫效益性，此工夫效益自然是扣合著德合三才的理想方向性而顯發。由上述這六大精義的交融涵攝，構成了《詩經・周頌》生命觀的道德創生實踐特性。

　　《詩經・周頌》道德創生實踐的生命觀，其視生命為超越形上天命（天）、道德人格主體（人）與文化生活世界（地）當幾通貫和合的一體呈顯的連續歷程。對超越形上天命的體認是不易靡常的道德性，對道德人格主體的體認是敬勤不敗的實踐性，對

文化生活世界的體認是稱德受祿的創生性。此中即道德即實踐，即實踐即創生，合而為道德創生實踐性。此道德創生實踐性的實質內涵即為創生，能創生即能安生，且是一體通安的生生。天人地三才俱以道德創生實踐為本性，人只有剛健不已的實踐道德創生而「德合三才‧一體通安」，才是真生命。真生命就是有文德的生命，有文德的生命必然是即道德人即宇宙人即文化人通貫為一的存有者。此道德創生實踐的生命觀，從實踐的觀點而言，則稱之為德合三才；從創生的規模而言，則稱之為三才合德。「三才合德‧德合三才」就是《詩經‧周頌》道德創生實踐的生命觀的全幅理論規模與實踐之道。此理論規模與實踐之道，以「對偶相生」為其思惟運作原理，以「渾然與物同體」的「一體感」，為其首出體驗與「生命‧生活」的最高境界，而其實踐的根源活力與意向主宰則為道德人格主體的「創生自立」，此創生自立性即在敬勤交修不已的實踐工夫與歷程中開展完成。

　　本論文闡發了《詩經‧周頌》生命觀中令人意想不到的豐富哲思與理念，其中包含了許多中國哲學與文化基本問題與定向的發端。這是真正具有根源性意義的探索，希望本論文探源性的研究成果，能成為認識中國生命實踐學、以及中國哲學與文化對外溝通調適的資糧。

支配與觀照

解讀老子思想的生命反思

吳冠宏

【東華大學中國語文學系專任副教授】

中文摘要：

　　勞思光先生對老子思想存在著「支配世界」與「觀照世界」兩種不同的詮釋角度，他一則視老子之境界乃「純觀賞之自我」，一則卻又認為老子思想存在著「欲由超越義之自由轉化出經驗義之支配力」，此為老子思想內在的糾結？或是後人理解的盲點所致？本文即由此疑點展開論述。

　　檢視勞先生的「支配說」，發現此乃是立基於他「道之於物」具規範及支配作用的詮釋而來，即「道」之於「物」頗類於「聖人」之於「經驗世界」的關係，遂形成「聖人」具有「支配力」的說法。故嘗試援引牟宗三先生對老子之「道」與「玄」的詮釋，以作為重新理解老子思想的基礎，並用「玄」——「有無關係的周旋反復」揭示老子思想所開顯之主體的自由心境，另以「有無關係的往而不返」—「執無棄有之捨離孤絕者」與「執有忘無之支配權謀者」，來反省落於一偏所可能形成的詮釋困限，進而對「支配」與「觀照」兩種說法進行進一步的檢視。

　　最後本文循此「玄」之思想內涵與精神特質的進路，進一步考察老子「詭辭為用」的語言表述，並由此語言之反省與承轉之

軌跡彰顯莊子於道家發展脈絡上的關鍵角色與特殊地位。

關鍵詞：

支配、觀照、老子、有無、玄

一、問題之緣起

　　常論每從「仕」與「隱」的存在形態來分殊儒家與道家之異，雖清楚分明，於其影響層面亦未嘗不能如斯言之，然就先秦《老》、《莊》所開展的關懷面向以觀，《老子》每言及治人、治國之道，又何嘗忘情於「天下」？《莊子》之〈天下〉揭示「內聖外王之道」，內篇亦標出〈人間世〉、〈大宗師〉與〈應帝王〉，其用心可想；可見以「仕」、「隱」來分判儒、道實未免流於表相與簡化，而未能貼近《老》、《莊》之深旨。然而在中國思想向來著重於現世關懷的大方向下，這種「務為治道」的色彩，也不免使暢言無為自然、反樸歸真的老莊（尤其是老子）存在著「歸返個人與自然」及「照應政治與社會」之價值定位上的矛盾，①在此筆者期能藉由勞思光先生詮釋《老子》之兩種進路——支配與觀照——的檢視，試圖為此問題提供另一種反省與

----

①如牟宗三先生以為「我們講道家是取它的智慧、玄理，取它對人生的態度上的貢獻，這才是它的本質所在。道家被法家利用而成為權術始自申不害講術。將法家與道家相連而言法術，是政治上的運用」。見《中國哲學十九講》（台北：學生書局），1986 年版，頁169；另張舜微則以為「道家所提出的『清靜』、『無為』，是南面術的具體內容，是專就最高統治者一個人說的，而不是就普天之下的廣大群眾說的」、「『此君人南面之術』，一語道破了道家學說的全體大用。」（《周秦道論發微》）（台北：木鐸出版社），1986 年版，頁14 及頁8。此外，簡惠美於《韋伯論中國——《中國的宗教》初探》一書亦提及：「韋伯也注意到老子的政治態度——對現世統治的肯定與絕對的皇權卡理斯瑪之認定，亦即端拱無為的政治權謀之術——，是其思想體系所有刁詭疑難的本源。」（台灣大學文史叢刊之八十）頁140。

思考。

近人袁保新先生曾就當代之老學詮釋進行反省，認為他們每能在方法上援引西學之長，進而建構出符合現代語言與哲學經驗的老學理解系統，而勞思光先生的老子詮釋便是其中重要的一環，②袁先生更進一步指出：

1 在形上意義的『道』與具實踐價值意涵的『德』之間，勞思光先生並未提出明確的詮釋，勞先生似乎認為老子的形上立場排除任何價值規範。但另一方面卻又表示『心依於道，乃成其德，故『德』為自覺之理境，是實踐義』，似乎又肯定價值的地位。」③

2 如果『觀變思常』果真是老子之學的基源問題，則價值問題應是老子之學的終極關懷。可是勞先生卻因為固執其『主體性』的觀念，認定老子所肯定的自我境界只是『情意我』、『純為觀賞之自我』，則觀賞自我俯看之下，不但萬物的變化隸屬在必然性的法則之下，甚至人類生命的行動系統也受制於必然性的法則，價值於焉失落。」④

袁先生注意到勞先生的老子詮釋存在著「道」與「德」之

---

②見氏著《老子哲學之詮釋與重建》第三章及第四章（台北：文津出版社），1997年版，其書曾就胡適、馮友蘭、徐復觀、勞思光、方東美、唐君毅、牟宗三等多位學者之老學詮釋來進行反省。

③《老子哲學之詮釋與重建》，頁41。

④《老子哲學之詮釋與重建》，頁69。

間的鴻溝，並以為在其「純為觀賞之自我」的「主體性」之堅持下，將造成人價值失落的問題；袁先生的反省值得注意，當生命主體處於純觀賞之境界時，紛紜多變的世界即成觀賞客體，而視此世界客體為一遵循自然法則的機制存在，據此置身其中的人類，亦如是而有生死存亡的必然準則，人生而為人的價值將於何處著落呈顯？是以這立足於「純觀賞之自我」的「主體」，其與世界的關係為何？勞先生則進一步提出「支配世界」的說法：

> 『虛』與『靜』就主體言，皆為『無為』之註腳。主體駐於無為，觀照道之超萬物，亦觀照萬物之依於道……但駐於如此境界中之主體或自覺心，對世界之態度如何？此乃每透現主體境界之哲學思想所必須處理之問題。儒言化成世界，佛作捨離之說，老子則由近乎捨離之『虛靜』境界轉出一支配義。蓋主體性本意味『主體自由』，儒學就事以實現理，化成中透露健動不息之自由；佛教教義則發般若以撤消萬有，捨離中透露靜歛無漏之自由；老子則由觀『反』而駐於近乎捨離之境界；其所透出之主體自由雖亦近乎靜歛，但反射經驗界中，欲生出一支配經驗界之力量。⑤

　　勞先生從「支配世界」的角度來詮釋老子向來少有人提及，筆者以為此「支配說」的提出可以說是深化並跳脫了傳統陰謀權術的理解模式，畢竟其所謂「支配」的說法已非著眼於社會

---

⑤見勞思光《中國哲學史》（台北：三民書局，1984 年版），頁243。

關係或政治結構之面向，⑥在此勞先生將之置於人與世界之關係的思考，是一種對待世界的方式與態度，即立足於「生命主體」與「世界客體」間的關係模式上。勞先生雖曾言及「老子雖欲以駐於無為之超越主體自由支配經驗世界；但老子本人尚無陰謀之想」來分殊老子與爾後的陰謀說法有別，但卻也說「其學之末流遂有陰謀之事……蓋亦非無故」，可見「支配說」與傳統的「陰謀權術說」仍存在著內在的理路與軌跡。

　　至於勞先生所揭示之「情意我」的自我境界，⑦即是一種「觀照心靈」，嚴格來說，在老子原文中，其實並無「觀照」之詞，而今我們言老子之「觀照」，當是取老子第一章「欲以觀其徼」及「欲以觀其妙」、「吾以觀復」（第十六章）及「滌除玄覽」（第十章）之意而來。尤其值得注意的是，「支配」與「觀照」畢竟為截然不同的心靈狀態與生命向度，何以在勞先生的理解之下同時從老子思想中釋放出來？兩者是存在著互有衝突的理解矛盾？還是著眼於老子思想的不同面向所形成的兩種理路？此為老子思想內在的糾結？⑧或是後人理解的盲點所致？對治這「支配」與「觀照」的理解分歧可否當有助於老子本身乃至勞先生之老子詮釋的進一步反省，本文之撰寫即依此問題意識而展開。

---

⑥ 韋伯從社會關係與政治結構對「支配」進行定義與分類，將「支配」（Herrschaft）定義為「一群人會服從某些特定的（或所有的）命令的可能性」，此可參《支配的類型：韋伯選集》康樂等編譯（台北：遠流出版社），1997年版，頁1。

⑦ 勞思光云：「老子所肯定之自我境界已可證為『情意我』。自我駐於此境以觀萬象及道之運行，於是乃成純觀賞之自我。此一面生出藝術精神，一面為其文化之否定論之支柱。」《中國哲學史》，頁252。

⑧ 勞思光云：「此義就嚴格哲學觀點論之，不能不謂老子之主體境界有一根本性之內在糾結」《中國哲學史》，頁243。

　　其實詮釋老子所造成的角色性格之定位──徘徊於「超功利」與「權術」之間──可以說是老學的理解傳統中由來已久的問題，⑨而隨著西方美學思潮的引入與流行，取超功利之美學角度來解讀老子思想進而拉近了老─莊之關係的理解進路亦逐漸受到重視，進而與諸多相關領域進行對話，為老學之研究開啟了另一扇視窗；⑩至於「支配說」的揭示則可為爾後老學的權術思想尋繹出思想發展的內在理據，實亦開顯了老─韓之間更為密切的發展關係。可見不論就「支配說」本身，乃至勞先生何以能視之為既觀照又支配，周旋於兩者之間而不悖？此可否衝擊到老子思想之統一性的問題？皆有待檢視勞先生的「支配說」以進一步探究之，故筆者擬先溯及傳統之「權謀說」，並於對比參照下，進一步尋索「支配說」立論之理據與因由之所在。繼而將援引牟宗三先生對老子之「玄」解以作為重探老子之「道」與「言」的基礎，期能於「支配」與「觀照」兩種解《老》進路之對應及檢視下，為老子思想的詮釋提供另一種理解的參考。

---

⑨唐君毅便曾指出老子書中有種種類似權術之對人處世之道，亦有全無功利意義之言者，故以為「畢竟老子之言，是以此二者中何者為本，即成一問題。觀古今學者于老子之言，或褒或貶，⋯⋯亦大皆視吾人于此老子二類之言，取何者為本，以為定。」《中國哲學原論·原道篇一》（台北：學生書局），1986 年版，頁 294。

⑩如葉朗即指出：「老子之『滌除玄覽』在美學史上影響很大，它關涉到審美心胸之理論，也被接引到文學藝術之領域」。見《中國美學史》（台北：滄浪出版社），1986 年版，頁 37─41。李澤厚亦指出：「所謂『滌除』是洗垢除塵的意思，也就是去盡一切功利私欲的打算。所謂『玄覽』，是深觀遠照的意思，既非一般的感覺，也非抽象的思考，而是一種理性的直觀。因之，『滌除玄覽』實質上就是一種超功利的理性的直觀，這也正是審美所具有的重要特徵。」《中國美學史》（台北：谷風出版社），1987 年版，頁 236-237。

二、「權謀說」與「支配說」的檢視

　　視老子思想具有陰謀權術的說法很早便附於老學發展之中，其中又以「將欲……必固」之語言形構，最易被視為用已然來預期掌握未然的經驗指導，依此進路在老子諸章中則以第三十六章「將欲歙之，必固張之」一段最常為人所詬訕，而早在《韓非‧喻老》時便將此章導入權謀之說：

> 越王入宦於吳，而觀之伐齊以弊吳，吳兵既勝齊人於艾
> 陵，張之於江濟，強之於黃池，故可制於五湖，故曰：
> 『將欲翕之，必固張之；將欲弱之，必固強之。』晉獻公
> 將欲襲虞，遺之以璧馬；知伯將欲襲仇由，遺之以廣車，
> 故曰：『將欲取之，必固與之』。⑪

　　韓非首先將《老子》此章解釋成政治上的權術，自此老子便蒙上了陰謀家的色彩，而成為詭譎政局上高明策略的重要理據，這一點在現存帝王注釋《老子》諸本中可以得到說明⑫，歷來亦不乏深諳此術者，「陰謀權術」遂成老學發展之大宗。二程便直指老子之言，為「竊弄闔闢者」，認為他「不相入處如冰

---

⑪ 見陳啟天《增訂韓非子校釋》（台北：台灣商務印書館）1985 年版，
　　頁 769。
⑫ 現存帝王注老者有唐玄宗、宋徽宗及明太祖三家，見《道藏本》，對
　　此問題可參考余英時《歷史與思想》〈唐、宋、明三帝老子注中之治
　　術發展〉一文之論述（台北：聯經出版事業公司），1985 年版，頁
　　77-86。

炭，其初欲談道之極玄妙處，後來卻入做權詐看上去」⑬、「老子與之，翕之之意，乃在乎取之、張之，權詐之術也」⑭；近人錢鍾書也主張老子「假無私以遂其私」、「即果求因」，而以「操術甚巧，立說則不能自圓」責之⑮；李澤厚亦指出：「由於歷史的局限，在老子的思想中無疑包含有講求權術的思想，這是老子的思想後來為法家代表人物韓非所重視的一個重要原因」⑯。可

---

⑬ 程子曰：「老子書，其言自不相入處如冰炭。其初欲談道之極玄妙處，後來卻入做權詐看上去，如『將欲取之，必固與之』之類。然老子之後有申韓，看申韓與老子道甚絕，然其原乃自老子來。」見《二程集》。

⑭ 轉引自沈一貫《老子通》，此外，《朱子語類》（黎靖德編）百二十五謂老子「如『將欲取之，必固與之』之類，是它竊得些道理，將來竊弄。如所謂『代大匠斲則傷手』者，謂如人之惡者，不必自去治它，自有別人與它理會。只是佔便宜，不肯自犯手做」（頁2986-2987）「老子之學最忍，它閒時似箇虛無卑弱底人，莫教緊要處發出來，更教你枝梧不住，如張子房是也。……與項羽講和了，忽回軍殺之。這個便是他柔弱之發處，可畏！可畏！」（北京：中華書局）1988年版，頁2987。

⑮ 錢鍾書：「天地所以能長且久者，以其不自生，故能長久。是以聖人後其身而身先，外其身而身存；非以其無私邪？故能成其私。」按六七章亦曰：「不敢為天下先，故能成器長」，皆有心之無心，有為之無為，反以至順，亦假無私以遂其私也。天地無意志，不起我相，故不自生，人有意志，即陷我執，故成其私，無長久之心，而能有長久之事，天地也，身不能長久，而心欲長久，人也。聖人本人之大欲，鑑天地之成事，即果求因，以為天地之長久，由於其無心之長久也；復推類取則，以為人而亦無心長久，正亦有心長久，不為天下先，正欲後起佔先，天地無此居心也，而聖人自命師法天地，亦不摭其本而齊其末，天地者，著成壞存亡之形跡，而不作趨避得喪之計較者也。老子操術甚巧，立說則不能自圓也。見《管錐集》第二冊（蘭馨室書齋），頁422。

⑯ 見《中國美學史》，頁240。

見老學走入權術，認為病在老子本身的說法實已由來已久。

勞先生雖認為「肯定情意我」是貫串老子各觀念的精神所在⑰，但若檢視其「支配世界」的說法，當可發現這種觀點也非他突如其來的意見，而是貫串他整體老子詮釋的重要論述，因為勞先生在同書或其他著作中，不斷有相關的說法來強調此番意見，試列舉如下：

1 何以謂「無為而無不為」，蓋言自覺心駐於「無為」，乃成主宰；而如此之主宰將可在經驗界中發揮支配力量，而獲致經驗效果。故「無為」一超越境界，遂屢屢被說為可獲經驗效果之力量。⑱

2 明乎此，則可知以下三觀念（守柔、不爭、小國寡民）何以被老子視為能有經驗效果之實用原則。……「柔」與「弱」何故應為見道者自處之原則？又何故能生支配力？此在老子，仍可就其「反」觀念說明之。⑲

3 常人以「爭」心而求「強」，於是「為者敗之」；見道者以「不爭」之態度而守柔弱，故「為而不爭」。此「為」以「不爭」為基，即以「無不為」為基；「無不為」又自「無為」轉出。於是最後，老子乃實有由『無為』所生出之『為』，老子深信此種『為』必可收經驗效果。⑳

---

⑰《中國哲學史》，頁238。
⑱《中國哲學史》，頁244
⑲《中國哲學史》，頁246。
⑳《中國哲學史》，頁247。

4 一切現象均不能離開其支配。㉑

5「無為」表示自我之超越經驗界,「無不為」則表示自
我支配經驗界。㉒

可見「支配世界」是勞先生之老子詮釋的重要基調,若順
其「無為」(超越境界)與「無不為」(經驗效果)的理解模式以
觀《老子》一書,不難發現相類於此的例句甚多,試列舉諸例於
下:

1 生而不有,為而不恃,功成而不居。夫惟弗居,是以不
去。(第二章)

2 為無為,則無不治。(第三章)

3 是以聖人後其身而身先,外其身而身存。非以其無私
耶?故能成其私。(第七章)

4 不自見,故明;不自是,故彰;不自伐,故有功;不自
矜,故長……(第二十二章)

5 侯王若能守之,天下將自賓。(第三十二章)

6 以其終不自為大,故能成其大。(第三十四章)

7 將欲歙之,必固張之。將欲弱之,必固強之。將欲廢
之,必固舉之。(第三十六章)

8 道常無為而無不為,侯王若能守之,萬物將自化……
(第三十七章)

㉑《中國文化要義》,(香港中文大學崇基書院,1965 年版)頁42。
㉒《中國文化要義》,頁44。

9 知足不辱，知止不殆，可以長久。（第四十四章）

10 大國者下流，天下之交。天下之牝，牝常以靜勝牡，以靜為下。（第六十一章）

11 是以聖人終不為大，故能成其大。（第六十三章）

12 為者敗之，執者失之。是以聖人無為故無敗，無執故無失。（第六十四章）

13 是以聖人欲上民，必以言下之；欲先民，必以身後之……以其不爭，故天下莫能與之爭。（第六十六章）

14 勇於敢則殺，勇於不敢則活……天之道，不爭而善勝，不言而善應，不召而自來。（第七十三章）

15 故堅強者死之徒，柔弱者生之徒，是以兵強則不勝，木強則兵……（第七十六章）

16 天下莫柔弱於水，而攻堅強者莫之能勝……（第七十八章）

「為無為」是一種超越義的自由，它能產生「則無不治」經驗義的效果；「以其無私」──超越義，「故能成其私」以收經驗義之效果；「終不為大」──超越義，「故能成其大」以收經驗義的效果；「以其不爭」──超越義，「故天下莫能與之爭」──以收經驗義的效果……以上諸例若依循此理解模式以觀，未嘗不能皆作此解讀，而掌握諸例之相類或一貫的表述方式，即可發現老子每並陳相反之現象與觀念，本其「反者，道之動；弱者，道之用」的立場，故常以一相反於經驗性的超越性陳述立足於先，後則以「故」、「而」、「則」或「可以」等轉折詞字眼進入經驗效果上，遂形成一種類似於因果關係或「手段」與

「目的」的表述㉓，可見老子文本的確存在著擺盪於「超越之道」與「經驗之事」的現象，是以被解讀為具有「欲由超越義之自由轉化成經驗義之支配力」其實是頗為吻合我們對語言之慣性理解的經驗。

　　勞先生何以認為老子思想具有「欲由超越義之自由轉化出經驗義之支配力」呢？他進一步主張在這種表述的背後，其根本的癥結當在老子混淆了「經驗界」與「超越界」所致：

> 蓋經驗界對經驗主體而立；經驗界中主客對峙，此主體不能具超經驗主體之自由。故子路謂：孔子知「道之不行」，唯「行其義」，晨門之譏，徒見晨門之惑，蓋經驗界之成敗無礙化成之主體自由；主體自由亦不能於成事中見之。釋迦參無上義而不廢飲食，徒眾背去，祇見徒眾之庸劣；蓋經驗界之形軀不表捨離之主體自由；主體自由亦不能在不食中見之。老子獨不然，既見「道」而證主體自由，便欲使此主體自由反射入經驗主體中，欲由超越義之自由轉化出經驗義之支配力。此乃根本混淆二界；於是由「無為」生出其實用之主張。而其學之末流遂有陰謀之事；甚至漢以後言長生之道教，亦托老子為宗師，蓋亦非無故。㉔

㉓如王淮《老子探義》解「曲則全，枉則直。窪則盈，弊則新」──以為此四句實說明「手段」與「目的」之問題。「全」、「直」、「盈」、「新」為所欲達到之目的，「曲」、「枉」、「窪」、「弊」為所欲採取之手段。老子以其深刻之經驗智慧，觀察事物，發現欲達到某種「目的」，往往必須採取相反之「手段」（台北：台灣商務印書館），1990年版，頁93。

　　勞先生認為儒家視經驗界之成敗無礙於化成主體之自由，而佛家亦不以形軀不食表捨離之主體自由，相形之下老子思想卻有將見道之主體自由轉化成經驗義之支配力的現象。「支配」向來被視為一種社會行為，存在於世俗經驗的上層之於下層、強者之於弱者的權力活動中，在此乃特就「聖人」與「世界」的關係而言，聖人高高在上，超然獨立於自然法則之上，運用他觀照得來之智支配操控世界的發展，因此就聖人而言，他既屬超越界，卻又從而支配著經驗界，由無為之體會轉而生出無為之術以成就種種經驗實效的成果，以至能無不為，成就客觀世界，這種由「無為」的超越性格遂生出種種具有經驗實效的主張，勞先生以為是根本混淆了「經驗界」與「超越界」，由此看來，老學之末流轉為陰謀之事乃至形成長生之道教，也是其來有自的。

　　然而依此脈絡以觀，這種「欲由超越義之自由轉化出經驗義之支配力」的說法，又如何能如勞先生所謂「自覺心駐於無為，遂無所執，無所求，故能『虛』，能『靜』，在虛靜中，自覺心乃朗照萬象，故能『觀復』」㉔而產生一種破執後的觀照境界呢？若果「無所求」與「無所執」是老子的精神境界，而以支配力收取經驗效果又怎能呈現自由無待的觀照心呢？老子心目中體道的理想人物，如何能「觀照世界」又「支配世界」？

　　勞先生曾以「老子深信如此即能支配經驗界，另一面此支配仍視為一自然之事」解釋之，乃視「支配」為一種自然之事，這是否意謂著聖人藉由觀照來全然了解客觀之勢的變化發展，因

㉔《中國哲學史》，頁243—244。

㉕《中國哲學史》，頁242。

　此聖人順勢而為，自然而成，並由此施展無為之術來成就經驗世界，所以聖人之支配亦是自然之事，並非造作？也就是聖人之觀照是自體靜態的修為，而支配力的展現則是動態的運作，觀照與支配，不過是聖人動靜間指向性、目的性之不同而呈顯的聖人作為，若果如此，聖人在動靜之間，似乎分屬不同層次，因為觀照既是無執無求、朗照萬象之自覺心的發用，「支配力」卻是一種由超越義轉向經驗義的「直向」投射，而無一反向操作──無執無求的虛靜觀照，便必然無法脫離「意念的造作活動」，而意念的造作是最危險的㉖，道家的智慧不就在破除人為的造作與刻意，以遊心於利害成敗是非之外，然建立在經驗成效上的「支配力」卻是有執有求之力的展現，遂為權謀家所資取轉化，形成政治上智術與謀略的寶庫，老子之聖人即在動靜之間分裂為二，成為不見道之聖人。可見以「支配力」來解釋老子思想實嚴重衝擊到道家的基本性格，是以溯本清源，「支配說」仍是有待驗身澄清的。

　　檢視勞先生的意見不難發現其「見道之主體──聖人」與經驗界的關係頗類於他論述「道」與「物」的關係模式，勞先生為了強調道的超越性及其乃經驗界之萬有所循之規律，亦不時以「範疇作用」、「決定力」與「支配」的字眼來規範「道」與「物」的關係，所謂「吾人觀其一貫說法，即可知所謂『生』表『道』對『物』之範疇作用，乃指『形式義』之決定力，非言經驗關係

㉖牟宗三先生說造作可分為三層來說：一是自然生命的紛馳、二是心理的情緒、三是意念的造作，並指出意念的造作影響最大，一發作便成災害。見《中國哲學十九講》之第五講〈道家玄理之性格〉頁92-93。

中之『發生』」㉗、「道雖不屬於經驗界,而實以一形式意義之
決定力支配經驗界」㉘,在此脈絡下,是以「老子所肯定之主體
僅是駐於無為之境而利用『反』之規律以支配萬物者」㉙,可見
勞先生實將「道」的形上律則於經驗世界之規範義駐入見道之聖
人來說,即「道」之於「物」頗類於「見道之主體——聖人」
之於「經驗世界」的關係,遂形成「見道之主體——聖人」具
有「支配力」的說法,其間的關鍵之一當在勞先生認為老子所肯
定之主體乃是利用此「反」之道術者,所謂「觀萬物『反』而運
用之」,主張老子顯露一「精透之觀察」㉚,確表一「高明之慧
識」㉛,即他將老子所肯定的「見道之主體——聖人」定位於運
用道智的角色,故勞先生視「道」為規律範疇性格的詮釋無形中
遂成為其「支配力」之說的理據所在,他以「道」與「德」分涉
「形上之實體的實有義」及「自覺之理境的實踐義」兩個面向,
然後以「心」貫之㉜,唯與道同體之聖人卻在「超越界」與「經
驗界」的分割下,形成身分的混淆與曖昧,於是有「支配力」的
說法產生,如此必然與「情意我」的主體生命特質形成理解上的
糾結,依此看來檢視勞先生詮釋老子何以具有「支配力」的說
法,實與他視「道之於物」具有範疇與支配作用的詮釋不無關

㉗《中國哲學史》,頁242。
㉘《中國哲學史》,頁245。
㉙《中國哲學史》,頁248。
㉚《中國哲學史》,頁246。
㉛《中國哲學史》,頁246。
㉜勞思光曰:「『道』為形上之實體;是實有義。以心觀道,心遂離
　物。心依於道,乃成其德,故「德」為自覺之理境,是實踐義。」
　《中國哲學史》,頁252。

係。

歷來亦不乏針對老子為「權謀說」之意見的批評者，陳鼓應先生即曾徵引羅列自漢到宋明各代學者的說法來澄清誤解㉝，其中便有幾則是特從「意念（心）的遮撥」處著眼者：

1 首八句，言造化乘除之機如此，非言人立心也。㉞

2 造化者未嘗容心於其間㉟

3 世之詭譎者，即謂其得老子之術，豈非妄執『必固張之』之數言而詬訛之邪！萬物之生而死，榮而悴，成而毀，亦天道也。天何心哉！㊱

4 氣有歙張，勢有強弱，數有廢興，物有與奪，是事不可常者，此理之自然，非有欲不欲也。……是故以氣言陽極生陰，非欲歙而先張乎，以勢言物壯則老，非欲弱而先強乎，以數言盛者必衰，非欲廢而先興乎，以物言所貴能賤，非欲奪而先與乎，將欲如此必先如彼，借人事以明天理，不過盈虛消息之自然耳，天何容心哉，聖人何容心哉，後世不知此道，遂認為權謀操縱之用，此乃有機事必有機心，去聖遠矣，此章大義豈可以有心有為觀之哉。㊲

㉝此可參見陳鼓應《老子今註今譯》代序（台北：台灣商務印書館），1986 年版，頁5-6 ，及《老莊新論》（台北：五南書局），1993 年版，頁104-106 。

㉞引自《老子通義》。

㉟黃茂材語，引自《道德真經集註》。

㊱明林兆恩語，引自《道德經釋略》。

㊲何心山語，見《道德真經集義》。

他們皆以為老子此處乃在彰顯盈虛相因的自然常理，人即便能如理之見機，亦絕非「有心有為」之作用使然，所謂「非言人立心也」、「天何容心哉」、「聖人何容心哉」、「天何心哉」、「未嘗容心於其間」、「有機心去聖人遠矣」……無一不再說明此處乃人心造作不得，而落入機心勢必遠離聖道，滑失老旨。可見聖人依道乘理，世俗之姦雄則巧於用智，進而使之轉為縱橫捭闔之術[38]，兩者自是大相逕庭，但筆者以為，若僅從心術處著手，亦可能有為賢者諱之嫌，進而形成「心無失而言有弊」的判斷[39]，造成老子之心與老子之言分道揚鑣的問題，因此欲尋繹其問題之癥結，亦恐難僅以傳統的「道」與「術」或「乘理」與「用智」，便能有效地加以分辨撥解。

再則，勞先生「支配力」的說法已使此老問題跳脫過往帝王之術的君—臣關係之格局或政治歷史之史例的視域，並在此「經驗（物）／超越（道）」的理解架構下，取得文本之語言表述

---

[38] 焦竑云：「然此幾於用智也，與管仲孫武無異，聖人與世俗，其跡固有相似者也，聖人乘理，而世俗用智，乘理如醫藥巧於應病，用智如商賈，巧於射利，……聖人豈有意為此以勝物哉！知勢之自然而居其自然耳。」王純甫云「聖人用之，則為大道，姦雄竊之，則為縱橫捭闔之術，其害有甚於兵刃也，故聖人喻之以利器云」見《老子翼》，轉引自《四部要籍注疏叢刊‧老子》（北京：中華書局），1998年版。

[39] 吳澄「老子言反者道之動，又謂玄德深矣，遠矣，與物反矣，故其所為，大概欲與人之所見相反，而使人不可測知，故借此八者相反之四事設譬，而歸宿在下文柔勝剛，弱勝強六字……孫吳申韓之徒用其權術陷人於死，而人不知。論者以為皆原於老氏之意，固其立言之不能無弊有以啟之，而遂謂天下誰敢受老子之與者哉？則因其言而疑其心，亦過矣。註者又欲諱護而為遁辭，蓋胥失之。」《道德經注》（台北：廣文書局）頁68-69。

的證成，如何繼續朝「道／物」與「言」兩個面向轉進以突破此理解的糾結，當是值得努力之處。唐君毅先生曾分殊老子之道為四層次（法地—法天—法道—法自然），進而強調其當層層轉進以通貫之，權謀之說乃在法地道而不見其中通貫之義，使老學之本宗與分流皆能得其理據，此自不失為一通達之見⑩。然筆者有意從另一角度，並援引牟宗三先生對老子哲學之詮釋，進而結合老子語言之反省，期能從此支配說籠罩下的「道—言」現象有一進一步反省，以化解此理解困境。

三、以「玄」試解老子之「道」與「言」

老子之道向來有「客觀實有」與「主觀境界」的理解之爭，勞思光先生認為老子之「道」，泛指規律，故每以「反」——「相反相成」及「正反互轉」解之，然其偏向「客觀規律」論「道」之「反」，卻致使道之於物的規範義駐入主觀之境界層面時蒙上了「支配力」的色彩。牟宗三先生則堅持老子的形上思想為一種實踐形上學，並將「道」理解為主體修養所證的「主觀境界型態」⑪，在此脈絡下，牟先生傾向於從「沖虛玄德」之「不塞不禁」，以「不生之生」來解釋「道」與「萬物」的關係：

> 道生之者，只是開其源，暢其流，讓物自生也。此是消極
> 意義的生，故亦曰『無生之生』也。然則道之生萬物，既

---

⑩《中國哲學原論・原道》（頁295），另有「真知老子之教，而欲本老子之言用權術者，即同時知其權術之無所可用，而不用之為權術矣。」（頁307）。

非柏拉圖『造物主』之製造，亦非耶教之上帝之創造，且亦非儒家仁體之生化，總之，它不是一能生能造之實體。它只是不塞不禁，暢開萬物『自生自濟』之源之沖虛玄德。而沖虛玄德只是一種境界。故道之實現性只是境界形態之實現性，其為實現原理亦只是境界形態之實現原理。非實有形態之實體之為『實現原理』也，故表示『道生之』的那些宇宙論的語句，實非積極的宇宙論之語句，而乃是消極的，只表示一種靜觀之貌似的宇宙論語句。此種宇宙論之語句，吾名之曰『不著之宇宙論』。……亦可曰：『觀照之宇宙論』。」[42]

　　牟先生此處所謂的「無生之生」，或當是從王弼註「玄德」的義涵中深會有得而來[43]，據此，道之於物便不再是「支配」與「規範」的客觀律則，而是「不塞不禁」，使其能「自生自濟」，可見他將「道」視為一種「沖虛玄德」的境界，一種在主觀致虛

---

[41] 袁保新先生曾就牟先生「主觀境界形態」的老子詮釋進行反省，認為「如果因為強調老子的實踐性格，將老子形上概念完全限定在觀念發生過程中來了解，收在主觀親證之下，以『主觀心境』觀『道』，則未必是老子的本義」、「『道』固因主觀境界之不同而不同，但『道』並不即是『主觀境界』，『主觀境界』只是『道』之諸可能異趣與層次之開顯」（《老子哲學之詮釋與重建》，頁74—76）。「主觀境界」的確並非徵定「道」的恰當名詞，筆者以為此種說法雖未必能涵蓋老子所言之「道」，卻不失為一種更貼近於中國哲學之特質的詮釋，牟先生實是為凸顯其實踐特徵才用此名目，而若環扣中國哲學著重於存在體驗與生命實踐的特質而言，「主觀境界」說或較能避免以西學架構中學的不適與困限，在此脈絡下，老子之「道」則更能以活活潑潑的靈動生機取代冰冷機械的規律秩序。

[42] 見《才性與玄理》（台北：學生書局），1985 年版，頁161-162 。

守靜之修證工夫下所開顯的生命智慧，牟先生視老子「道生之」
當是一種「不生之生」般，即是不在「實有層」上言「生」，而
在「作用層」上以不禁性塞源的方式讓物自生自化㊹，由是「道」
就寄託在這主體工夫實踐所呈現的境界上。如是，被勞先生視為
一種觀念上或人事上之實用原則與工具的「守柔」與「無為」，
便得以彰顯其道性之位階。牟先生先從「無為」來講老子思想形
成的文化背景，以貞定老子的精神性格，繼而從「無為」提練成
「無」作為老子生活實踐上的重要觀念與境界，隨後他展開
「無」、「有」、「物」三層及其關係的論述：

> 無所顯示的境界，用道家的話講就是「虛」，……無的境
> 界就是虛一靜，就是使我們的心靈不黏著固定於任何一個
> 特定的方向上……無是個虛一而靜有無限妙用的心境，靈
> 活得很。無限的妙用何由得見？即從有處見。有就是無限
> 妙用、虛一而靜的心境的矢向性，用道德經的話講就是徼
> 向性，……，心境不單單要處在無的狀態中以觀道的妙，

㊸「不塞其原，則物自生，何功之有？不禁其性，則物自濟，何為之
恃？物自長足，不吾宰成，有德無主，非玄而何？凡言玄德，皆有德
而不知其主，出乎幽冥。」見樓宇烈《王弼集校釋》，台北：華正書
局），1983 年版，頁24。
㊹牟先生認為道家「不是從存有論的立場講，而是從作用層次來顯示道
是什麼」，即「無本來是從作用層上透顯出來的，就拿這個作用層上
透顯出來的無，作實有層的本，這兩層合在一起，沒有分別。這是道
家的形態」，也就是「『實有層』與『作用層』分別不清楚，或者說沒
有分別」，而「儒家也有作用層上的問題，但是作用層和實有層分得
很清楚。本體是從實有層上講，不從作用層上講。道家正好相反，…
…道家完全偏到作用層這一面來，就以這一面為它的勝場」見《中國
哲學十九講》第七講〈道之「作用的表象」〉頁127-140。

也要常常處在有的狀態，以觀道的徼向性，反過來說徼向性就是道的有性。道德經通過無與有來了解道，這叫做道的雙重性，道隨時能無，隨時又有徼向性，這就是道性。……，一有徼向性出現而落在有中，假定心思不靈活，就又限於此而不能通於彼，所以又不能停於此，『玄』就在這裡出現，凡徼向都有一特定的方向，若停在這徼向上，有就脫離了無。有不要脫離無，它發自無的無限妙用，發出來又化掉而回到無，總是個圓圈在轉……這個圓周之轉就是『玄』……

老子通過無與有來了解道。無有混在一起就是玄。「玄之又玄，眾妙之門」的玄就是創造萬物的根據，分開地直接地說，有是萬物的根據，無是總持說的天地之開始。因為有從無出，而且有無混一名之曰玄，玄才能恢復道的具體性，即道之具體真實的作用。停在無有任一面，道的具體性就沒有了，就不能恢復並顯出道創生天地萬物的妙用。㊺

牟先生以為老子的「無」是一虛一而靜有無限妙用的心境，「有」則是一徼向性，若停留在這徼向上，有就脫離了無，但他認為有不要脫離了無，無有混在一起就是「玄」，周旋反覆於「有」與「無」之間，總是如一個圓圈在無限地循環般。是以體道之聖人當是能自由進出於有無之際，也就是於「超越界」與「經驗界」之間不斷往返，黏滯於任一端都會失去道的妙用與玄

㊺見《中國哲學十九講》，頁99-101。

的精神。道家之特點即在超越界與經驗界、有與無、母與子之間的不斷循環往返，而形成所謂「觀照」的心靈，這種須臾不離的體道工夫使聖人之心得以與道週行往復，在聖人致虛守靜的工夫下，自我之心便能清明如鏡，能觀能照，明白宇宙之真理與律則，並守住生命之本源初始，有無之際，至最高境界方能隨大化之運行，處於紛紜之中，卻立於根始之地。

可見就老子而言，有「觀照」的能力，便能有放下的智慧，同時，人事、自然、宇宙之勢便清楚呈現，因此觀照可見人事自然之因果相依，照見事物發展的全貌，即使如最常為人所詬訕的「將欲歙之，必固張之」一段，其重點亦當在「微明」，即從勢的發展中透露的幾兆，有此觀照的智慧，便能知此「微明」之幾兆，而不落入「勢」之流轉變動中的成敗得失，遂能超然於此勢中，因此若執著於老子勢之揭露而加以權術的運用，自然有權謀之術的想法產生。依此可知，「支配力」之產生乃在其「有」脫離了「無」，沒有回去之故，即是生命主體黏滯於經驗界之效果而未能隨時歸返於超越之「無」使然。

勞先生以「儒言化成之義，佛作捨離之說，老子則近乎捨離之『虛靜』境界轉出一支配義」，作為儒、釋、老之殊別，又言「道家之『主體性』，以逍遙為本，其基本方向只是『觀賞』萬象而自保其主體自由，故只能落在一情趣境界上及遊戲意義之思辯上」，其「支配世界」的說法使老子思想展現出由「超越界」直向「經驗界」投射的力量，卻往而不返，遂成權謀之源，但其「觀照世界」的說法卻又是近乎「捨離」的純觀賞，未能彰顯老子治道之用心，實則以「支配力」或以超功利、無關心的「觀照說」來解讀老子思想皆不免限於一偏。若從「玄──有無關係

的周旋反覆」以觀,「執有而忘無」者,便是運用支配力以進行陰謀權術之流;然如果對世界採取孤絕捨離之態度,則是「執無而忘有」者,筆者以為老子之觀照世界絕非一冷觀世情的旁觀者,他實洞察世情與世勢,參與這變化萬端的人間存在與宇宙天地,能融入於宇宙又超越了宇宙,即在此周旋於有無之間的心靈狀況下顯其自由,可見不論是執於經驗成效的支配態度或孤絕捨離的態度都是在「有無關係」上「往而不返」者,他們在「有無關係」上都不免落於一偏而失去老子「有無關係的周旋反覆」——「玄」的精神。

可見我們不必因取老子為世所用的經驗效應而過度強調它的政治功能,也不必為了凸顯老子的超越性格而割捨它的政治有效性。老子盛言治道,老莊乃至中國之佛學又何嘗不是以「化成世界」為其價值之歸趣呢?只是各家指出不同的化世法門罷了,是以將「化成」判給儒家實是委屈了中國釋道之苦心,然不論是用之於政治社會或藝術文學、客觀世界或生命主體之領域,老子思想之智慧皆當結穴於一無執與自由的生命態度,即「有無關係的周旋反覆」——「玄」的精神,此可謂道家精神之共法與勝場,韓非以下之法家由老子轉出,雖有其思想之背景與歷史之因緣,然未必即能以果解因,在後解的籠罩下失去了其自身的本質與方向。

除此之外,老子的思想也必須從透視它語言的特質——正言若反的詭辭——來理解,否則就有誤解的危險,而此詭辭之語言特質的背後,仍是立基於「玄」——有無之間的往返循環——的哲學精神而來,所展現的即是一不黏滯而活潑靈動的生命智慧,然而老子中類此的詭辭為用,每每為歷史上權謀變詐之

徒汲取其經營時勢的靈感，進而達臻其政治私欲之目的，這樣的
誤解實與他們未能正視老子「作用層」上「詭辭為用」之語言的
反省有關，牟先生即主張「依道家的講法，最好的方式就是『正
言若反』……這個話就是作用層上的話」、「正言若反不是分析
的方式，它是辯證的詭辭」、「它不給我們知識，它把我們引到
一個智慧之境」⑯，牟先生以為《道德經》裡這一種話頭很多，
如他舉到：

> 譬如說：「後其身而身先，忘其身而身存」，這就是詭
> 辭。你要使你自己站在前面，一定通過一個對站在前面的
> 否定，要後其身，要把你自己放在後面。這種話，假使你
> 看成一種權術，它就是權術；假使你看成一種智慧，它就
> 是一種智慧。我們現在是當智慧來講，不當權術來講，這
> 種權術，陰謀家很會利用，政治家很多會運用，它就是當
> 權術來看。⑰

袁保新先生對此問題也有一段值得體味的說明：

> 陰謀家由於未能充分正視詭辭的剌謬、矛盾的性格，所以
> 也就沒有從名言的放棄，進而體會名言背後隱於無名之中
> 的「不言之教」——一個超越名言的整體性觀點，一個
> 泯除對立，廣大和諧的形上觀點。其以個人經驗湊泊，曲

---

⑯《中國哲學十九講》，頁140、頁143。
⑰《中國哲學十九講》，頁143。

加解釋，實只是逞其咳的私智，對於老子思想的精神，不
但是曲解，也是有害的。

……倘若我們罔顧老子哲學的整體性、一致性，將詭辭理
解為一項經驗世界的通則，以個人經驗曲加解釋運用，則
老子之學淪為權謀，亦可謂詮釋者的咎由自取。

……我們分析道德經的設辭構句，「正言若反」，「以遮
為詮」，其詭辭的運用，前驅性地發揮了莊子「言無言」
的玄義，惜乎老子之詭辭，後多流為權謀之用，但是此一
歧出，實無礙於老子忠於其批判名言一貫立場。⑱

　　他們都注意到老子之言的「詭辭性」，以為不能明此，便極
易以個人經驗加以湊泊，依因果關係的詮釋模式將之視為經驗世
界的通則，遂成為權謀家孕育智術的溫床，也就是當我們重返前
引諸多「將欲……必固」、「……而……」、「……故……」、
「……則……」等老子的語言，即可發現這兩兩對舉絕非慣常下
建立在因果關係的表述，故不可以邏輯語言分析理解之，以「無
為而無不為」來說，「無為」乃「無」，「無不為」乃「有」，
「無為而無不為」之「而」即非單向而是雙向的，也就是並非一
般語言中的因果關係，而是互為因果、循環不已的，是以老子首
章開宗明義即點出「道可道，非常道，名可名，非常名」，這種
對名言的批判態度，自是洞察語言表述的限制而來，而其間不僅
指涉語言的有限性，也深察到人類理解語言之慣性的迷障，由此
可見理解老子之語與老子之思，皆當由此「玄」觀─「有無關係

---

⑱見《老子哲學之詮釋與重建》，頁179-181。

的周旋反覆」契入，否則終不免以俗心觀道境，而滑失了老學之深旨。

　　老子首章便以對語言的警句拉開序幕，然語言的僵滯性與慣常性仍不免使老子語淪落於曲解的命運，此自非老子本身的問題，但不可否認的，如何進一步突破語言的困限，進行「語言的改造」，卻是道家發展中不容忽視的一條轉進之路，莊子即本此語言之自覺的反省，在「言無言」的體認下，從「寓言／重言／卮言」三言的語言創構中，使「道／言」在相反相生的辯證關係上形成更為靈活更有變化的發展，在思想上莊子尤進一步以「遊」來展現主體無所黏滯的自由精神，使老子「有無關係的周旋反覆」得所承展，道家的性格遂有了更為明確的貞定。

四、結語

　　本文從勞思光先生解《老子》之「支配世界」與「觀照世界」所形成的分歧啟問，首先檢視勞先生「支配說」所形成的理由，發現實與勞先生解釋老子之「道」為形上律則息息相關，他將道之於物的規範義駐入聖人作用於經驗世界的主體心境上，遂形成聖人對世界具有支配力的說法，而此「支配說」雖本之於「道—物」的自然客觀之勢，遂與傳統著眼於歷史經驗的「權謀說」有別，但從「支配力」乃在「超越界」向「經驗界」的單向投射，未有反向操作—虛靜觀照之工夫，勢必因收取經驗之實效的作用性而指涉道家向來努力遮撥的「心——意念的造作」上，故「支配說」實與老子的基本性格不相吻合，有待戮破。

　　是以為對治此「支配說」的問題，本文轉以牟宗三先生對

老子之「道」與「玄」的詮釋入手，用以貞定老子之道乃有別於
西方形上系統論述下的客觀律則，使生命主體之境能立足於終極
之「道」上，以避免喪失其內在的價值根源。繼而再以「玄」解
開「有－無」的微妙關係，用「有無關係的周旋反復」揭示老子
思想所開顯之主體的自由心境，另以「有無關係的往而不返」—
「執無棄有之捨離孤絕者」與「執有忘無之支配權謀者」，據此周
旋於有無的玄之精神以觀老子思想不僅是有別於陰謀家的支配世
界，也絕非超功利以無關心的滿足、全然抽身於世外的冷眼旁觀
者，它不僅為關涉政治社會的帝王之術，也未嘗不可為文學藝術
與美學之所宗，關鍵在當本此「周旋反覆於有無之際」的無執自
由之精神，便可全然投身於宇宙而又能超越於宇宙。

　　循此「玄」之思想內涵與精神特質的進路，我們進一步考
察老子詭辭為用的語言表述，發現老子之語與老子之思皆當由此
「玄」觀契入，不宜從邏輯或因果關係的分析去解讀，遂為權謀
家何以在此孕育智術找到了語言誤讀的因由，並進一步由此語言
之反省與承轉之軌跡彰顯莊子於道家發展脈絡上的關鍵角色與特
殊地位。

　　筆者所以著眼於「支配」與「觀照」之問題，除了多年來
閱讀勞先生之《中國哲學史》所形成的理解困限外，過往一直視
道家作為自己生命避風港以尋求一美學上之寄託的存在情境，終
在投向現世俗務的重重考驗中等待重新的調整與修正，原來「道
家」之智慧又何嘗僅是避世隱遁之法而已，置身於紛擾之世務與
人情中更需要它來貞定生命的自由與自在。而勞先生「支配說」
的揭示，又何嘗不是對置身於「經驗世界」之我們的警示：即使
是有心朝超越向度的修道者，若未能時時觀照復返於根始之境，

從現實視域中超拔而出，則經驗主體的血肉之軀又如何能於見微知幾之本領的驅使下抗拒掌握支配世界之能耐的誘惑，聖魔一線間，往往竟只是一心之轉、一念之隔而已，可見修德之路雖是何等寬闊自在，卻也是漫長而艱辛的。

　　以「生命實踐」作為思想的核心課題，一直是中國文化傳統的殊趣之所在，其中又以儒、道兩家最能彰此精神特質，因此對治這種生命的學問，實踐的智慧，並不宜全然視之為一客觀對象來加以分析思辨之。魏晉玄學家長於玄思與智悟，能契會老莊之玄理，卻未必能深體老莊體道修證的生命進路，是以本文從「玄──有無關係的周旋反覆」來解說老子思想，便自覺到此絕非一思辨之巧智而已，其背後尤當立基於主體工夫的深貫與實踐上，否則有、無與玄諸語，終究只是玄言空話，是以詮釋傳統的中國經典，雖不必在方法上固步自封，但在這講究客觀方法與標榜西學的時代風潮下，卻也當咀嚼反思「生命實踐」的傳統文化長流，才能使兩者真正發揮兼融並蓄之功，是以為論。

莊子對性命之體悟
與道德實踐

邱榮鐊

【華梵大學中國文學系專任教授】

中文摘要：

　　莊子對性命與道德的詮釋，與《易經》、孔子《易‧繫辭傳》、及《中庸》皆頗為契合，但莊子不將天道與人道劃分為二、而融合為一。道德之界說也因此更為擴大。

　　莊子說：「壹其性，養其氣，合其德，以通乎物之所造。」又說：「性不可易，命不可變，……道不可壅；苟得於道，無自而不可，失焉者無自而可；……性修反德，德至同於初。」可見莊子對於性命的體悟與道德實踐，抱有通觀與信仰，且力行實踐。〈大宗師〉篇說：「魚相造乎水，人相造乎道……相造乎道者，無事而生定。」這一段話絕非無真知實踐者所能道出，而他一生經歷亂世，百家爭鳴的時代，世道人心，莫不勾群結黨熱中名利，爭奪詐騙，滔滔者天下皆是，然而，莊周兩拒楚相，復不從魏王之邀，卻瑀瑀林溪，觀魚自樂，讚許支離疏的安分知命樂天，稱道庖丁的游刃有餘，而諷喻世人不知緣督以為經，履行中道，卻因執迷名利而受天刑，至於因妻死而悟死生之命而豁然開朗，處處可見其體認生命之理，現身說法，建立了一套亂世中的「生命實踐學」。試觀《莊子》書三十三篇，言齊物、養生、人間

世、德充符、大宗師、逍遙遊，乃至天道、天運、達生、繕性、
外物、至樂，以及應帝王，無一不以探討宇宙天地道德與人生性
命處世之道為宗旨，當今物質價值觀瀰漫，人類性命與道德有待
拯救之際，莊子的哲學理論與其體驗智慧，無疑是當頭一棒，對
症良方。本文就莊書所論反覆驗證，以為世道人生補救之參考。

關鍵詞：

道通為一、自然道德律、德之和、安分知命、朝徹見獨、刳
心

一、性命與道德之意義

《易・繫辭傳上》曰：「知周萬物而道濟天下，故不過。旁行而不流。樂天知命，故不憂。」〈說卦傳〉曰：「觀變於陰陽而立卦，發揮於剛柔而生爻，和順於道德而理於義，窮理盡性以至於命。」按：道德理義所以盡性達命，性命與道德二而為一。孔子在《易・繫辭傳》又說：

> 聖人之作易也，將以順性命之理。是以立天之道曰陰與陽，立地之道曰柔與剛，立人之道曰仁與義。

據此，則陰陽剛柔仁義皆所以達性命之理，天命與人性本來一致，故《中庸》開章明義說「天命之謂性，率性之謂道，修道之謂教」則道德依循自然之天命，即上文所謂「順性命之裡」孔子對天人性命道德的義涵觀點即在於此。後人據《論語》「子罕言利與命與仁」、「不知生焉知死」、「不能知人焉能知天」諸語，遂將道德與天命分開，將天命與性別立範疇，朱熹解釋「道德」一辭，謂「道則人倫日用之間所當行者」、「行道而有得於心曰德」，則宋儒大抵推究孔門忠恕仁義，將道德界定在人間倫理的範疇，吾人可以稱此「道德」為 "morality or ethics"。

莊子對生命與道德的詮釋與《易經》、《中庸》相通，與孔子《易・繫辭傳》所詮釋性命之理亦頗契合。但莊子不將天道與人道劃分為二，而融合為一。道德的界說也因此更擴大，即天地萬物無一不在「道德」的範疇，「無所逃於天地之間」他說：

「通於天地者德也，行於萬物者道也。」(〈天地篇〉)又說:「泰
初有無無，有無名，一之所起，有一而未形，物得之以生謂之
德。」道德為天地萬物生成之理，這論點與朱子「人倫日用之理」
大相逕庭，而與老子道德的界說相近。《道德經》:「道可道非
常道，名可名非常名，無名天地之始，有名萬物之母。」無名天
地之始即莊子「有一而未形。」道失而後德，德失而後仁，老子
似以道為德之母，也可說:天地萬物得以生之德，乃以宇宙本體
之道為其根本法則。莊子說:「天地有大美而不言，四時有明法
而不議，聖人者原天地之美，而達萬物之理……彼神明至精與彼
百化，物已，死生，方圓，莫知其根也，扁然而萬物自古以固存
……陰陽四時運行，各得其序，惛然若亡而存，油然不形而神，
萬物畜而不知，此之謂本根。」(〈知北遊〉)按:這個本根的天
地大美明法即是「道」與老子所說「夫物芸芸，各歸其根，歸根
曰靜。靜曰復命，復命曰常……王乃天，天乃道。」這「歸
根」、「復命」、「天道」、「常命」是相呼應的。所以，莊子屢
稱「道通為一」、「復歸於一」即天地人，天道地道與人道合而
為一。這個「一」也就是性命通於道德的法則。故莊子主張天人
合一。他說:「聖人藏於天，不厭其天，不忽於人，民幾乎以其
真」(〈達生〉)、「有人天也，有天亦天也，人之所不能天性也。」
(〈徐無鬼〉)因此之故，莊子對道德義涵，是指廣泛的天地萬物
所遵循之自然道德律 (nature moral-law) 而所指的「性命」即天地
之道假以生的「天命之性。」

二、莊子對性命的體悟

> 死生命也，其有夜旦之常，天也，人之所不得與，皆物之
> 情也。（〈大宗師〉）
> 死生存亡，窮達貧富，賢與不肖，毀譽飢渴寒暑，是事之
> 變，命之行。（〈德充符〉）

按：莊子認為人與萬物皆為道之履踐而成命。「天地與我並生，
萬物與我為一。」（〈齊物論〉）生命如日夜，是常道之行，叫
「事之變，命之行」。死生如此，則凡窮達、貧富、賢愚、毀譽…
…等等人間事之消長，與四時寒暑均在天道之中故順性知命達
道，為性命之理，而道尤為一切之根本。又說：

> 性不可易，命不可變，時不可止，道不可壅。苟得於道，
> 無自而不可，失焉者無自而可。（〈天運〉）

按：莊子謂命不可易，又謂「知其不可奈何而安之若命，德之至
也。」論者或誤以其為宿命論，或消極避世，玩世之思想，實為
大謬。吾人應體會「不可易，不可變，不可止，不可壅」「四不
可」的真理性，因而覺悟：人為不可反於道而行。這個道德依於
天道的精義，目的在教吾人通天達命，循道而行。如此，則「無
自而不可」達到無己、無名、無憂的生命真諦。故曰：

> 夫道覆載萬物者也。（〈天地〉）

壹其性，養其氣，合其德，以通乎物之所造。（〈達生〉）

按：這是莊子的肯定論述(positive statement)。上文以否定邏輯說不可「易性」、「變命」、「止時」、「壅道」，此則肯定邏輯說「依道」、「合德」、「壹性」之生命觀。「通乎物之所造」、所造就是道，亦即「造物者」。

性命非但由道「造化」而成，且天命也內在於人之生命。這就是人應與天合而不可「壅」或「離」天道的根本理論。這一點在《莊子》〈齊物論〉、〈養生主〉、〈德充符〉、〈大宗師〉、〈達生〉、〈知北遊〉及〈天地〉篇皆頗多論述。試舉一二例：

> 彼方且與造物者為友，而遊乎天地之一氣……假於異物，
> 託於同體，忘其肝膽，遺其耳目，反覆終始，不知端倪，
> 芒然彷徨乎塵垢之外，逍遙乎無為之業。（〈大宗師〉）

按：無為，即順性依天也。天命不可違，（按：此被後來之帝王所假借），因為天是人之所以生，物之所以造；天之道：法則與性命，也內在於人與萬物，故人可與「道」為友，與天地和諧一氣而遊於生命的無為自然本體，「同體」即「內在之性」、「異物」即「外在之形體」。如此，只要掌握天命之道，與天為一，則外在形體之耳目肝膽，自然不必掛礙，更何況身外之名利毀譽呢？

〈大宗師〉篇又說：

> 古之真人不知說生，不知惡死，其出不訢，其入不距，翛

> 然而往，脩然而來而已矣。不忘其所始，不求其所終。受
> 而喜之，忘而復之，是之謂不以心捐道，不以人助天。

按：真人理想的人生，是依道而行，自然而往，自然而來。生是
由道而出，故曰：「其出不訢」。死是歸於所由來之道，故曰：
「其入不距（訓、拒）」。生亦不喜，死亦不惡，故能悠然而樂，
不忘所始，不求所終，夭壽由之，一切依道，因此，在心理上已
達和諧之境，故不因人欲害道，不以人害天。

　　生命之實踐在於天道與人道一體，天人合一，保持道所造
之生命，「緣督以為經」（〈養生主〉）「形全精復，與天為
一。」、「聖人藏於天，故莫之能傷也」、「不開人之天，而開天
之天，開天者德生，開人者賊生，不厭其天，不忽於人。」按：
莊子之意，開人者，以人害天也，故不順天而賊生，唯能守天之
全，然後性命得以實踐。

　　莊子為何主張「形全精復與天為一」呢？

　　是因為凡人往往逐物亡身，迷形離道。救之之道，唯有外
物遺形。曰：「凡有貌象聲色皆物也。物與物何以相遠？夫奚足
以至乎先？是色而已。」因為聲色貌象皆相引相擾，於性命之全
體大用有害無益，故曰：「彼將處乎不淫之度，遊乎萬物之所終
始。」按：萬物之所終始，即所以造人與物之道。

　　莊子感慨俗人之迷於物欲，其言曰：

> 一受其成形，不亡以待盡，與物相刃相靡，其行盡如馳而
> 莫之能止，不亦悲乎？終身役役而不見其成功，苶然疲役
> 而不知其所歸，可不哀邪？人謂之不死奚益？（〈齊物

論〉〉

　　人生如夢，但莊子《齊物論》舉麗姬始為晉國所得，涕泣
沾襟，及至王所，與王同筐床，食芻豢而後悔其泣的故事，領悟
了死生之道。曰：

> 予惡乎知夫死者不悔其始之蘄生乎？夢飲酒者旦而哭泣，
> 夢哭泣者旦而田獵。

由此而破解了迷生惡死之妄。不但死生一命，不以死死生，不以
生生死，死生一環。而且萬物與我皆由於一化之道。〈齊物論〉
莊周夢為胡蝶，說明了物雖有分，而命化則一，名曰「物化」
　　由此可知生命是一道之化。天地萬物皆生於道，而返於
道。所以，莊子在妻死之際，深切體悟了生命的始末與真諦。
〈至樂篇〉曰：

> 察其始也而本無生，非徒無生而本無形，非徒無形而本無
> 氣，雜乎芒芴之間，變而有氣，氣變而有形，形變而有
> 生，今又變而之死，是相與為春秋冬夏四時行也。人且偃
> 然寢於巨室，而我噭噭然隨而哭之。自以為不知命，故止
> 也。

按：此段莊子自述體驗，說明：第一、生命現象是芒芴之宇宙的
化顯成形。第二、生命遵循道的法則，自無化有，自有化無，如
四時之變化不息。第三、生死是命，以道為依歸，領悟了性命真
諦。故曰：

> 「聖人將遊於物之所不得遯而皆存，善妖善老，善始善
> 終，人猶效之，又況萬物之所係，而一化之所待乎？」
> (〈大宗師〉)

按：「萬物所不得遯而皆存」指的是道，因為悟道，順其法則，
故妖老死生都是萬物一化、與道為一。不僅此也，連人生之喜怒
貪嗔四體都是道的「假借」不足以相靡相刃，而自折磨了。故
曰：

> 喜怒哀樂不入於胸次……夫天下也者萬物之所一也，得其
> 所一而同焉，則四支百體將為塵垢，而死生終始將為晝
> 夜，而莫之能滑。(〈田子方〉)

四肢百體之欲，死生之念，皆與道為一，而一歸自然（天）。無
憂而心定，性命之理便是如此。莊子由性命體悟而進入道德涵養
的層次，論者或不知其奧理，而誤認莊子是戲謔人生，玩弄文字
的吊詭遊戲。可不哀哉？試問：若無莊子之智慧悲憫，痛省人間
之變化詭譎，因而提出悟道處世，安身立命之法門。非有如此高
度敏悟，不斷辯析，正反驗證，又如何能大破大立呢？

三、莊子的道德實踐

㈠性修返德存天守全

> 性修反德，德至同於初，同乃虛，虛乃大，合喙鳴，喙鳴
> 合，於天地為合。(〈天地〉)
>
> 壹其性，養其氣，合其德，以通乎物之所造。夫若是者其
> 天守全，其神無卻，物奚自入焉？(〈達生〉)

按：莊子謂「通於天者德也」天人合一，性命歸於道，故要人修
性返德，返於太初道之「同」。天地陰陽諧和，乃歸虛一，如鳥
喙自然開合而已，壹性，養氣，合德，而通於大道，則可守天性
之全德。精定神一，物欲自然不能迷亂。故曰：「無為復朴，體
性抱神」(〈天地〉)、「其合緡緡，若愚若昏，是謂玄德。」(〈天
地〉)

　　老子說：「見素抱樸，少私寡欲。」與此「無為復朴，若
愚若昏」同為守天之全德，返回性之本真的道德涵養功夫之一。

㈡正己守一以處和德

> 至道之精，窈窈冥冥，至道之極，昏昏默默，無視無聽，
> 抱神以靜，形將自正。(〈在宥〉)

按：「自正」、「以靜」內省自修之功夫也，故曰：「慎守女
身，物將自壯，我守其一，以處其和。」(〈在宥〉)守一，一道

也。以道慎守，以和德自處，抱神以靜，則內心清淨，行為自正。此道德涵養功夫之二。

(三)天人合一無以人滅天

〈秋水篇〉說：「無以人滅天，無以故滅常，無以得徇名，謹守而勿失，是謂反其真。」按：老子謂：「人法地，地法天，天法道，道法自然。」莊子所說的「天」含有自然、道、才、天機、天性等意涵。故曰：「得全於天」、「聖人藏於天」、「不厭其天，不忽於人。」人為的七情六欲，雖也是人性之一，但人欲的逐物迷惘，乃蔽於人，往往離道失真，不由天之全德，非超越道德理性的明悟，故云：「照之於天」「不開人之天，而開天之天。」又說：「則以天合天」（〈達生〉）、「喜怒哀樂不入於胸次」（〈德充符〉）這就是與七情六欲相對的純粹理性亦即天機。故曰：「其嗜欲深者，其天機淺。」（〈大宗師〉）存養天機就是道德實踐功夫之三。

(四)內保而外不蕩

〈德充符〉篇說：「使之和豫通而不失於兌，使日夜無郤，而與物為春，是接而生時於心者也，是之謂才全……內保而外不蕩也，德者成和之修也。」按：涵養天性、開天之法門，要在內保其天，和豫通達，與道相侔。保持和德而不受外物的引誘，即心不外蕩，而又不失於隨性愉悅。此道德實踐功夫之四。

(五)心齋坐忘虛靜養和

莊子論心齋坐忘，見於〈人間世〉及〈大宗師〉兩篇：

回曰：『敢問心齋』，仲尼曰：『若一志，無聽之以耳，而聽之以心，無聽之以心，而聽之以氣，聽止於耳，心止於符，氣也者，虛而待物者也。唯道集虛，虛者心齋也……夫徇耳目內通而外於心知、鬼神將來舍，而況人乎？』

又說：

顏回曰：『墮肢體，黜聰明，離形去知，同於大通，此謂坐忘。』

按：心齋坐忘的功夫，在於虛靜忘我，而通於大通，上文兩「通」字實為關鍵。因氣虛心通則智慧明悟，心中油然呈現了天人和諧的境界。故〈知北遊〉篇說：「若正汝形，一汝視，天和將至。攝汝知，一汝度，神將來舍。」按：天和就是心齋坐忘的功夫。也就是悟到「德之和」〈齊物論〉南郭子綦隱机而坐，仰天而噓、嗒焉若喪其耦。即心齋坐忘，通於大通悟境的例子。

㈥安分知命剖心去私

心齋坐忘落實在安分知命，忘卻一己之私。其功夫在於「剖心」。〈天地〉篇說：「夫道，覆載萬物者也，君子不可以不剖心焉。無為為之之謂天……藏金於山，藏珠於淵，不利貨財，不近富貴，不樂壽，不哀夭，不榮通，不醜窮，不拘一世之利以為己私分」按：陸長庚注：「剖心，去其知識之私。」易繫辭傳，「剖木為舟」剖訓為去除。君子剖心，即去除我見，豁空私欲，而達到知命安分的修養，亦即將榮辱、貧富、貨利、夭壽……

…等等一切凡俗之我見我求通通拋開，不入於心，故〈刻意〉篇說：「恬淡寂漠，虛無無為，此天地之平而道德之質也……虛無恬淡、乃合天德。」

㈦六根清淨無事生定

〈大宗師〉篇敘述真人的涵養境界說：「古之真人其寢不夢，其覺無憂，其食不甘，其息深深……真人不知說生不知惡死，其出不訢，其入不距，翛然而往，翛然而來而已矣。」按：真人是莊子寓言人物，然而，真人、至人、聖人等人物經驗，莫非即莊子自身的涵養或思想吧！此處所說的真人，死生物欲均非其所牽掛，故其食不甘，不悅生，不惡死，此故事中的插句：「其嗜欲深者，其天機淺。」當是莊周自身的體驗無疑也，吾人詳譜莊子一生，視名利地位榮顯如浮雲。並且譏刺魏王為昏上，而自賞濠梁游魚之樂，足見其胸無機心……故曰：「機心存於胸中則純白不備。」（〈天地〉）。所謂純白即是道、天機。又說：「喜怒哀樂不入於胸次……四支百體將為塵垢，而死生終始將為晝夜，而莫之能滑，而況得喪禍福之所介乎？」（〈田子方〉）又說：「假於異物，託於同體，忘其肝膽，遺其耳目，反覆始終，不知端倪。」（〈大宗師〉）按：此段敘述子桑戶、孟子反與子琴張方外三友的修養功夫，這些見證與〈德充符〉篇：「死生存亡，窮達富貴，賢與不肖，毀譽饑渴寒暑，是事之變，命之行也，不足以滑和，不可入於靈府。」可以相互印證。

〈應帝王〉篇說：南海之帝儵，北海之帝忽，兩帝欲報中央帝渾沌善待之德，見渾沌無凡人之七竅，因此為他日鑿一竅，七日而渾沌死。這說明：與天為徒者，七竅皆可去除，非但「刳心」

而已。

㈧四六不盪

〈庚桑楚〉篇說：

> 至禮有不人，至義不物，至知不謀，至仁無親，至信辟
> 金。
> 徹志之勃，解心之繆，去德之累，達道之塞。貴富顯嚴名
> 利，六者勃志也。容動色理氣意，六者繆心也。惡欲喜怒
> 哀樂，六者累德也。去就取與知能，六者塞道也。此四六
> 者不盪胸中則正，正則靜、靜則明、明則虛。虛則無為而
> 無不為也。

按：勃志、繆心、累德、塞道的四六慾望都不生於胸中，則內不
外蕩。不僅六根清淨，連智能理氣顯名等等意識都應一併去除。
老子說：「智慧出有大偽，多智必敗」莊子屢言：安時處順哀樂
不能入，又說道不可言，要人修養到不以人心害道，〈大宗師〉
篇云：「道與之貌，天與之形，無以好惡內傷其身。」可為「四
六不盪」的注腳。

㈨內觀道德：不內變不外從

〈庚桑楚〉篇說：「夫外韄者不可繁而捉，將內楗。內韄者
不可繆而捉，將外楗。」按：這四句話極饒內觀道德的體驗心
法，外者，耳目五官也……內者，心意也，若耳目五官繫縛於物
象，繆繞不可捉禁，則閉心意，內心起意，則閉耳目之官，以息

絕其緣生，這一點正與佛家謂：內不起心，外不生境之心法相近。

〈庚桑楚〉篇又說：「券內者行乎無名，券外者志乎期費。行乎無名者，唯庸有光。志乎期費者，唯賈人也。」按：券內，是內省而守其分，故無為無求，行乎無名而有天光，然而，心志若在分外之名利，終致「甚愛必大費」沽名釣譽，則與商賈何異？此段正與上文一樣，道出莊子內觀道德的修養體驗。〈達生篇〉又說：「不內變，不外從，事會之適也，始乎適而未嘗不適者，忘適之適也」，此與〈庚桑楚〉上文正相互發明，心適於道，而不內變不外從，到了自然而適境界，故叫「忘適之適」。所以〈庚桑楚〉說：「宇泰定者發乎天光……人有修者，乃今有恆，有恆者，人舍之，天助之，人之所舍謂之天民」，又說：「夫復謵不餽而忘人，忘人，因以為天人矣」一切緣於自然而不由己，出怒不怒，心平氣和，故曰「緣於不得已，不得已之類，聖人之道。」(同上篇)

㈩朝徹見獨、至樂無樂、不死不生

〈大宗師〉篇一段修道的寓言：說女偊年長而色若孺子，南伯子葵請問其道，女偊曰：「以聖人之道告聖人之才，亦易矣；吾猶守而告之，參日而後能外天下；已外天下矣，吾又守之七日，而後能外物；已外物矣，吾又守之，九日而後外生；已外生矣，而後能朝徹，朝徹而後能見獨，見獨而後能無古今，無古今而後能入於不死不生；殺生者不死，生生者不生，其為物無不將也，無不迎也，無不毀也，無不成也，其名為攖寧。攖寧也者，攖而後成者也。」**按**：守、守一道也。原來，雖然人與天合一，

死生存亡不可入於靈府，奈何有生必有死，有情必有欲；不欲存富貴之念，而富貴自在人世，生死成毀物象攖擾，若非突破世相種種，焉能入於道德之境？是故，女偊凝神專志地歸守一道三日而後能忘懷天下，又七日而去除物欲，又九日而置生死於度外，而後大徹大悟，洞明一道，領悟到一道的絕對真理性。在這絕對超越理性之下，一切古今時間相，物體死生的空間相，皆化而為一（獨），而不繫於心。原來道之為物，陰陽合德，死以知生，生以知死，成必有敗，毀斯乃成，這是「成毀一體，死生一體。」的道理。今既無寂滅之念，自無不生成，生滅任化，陰陽相成，佛家所謂：八萬塵勞均解脫相也，〈山木〉篇說：「乘道德而浮遊。」、「與時俱化，一上一下，以和為量。」與此章相發明。

所以，莊子的道德實踐是從修性返德，存天守全，守一以處和德，以人之天開天之天，內保不外蕩，心齋坐忘，刳心去私，安分知命，進而修養到六根清淨，四六不盪的內觀道德心。不內變不外從，無事生定，而達到朝徹見獨與道俱化的絕對理性境界。

四、莊子生命體悟與道德實踐例證

㈠〈齊物論〉「昔者莊周夢為胡蝶，栩栩然胡蝶也，自喻適志與！不知周也，俄然覺則蘧蘧然周也。不知周之夢為胡蝶與？胡蝶之夢為周與？周與胡蝶則必有分矣，此之謂物化。」

證：馬其昶曰：「物有分，化則為一，至人深達造化之原，絕無我相。」又曰：「是非利害，貴賤生死不入胸次，忘年忘義，浩然與天地精神往來。」(見《莊子故》)

按：順物化道，天人合一，〈齊物論〉篇云：「天地與我並生，萬物與我為一。」〈知北遊〉篇云：「已化而生，又化而死。」

㈡〈秋水〉篇：「莊子釣於濮水，楚王使大夫二人往先焉，曰願以境內累矣，莊子持竿不顧，曰吾聞楚有神龜死已三千歲矣，王巾笥而藏之廟堂之上，此龜者，寧其死為留骨而貴乎？寧其生而曳尾於塗中乎？二大夫曰：寧生而曳塗中，莊子曰：往矣，吾將曳尾於塗中。」

證：〈秋水〉篇：「至人……言察於安危，寧於禍福，謹於去就，莫之能害也。」又曰：「知窮之有命，知通之有時，臨大難而不懼者聖人之勇也……世之爵祿不足以為勸……得而不喜，失而不憂，知分之無常也。」〈逍遙遊〉篇「聖人無名」

按：莊周辭受相位事，尚見於同篇，惠子相梁，莊子往見之，或謂惠子曰：「莊子來欲代子相，於是，惠子恐，搜於國中三日三夜，莊子往見之，曰南方有鳥其名為鵷鶵……非梧桐不止，非練實不食，非醴泉不飲，於是鴟得腐鼠，鵷鶵過之，仰而視之。曰：嚇！今子欲以子之梁國而嚇我邪？」

又，〈山木〉篇記莊子正絜係履而過魏王，魏王曰：「何先生之憊邪？」莊子曰：「貧也非憊也，士有道德不能行，憊也，衣弊履穿，貧也，非憊也，此所謂非遭時也……今處昏上亂相之間而欲無憊，奚可得邪？」

按：「士有道德」、「非遭時」當是莊子自道。正是其知命安分，不為爵祿所動之明證。

㈢〈秋水〉篇：「莊子與惠子遊於濠梁之上，莊子曰：儵魚出遊從容，是魚樂也，惠子曰：子非魚安知魚之樂？莊子曰：子非我，安知我不知魚之樂？惠子曰：我非子固不知子矣，子固

非魚也，子之不知魚樂全矣，莊子曰：請循其本，子曰汝安知魚樂云者，既已知吾知之而問我，我知之濠上也。」

證：此與莊周化為胡蝶，物化自適之例，其義略同，蓋物我天人，道通為一，〈人間世〉篇：「氣也者，虛而待物者也，唯道集虛，虛者心齋也。」虛靜待物，故喜樂與物相通。

㈣〈山木〉篇：「莊子行於山中，見大木枝葉盛茂……曰此木以不材得終其天年，夫子出於山，舍於故人之家，故人喜，命豎子殺雁而烹之，豎子請曰：其一能鳴，其一不能鳴，請奚殺？主人曰：殺不能鳴者，明日，弟子問於莊子曰：昨日山中之木以不材得終其天年，今主人之雁以不材而死，先生將何處？莊子笑曰：周將處於材與不材之間……似之而非也故未免乎累。」按：莊子對弟子問，曰處於材與不材之間，然猶覺為免乎累，故領悟了以下一段話曰：「若夫乘道德而浮遊則不然，無譽無訾，一龍一蛇，與時俱化，而無肯專為，一上一下，以和為量，物物而不物於物，則胡可得而累？」

證：此文，「乘道德而浮遊」，「與時俱化」不為物所繫累，無執故無累，可為莊子悟道德之證。

㈤〈山木〉篇曰：「莊周遊於雕陵之樊，睹一異鵲自南方來者，翼廣七尺，目大運寸，感周之顙，而集於栗林，莊周曰：此何鳥哉？翼殷不逝，目大不睹，褰裳躩步，執彈而留之，睹一蟬方得美蔭而忘其身，螳螂執翳而搏之，見得而忘形，異鵲從而利之，見利而忘真。莊周怵然曰：噫！物固相累二類相召也，捐彈而反走，虞人逐而誶之，莊周反入三月不庭，藺且從而問之：夫子何為頃間甚不庭乎？周曰：吾守形而忘身，觀於濁水而迷於清淵……今吾遊於雕陵而忘吾身，異鵲感吾顙，遊於栗林而忘

真，栗林虞人以吾為戮，吾所以不庭也。」

證：莊子因二事而不逞意，(按：庭作逞解)由此體悟了物累忘真之理，〈齊物論〉曰：「與物接搆日以心鬥」〈大宗師〉曰：「道與之貌，天與之形，無以好惡內傷其身。」〈庚桑楚〉篇論四六不盪，亦戒迷形忘真的道理，莊子此段見鵲起貪，又見蟬與螳螂之忘身相累，因而內省知愧，頗具內觀悟道的體驗。

（六）〈知北遊〉篇：「東郭子問於莊子，曰所謂道惡乎在？莊子曰無所不在，東郭子曰：期而後可，莊子曰：在螻蟻，曰，何其下邪？曰：在稀稗，曰何其愈下邪？曰：在瓦甓，曰何其愈甚邪？曰：在屎溺，東郭子不應。莊子曰：夫子之問也，固不及質……汝唯莫必，無乎逃物，至道若是，大言亦然，周遍咸三者，異名同實，其指一也，嘗相與游乎無何有之宮，同合而論，無所終窮乎！嘗相與無為乎！澹而靜乎！漠而清乎！調而閒乎！寥已吾志，無往焉而不知其所至，去而來而不知其所止……物物者，與物無際，而物有際者，所謂物際也，不際之際，際之不際也。」

證：一道之化，周遍宇宙，無所不在，道之為物唯恍唯忽。莊子云：道不可言，所謂遊於無何有之鄉者，因為道是一抽象法則絕對真理之故。

（七）〈徐無鬼〉篇：「莊子曰：射者非前期而中，謂之善射，天下皆羿也，可乎？惠子曰：可，莊子曰：天下非有公是也，而各是其是，天下皆堯也，可乎？惠子曰：可，莊子曰：然則儒墨楊秉與夫子為五，果孰是邪？……惠子曰：今夫儒墨楊秉且方與我以辯，相拂以辭，相鎮以聲，而未始吾非也，則奚若矣。」

證：莊子主張德之和，泯是非，至人用心若鏡。「因是因非，因非因是，是以聖人不由而照之於天。」、「聖人和之以是非，而休乎天鈞。」〈齊物論〉　和為道德境界，辯為辯者(名家)之務，故莊子主張準乎天倪，曰：「和之以天倪」彼是莫得其偶，謂之道樞。

(八)〈外物〉篇曰：「莊子家貧，故往貸粟於監河侯，監河侯曰：諾，我將得邑金，將貸子三百金可乎？莊子忿然作色曰：周昨來，有中道而呼者，周顧視車轍中有鮒魚焉，周問之曰：鮒魚來子何為者邪？對曰：我東海之波臣也，君豈斗升之水而活我哉？周曰：諾，我且南遊吳越之王，激兩江之水而迎子，可乎？鮒魚忿然作色曰：吾失我常與，我無所處，吾得斗升之水然活耳，君乃言此，曾不如早索我於枯魚之肆。」

證：知命安分。「無以人滅天，無以故滅命，無以得徇名……至德不得，大小無己，約分之至也……察乎盈虛，得而不喜，失而不憂，知分之無常也。」〈秋水〉又〈齊物論〉曰：「聖人不就利，不違害，不喜求，不緣道。」按：成玄英疏曰：「體窮通之關命，達利害之有時，故推理直前，而無所避就。」

(九)〈外物〉篇曰：「惠子謂莊子曰：子言無用，莊子曰：知無用始可與言用矣，天地非不廣且大也，人之所用容足耳，然則廁足而墊之，致黃泉，人尚有用乎？惠子曰：無用，莊子曰：然則無用之為用也亦明矣。」

證：按、世人但知求而不知無求之益，但知欲而不知無欲之樂，莊子曰：「至樂無樂」、「逍遙無為也」，「假於異物，託於同體，忘其肝膽，遺其耳目徬徨乎塵垢之外，逍遙乎無為之業。」老子曰：「有之以為利，無之以為用。」「有無相生」然

則無求無欲無言無爭無妄……一切道德涵養首要忘我無己，無心而同體大悲，萬物一府，化道無為，斯為大用也。

(十)〈外物〉篇曰：「莊子曰：人有能遊，且得不遊乎？人而不能遊，且得遊乎？夫流遁之志，決絕之行，噫！其非至知厚德之任與？覆墜而不反，火馳而不顧，雖相與為君臣，時也，易世而無以相賤，故曰：至人不留行焉……唯至人乃能遊於世而不僻，順人而不失己。」

證：按、莊子屢言遊，如「遊於六合之外」、「心有天遊」、「遊心乎德之和」、「遊於是」、「得至美而游乎至樂」、「游乎萬物之始」。所謂「遊」即歸於道之自然，樂於中道，忘我自由之意，此乃道德涵養之至高境界也，故〈天運〉篇曰：「古之至人假道於仁，託宿於義，以遊逍遙之墟，食於苟簡之田，立於不貸之圃，逍遙無為也，苟簡易養也，不貸無出也，古者謂之采真之遊。」

五、結語

莊子說：「壹其性，養其氣，合其德，以通乎物之所造」，又說：「性不可易，命不可變……道不可壅，苟得於道，無自而不可，失焉者無自而可」、「性修反德，德至同於初。」可見莊子對於性命的體悟與道德的修養實踐，抱有通觀與信仰，且力行實踐，〈大宗師〉篇曰：「魚相造乎水，人相造乎道……相造乎道者，無事而生定。」這一段話絕非無真知實踐者所能道出，而他一生經歷亂世，百家爭鳴的時代，世道人心，莫不勾群結黨熱中名利，爭奪詐騙，滔滔者天下皆是，然而，莊周既拒楚相，復

不從魏王之邀，卻踽踽林溪，觀魚自樂，讚許支離疏之安分知命樂天，稱道庖丁的游刃有餘，而諷諭世人不知緣督以為經，履行中道，卻因執迷名利而受天刑，至於因妻死而悟死生之命而豁然開朗，處處可見其體認生命之理，現身說法，建立了一套亂世中的「生命實踐學」試觀《莊子》書三十三篇，言齊物、養生、人間世、德充符、大宗師、逍遙遊，乃至天道、天運、達生、繕性、外物、至樂、以及應帝王，無一不以探討宇宙天地道德與人生性命處世之道為宗旨，吾人讀之，深感當今物質價值觀瀰漫，人類正面臨性命道德真理式微，真誠和諧友愛漸被疏忽，精神上急待安頓，人心需要解惑，社會盼望和諧。人類性命與道德有待拯救之際，莊子的哲學理論與其體驗智慧，無疑是當頭一棒對症良方。茲列舉所感世病數端，以及救之之方，略表本文之寓意：

(1)世人自私心重，不知大愛無私……莊子主張刳心去私，萬物與我為一。

(2)世人爭奪心重，不知安分知命……莊子教以知命安分，和以天鈞。

(3)世人矯性變詐，不知天道自然……莊子主張返本歸真，法道自然。

(4)世人功利心太過，不悟萬物一體，得失無常……莊子主張修性返德，正定守一。

(5)世人逐物亡身重物質輕人性……莊子主張天人合一，四六不盪，朝徹見獨，遊心德之和，遊於采真之天樂。以寄望人類全體之和諧幸福。

船山易學與道德活動的開展

曾文瑩
【華梵大學中國文學系兼任講師】
【中央大學中文所博士候選人】

中文摘要：

　　以易學為根柢的船山學，最被人討論的特殊之處，就是肯定實存形氣的立場，和由這個立場提出的「即氣言體」的天道論。學者對於船山「即氣言體」的討論，其實有兩個層次，一是船山掌握的儒學本質為何？二是船山由此掌握儒學，是否真能熨貼於吾人的道德經驗，對道德活動展開有效的詮釋與說明？前一個問題關乎船山的道德體驗，後一個問題則屬於學理的建構。

　　本文以《易內外傳》為主，對這兩個問題做說明，一方面表明船山肯定一豐厚盛美的道德世界，所以將全體存在（氣）提昇到本體的層次（氣無非理），以此來說天道之真實无妄，是極符合儒家本旨的。在理論建構上，船山之「理氣」觀、易學中著名的「乾坤並建」、「十二位陰陽半隱半現」說，對真實道德活動的存在與開展，有一完整的說明與分析，我們可以據之詮說我們的道德經驗，並且依之成就真實的道德事業，以此，船山易學在學理建構上，並無矛盾困難之處。對船山而言，實踐與學理兩者必然在道德活動中迴環相生，相即為一。

關鍵詞：

船山易學、即氣言體、乾坤並建、道德學、清代哲學

一、前言：
船山「以氣為首出」的學問性格

　　在宋明儒者圈定，代表儒家思想的幾部重要經典中①，船山獨以《易》做為他學問的根柢②，這呼應了他什麼樣的學問路向呢？宋明儒者依工夫入路的不同，對儒學的本質有不同的把握，依牟宗三先生在《心體與性體》中的分判，程朱一系，以《大學》為主，「特重後天之涵養以及格物致知之認知的橫攝」，要人對道德生活有勤勉的省察修習，以期如理而行，所以「理」是超越的律導著「心」；陸王一系，以《論》、《孟》為主，只是「一心之朗現，一心之申展，一心之遍潤」，工夫在求放心，在良知推擴於事事物物的實踐中，也就圓滿地契于性天；而由濂溪至橫

---

① 牟宗三先生認為，宋明儒所圈定之代表傳統的儒家經典是《論》、《孟》、《中庸》、《易傳》與《大學》。（見《心體與性體》第一冊第一部〈綜論〉，台北：正中書局，民國八十年十一月臺初版，頁16-18。）

② 勞思光先生其《中國思想史》一書中明言：「船山之思想，原以易經為基據也。」（見《中國哲學史》三下第七章〈明末清初之哲學思想〉，台北：三民書局，民國七十九年十一月增訂六版，頁683。）曾昭旭先生在其《王船山哲學》一書中也說：「以學問思想言之，則其（船山）學術系統之根本見地，蓋始挺立於三十七歲作易外傳之時也。則亦可謂船山學無非易矣。」（見《王船山哲學》第二編第一章〈船山之經學〉，台北：遠景出版事業公司，民國七十二年二月初版，頁44。）其他與船山學有關的論著中，雖然沒有明白的指出這點，但在論述船山思想時，亦多引其《易內外傳》所述。本文以為，船山受《易》影響甚大，他對《易》的獨特詮釋就是他對天道人性的體會和表詮。

山一系，則以《易》、《庸》為主，他們雖然也以逆覺體證為工夫，但卻以為「天體物不遺，猶仁體事無不在」，而喜歡客觀地講天道、性體。③

的確，與《易》相終始的船山學，固然以《易》為「勸戒君子，不瀆告小人」的「安身之至道」，但他在講「人事之通塞」的時侯，也時時論及「天道之變化」④，甚至以天道為首出，來統攝天人之理，所以，船山學最為學者討論的特出之處，就是「本客觀之觀點」以立論⑤。此所謂「客觀」之觀點，不只是與主觀的心性相對，客觀地說「於穆不已」的天道而已，經過宋明六百年對儒學的討論與發展，至船山，此客觀特別表現在實踐上、學理上，將重心由道德之本的良知學，進一步轉到良知所點化提契的形色、材質乃至於萬事萬物上，這是肯定萬物「各正性命」，為真實的道德事業，所以船山有「即氣言體」之論。學者以「形器之概念為首出」、「實在論」、「唯物論」⑥等語來說明船山學的主旨，俱是就此而言。

本來，船山肯定一豐厚盛美的道德世界，所以將全體存在（氣）提昇到本體的層次（氣無非理），以此來說天道之真實无妄，是極符合儒家本旨的。唐君毅先生就認為，這是船山基於道

---

③參見《心體與性體》第一冊第一部〈綜論〉，頁19-60。

④見《船山全書》第一冊《周易內傳·發例》及《內傳·乾坤》，湖南：嶽麓書社，1988年一版，頁683、41。

⑤此為唐君毅先生之言，見《中國哲學原論·原性篇》第十六章〈王船山以降之即「氣質」、「才」、「習」、「情」、「欲」以言性義〉，台北：學生書局，民國七十八年全集校訂版，頁503。

⑥分見唐君毅《中國哲學原論·原教篇》，台北：學生書局，民國七十九年全集校訂版，頁519。勞思光《中國哲學史》，頁684。侯外廬主編《中國思想通史》大陸：人民出版社，1958年，頁57-67。

德體驗，「乃先肯定現實一切存在之真實性，先肯定個體事物之真實性」然後提出的說法，他稱許船山「由此以論中國之歷史文化，則尤能見其精彩，非昔之宋明儒者所及」⑦。勞思光先生雖也承認船山重氣、重實有，但是他卻說「船山之立場雖甚明顯，其立論則未見精確」，「船山立說確欲肯定歷史文化」，「然此種在理論後果一面的豐富性，並不能代替理論基礎一面之闕失」⑧。換言之，唐先生認為「即氣言體」之論對道德經驗有全盤的涵納，天道足為萬物所共由之道；勞思光先生卻以為這個說法在理論上有內在的矛盾與困難，使得船山雖然以天道統天人之理，卻不能將二者綰合為一，而必須轉向心性論發展。

若儒學須合內聖外王之功，方為整全之體，那麼船山之論的確進於前賢，然則，肯定實然之「氣」必與肯定形上之「理」相衝突，在學理上，無法言之成理，並據之分析我們的道德經驗嗎？

船山學無非易學，那麼，我們便從船山易學來為這個問題索解，由之釐清：船山是如何理解「氣」的？「即氣言體」實義為何？他如何通過「乾坤並建」來詮釋天地生化之道？再則，不管提出什麼理論，一個儒者真正關心的，是真實的道德生活，那麼，船山的天道論是否真能為人道之本，使人能據之以實踐，成就日新不已的道德事業？這其實是透過理解船山「即氣言體」的立場、意義、理論與目的，開顯船山學中豐富的道德蘊涵，並由之說明其理論的一致完整。

---

⑦分見《中國哲學原論・原教篇》第二十章〈王船山之天道論〉，頁519、517。
⑧分見《中國哲學史》，頁685、684、694。

二、「即氣言體」之實義 與「理氣」關係的重釋

緊扣著船山的道德體驗，他以為朱熹孤懸形上之理，則不免以觀理為重，而忽略了形軀的價值；陽明單提良知，則容易流於氣機的鼓盪，以致以人欲為天理⑨，所以他說：「理在氣中，氣無非理」⑩、「言心言性言天言理，俱必在氣上說」⑪，他以「即氣言體」才是渾無虛欠的天道論。

勞思光先生認為，以「器」與「氣」為首出，「在理論上有不可克服的困難」，而這正是船山立論不精的地方。勞思光先生說：

> 如此說時，即須假定形器可以不依道而生成，或當「無其器」時即「無其道」；此兩點皆可使道器之關係成為不可解。「若器可以不依道而生成，則面對既有之器，亦不能說其必有道；若說「無其器」時則「無其道」，則器由無而至有時，仍當不依道（因此時道仍是無），又是器不依道而生成矣。（《中國哲學史》三下第七章〈明末清初之

⑨船山言：「不賤氣以孤性，而使性託於虛；不寵情以配性，而使性失其節，竊自意可不倍於聖賢，雖或加以好異之罪，不敢辭也。」《船山全書》第六冊《讀四書大全說·卷十》，頁1068。雖然朱子極重視氣質的涵養，陽明亦嚴辨天理與人欲，但船山仍然認為，他們的後學所有的種種弊端，是程朱陸王的學說未盡完備之故。
⑩《船山全書》第十二冊《張子正蒙注卷一》，頁28。
⑪《船山全書》第六冊《讀四書大全說·卷十》，頁1109。

哲學思想〉，頁690）

據此，船山「以氣攝理」的說法不能成立，主要有二點：形氣不
必然依理表現、或者經過良心的點化，自然材質沒有價值在其
中，不可以做為形上本體，其二是形氣有生滅，若道亦隨之，那
麼道不是恒真恒常的，而事物由「無」到「有」的生成之理亦付
之闕如⑫。勞先生的說法清楚明晰，言之成理，他對「道」（形
上之理）和「器」（具體存在）所做的界定，又以《易傳》「形而
上者謂之道，形而下者謂之器」和朱子的說法為本，然而，他據
以批駁船山的「器」、「道」、「氣」、「理」等觀念，卻正好是
船山自覺的與朱子不同，而所以殊勝之處。

船山從「氣」來肯定天道實有的立場十分明確，他說：

> 言體者，亦用之體也，⋯⋯大率聖賢言天，必不捨用，與
> 後儒所謂太虛者不同。若未有用之體，則不可言誠者天之
> 道矣。舍此化育流行之外，別問窅窅空空之太虛，雖未嘗
> 有妄，而亦無所謂誠。（《船山全書》第六冊《讀四書大
> 全說‧卷二》，頁529）

> 故善言道者，由用以得體；不善言道者，妄立一體，而消
> 用以從之。（《船山全書》第一冊《周易外傳‧卷二‧大
> 有》頁862）

---

⑫於此須進一步說明：勞思光先生雖分析船山論「道器」的關係，但他
認為船山「對『理氣』之討論陳述，皆以『道器』之說為根據。」
（見《中國哲學史》，頁686）實則，他所討論的是「理氣關係」這個
問題。

> 「由太虛而有天之名」者，即以氣之不倚於化者言也，氣
> 不倚於化，元只氣，故天即以氣言，道即以天之化言，固
> 不得謂離乎氣而有天也。（《船山全書》第六冊《讀四書
> 大全說‧卷十》，頁1109）

船山的道德體會，是在相繼迭成的形形器器之中，感受形色天道
的一體流行，所以他認為本體既具生生不已的創造性、活動力，
也同時是萬物森然的真實存在，此二者相保合為一整體，方謂之
天。吾人若只是突顯天理的尊嚴，或者心的活潑靈動（舍此化育
流行之外，別問窅窅空空之太虛），雖然也是行道體道的進路，
但不免有所偏重，不能全體肯定天道之實存、富有、盛美（雖未
嘗有妄，而亦無所謂誠）。船山之意是：以本末一貫的氣理流行
（即船山所謂「氣」）為體，可以涵攝「器」之生成變化與生化之
理兩個部分；而以「理」或「單提良知」[13]為體，卻不能涵納道
德業績於其中（必「消用以從之」）。總言之，總持生生不已的全
體存在，此正為一切個體存在與活動的依據，船山名之曰「氣」
（天即以氣言），特就氣之生成變化（這也是氣體之自作主宰、自
生變化），亦即體之用處言，船山名之曰「道」（道即以天之化
言）。

　　船山又是如何言「理」呢？船山曰：

---

[13]陽明所提之「良知」，本就不容已的要及物潤物，而「致良知」的工
　　夫，即是推擴良知於事事物物，使之各得其正的意思，就此而言，吾
　　心潤化之處，便成就了具體的道德事業，不可說不涵納道德業績於其
　　中。船山之意，陽明在論學時畢竟以單證心體為重心，不免脫略了道
　　德秩序的推擴與建構，而後者正是船山欲積極肯定的，所以他立體
　　時，自與陽明有別。

> 理雖無所不有，而當其為此理，有一定之例，不能推移而
> 上下往來也。……凡言理者，必有非理者為之對待，而後
> 理之名以立。……太極最初一〇，渾淪齊一，固不得名之
> 為理。殆其繼之者善，為二儀，為四象，為八卦，同異彰
> 而條理現，而後理之名以起焉。（《船山全書》第六冊
> 《讀四書大全說‧卷十》，頁1110）

不像朱子統合天下之理曰「理體」，在船山的系統中，「理」是
指「有一定之規範」的意思（一定之例）。必須先存在形器之分
殊，然後有不同的規範與條理（同異彰而條理現），既然「理」
依氣之分殊而有，一理已定，就不能變為他理⑭（不能推移而上
下往來也）。理「無所不有」（因為太虛即氣，而形器之生成相繼
無時或息），通過理，我們也才可以區分個別事物，掌握其中的
客觀理序，但它是後起的、相對的（理者，必有非理者為之對
待），它不是絕對的本體則明白可知。

　　辨明船山之「氣」與「理」，實有異於前賢的意涵與界定，
據此，我們才能對船山所言之理氣關係，有適切的說明，船山之
言曰：

> 理只是象二儀之妙，氣方是二儀之實。……從乎氣之善而
> 謂之理，氣更無虛託孤立之理也。（《船山全書》第六冊

⑭曾昭旭先生言：「可變者只是實氣……當其變，則舊形式（理）隱
　沒，新形式（理）顯現。新形式乃是在氣變之後始有者，非已有一定
　之虛廓以待氣之充也。」《王船山哲學》第三編第二章〈論船山之即
　氣言體〉，頁350。

《讀四書大全說‧卷十》，頁1052）

理即氣之理，而後天為理之義始成。浸其不然，而舍氣言
理，則不得以天為理矣。（《船山全書》第六冊《讀四書
大全說‧卷十》，頁1109）

氣為實有之體，亦為理之所從出，理是後起，依氣之分殊而有，
只有由統體之氣化為一陰一陽，錯綜變化成種種定體，而有種種
之理來說，理才是絕對之善，所以船山言「舍氣言理，則不得以
天為理矣」。船山重新釐定理氣之關係，要之，他不欲以理言
天，或以理為形上的超越根據，他想從實存和創生兩義契入天
道，而不以條理秩序來把握道德⑮。

　　由上所論，我們可以說船山所言之「氣」與「器」⑯，是即
形上即形下、即體即用、即氣即理的天理流行，也必然是合理合
度的。再則，個別存在之器固有成毀，但氣就全體存在立言，
「未嘗成，亦不可毀」，氣化流行之道亦只有「往來」、「屈伸」、
「聚散」、「幽明」之變化，而無生滅⑰，船山所立之氣體天道是

---

⑮林安梧先生言：「船山經由詮釋的方式使得他的思想上通於道，並以
　此批判其所詮釋的對象，然後再給予重建。……其創造的目的並不是
　空穴來風的臆造，而是根源於道的開顯。」（見《王船山人性史哲學
　之研究》第四章〈人性史哲學的方法論〉，台北：東大圖書股份有限
　公司，民國七十六年九月初版，頁71-72）本文亦認為船山對「理」
　「氣」的新詮，是透過釐清、批判與創造的過程，開顯他對天道的體
　會。

⑯船山之「氣」指的是全體存在，而「器」指的是個別的存在（船山又
　別名之曰「定體」），但不論言「氣」或言「器」，船山都不是就自然
　之存在來說，而是就道德的存在立言。

⑰見《船山全書》第十二冊《張子正蒙注‧卷一‧太和篇》，頁21-
　22。

恒真常在的，隱顯幽明的變化之中，即具形器生成之理，無勞思
光先生所言，理論矛盾困難之疑慮也。

三、「乾坤並建」說的提出

上節由理氣二端分別釐清其義，再由兩端的互動與聯結，
開顯天道的內涵，說明船山「儒學為實學」的立場與其思想之一
貫。這樣的方式其實已經隱含船山自覺提出，對整體道德活動的
詮說模式⑱於其中，這模式也就是船山從《易》中體察「天人之
理」，而提出的「乾坤並建」說⑲（或言「兩端一致」論⑳）。

何謂「乾坤並建」？船山曰：

> 凡卦有取象於物理人事者，乾坤獨以德立名，盡天下之事
> 物，無有象此純陽純陰者也。陰陽二氣絪縕於宙合，融結
> 於萬彙，不相離不相勝，……周易並建乾坤為諸卦之統
> 宗，不孤立也。然陽有獨運之神，陰有自立之體。天入地
> 中，地函天化，而抑各效其功能。故伏羲氏於二儀交合以

⑱ 曾昭旭先生在〈論大易的義理結構模型與王船山的兩端一致論〉中
說：「這些語句（乾坤並建說）固然可以視作一宇宙論來理解，其實
也可以純視之為一種道德經驗的表達方式，而後者無寧更能相應於中
國哲學的實踐性格。」見《在說與不說之間》，台北：漢光文化事業
股份有限公司，民八十一年二月初版，頁60。

⑲ 船山言：「伏羲氏始畫卦，而天人之理盡在其中矣。」又言：「乾坤
並建，為《周易》之綱宗。」俱見《船山全書》第一冊《周易內傳·
發例》，頁649、657。

⑳ 船山有「天下之萬變，而要歸於兩端，兩端生於一致」之言。見《船
山全書》第十三冊《老子衍》，頁15。

成能之中，摘出其陽之成象者，以為六畫之乾，而文王因
繫之辭，謂道之元亨利貞者，皆此純陽之之撰也。摘出其
陰之成形者，以為六畫之坤，而文王因繫之辭，謂道有元
亨利牝馬之貞者，惟此純陰之撰也。（《船山全書》第一
冊《周易內傳・卷一上》，頁74）

我們在上一節說「氣」是渾淪一體的流行，「道」之屈伸往來變
化不測，然則，「乾坤並建」是「理」，是從氣所出，依氣之分
殊始有的人為界說。有了此一辨別，我們才可以立「乾坤」為對
比的兩端，各自獨立，而有不相混雜的義涵（各效其功能）。乾
坤是伏羲從既成之天地所提鍊的二項純理，自與《易》中象徵人
事的其他卦不同，而有特殊的地位：所謂純乾之德（獨運之
神），意指「創造性原理」，而純坤之德（自立之體），意指「結
構性原理」㉑。道由陰陽二氣交合而開顯，所以乾坤固然立義分
明，地位齊平（不相勝），然而須在二者絪縕融結中（天入地
中，地函天化），才能有效的表現道。所以船山又言：

太極者，乾坤之合撰，健則極健，順則極順，無不極而無
專極者也。（《船山全書》第一冊《周易外傳・卷五・繫

㉑引用曾昭旭先生對船山「乾坤」二詞的義涵所做的說明，以其精要簡
明也。（見〈論大易的義理結構模型與王船山的兩端一致論〉，《在
說與不說之間》，頁59）又唐君毅先生在〈王船山的天道論〉一文中
亦言：「乾至健，通萬變之理，以生萬物，故曰以知。又常言能，即
能顯理、行理、實現理之謂。坤至順，順于理之所至以成物，故曰以
能。」也以「創生」和「實現」二理來說「乾坤」之義。（《中國哲
學原論・原教篇》，頁539）

辭上傳十二章》頁990）

夫蘊者，其所著也……以合用而底於成，天德之乾、地德
之坤，非其縕焉者乎？是故調之而流動，則不滯，充之而
凝實，則不餒，而後器不死，而道不虛生。……故合二以
一者，既分一為二之所固有矣。是故乾坤與易，相為保
合。（《船山全書》第一冊《周易外傳・卷五・繫辭上傳
十二章》，頁1026-1027）

兩端者，究其委之辭也；一者，泝其源之辭也。（《船山
全書》第二冊《尚書引義・卷四・洪範四》，頁358）

他一方面亟言在太極中（船山以之為乾坤「合用而底於成」的真
實存在），兩端之理並在俱全（健則極健，順則極順），另一方面
強調惟有此二者絪縕為一，亦即乾德之創造凝聚充實，不會虛散
無憑（道不虛生），坤德之實現含藏更新的動力，而不滯于其形
（器不死），方可見易之開顯。要言之，「乾坤並建」說先分立乾
坤之理為兩端，以對道有所分析與說明（兩端者，究其委之辭
也），然而，理怎麼可能指涉、或者表現道呢？那便是透過兩者
相涵相成的互動，道不存在於任何一端，道在兩端相即為一的動
態中呈現（一者，泝其源之辭也）。

　　前言「乾坤並建」一方面是道的開顯，一方面也是船山對
整體道德活動的歸納與詮說。實則，船山易學以天道說人事，他
所關心的，仍是人的道德生活，對天道、或者道德活動做歸納與
分析，是為了君子可依之行道、成就真實的道德事業，所以在其
《內傳・發例》，亦即易學的總綱中，他明白說「開示乾坤並建之
實，為人道之所自立」㉒。

那麼，人如何據「乾坤並建」之理自立其道，以成德業呢？

四、「十二位陰陽半隱半現說」與道德活動的開展

首先，從船山「肯定實存」的立場，和「每一實存並具乾坤之理於其中」的析論，他必肯定乾坤以外的六十二卦雖具雜多之象，但是每卦都有乾坤之德滲透其中，換言之，因氣化之變而有的真實存在，雖然在相上各各不同，但是每一個體都有全體的天道為其背景，而可即雜以成純，這就是船山的「十二位陰陽半隱半現說」：

> 爻之六陰六陽而為十二，所終不能顯者，一卦之中，嚮者背者，六幽六明，而位亦十二也。……太極一渾天之全體，見者半，隱者半，陰陽寓於其位，故轂轉而恒見其六。乾明則坤處於幽，坤明則乾處於幽。周易並列之，示不相離，實則一卦之嚮背而乾坤皆在焉，非徒乾坤為然也。（《船山全書》第一冊《周易內傳·發例》，頁658）

每個卦乾坤具足，應該都是六陰六陽的十二位，但氣之流行有往來、隱顯、幽明的變化，乘不同的時位，呈現在吾人眼前，就有萬物「生死榮枯」、人的氣質「靈蠢動植、聖狂義利」⑳的差

---

⑫見《船山全書》第一冊《周易內傳·發例》，頁659。

別。船山說「十二位陰陽」，是肯定個體存在的真實性，也是在根本上肯認每個人都可以建立自信，每件道德事業都有存在的價值；而說「半隱半現」，是指人事即顯者、明者而有固定的形象，是為「定體」，與全幅全量（合隱顯幽明）的天（特稱之為「本體」）畢竟有別。

何為真實而具體的存在，亦即何謂「並俱乾坤之德而凝為一定體」？於此可有進一步的分析與展開。

人與萬物都是天化之一端，皆為一客觀的存在物，各有其區限分量、各有其條理，然而人與其他事物有著根本的不同：

> 夫天下之大用二，知能是也。而成乎體則德業相因而一。知者天事也；能者地事也；知能者人事也……夫人者，合知能而載之一心也。（《船山全書》第一冊《周易外傳·卷五·繫辭上傳十二章》，頁983-984）
>
> 物之必待者，物之安也。何以知物之安也？且夫物之自治者，固不治也。（《船山全書》第二冊《尚書引義·卷一·堯典一》，頁238）

天道之流行，本是德業相因而一的整體呈顯，惟人見氣化陰陽二體，故知有乾坤之理，知能之用，這是人與萬物不同的特殊之處，人具「合載知能」之心，可以秉天之乾德，而創生發用。物則因其乾德隱而不現（物之自治者，固不治也），所以獨顯坤

㉓《船山全書》第一冊《周易內傳·卷五·繫辭上傳第一章》，頁509。

德，表現為一結構性的存在。我們可以說，人物同受天地之化，而有固定的形質，但天道乾德只內在於人而發用。心具乾德，形軀與他物顯坤德，那麼，只有在心與形軀、萬物相涵相成，絪縕為一的時候，此一存在方是具體真實的。

　　人可秉心以行道德創生之用，自立其體，順物以成。道德活動就在人心當幾直貫，成就物我的發用中展開，船山言：

> 「利用」者，觀物之變而知之明、處之當，則天下之物，順逆美惡，皆惟吾所用，而無有不利。「安身」者，隨遇之不一，而受其正、盡其道，則素位以行而不憂不惑，無土而不安。（《船山全書》第一冊《周易內傳・卷六・繫辭上傳十二章注》，頁592）

所謂的道德活動，不在體悟心知靈明而已，還必須通過萬物而化育之，以成就具體的德業，這是儒者共許的。船山以為，這活動在解析其內容時，可以有人心道心之辨、大體小體之別、物我相待之理，由此解析，在實踐上也有相應的種種工夫，然而，整體的道德活動，心、身、物無一可遺，吾人不應有所偏重的安此心、養其身、或但通物之理。道德實踐是每一當下的實有之事，所謂全體掌握亦應就顯現於吾人眼前的具體情境來說，船山言道德實踐應「素位以行」，就見在所居之位而為其所當為，也就是在當下獨一無二的情境中（隨遇之不一），辨明良知為吾身之本，而吾身又是物我相接相待之主，當下由本貫末，步步貞定，而表現為對事物妥切的處理（知之明、處之當），由層層通貫而心身物相即為一體，更無本末的區分，即為君子「並俱乾坤之德

而凝為一定體」的自立之道。

船山說「辨之於毫而使當其則者，德之凝也，治之實也」㉔，這是說乾德之創生因為及物成物的事實而凝定豁顯，而及物成物之所以可能，是基於實踐時本末之辨毫釐不差，亦即乾坤二德「各效其功能」。由之，道德活動的開展若不是乾坤分立而相涵相蘊，而是乾坤相雜、知能相淆，不但不能稱之為道德活動，更足以造成身心、物我的相隔相扞，此即「乾坤毀則無以見易」㉕也。船山之言曰：

> 乾坤二純，立體於至足而不雜，則易簡之至也。（《船山全書》第一冊《周易內傳　卷六上・繫辭下傳第二章》，頁578）
>
> 人受天地之中以生，而不能分秩乎乾坤，則知能固以相淆，健順固以相困矣。……然惟能以健歸知，以順歸能，知不雜能、能不雜知者，為善用其心之機，善用其性之力，以全體而摩盪之，乃能成乎德業，而得天下之理。（《船山全書》第一冊《周易外傳・卷五・繫辭上傳第一章》，頁986）

此言天之乾德剛健無已，心的創造亦無有間斷（只是有隱有顯），人於此要有根本的自信，心若是驚於事物的繁難而隨物以遷——不管是絕棄萬物以求虛靜（心之道德創造不用不顯，與

㉔《船山全書》第二冊《尚書引義・卷一・堯典一》，頁242。
㉕《周易・繫辭上傳第十二章》，見《船山全書》第一冊，頁567。

物無異），或是一朝以知成能，即據能以為知，如孟子所謂「義襲而取之」㊱（心滯於固定形式而沒有活動力），此一知能相淆，心便喪失了主動性與創造性，知之至健反成乎弱。而「坤德不窮于其不專」，坤之為物雖有定限，惟順於乾之提挈而有日新之能，既然知為弱而不能勝物，則能之開拓亦失去所本。

　　我們據乾坤並建之理來分析德業「真實而具體的存在」，並由乾坤交互為體，相即為一的互動過程來詮說道德活動的開展，這是以天道為吾人行道之所法。就天全量具足，所現皆真（故為本體），而人為一定體，性量有限、心之發用又不免知能相淆，時有留滯來說，天道（即船山「即氣言體」之論）實為人道之所本。但天只是一氣之流行，惟有在天人通貫的道德活動中（亦即道德心與當前物幾的知能不淆，而又互動相涵、相即為一的實踐過程），天道方有所開顯，此亦即：吾人於實踐中見物幾之來無窮，人心之感應與創造無窮，方證天道之動而不息（日新之謂盛德），而心之創造日新，德業之累積日富，即證天道之真實豐美（富有之謂大業）。船山一方面以天道為人道之本，使人能據之展開道德活動，即有限之形質而行無限之創造；另一方面，也是透過人道的實踐與德業的富有，復證天道之不妄。

五、結語

　　以易學為根柢的船山學，最被人討論的特殊之處，就是肯定實存形氣的立場，和由這個立場提出的「即氣言體」的天道

㊱《孟子・公孫丑上》，見《四書章句集注》，台北：鵝湖出版社，民國七十三年九月初版，頁232。

論。學者對於船山「即氣言體」的討論，其實有兩個層次，一是
船山掌握的儒學本質為何？二是船山由此掌握儒學，是否真能熨
貼於吾人的道德經驗，對道德活動展開有效的詮釋與說明？前一
個問題關乎船山的道德體驗，後一個問題則屬於學理的建構。當
然，對船山而言，這兩個部分是必須相即為一的。

　　船山的道德體會，是在相繼迭成的形形器器中，感受形色
天道的一體流行，所以他把「氣」──亦即由本貫末，即氣即
理，即形上即形下的真實存有上提到本體的地位，他認為既具生
生不已的創造力，復涵萬彙於其中，方可稱為道德之全體。這是
以實存的德業，來涵攝良知與萬物，由此來說道德創造即在體物
不遺。

　　既然船山學無非易學，那麼吾人便須了解船山的「乾坤並
建」說，船山以「乾坤並建」為詮釋模型，先區分乾坤之理為不
相混雜的兩端，以之對道有所分析與說明，然後，道在兩者相涵
相成的互動、在兩端相即為一的動態中呈現。然則，船山關心
的，仍是人的道德生活，對天道、或者道德活動做歸納與分析，
是為了君子可依之行道、成就真實的道德事業。

　　就「乾坤並建」來分析具體的道德活動，則乾陽之創造在
心，坤陰凝質而為物，物因為是純陰之體，必待心之用而流行，
心因為是純陽之體，則必資物以呈顯，而乾坤並建合用，即是在
當下獨一無二的情境中，辨明良知為吾身之本，而吾身又是物我
相接相待之主，當下由本貫末，步步貞定，而表現為對事物妥切
的處理。

　　以上所論，把船山對本體的掌握、由體驗而來的理論建
構、道德活動開展的方式與節奏等做一分述，發現船山在每個的

問題的回答上，都把他所面對的材料（理氣問題、易之乾坤、六十二卦），以心主動的做一種新的處理，這乾坤、知能兩端的互動相涵，使得這些學理依他的重新創造，有了不同於前、而承載著船山所體之道的新意義，而這對船山來說，也就是具體的道德事業。

寂滅與普照

談《圓覺經》的佛性論①

許宗興

【華梵大學中國文學系專任副教授】

中文摘要：

本論文主軸在說明：生命終極理想的內涵及其詮表方式，而以《圓覺經》為探討依據；冀望透過此一問題之釐清，能有助於生命實踐的具體落實。本論文約三萬字，分為八單元：

一、前言：說明撰寫動機。

二、《圓覺經》外圍問題：探討《圓覺經》之名義、譯者及年代等。

三、《圓覺經》內容大要：分為現況論、工夫論及佛性論等方面說明。

四、兩層存有——現象界與本體界：說明本體與現象的意涵及關係等。

五、本體之詮釋系統：說明八不、一諦、二諦、三諦、三

---

① 釋恆清：『「佛性」一詞現在已被視為「如來藏」的同義詞，如來藏是如來和藏的複合字。……藏有二義：1、胎藏，2、母胎。因此如來藏可意謂：1、如來的母胎，或2、胎兒如來。前者象徵如來的因性，後者象徵如來的果性。』（釋恆清：《佛性論》（台北：東大圖書股份有限公司），1997年，頁148。）本文所謂的佛性便是採取此一廣義的意涵，特別是就如來的果位而說。

性、三無性等之詮釋入路。

六、本體「空」「有」兩路之詮釋架構：說明單遮與雙遮，單表與雙表等。

七、《圓覺經》之佛性論：透過遮詮與表詮說明《圓覺經》佛性之內涵。

八、結論：總攝全篇。

關鍵詞：

圓覺經、佛性論、本體、雙遮雙表、佛性詮釋

一、前言

　　華梵中文系以「生命實踐」為設系宗旨，此次的論文研討會，亦以「中華文化的生命觀」為主題。案生命實踐的主要範疇為價值論、工夫論、及本體論（包括心性論）；以下就以此三論說明本文寫作之初衷，及訂此題目之緣由：

　　㈠就價值論言：它指引生命之方向，標舉生命的歸宿，唯有最後目標之確立，我們才可以不迷失的航向終點，本文便是在嘗試說明：「生命中最值得追求的理想是什麼」。

　　㈡就工夫論言：生命最終的理想雖非一蹴可及，然而我們若能對最高善有如實理會，時時以之為參照，將它做為生活中的標竿，亦即以此最高善作為見地，日久習成，終可達最高善的實現。怎麼樣的見地造就怎麼樣的人；凡夫的見地成就凡夫的生命，佛的見地成就佛的果位。因此，我們若對於最圓滿的生命能瞭解，以之為見地去生活，當此生命結束時，便自然能成就圓滿的生命。故見地的擁有是生命實踐非常重要的依據，本論文之寫作也希望能指出最高見地所在。

　　㈢就本體論言：本體論是對於生命最圓滿狀況的詳盡指陳，將本體的內涵周延完備且深入的作詮表，將可使人更清楚確定的把握本體的內容，這樣將有助於作生命實踐時，理解把握到理想的義理內涵，而使工夫更易落實。

　　以上三者為本文選擇以「佛性論」為論題之始意。

　　㈣就本經為圓熟期佛經言：據佛學史學者之見，佛學的發展是由根本佛教、原始佛教、部派佛教，再到大乘佛教②；大乘

佛教又由般若空宗、唯識有宗、再到真常系③；佛性論的探討屬
於大乘真常系的思想，此系到了中國才發展完成，故此一思想在
佛學的發展上算是後期大乘的作品④；而《圓覺經》的傳入與譯
出，在周武則天長壽二年(693)，正是大乘佛教真常系發展的圓
熟期；故此經可相當程度代表圓熟期佛性論的思想。

　　㈤就所有佛經皆佛之法教言：若是立於佛教徒立場，所有
大乘經典皆為佛所親說，也許說法方式、地點、對象，未必是可
用人文方式理解者，但它是佛陀所說則不成疑問⑤；若立基於
此，則所有的大乘經皆是佛陀為適應不同眾生所說者，由於眾生
根器有別，致所論有詳略深淺的不同，然其皆為圓滿究竟之法教
則無異。立基於此而言，《圓覺經》在佛經中之地位為何？日人
湯次了榮：「經云：『圓覺能流出一切清淨真如、菩提、涅槃及
波羅蜜。』又云：『一切眾生，種種幻化，皆生如來圓覺妙心。』
然則一切諸法，自斯經流出，亦一切諸法，無不攝於斯經，可謂
該羅半滿漸頓一代佛教，罄無不盡矣。」⑥則知《圓覺經》在大

---

② 見楊惠南：《佛教思想發展史論》（台北：東大圖書公司），1993
　　年，頁39~113。
③ 見印順：《印度之佛教》（台北：正聞出版社），1985年，頁6~7。
④ 吳汝鈞：《印度佛學的現代詮釋》（台北：文津出版社），1995年，
　　頁65~68。
⑤ 印順法師曾說到可能的集成方式：(1)諸天傳授：聽天神講經，而記
　　錄之。(2)從夢中來：夢中聞佛說法，夢醒後記錄。(3)他方佛聞：虔
　　誠求佛感得他方佛為其說法，然後記之。(4)三昧中得：在甚深禪定
　　中，見佛聞法而記錄之。(5)自然呈心：修行中，自然聽聞佛法，而
　　記錄之。（印順：《初期大乘佛教之起源與開展》，（台北：正聞出
　　版社），1989年，頁1312~1322。）
⑥ 日人湯次了榮：〈圓覺經之研究〉，《現代佛教學術叢刊》（台北：大
　　乘文化出版社），1977年，第九十一冊，頁325~326。

乘佛教中，是屬於究竟了義之圓頓教法，以該羅佛陀一切教法為特色，故本文取資以說明圓滿的佛性思想，當屬恰當。

㈥就本經精簡義理言：《圓覺經》凡11793字，約為《金剛經》的兩倍，與《道德經》的三倍。就字數言並不算多，但是一萬餘字的經文中，論及佛性問題比比皆是，且論述詳贍周備，故本論文取以為說明佛性之內涵。

後三點是本論文以《圓覺經》為體材之緣由。

至於主標題訂為「寂滅與普照」，則在說明對於本體詮釋的兩條入路，「寂滅」是從般若空入手，從空的立場透過對於存在的否定，以逼顯本體的內涵。「普照」是從有宗立論，從有的角度說明一切存在本來就是真如實相，當下當體皆是究竟圓滿。空與有的圓融兼具，即是如來的體性；這是針對詮釋入路而立之副標題。

簡單的說，本文首出的觀念是「生命最圓滿的境地是什麼？」其次是「如何去彰顯詮釋此圓滿之狀態？」其餘立論皆環繞此等論題而開展；而如此立題之本意，則在希望有心作生命實踐者，皆能透過此一探討，以對生命實踐之價值、工夫、本體有如實之瞭解與體貼，好為生命實踐預作準備。

最後，有關中印佛學史、空宗有宗、及佛性論等之相關專業領域，因非本人所長，故借助當今學者之研究成果甚多，不敢獵美，於此先作申明。又行文中引及本經者，為避免注釋冗長雜多，故直接將《大正藏》中本經的頁碼⑦，標示於引文之後，以

---

⑦《大方廣圓覺修多羅了義經》，《大正藏》17冊，頁913上~922上。
　（台北：新文豐出版有限公司），1992年。

期簡明。

二、《圓覺經》外圍問題

本論文主要在討論《圓覺經》的佛性論，故須先對《圓覺經》的外圍相關問題做一簡要說明：

㈠《圓覺經》名義

「圓覺經」之全稱為「大方廣圓覺修多羅了義經」，見於〈賢善首菩薩章〉：「是經名大方廣圓覺陀羅尼、亦名修多羅了義、亦名祕密王三昧、亦名如來決定境界、亦名如來藏自性差別。」（p.921c）結集時取第一、二兩名，略去「陀羅尼」三字，為「大方廣圓覺修多羅了義經」之經名。

此十一字中，前十字為所詮法義，後一字為能詮文字。又前五字中「大方廣」是義，說明性質；「圓覺」是法，說明內涵。「大方廣」言「體相用」之超絕無匹。⑧至於「圓覺」之名，則首出於〈文殊章〉：

> 無上法王有大陀羅尼門名為圓覺，流出一切清淨真如、菩提涅槃及波羅蜜，教授菩薩；一切如來本起因地，皆依圓照清淨覺相，永斷無明，方成佛道。（p.913b）

---

⑧以上略本於圓瑛大師：《圓覺經講義》（台北：佛教出版社），頁1~2。

案「圓覺」者，圓滿覺性也。即諸佛之本源，眾生之心地，而為十法界所依之體。⑨此為凡聖同具的本然法體，憨山曰：

> 亦名大圓滿覺，亦名妙覺明心，亦名一真法界，亦云如來藏清淨真心。《楞伽》云「寂滅一心」，即《起信論》所言「一法界大總相法門體」。稱謂雖多，總是圓覺妙心。唯此一心，乃十法界凡聖迷悟依正因果之本，為諸佛之本源，號為法身，為眾生心地，故名佛性。⑩

「修多羅」為梵語，譯為契經，謂是契理契機之教法。「了義」相對於「不了義」，佛為小乘人說者名為「不了義經」，為大乘人說者名為「了義經」，謂顯了究竟之極談。⑪此二語是定位《圓覺經》，屬於大乘了義的佛說法教。

故知十一字的經名，「大方廣」在說明「圓覺」的體相用之圓妙，「修多羅了義經」在說明此經的屬性為大乘了義經；此經名最重要者為「圓覺」，乃諸佛與眾生同具的本然覺性，所有生命最後要達致的終極目標，是生命最究極圓滿的狀態。各經對於此一狀態稱謂不一，如：佛、真如、實相、解脫、涅槃、無上菩提等等，皆同是對此一狀態的描述。而本經稱它為「圓覺」，

---

⑨本於圓瑛大師：《圓覺經講義》，頁3。
⑩憨山大師：《圓覺經直解》，頁1~2。
⑪釋德清：《圓覺經直解》，（台北：老古文化事業公司），1983年，頁3~4。

字詞表面的意義是指圓滿覺性;圓滿就無缺漏言,不只是廣度的
無缺漏,且是高度純度的無缺漏;覺性是就相對於無明說,若仍
有一分無明未破,便非真覺性,必須徹底斷除根本無明,才是圓
滿覺性;《圓覺經》便是在談此徹證圓覺之心性、方法、與果位
的一部佛說大乘了義經。

　　此經洞徹生命本源,且直截了當,教理實證,皆稱圓備;
故祖師古德,受其啟悟者多。圭峰禪師,「受經終軸,感悟流
涕,卒受圓覺懸記」[12]。圭峰祖師因深得於《圓覺經》之啟悟,
慶幸自己能遇圓覺之經,故贊之曰:「禪遇南宗,教逢斯典;一
言之下,心地開通;一軸之中,義天朗耀。」[13]憨山大師亦讚嘆
之曰:「若夫至簡而精,至切而要者,無尚圓覺之最勝法門也。
其文不過一萬三千餘言,統攝無邊教海,該羅法界圓宗,徹一心
之源。……一超直入,是所謂法界之真經,成佛之妙行也。頓悟
頓證,如觀掌果,西來直指,秘密妙義,此外無餘蘊矣。」[14]圭
峰與憨山,皆為佛教龍象,他們對於《圓覺經》的推崇讚嘆,足
可見此經在佛教中的崇高地位矣。

(二)譯者

　　關於《圓覺經》之翻譯,主要記載為:「佛陀多羅,華語

---

[12]裴休:〈大方廣圓覺修多羅了義經略疏序〉曰:「圭峰禪師,得法於
荷澤嫡孫南印上足道圓和尚。一日,隨眾僧齋於州民任灌家,居下
位,以次受經,遇《圓覺了義》卷末終軸,感悟流涕,歸以所悟告其
師,師撫之曰:汝當大弘圓頓之教,此經諸佛授汝耳。禪師既佩南宗
密印,受圓覺懸記。」(見《卍續藏》14冊,頁215下。)
[13]宗密:《圓覺經大疏·序》,《卍續藏》14冊,頁217上。
[14]釋德清:〈刻圓覺經解後跋〉,《卍續藏》16冊,頁143下。

為覺救」。經錄中最早記載者為《開元釋教錄》：「沙門佛陀多羅，唐云覺救，北印度罽賓人也，於東都白馬寺譯《圓覺了義經》一部。」⑮其後的《續古今譯經圖記》⑯及《貞元新定釋教目錄》卷十二⑰，並有相同記載；宗密於《圓覺經大疏》上卷之二，引北都藏海寺道詮法師《疏》⑱，亦謂譯者為佛陀多羅，宋贊寧著《宋高僧傳》⑲亦皆從之，都皆以本經為佛陀多羅所譯。

　　唯宗密又於《圓覺經大疏鈔》卷四，另記別本《圓覺經》，謂譯者為羅睺曇犍⑳，但結語謂「然未詳真虛」。且歷來除此處外，未有其他相同記載，且宗密所看到的別本《圓覺經》，「年

---

⑮ 智昇：《開元釋教錄》卷九，《大正藏》55 冊，頁 564 下~165 上。

⑯ 智昇：《續古今譯經圖記》：「沙門佛陀多羅，唐云覺救，北印度罽賓人也，於東都白馬寺譯《大方廣圓覺修多羅了義經》一卷，此經近出，不委何年。且弘道為懷，務（甌）詐妄，但真詮不謬，豈假具知年月耶」（見《大正藏》55 冊，頁 369 上）

⑰ 圓照：《貞元新定釋教目錄》卷十二：「沙門佛陀多羅，唐云覺救，北印度罽賓人也，於東都白馬寺譯《圓覺了義經》一部，此經近出，不委何年。且弘道為懷，務（甌）詐妄，但真詮不謬，豈假具知年月耶？」（見《大正藏》55 冊，頁 865 上。）

⑱ 宗密：《圓覺經大疏》上卷之二：「北都藏海寺道詮法師《疏》又云：羯濕彌羅三藏法師佛陀多羅，長壽二年（693）龍集癸巳，持于梵本至神都，於白馬寺翻譯，四月八日畢。其度語、筆受、證義諸德，具如別錄。不知此說本約何文？素承此人學廣道高，不合孟浪。或應國名無別，但梵音之殊，待更根尋，續當記載，然入藏諸經，或失譯主，或無年代者亦多，古來諸德，皆但以所詮義，宗定其真偽矣。」（見《卍續藏》14 冊，頁 238 下~239 上。）

⑲ 宋贊寧：《宋高僧傳》〈唐洛京白馬寺覺救傳〉：「佛陀多羅，華言覺救，北天竺罽賓人也，齎多羅夾，誓化支那，止洛陽白馬寺，譯出《大方廣圓覺了義經》。此經近譯，不委何年，且隆道為懷，務（甌）詐妄，但真詮不謬，豈假具知年月耶？」然救之行跡，莫究其終。」（見《大正藏》50 冊，頁 717 下。）

多蟲食，悉已破爛，經末兩三紙才可識破（辨）」。只剩兩三紙，
是否可確定為正本《圓覺經》，實亦難說。故歷來皆謂《圓覺經》
為佛陀多羅所譯。

其次，關於《圓覺經》翻譯的團隊有哪些人，包括度語、
筆受、證義諸德；歷來經錄皆不載，宗密《圓覺經大疏》上卷之
二，引北都藏海寺道詮法師《疏》云：「其度語、筆受、證義諸
德，具如別錄。」[21]但所謂「別錄」不知是何圖錄？亦不知存於
何處，故參與《圓覺經》翻譯之人，目前並無法知曉。

至於譯者之國籍，若翻譯者為佛陀多羅，則其屬國有二
說：一謂罽賓，一謂羯濕彌羅。《開元釋教錄》[22]及《宋高僧傳》
[23]說罽賓；宗密《大疏》引北都藏海寺道詮《疏》謂羯濕彌羅
[24]；宗密則謂「或應國名無別，但梵音之殊」[25]，日人湯次了榮
亦謂此二者只是「梵音之異，而實為同一之國。」[26]因此，佛陀

----

[20] 宗密：《圓覺經大疏鈔》卷四：「余又於豐德寺雜經中，見一本《圓
覺經》，年多蟲食，悉已破爛，經末兩三紙，才可識破（辨），後云貞
觀二十一年，歲次丁未，七月乙酉朔十五日己亥，在潭州寶雲道場譯
了，翻語沙門羅睺曇犍，執筆弟子姜道俗證義，大德智晞註，紘慧
今寶證道脈，然未詳真虛，或恐前已曾譯，但緣不能聞奏，故滯於南
方，不入此中之藏，不然者即是詐謬也。」（見《卍續藏》14 冊，頁
563 下。）

[21] 宗密：《圓覺經大疏》上卷之二，《卍續藏》14 冊，p238 下~p239
上。

[22] 智昇：《開元釋教錄》：「罽賓之人。」（見《大正藏》55 冊，頁
564 下~165 上。）

[23] 宋贊寧：《宋高僧傳》：「北天竺罽賓人也。」（見《大正藏》50
冊，頁 717 下。）

[24] 宗密：《圓覺經大疏》引「北都藏海寺道詮疏，為三藏羯濕彌羅，其
言曰：堅志法師疏，說譯主年月，並與藏海疏同，唯云天竺三藏羯濕
彌羅為異耳。」（見《卍續藏》14 冊，頁 563 下。）

多羅三藏法師，當為罽賓國人。至於有關佛陀多羅更完整的生平事蹟，則未見記載，《宋高僧傳》說「然救之行跡，莫究其終。」㉗故今只知道佛陀多羅的屬國，而無法知道更完整的行跡。

(三)譯經年代

翻譯《圓覺經》之年代，有三說：一謂唐太宗貞觀二十一年(647)；二謂周武則天長壽二年(693)；三謂長壽二年(693)之年代可疑，但未說明何年翻譯。

甲、記載第一說者為：宗密《大疏鈔》四之上，引別本《圓覺經》經末之跋記：余又於豐德寺雜經中，見一本《圓覺經》……後云「貞觀二十一年，歲次丁未，七月乙酉朔十五日己亥，在潭州寶雲道場譯了。」㉘

唯此說只是孤證，他處未有相同記載，且《大唐內典錄》為西明寺道宣，於唐高宗麟德元年甲子歲（664）所撰；若《圓覺經》果翻譯於唐太宗貞觀二十一年(647)，則《大唐內典錄》理該有登錄記載，但今無之；故此說未必可靠。宗密亦不敢遽下斷語，宗密認為可能前已翻譯，只因當時客觀因緣不能聞奏，故滯於南方，不入此中之藏；然未詳真虛。㉙

乙、記載第二說者為數較多：包括北都藏海寺道詮《疏》

㉕宗密：《圓覺經大疏》上卷之二，《卍續藏》14冊，頁238下~239上。

㉖日人湯次了榮：〈圓覺經之研究〉，頁256。

㉗宋贊寧：《宋高僧傳》：「北天竺罽賓人也。」（見《大正藏》50冊，頁717下。）

㉘宗密：《圓覺經大疏鈔》四之上，《卍續藏》14冊，頁563下。

㉙宗密：《圓覺經大疏鈔》，《卍續藏》14冊，頁563下。

㉚、薦福寺堅志法師《疏》㉛、宗密《圓覺經道場修證儀》㉜
等，皆主張周武則天長壽二年(693)為翻譯《圓覺經》之年代。
然而根據明詮所著《大周刊定眾經目錄》記載，於長壽二年譯出
之各種經典，並無《圓覺經》㉝。故亦有對此說產生懷疑者。

　　丙、懷疑長壽二年(693)翻譯者：

　　圓覺經最早見於經錄者為：智昇於開元十八年(730)所撰的
《開元釋教錄》㉞，其中談到譯經年代只說：「此經近出，不委
何年。」㉟按開元十八年，距長壽二年(693)，已經相差37年，
《開元錄》說是「近出」當是指最近幾年，不宜已有37年之久而
仍稱為「近出」，《開元錄》之後的經錄，包括《續古今譯經圖
紀》與《貞元新定釋教目錄》卷十二㊱等；皆與《開元釋教錄》
之記載相同，也都未載譯經年月。今日人湯次了榮〈圓覺經之研
究〉，對於長壽二年(693)翻譯之說，提出如下懷疑：

㉚北都藏海寺道詮：《圓覺經疏》(見宗密：《圓覺經大疏》上卷之二
　引，《卍續藏》14冊，頁238下~239上。)

㉛薦福寺堅志法師《圓覺經疏》謂：「堅志法師疏，說譯主年月，並與
　藏海疏同。」(見宗密：《圓覺經大疏鈔》卷四之上引，《卍續藏》
　14冊，頁563下。)

㉜宗密：《圓覺經道場修證儀》敘昔翻傳：「經是西天覺救翻，罽賓三
　藏大沙門；開元目錄初編載，譯經圖記亦明白；長壽二年白馬寺，則
　天皇后統中原，只為經來年月近，先賢古德未深論。」(見《卍續藏》
　128冊，頁761下。)

㉝《大正藏》55冊，頁373中~476上。

㉞《大正藏》55冊，頁369上。

㉟智昇：《開元釋教錄》，《大正藏》55冊，頁564下~165上。

㊱《貞元新定釋教目錄》為西京西明寺沙門圓照撰，見《大正藏》55
　冊，頁865上。

堅志道詮兩師之證左，於所謂長壽二年說，不能無疑也。於宗密以前之註釋家，不外惟愨、悟實、堅志、道詮之四師。此中惟愨師者，依《高僧傳》卷六所載，為大曆年中人，《開元釋教錄》製作時之後四十年也。又次之悟實，於宗密《大疏鈔》有云：少稟荷澤之教，以八十六歲示寂，此神會為天寶年間人，天寶元年為西曆742年，故應為惟愨以後之人。又堅志法師為悟實之弟子，更應在後；道詮師與堅志同時，亦在其後，而似較宗密為少前之人。」㉚

湯次了榮之說，主要是從年代考證，謂首倡長壽二年翻譯之堅志、道詮二師，皆在《開元釋教錄》製作後四十年，《開元釋教錄》尚且不知其翻譯之年，堅志、道詮二師，何由知之？宗密又在其後，更無法知道真確的翻譯年代。

據此則《圓覺經》的翻譯之年，目前仍無法確定，唯一可以確定的是必在《開元釋教錄》成書之前翻譯完成；案《開元錄》為智昇於開元十八年(730)撰成，故知《圓覺經》的翻譯年代，不會晚於唐玄宗開元十八年(730)。

依前所說，有關《圓覺經》的翻譯，目前未明之處甚多，包括翻譯的人除了佛陀多羅主譯外，尚有哪些人協同翻譯？佛陀多羅的生平事蹟為何？翻譯之年代為何年？這些目前皆無足夠資料以知其詳。然而這些事項的不明，實無害《圓覺經》義理之究竟圓滿。再說真與偽之判別，不當只是根據翻譯過程記載之有無

㉚日人湯次了榮：〈圓覺經之研究〉，頁253~254。

與詳實，或是有無梵本經為底本，更當是尋求其義理之是否有當
於佛理。故宗密於了知《圓覺經》翻譯的相關資訊不完整後說：
「然入藏諸經，或失譯主，或無年代者亦多，古來諸德皆但以所
詮義宗定其真偽矣。」㊳所以重點是教理有無刺謬，若義理合於
佛法根本義理，便是佛法教典。再者而歷來為《圓覺經》作注的
祖師大德，實都已確立《圓覺經》在佛教中的地位，這些注家不
乏各宗派宗師級的大家，如宗密為禪宗與華嚴宗的傳人，憨山為
明末四大高僧，屬禪宗淨土宗祖師，他們為《圓覺經》作注，當
然就間接肯定《圓覺經》的正統地位。然而這還是透過外在形式
的肯定，以下再說明它內涵的優越性。

三、《圓覺經》內容大要

《圓覺經》除序分外，將正宗分與流通分，析為十二章，由
十二位大菩薩分別提問，請佛回答；每一章中分為「常行」與
「重頌」，「常行」中又分為啟請、許說與正說三部份。「重頌」
則將常行之義理濃縮為二十句的詩偈體，今傳本除最後一章外，
餘十一章皆有重頌㊴，而第十二章實即本經之流通分。十二位提
問大菩薩依次為：文殊師利菩薩、普賢菩薩、普眼菩薩、金剛藏
菩薩、彌勒菩薩、清淨慧菩薩、威德自在菩薩、辯音菩薩、淨諸
業障菩薩、普覺菩薩、圓覺菩薩、賢善首菩薩。這十二位菩薩所
提出的問題，主要者可歸納為三範疇：

㊳宗密：《圓覺經大疏》上卷之二，《卍續藏》14 冊，頁 238 下~239
上。

一、現況論：包括㈠產生輪迴的因緣（苦因）：無明與佛性何者為先？若佛性在先，何時產生無明？本心因何染污？輪迴之根本為何？㈡輪迴現況（苦果）：種性、我相、人相、眾生相、壽者相，身心受彼生死痛苦等。

二、修行論：說明工夫法門，凡夫如何回歸本然清淨。細分之包括：價值（理想的標舉）、根器（過去修行的總顯示）、階位（至今修行的水平）、工夫（成就的具體方法）等等。

三、果位論：說明圓滿之理體與生命達致之境界。細分之包括心性論（尚未達致的潛能）、本體論（圓滿究極之內涵）與境界論（已達致的狀態）。這些問題包括：如來因地法行、圓滿覺性為何、眾生、菩薩、如來所證之差別等。

這三論互為關連，現況論說明苦因苦果，故我們當去苦因離苦果，其方法就是修行論，而成就的依據以及最後到達的境地就是果位論。因《圓覺經》內容的豐富性，故本論文此處無法俱論，僅先處理果位論，其餘二論則俟之他日。

而要進入《圓覺經》果位論前，必先釐清凡夫與佛的兩種存在世界，《圓覺經》所要達到的果位，稱為「本體界」；而凡

㊿第十二章之重頌，南宋寂正《圓覺經要解》載之曰：「是經諸佛說，如來守護持，十二部眼目，名為大方廣，圓覺陀羅尼；顯如來境界，歸依增進者，必至於佛地，如百川納海，飲者皆充滿。假使積七寶，滿大千布施，不如聞此經，若化河沙眾，皆得阿羅漢，不如聞半偈。汝等末世眾，護持盡宣說，一圓一切圓，一覺一切覺。」但學者以為當是私製，日人湯次了榮：「由全體經文之體裁言之，有應存此一頌之理，以是而寂正之「要解」亦立於此見地，而插入自家製作之頌乎。……綜合此諸點而考之，最初翻譯之經本，無最後之頌；至於後世，於一經之體裁上，不無有所插入。」（見湯次了榮：《圓覺經研究》，頁256。）

夫所活動的世界，稱為「現象界」⑭。這二界的特點、差異、相
互關係等，必須先做一釐清，而後如來境地的果位論乃能取得定
位，也才能精確的離析果位之內涵；請先依《圓覺經》本文說明
此二種存在世界的差異性。

四、兩層存有──現象界與本體界

㈠異質的兩層世界──一為如幻，一為真實。

　　世俗凡夫的世界，稱為現象界，它是根於凡夫主客對立的
有限心，透過感觸直覺以認識外物，並對外物產生染執取相，在
此心識下所認識的世界，並非本然世界，是有我執所認識到的有
限世界，這稱為「執的存有論」。反之，若是如來聖者的世界，
則稱為本體界，因為它是本於聖者絕待的無限心，透過智的直覺
感應外物，對外物不會產生染執心，這樣的存在世界，稱為「無
執的存有論」⑭。對於這兩界《圓覺經》皆有詳實之描述，先說
現象界：

> 一切眾生，從無始來，種種顛倒，猶如迷人，四方易處。
> 妄認四大為自身相，六塵緣影為自心相，譬彼病目，見空
> 中花及第二月。……如夢中人，夢時非無，及至於醒，了
> 無所得。……一切眾生，於無生中，妄見生滅；是故說名

---

⑭這兩界的區別，可參看牟宗三：《現象與物自身》（台北：台灣學生
　書局），79 年 3 月四版。
⑭此處名相，據牟宗三：《現象與物自身》之用法，見頁1~17。

輪轉生死。（p.913b~c）

此段對於現象界有完整深刻的描述，眾生無始以來由於錯誤的知見，妄認身心實有，於是造成主客兩方面認識不清，猶如迷人，四方易處；也如患翳的人，妄見空中花與第二月；又好像夢中人，以夢中為真實；這種世界就叫做無明，亦即現象界的存在寫照，因無法了知真實世界的樣態，於是生生世世輪轉生死。而會造成此輪轉生死的源頭，《圓覺經》以為就是「恩愛貪欲」：

> 一切眾生從無始際，由有種種恩愛貪欲，故有輪迴。……
> 由於欲境起諸違順，境背愛心而生憎嫉，造種種業。是故
> 復生地獄餓鬼；……皆輪迴故，不成聖道。」(p.916b)

此段說明輪迴生死的本源是愛欲，有愛欲才產生生命，也因有愛欲而造種種罪，而生於三惡道；即使想要捨惡樂善，有心修行，仍是愛欲為根；皆在六道中輪迴，無法成就聖道。這是凡夫所處的世界，是有限心所現的世界，有人我二元對待，對外物產生染執心，它是虛幻的世界，煩惱痛苦的世界，是錯誤知見所認識的世界，是無始無明以來眾生所生活的世界，看不到真實的本體究竟圓滿的世界。這是可悲的，故聖者要我們離開這有限的現象界，超越至清淨明覺圓滿的本體界。至於本體界的論述為本論文重點所在，此處暫先引一、二段作簡要的說明。

> 修圓覺者，知是空花，即無輪轉，亦無身心受彼生死。非

作故無，本性無故；彼知覺者，猶如虛空；知虛空者，即
空花相；亦不可說無知覺性，有無俱遣；是則名為淨覺隨
順。（p.913c）

此段說明當了悟到一切的現象，皆只是幻化無實，有如空
中之花，便不再受其支配影響，也不會產生染執而生苦惱，以致
輪迴生死永無止息。此時的空花相，並非作意而生，而是本然的
體性，無主客有無等二元對待，於是由相對世界進入絕對的本體
界，這便是如來的境地，是眾生本有而為無明所覆的本性；這是
生命理想的狀態，一切生命最終的歸宿。《圓覺經》又曰：

此菩薩及末世眾生，證得諸幻滅影像故，爾時便得無方清
淨，無邊虛空，覺所顯發；覺圓明故，顯心清淨；心清淨
故，見塵清淨；見清淨故，眼根清淨；根清淨故，眼識清
淨；識清淨故，聞塵清淨；聞清淨故，耳根清淨；根清淨
故，耳識清淨；識清淨故，覺塵清淨；如是乃至鼻舌身
意，亦復如是。……於此證中，無能無所，畢竟無證，亦
無證者，一切法性平等不壞。（p.914c~915a）

此段說明當證得本體界時，眼耳鼻舌身意便得清淨，接著
《圓覺經》又說到不只主體的身心清淨，外在的一切存在色聲香
味觸法，十二處、十八界皆悉清淨，一切實相性清淨；乃至十方
眾生圓覺清淨，覺性遍滿清淨不動，如百千燈光照一室。始知眾
生本來成佛，生死涅槃猶如昨夢；如昨夢故，當知生死及與涅
槃，無起無滅，無來無去；其所證者，無得無失，無取無捨；其

能證者，無住無止，無作無滅；於此證中，無能無所；畢竟無
證，亦無證者，一切法性平等不壞。（p.915a）這是《圓覺經》
描述本體境界的真實狀態。至於義理內涵，則留待下文說明。

㈡兩層世界中，現象界眾生無法瞭解本體界狀態

　　因是異質的兩層，本體界的生命能知現象界，而現象界生
命無法了知本體界；此雖堪稱可悲憫者，然確是真實情況，《圓
覺經》曰：

> 1、未出輪迴而辨圓覺，彼圓覺性即同流轉，若免輪迴，
> 　　無有是處。譬如動目能搖湛水、又如定眼猶迴轉火、
> 　　雲駛月運、舟行岸移，亦復如是。善男子，諸旋未
> 　　息，彼物先住，尚不可得。何況輪轉生死，垢心曾未
> 　　清淨，觀佛圓覺而不旋復，是故汝等便生三惑。
> 　　（p.915c）
>
> 2、但諸聲聞，所圓境界，身心語言，皆悉斷滅，終不能
> 　　至彼之親證所現涅槃。何況能以有思惟心，測度如來
> 　　圓覺境界；如取螢火燒須彌山，終不能著；以輪迴
> 　　心，生輪迴見，入於如來大寂滅海，終不能至。
> 　　（p.915c）
>
> 3、有作思惟，從有心起，皆是六塵妄想緣氣，非實心
> 　　體，已如空花。用此思惟，辨於佛境，猶如空花，復
> 　　結空果；展轉妄想，無有是處。（p.915c~916a）

　　以上三段皆在說明現象界，無法了知本體界，而且會產生

嚴重的誤解，所認識的是在現象界所以為的本體，全非本體的真
實狀態，經文用很多比喻作為說明：「動目能搖湛水」、「定眼
猶迴轉火」、「雲駛月運」、「舟行岸移」、「取螢火燒須彌山」、
「空花復結空果」，這些都在說明本體界，無法用現象界的言語、
心識、概念去認識。然而若是完全無法碰觸，則本體界將永遠是
禁地，我們也將永遠無法進入本體的世界，於是聖者便為我們善
巧方便的指引，使我們能易於了知本體的內涵；以下便要說明詮
釋本體界的兩途。

五、本體的詮釋系統

　　以下先述歷來各宗派對於本體內涵的詮釋系統，然後再綜
合諸說，求取整全恰當的詮釋入路，以作為本論文詮釋《圓覺經》
佛性說的方法論。

(一)八不說

　　《中論‧觀因緣品》：「不生亦不滅，不常亦不斷；不一亦
不異，不來亦不出。能說是因緣，善滅諸戲論；我稽首禮佛，諸
說中第一。」此即為「八不偈」或稱「八不中道偈」。這「八不
偈」是要透過「八不」的方式，來說明本體的狀態，這是「空宗」
特有的詮釋手法。㊷而這「八不」是龍樹歸納「般若經」的主要

㊷梶山雄一：『「般若經」的思想家，認為他們所體驗得的神秘直觀世
　　界，是超越語言與思維之上。因此他們比較喜歡以「這不是什麼」一
　　類形式來間接地表示，而不用「這是什麼」這種形式。』梶山雄一
　　著，吳汝鈞譯：《空之哲學》，收於《世界佛學名著譯叢》62冊《中
　　觀與空義》，頁241。）

概念，濃縮而成者。④故也可以說是般若空宗特有的詮釋系統。

「八不」的「八」是八種概念、八種相，「八不」就是要破除這些概念或相。其實現象界的概念或相需要破除的，不只這八種；當是所有的概念及相都該破除。簡單的說只要是現象界的概念，都是虛妄的，相對於本體界言全都是錯，全要一起掃清廓除。若再進一程言，舉凡現象界一切存在，都是不圓滿不究竟的，所以都要超越它，以走入本體的絕對界，方為真如存在。這便是《中論》的用心所在，它用八個主要的概念，來統括現象界的概念及一切存在，希望藉由八種概念的破除，使人能破除對現象界的迷思，以躍昇到本體圓滿的境地中。

現象界的問題，若綜合的說就是主體的我執，與對客體的法執。這兩種執互相密切關連，當主體以為有一不變的我時，便產生我執；也跟著對外物產生取相執著，以為外物也有一不變的自性，此時的對象便成定相死相。因而不能了知一切存在，皆因緣生、因緣滅的無自性存在，於是痛苦便產生於此際；解決的方法是「遣執蕩相」，從主體上說為「遣執」，從客體上說為「蕩相」。又因為這兩種執的相互關連性，故「蕩相」可以達到「遣執」的目的，「遣執」也可以造成「蕩相」的效果；而《中論》是透過「蕩相」的方式去「遣執」，以使人由凡夫的現象界，超越到聖人的本體界，這便是「八不」立論的旨趣。

---

④黃懺華：『「空」的意義是「不」，「不」是泯義、破義，並非對於「有」的「無」，而是超越有無的「中道」，他為彰顯此無所得中道實相的妙體，把般若等經中散說的不生不滅等，歸納作八不一頌，而在「中論」的篇首說。』（黃懺華〈中論的八不〉，收於《現代佛教學術叢刊》46 冊，《中觀思想論集》，頁237~238。）

　　「蕩相」就是破除對於存在的錯誤認識；當這種錯誤的認識解消後，主體的黏執便會鬆動，我執便跟著解消；於是心識便會停止原來的認識與執著，而要消解錯誤認識的方法，是透過強力阻斷認識通路，讓您覺悟您所認識對象的破滅，逼您無路可走，不得不轉變路途。生命的路本來就只有兩途，概念著相的方式，既然行不通，自然逼入另一條坦途，使您由相對界走向絕對界，由現象的存在，走入本體的存在，這便是「八不」的路子。

　　那為何《中論》只取這八個概念，而且利用很多篇幅詳論「生滅」一組概念。蓋現象界的存在中，最源頭核心的問題是「有」與「無」，這是存在與否的問題，若是不存在，則其他問題就不會發生，「生」就是有，「滅」就是無，故此一組概念最是關鍵。「生有」之後，此存在是「繼續」或「消失」，就人來說就是生與死的問題，故《中論》接著談「常」與「斷」的概念。當存在繼續下去後，接著主體便會與其他存在發生關係，這是「一」與「異」的問題。最後為主體在時間序位中的運動問題，這便是「來」與「出」㊹。這些是生命中最重要最源頭的概念，若這些概念能破除，因其他概念都衍生於此，故將易於破除。當這些觀念破除後，自然不著相；主體無我執，於是便由現象界頓入本體界。且先舉《金剛經》為例：

　　1、所謂佛法者，即非佛法。㊺

　　2、所言一切法者，即非一切法。㊻

㊹本處的詮釋約略本於楊惠男先生之說，見楊惠南：《佛教思想發展史論》，頁168~169。
㊺《大正藏》8冊，頁749中。

3、如來說莊嚴佛土者，即非莊嚴。⑰

4、世尊說我見、人見、眾生見、壽者見，即非我見、人見、眾生見、壽者見。⑱

這些「即非」的說法，都是要阻斷常人的著相，讓您覺得無路可走，而當下鬆開，當化掉對於外相的黏執時，便會歸於本體界中。《老子》第二章：「天下皆知美之為美，斯惡已；皆知善之為善，斯不善矣。」⑲亦是同樣手法，都是希望您不要走入美醜善惡的相對世界中，脫離相對概念的執著，便頓入了絕對世界。這都是「八不」手法的運用，也都是逼入本體界的方法，也可以說是從消極面的破，以反顯本體內涵的詮釋手法。

(二)一諦說

「八不」是從消極面說明，由破現象以立本體。「一諦說」則從積極面的立，以說明本體的如實內容。而此「一諦說」原是「三諦說」的另一種解說方式，故其來源為《中論》的〈三諦偈〉：

> 眾因緣生法，我說即是無，亦為是假名，亦是中道義。未曾有一法，不從因緣生，是故一切法，無不是空者。⑳

---

⑯《大正藏》8 冊，頁 751 中。
⑰《大正藏》8 冊，頁 752 中。
⑱《大正藏》8 冊，頁 752 中。
⑲見王淮：《老子探義》（台北：台灣商務印書館出版），77 年，頁9。
⑳《大正藏》30 冊，頁 33 中。

此偈有兩解，兩解的歧出在於第三句的「為」字，一解以「為」為係詞「是」義，此留待後表；一解以「為」為「因為」義，於是另成新解，牟宗三曰：

> 據通曉梵文者云，「為」字是「因為」義，不是與「是」字為重疊。如是當有另一解：眾因緣所生的法，我說它們就是空，而是因為這空亦是假名，故這空就是中道義。如是，首兩句以因緣生法為主語，以空為謂述語；而後兩句則是以空為主語，以假名及中道義為空的謂述語。(51)

此「三諦偈」的第二解是說：世間的一切事相，都是因緣生、因緣滅，並沒有自性，這些存在都是空無實體的因緣假合；而且我們說它是空無實體這一句話，也是空無實體的假說；也就是說所有存在都是徹底的空無，絕對的空無；說它空無的這句話仍是空無。能這樣理解的「空無」，就是真正的空，畢竟的空，也就是中道的意思。這是龍樹透過兩層的空無，否定的否定，以說明絕對的空，才是真諦，才是勝義諦，也才是本體的真實狀態，故牟宗三先生曰：「龍樹原語勢經由「空空」之弔詭，以勝義空為中道，此名曰中道空，此即是真諦。」(52)案《中論》的註釋，主要的兩大家清目與月稱，皆如是理解此「三諦偈」，故《中論》的原意，當如上解，牟宗三先生曰：

---

(51) 牟宗三：《現象與物自身》，頁372。

(52) 牟宗三：《現象與物自身》，頁375。

清目與月稱俱是印度人，他們的解釋都是照梵文句法原意解的。就空說中道，即是所謂「勝義空」，或「第一義空」，是故一切法無不是空者，龍樹原亦是歸結於這種「空」的。㊹

據此所論，則「三諦偈」的原意當是「一諦偈」，主要在說第一義空，如此理解亦頗合佛學者謂空宗、有宗、真常三系的發展實況。

案「八不」是說：「不是什麼」，一切都不是，當徹底的阻斷現象界的概念時，本體便呈現，此較是透過工夫以彰顯本體。而「一諦說」則直接說明本體的「空無」性，它是畢竟空的中道狀態；因此，更是直接碰觸本體的內涵。它以「空無」說本體，無所對待，無所染執，在此狀態下，便是本體的呈現。以下再進一步從另一角度切入，以說明本體不只是空，同時也是有的顯現。

㈢二諦說

請先引經論之說：

1、諸佛依二諦，為眾生說法：一以世俗諦，二第一義諦。若人不能知分別於二諦，則於深佛法，不知真實義。若不依俗諦，不得第一義；不得第一義，則不得涅槃。㊺

㊹牟宗三：《現象與物自身》，頁372。

2、諸佛說法，常依俗諦、第一義諦，是二皆實。(55)

3、佛法中有二諦：一者世諦，二者第一義諦；為世諦故，說有眾生；為第一義諦故，說眾生無所有。(56)

以上「二諦」雖經論有明文，但作何詮釋，則歷來說法不一。到底世俗諦是就現象界的相對真理言，或就本體界言；若是就本體界言，那是就空無與妙有相對而言第一義諦與世俗諦，或是就空有一如後，側重「有」一面說者為世俗諦，側重「空無」一面說者為第一義諦等等。各宗各派皆有不同主張，此在天台智者大師之時，不同解法就有「二十三家」之多；(57)本處不詳為徵引，而暫依霍韜晦先生之說：

> 為了確定「空」的絕對性，中觀哲學另外使用「二諦」的概念來對存在作超越的區分。二諦是世俗諦和勝義諦，根據月稱的解釋，世俗是言說的意思，因此世俗諦即是指言說的存在、概念的存在。這也就是所謂「假名」，它的存在基礎是由思維主體提供的。不同主體有不同觀法，這就決定了世俗諦的相對性格和虛幻性格。然而，「勝義」卻是以超越世俗的相對性來規定，它的存在是自足的、客觀的。……嚴格言，只有勝義諦才是真實存在，但勝義諦卻

(54)《中論．卷四．觀四諦品》，《大正藏》30冊，頁32下~33上。
(55)《百論．下卷》，《大正藏》30冊，頁181下。
(56)《智度論》三十八，《大正藏》25冊，頁336下。
(57)智者：《法華玄義》卷二云：「陳世中論破立不同，或破古來二十三家明二諦義。」(《大正藏》33冊，頁702中。)

　　不是感官經驗的對象，亦不是言說概念的對象。⑧

　　據此可知「二諦說」，乃中觀學者為了區分存在的兩個屬性，勝義諦是超越世俗的相對性，而世俗諦是用相對概念的言說，來說明「勝義」的體性，楊惠南先生也說，第一義諦指中觀的空，世俗諦指佛陀為教化眾生，所立的言說。⑨簡單的說，佛陀為將本體的義理內涵傳達給眾生，於是透過第一義諦空與世俗有的方式傳達，而第一義諦以空無為性，除了空以外，還是空；有些眾生無法契會，於是佛陀又用「有」的言語，以為說明，這便是世俗諦。

　　案上引「二諦」說出處的三部論，都是空宗論師的著作，若依佛學思想的發展言，此中的「世俗諦」當非指本體中之「妙有」言，或即是霍韜晦、楊惠南二先生所說，指佛陀為教化眾生，所立的言說；且此立說是「一切唯假名」⑩，並不肯定「有」的真實存在。再者，此時空有合一的思想「更不是時代思潮的主流」⑪。即或不然，最少中觀論師雖標第一義諦與世俗諦並重，

---

⑧霍韜晦：《絕對與圓融》（台北：東大圖書股份有限公司），1989年，頁353。
⑨楊惠南：「一切皆空的道理，在中觀學派當中，稱為第一義諦（又譯為真諦、勝義諦等）；那是最高深、最真實之道理的意思。另外在一切皆空的體悟下，一切事物的實相原本是不可說的，但是為了普渡眾生，卻不妨假借語言文字而說。在這種情況之下，所宣說出來的道理，則稱為世俗諦（又譯世諦、俗諦），而第一義諦和世俗諦，合稱為二諦。」（見楊惠南：《佛教思想發展史論》，頁176~177。）
⑩見印順法師：《中觀論頌講記》，（收於妙雲集上編之五）（台北：正聞出版社），頁14。
⑪見印順法師：《中觀論頌講記》，頁17。

而其用心仍在第一義諦之空；此為就佛學發展史的觀點，以論二
諦之意函，所可有的結論。以下接著說明，有宗對於本體的詮釋
入路：

(四)三性說

依佛學思想的發展，空宗之後為有宗；有宗的有，可以就
虛妄唯識（遍計執）上說，亦可以就真實妙心（圓成實）上說；
因為遍計執性是眾生錯誤的認識，所產生的假有，並非本體的狀
態；唯有圓成實才是說明本體「有」之體性，故有宗之「有」是
偏重於清淨有，以詮釋本體界。先引論典之說：

> 1、三種自性：一依他起自性，二遍計所執自性，三圓成
> 實自性。⑫
> 2、如來處處說三自性：皆言遍計所執性空，依他圓成二
> 性是有。⑬

「三自性」是指依他起自性、遍計所執自性及圓成實自性。
牟先生以為雖然是三性，但仍只是「緣起性空」一義的輾轉引
伸；緣起即依他起性，性空是空去自性與執著，因此預伏一遍計
執，而空卻執著所顯實相如相，即是圓成實性。⑭不過雖是「空
義」的輾轉引伸，但已又向前推進一步，以前側重勝義空的詮釋
入路，今則轉換為從有入手；故與原來空宗系統的說法便有不

⑫《攝大乘論釋》，《大正藏》31 冊，頁 381 上。
⑬《大乘廣百論釋論》，《大正藏》30 冊，頁 248 中。
⑭牟宗三：《現象與物自身》，頁398。

同。

這「三自性」都在說明「有」，只是遍計所執性是俗有，它的本質是妄而不實，此非唯識所重。其它的兩性皆是妙有，故上引《大乘廣百論釋論》說：「遍計所執性空，依他圓成二性是有。」唯識便是從此妙有以彰顯本體的內涵。

不過「依他圓成二性」雖都是有，但性質不大相同，依他起是客觀說明存在的狀態，猶空宗的「緣起法」，而圓成實是主觀的生命與此依他起相契合的狀態。因此若論真理存在的客觀理上說明，只有依他起⑥；而圓成實是聖賢生命體會到此真理的心境；圓成實是妙有的狀態，是有宗對於本體最圓滿彰顯的說明。故三自性用以詮釋本體時，當是以圓成實性為說明依據。

(五)三無性說

唯識講「三自性」後，為了要化掉「有」之執持，所以又再講「三無性」；亦猶空宗講完勝義諦後，又需講世俗諦；以期空有融攝不二，不致造成偏空偏有之病。但雖是空有兼攝，仍是有所偏重，空宗側重第一義諦方面的詮釋，有宗側重妙有方面的說明。先引論典之說：

1、我依三種無自性性，密意說言一切諸法皆無自性。所謂相無自性性、生無自性性、勝義無自性性。⑥

2、依此前所說三性，立彼後說三種無性，謂即相、生、

---

⑥此種說解本於霍韜晦：〈唯識五義〉，《華岡佛學學報》第六期，頁325。

⑥《解深密經》〈無自性相品〉，《大正藏》16冊，頁694上。

勝義無性。故佛密意說一切法皆無自性，非性全無。
說密意言，顯非了義。謂後二性雖體非無，而有愚夫
於彼增益，妄執實有我法自性，此即名為遍計所執。
為除此執故，佛世尊於有及無總說無性。⑥⑦

　　「三無自性」主要在說明「空」的道理，故亦是「緣起性空」
一義之輾轉引申說。⑥⑧指遍計所執、依他起、圓成實等三性皆無
自性，故是空，不能起執；否則全都回到現象界的執取中，唯有
透過空的洗禮，乃是名符其實的本然體性的展現。由於遍計所執
自性，是隨心識的分別作用而生，所以都是一些虛掛上去的存
在，其自身的存在，就是處於無自性的狀態，所以是空。生無性
是表示須依條件制約而起，不能自主，亦不能常住，所以雖有所
展現，但仍然是處於無自性的狀態。勝義無性即是圓成實自性的
反面，因為在此境界中，即是把前述的依他緣生狀態，取為無分
別智的對象，而證見一切法均如幻如化，當體即空，無可執，無
可取，於是中觀學派所說的「空」即成為可至、可知、可實現的
境。由此可見，「三無性」之立，目的是與「三自性」對消，使
眾生不偏有，亦不偏無，而得一雙遣雙成之中道。⑥⑨
　　依此所說，則「三無性」是「三自性」的補充，用意在化
掉有的執著，使回歸真正的本體；因此，「三自性」與「三無
性」，是同一組對於本體的詮釋，這與空宗除重視勝義諦外，又
兼說世俗諦，當屬相同類型。但畢竟「空」、「有」兩宗，還是

⑥⑦《成唯識論》卷九，《大正藏》31 冊，頁48 上。
⑥⑧牟宗三：《現象與物自身》，頁398。
⑥⑨霍韜晦：〈唯識五義〉，《華岡佛學學報》第六期，頁325。

較從各自的專長出發，以對本體之詮釋。能夠融合空有兩宗，二
者並重兼用，即空即有，即假即真，兩系同時彰顯以詮釋本體，
使義理更圓滿者，就佛學的發展言，那是大乘佛學後期「真常系」
的義理系統，此即「三諦說」。

㈥三諦說

　　「三諦說」屬於真常系的理論架構，關於真常系的特色，印
順法師有如下簡要的說明：

> 諸法的真性，也可以叫空性，是具有無邊清淨功德的，實
> 在是不空。所以『涅槃經』說：「不但見空，並見不
> 空」，這是不以性空論者的勝義一切空為究竟的，所以把
> 勝義分成兩類：一是空，一是不空。後期大乘的如來藏、
> 佛性等，都是從這空中的不空而建立的。真心者，側重勝
> 義諦，不能在一切空中建立假名有的如幻大用，所以要在
> 勝義中建立真實的清淨法。這像『瓔珞經』的「有諦（俗）
> 無諦，中道第一義諦」；『涅槃經』的：「見苦（俗）無
> 苦（真空）而有真諦」，都是在勝義中建立兩類的。他們
> 把真常的不空，看為究竟的實體，是常住真心。⑦

　　印順法師上文在說明，真常論者不能滿足於勝義空的理論
系統，認為除了勝義空外，當還有勝義不空。於是在勝義中開出
兩類，一是勝義空，一為真常不空。《勝鬘經》稱為：「空如來

---

⑦見印順法師：《中觀論頌講記》，頁15~17。

藏」與「不空如來藏」⑪；《大乘起信論》稱為：「如實空」與
「如實不空」。⑫事實上，這空如來藏，是空宗勝義諦空的內涵，
而不空如來藏，是有宗圓成實性的內涵；不過真常系所開出的空
與不空兩類，是就第二序上說，是空有交融後的空與有；是空有
不二的中道義中，所顯現的空與有；故與「二諦說」有別。

「二諦說」是空有的對顯，那是第一層的空有關係；「三諦
說」則是第二層的空有關係，這時是空中之有，有中之空，或說
是中道空與中道有的關係；在中道的本體下，彰顯空的特質與有
的特質；雖然特色風格有異，但其為中道本體則無不同。就義理
而言，若「八不」與「一諦說」代表般若空宗；「二諦說」空有
並說，而以空宗為主。「三自性說」代表唯識有宗；「三無性說」
亦空有並說，而以有宗為主。那「三諦說」則代表真常系的義理
系統。「三諦說」出自《中論·三諦偈》（見前引），而「三諦偈」
有二解，它的本義當是勝義空、第一義空、如實空，亦即前文
「一諦說」的內涵。它的第二解，是由中文翻譯後，據中文字的
通常用法作解，所衍生出之義理系統，牟宗三先生曰：

　　順中文獨立的看，此頌可以一氣讀下，如是，主語是「眾
　　因緣生法」，而「我說即是空，亦為是假名」，此兩語是謂
　　述「眾因緣生法」；而「亦是中道義」這一語是綜那兩種

⑪《勝鬘經》：「世尊，有二種如來藏空智：世尊，空如來藏若離若脫
　若異一切煩惱藏；世尊，不空如來藏過於恒沙不離不脫不異不思議佛
　法。」（《大正藏》12 冊，頁 221 下。）
⑫《大乘起信論》：「一者如實空，以能究竟顯實故；二者如實不空，
　以有自體具足無漏性功德故。」（《大正藏》32 冊，頁 576 上。）

謂述而言之的。如是，這語意當該是如此：眾因緣所生的
一切法，我說它們就是空，同時亦就是假名，因而這亦就
是中道義。同一「緣生法」主語，就其義而言說空，就其
事而言說假名。空有不離，同在一緣起法上呈現，名為中
道。⑦

　　牟先生說明「空」「有」不離，同在一緣起法上呈現，空是
言其義；假名是言其事；空假交融，空不離假，假不失空，名為
中道。這樣的中道義，較前之二諦義，又更進一層，牟宗三先生
以為天台的空假中觀、三諦圓融等，便是立基於此而說：

中諦即是一實諦，連前空假二諦，這便成分解說的三諦；
分解地說是三諦，歸總落實只是一實諦，即一而三，即三
而一，故云即空即假即中。……天台宗只把那「中道義」
的空移而為中諦，而把空限於與假相對而相對地分別地說
之。⑦

　　印順法師於《中觀今論》中，稱此為「妙有真空二諦」，是
如實智所通達的，在一念頓了畢竟空，而當下即是如幻有，依此
而方便立為世俗；如幻有而畢竟性空，依此而方便立為勝義。中
國三論宗和天臺宗的圓教，都是從此立場而安立二諦的。⑦
　　印順法師雖然只說「妙有真空二諦」，但事實上，便含有由

⑦牟宗三：《現象與物自身》，頁371。
⑦牟宗三：《現象與物自身》，頁376~377。
⑦印順：《中觀今論》第十章第一節，頁211。

一實諦而分出的妙有真空二諦，故仍是三諦的格局。這樣的三諦說，是在原來的二諦上，又加入中諦，使中諦成為第二序上的綜合，經過中諦綜合後的空有二諦，是相互容攝的，這時的「空」是含有妙有的空，這時的「有」也是涵攝第一義空的有。因此這種對於本體的詮釋，是高一層序上，但仍是透過「空」「有」對顯，以說明本體的狀態。他義理的發展較為圓到，是詮釋本體恰當的架構思維。故本論文即依此架構，以詮釋《圓覺經》的佛性內涵。

六、本體空有兩路的詮釋架構
——遮詮與表詮

若依前文所說，本文以真常系對於本體的詮釋入路為依據，在勝義中道中分兩路作詮釋，一為勝義空的入路，另一為勝義有的入路。以下對於這一詮釋架構，作更詳細深入的說明。

大別而言，「勝義空」是強調無執與無相；它採取的方式是「否定式」，包括第一序的否定與第二序的否定；單邊的否定與雙邊的否定等。基本上是對於尚未進入本體界者的說明，故是立基於現象界，說明「說是一物即不中」、「一切皆非」、「動念即乖」、「一切皆是夢、幻、不實」、「離無明妄想」等。因為是立基於現象界，故一切皆錯，只要有說就錯，不管您說什麼都錯；甚至不說還是錯，無論您作什麼都錯，不作也還是錯。因為立於現象界，它是一個虛妄不實的存在界，故一切的言行思慮皆是背離本體勝義的狀態，故皆需否決。當意識被否決時，便能頓入本體界，於是您便知道本體真實世界是什麼，也就達到詮釋本

體的目的。這在陽明學系統稱為「由工夫以見本體」，所謂「無心俱是實，有心俱是幻」者是。⑯

　　反之，「勝義有」強調的是豐富與莊嚴；它採取的方式是「肯定式」，包括單邊肯定與雙邊肯定等；基本上是立基於本體界作詮釋，說明「一切都是究竟」、「當下圓滿」、「當體圓滿」、「正與反皆究竟」、「煩惱即菩提」、「生死即解脫」、「輪迴即涅槃」等等。現象與本體，本來就只在一念之間，當您的心識在相對世界中，則為現象界，此時一切皆錯。當您一念之間，心識進入絕對世界，則為本體界，此時一切皆是，也許表象是惡的，但因為是在勝義心下，則一切皆歸於真正的善，一進入此本體界，則清淨世界當下現前，包括淫怒癡皆是梵行。這就是《維摩詰經》所謂的「除病不除法」⑰，也是天台宗的「不斷斷」⑱、「性惡法門」⑲之義；這便是從勝義有，對於本體的說明。這在陽明學系統稱為「由本體上說工夫」，所謂「有心俱是實，無心俱是幻」。⑳

---

⑯《傳習錄》下：「先生起行征思田，德洪與汝中追送嚴灘，汝中舉佛家實相幻相之說。先生曰：有心俱是實，無心俱是幻。無心俱是實，有心俱是幻。汝中曰：有心俱是實，無心俱是幻；是本體上說工夫。無心俱是實，有心俱是幻；是工夫上說本體。先生然其言。」(《王陽明全集》(台北：河洛圖書出版社)，67年，頁81。

⑰《維摩詰經》：「我既調伏，亦當調伏一切眾生；但除其病而不除法，為斷病本而教導之。」(大正藏14冊，頁545上。)

⑱智者：《法華玄義》卷第九上，《大正藏》33冊，頁788下。

⑲智者：《觀音玄義》：「問：闡提與佛，斷何等善惡？答：闡提斷修善盡，但性善在；佛斷修惡盡，但性惡在。問：性德善惡，何不可斷？答：性之善惡但是善惡之法門。性不可改，歷三世無誰能毀。復不可斷壞。」(《大正藏》34冊，頁882下。)

⑳《王陽明全集》，頁81。

　　若具體詳盡的說明詮釋的手法，而用文學的語詞來說明：那勝義空的入路，稱為「遮詮」，它是透過遮除反面，來詮釋所要說的內涵；而勝義有的入路，稱為「表詮」，它是透過直接正面的呈顯，以詮釋本體內容。以下將詮釋架構撐開說明：

㈠遮詮

　　目的在阻斷心識的去路，以說明本體不是什麼。若再依阻斷的路是單一的，或是雙邊的，甚或是多邊的，則可再細分為單遮、雙遮與多遮等。

　　㈠單遮：它是阻斷一條通路，當然這一條通路，就是全部的通路，故一樣讓您無路可走。所以也可以說這是籠統地告訴您這路不通，而不是分別詳盡的說哪一條路不通，這是比較寬厚的阻絕法。若再依阻斷的層次，又可分為初階的否定與進階的再否定兩種。

　　甲、初階的否定：這是告訴您「不是什麼」，「您說錯了」，「您想錯了」。《金剛經》中的「即非」就是這類：「如來所說身相，即非身相。」[81]這是要您轉換心識，阻斷您的去路，逼您躍入本體界中。吳汝鈞先生於此有詳說：

> 即非的詭詞，「即」指直接、立刻；「非」是否定；詭詞僅屬表面，不是真正的弔詭。意即直接了當的一種否定。人要對某一件事物建立真正的瞭解，便要經過「即非」或直接否定的過程。[82]

---

[81]《大正藏》8冊，頁749上。

　　乙、進階的再否定：這是透過初階否定之後，預防您另尋他路遁逃，於是再作進一步的否定，讓您無路可走，逼您非離開原有的心識系統不可。《中論‧觀行品》：「大聖說空法，為離諸見故。若復見有空，諸佛所不化。」⑧這便是要人徹底的空，不允許您對於空，再產生第二層的執著。「空空」就是對此義的說明；吳汝鈞先生曰：

> 空的原意是表示：世界的事物，是由各種不同的因素湊合而成，事物本身沒有常住不變的自性，空可作無自性解。……為了勸人不要執取空的真理，乃有空空之說。第一個空是名詞，而後者是動詞，空空便是對於作為真理的空的一種否定，不要視真理的空為有自性而執取之，包括一切清淨的東西，例如真理、涅槃境界或佛性，都不要執取。空可以不斷的否定下去，因為每一層的空，都不應執取。⑧

　　進階的否定包括第二、三、四……層的否定，只要您對於真理有執，就需要破除化去，直到您徹底的放下，完全的空盡，則進入本體世界。故這也是對於本體恰當的詮釋。
　　㈡雙遮：這是堵住對反兩邊的通路，他把原來籠統說的通路，分解地說為正反兩路，並告訴您二路皆不通。這更為威猛，

⑧吳汝鈞：《印度佛學的現代詮釋》，頁81。
⑧《大正藏》30冊，頁18下。
⑧吳汝鈞：《印度佛學的現代詮釋》，頁79~80。

左右劫殺，逼您走投無路，它的形式是：「非甲，亦非乙」、「反不是，正亦不是」，龍樹八不中道，就是有名的雙遮法例子。當您無處可逃，您的心識就會絕處逢生，頓入本體界中；吳汝鈞先生於此有詳細解說：

> 「雙邊否定」，所謂「邊」是一種極端，……以至於高低、美醜、善惡、存在非存在、有無等，都是透過一種相對的眼光，對事物作描述；這種以相對眼光來看事物的狀態，便是邊。……如果要表達蘋果的絕對性格，以印度傳統的雙非思想方式說，即是「蘋果是非大非小的」。所謂非大非小，以常識眼光看是說不通的，因根據邏輯排中律，一件東西不是大，便是小。蘋果非大非小，意即蘋果不是相對世界的一份子，這涉及蘋果的真理、本性或本質，……相對兩邊的性格，遭到否定，絕對的性格，便彰顯出來，這否定與彰顯是同時進行的。⑧

　　吳先生對於雙遮法的原理，有很清晰的說明，在相對世界中，我們都是用相對概念在生活，若突然間有人對我們熟悉的一套概念，加以否決，而且是正反兩概念一起否決，我們會不知所措，這時可能會放下原來的習用概念，當概念放下時，本體的心境便顯現。吳先生舉蘋果為例，以說明我們如何超越現象頓入本體的情形，頗稱深刻。T.R.V.Murti 著，郭忠生譯的《中觀哲學》上說：

---

⑧吳汝鈞：《印度佛學的現代詮釋》，頁75~76。

中觀學派所關心的唯在認知功能的淨化，我們根本的、原
始的錯誤即是在於：「理智」本身根深蒂固的以「實在」
就是「一」、「多」、「常」、「無常」、「同一」、「差異」
等等，這些見解曲解了實在，辯證法就是要發揮此種淨化
洗滌的功能。理智一經淨化，般若即時生起，「真實」之
本來面目當下顯露，這就是如來、就是真實。⑥

　　這段也很能說明「雙遮」的辯證法原理，它是要淨除理智
的錯覺，以使人的本來面目呈現，回歸本體的境界中，故是一種
對於本體有效的詮釋法。

　　㈢多遮：這是列舉可能的生路，然後加以阻斷，效果雖然
沒有對反兩面並舉，來得強烈，但也是阻斷心識的一種方式。如
《中論》：「諸法不自生，亦不從他生，不共不無因；是故知無
生。」⑧這便列舉出自生、他生、共生、無因生等可能的思維出
路，然後全加以阻斷。吳汝鈞先生說：

四相否定的典型表示方式是：「若菩薩有我相、人相、眾
生相、壽者相，即非菩薩。」……所謂四相，就是指四個
面相或四個方面，四相否定所要傳達的信息就是：否定種
種分別的相狀，就可觀照到空。⑧

---

⑥T.R.V.Murti 著，郭忠生譯：《中觀哲學》，收於《世界佛學名著譯叢》
　（台北：華宇出版社），第64冊，頁355。
⑧《大正藏》30冊，頁2中。
⑧吳汝鈞：《印度佛學的現代詮釋》，頁87。

　　這對於多遮原理有清晰準確的說明，四相否定是多遮的一種，還可以用更多相的否定說明，但目的只有一個，就是要逼入本體之中。

㈡表詮

　　這是直接開顯本體界的狀態，它是肯定式，而且是全稱肯定，沒有一樣例外。為什麼會是這樣呢？因為是與不是、現象與本體的區別，不在對象，而在心上。若心在本體界，則「目擊道存」、「觸事而真」、「屎溺有道」、「砍柴挑水無非至道」、「行住坐臥都是道」，人間找不到一樣非道。反之，若心在相對世界中，「眾生見佛，佛亦眾生」；再多的佛行事業，都只會是福德而非功德。故心的轉換非常重要，康德有這樣的論述：

　　　　物自身之概念與現象之概念間的區別，不是客觀的，但只
　　　　是主觀的；物自身不是另一個對象，但只是關於同一對象
　　　　底表象之另一面相。[80]

　　牟宗三進一步詮釋說：

　　　　法本身無論好壞，或淨或穢，皆是客觀的常在的。問題是
　　　　在於執不執。執是病，不執是無病，故「除病不除法」。
　　　　法是客觀的，執不執是主觀的；執是識，不執就是智。法

---

[80]《康德遺稿》，E.Adickes 編次，頁 653 。見牟宗三：《現象與物自身》，頁401 所引。

對識言，就是有執定相的現象；對智言，就是如相實相的
在其自己。⑩

因此，聖凡對錯全在執與不執，執則在現象界，不執則在
本體界。若在本體界則全都是，任何表象皆是道的顯現，任何事
為皆是梵行。對於此種內涵的表示法，有只舉其整體言之者，是
為單表；有舉其對反兩邊言之者，是為雙表；更有超過兩邊言之
者，是為多表。

㈠單表（顯、照）：單一說明本體是什麼狀態者為單表；
這種表詮只有一層，一是一切是，一層已涵蓋所有層，故不需要
像遮詮一樣，有進階的否定。

㈡雙表（顯、照）：這在說明二邊皆是，此與雙遮同樣有
震撼性。「雙遮」告訴您，您所認為的一切都不是，煩惱不是，
菩提也不是。而「雙表」剛好相反，告訴您菩提是，煩惱也是。
於是會使您感受到煩惱也是真如的震撼，這也可以打破原來的心
識慣性，使您趨入本體界中。且先舉《中論》二例：

不離於生死，而別有涅槃。⑪

涅槃與世間，無有少分別；世間與涅槃，亦無少分別。⑫

這就是「雙表」的一種形式，前則說明生死與涅槃無別，
亦即涅槃是究竟，生死也是究竟。這是立基於本體界說，生死只

⑩牟宗三：《現象與物自身》，頁408。
⑪《大正藏》30冊，頁21中。
⑫《大正藏》30冊，頁36上。

是表象，真如可以有很多種方式呈顯，生死也是其中一種呈顯方式；是涅槃或生死都只是表象，這並不重要，重要的是自己的心是否在本體界；若是則宇宙萬象皆是道，當下圓滿究竟，自足而無少虧欠。上引次一則說明涅槃是，世間也是；原理相同，若有本體真如心，進入涅槃與流落世間，形式表象雖有差別，本質都相同。因此「雙表法」，若就工夫言，目的仍是要人透過兩種肯定，驚覺到違反相對界的邏輯，背離了平日的概念，使您因為這樣的強烈提振，而體悟到本體的狀態。

以上是本論文的詮釋架構之說明，以下即依此架構以論述《圓覺經》對於佛性的詮釋手法：

七、《圓覺經》佛性論的詮釋

這一單元，將舉《圓覺經》中對於本體的論述，然後依前一單元之架構，說明其詮釋本體的方式。其次，《圓覺經》是一本非常善於使用譬喻法的佛經，經中譬喻隨處可見，所用的比喻皆深刻無比，與所論義理相得益彰，為保持《圓覺經》此一獨特的風格，故本文於每一綱目結束前，亦將《圓覺經》中有關此一綱目的比喻列出，以期更加深對於義理的把握。還有多遮與多詮，雖然在義理系統上有此分類較為整全，但它的詮釋手法相近於雙遮雙詮，且《圓覺經》中所用較少，故以下部份，將不論及；僅就單遮雙遮、單表雙表說明之。

㈠遮詮

1、單遮

這是從單一方面去阻斷，以使您破除對於現象界之執著，包括初層的否定與進階的否定兩種。

(1)初層的否定

在《圓覺經》中初層的否定，並沒有用很強烈的語詞，逼您轉向；它只用叮嚀教導的詞語，告訴您現在的存在方式，是無明、夢、空花、幻化虛妄、幻滅影像、病態的。簡單的說是一種錯誤的存在，是不好不正確的存在方式，所以要趕緊遠離它。這是對於本體的反面說明，當您如實覺知當下的夢幻，便可頓入本體，這是用遮詮方式說明本體，或說透過工夫以彰顯本體的詮釋入路。

> 1、即知此身，畢竟無體，和合為相，實同幻化。四緣假合，妄有六根，六根四大，中外合成，妄有緣氣，於中積聚，似有緣相，假名為心。善男子，此虛妄心，若無六塵，則不能有。四大分解，無塵可得，於中緣塵，各歸散滅，畢竟無有緣心可見。（p.914cb~914c）
> 2、應當遠離一切幻化虛妄境界。（p.914a）
> 3、身心客塵，從此永滅，便能內發寂靜輕安；由寂靜故，十方世界諸如來心，於中顯現。(p.917c)
> 4、證得諸幻滅影像故，爾時便得無方清淨。（p.914c）
> 5、永斷無明，方成佛道。（p.913b）

上引前兩則說明此身是幻化，心識亦是虛無假名，外境更是幻化虛妄境界；都非真實，故人不宜妄執，而沈迷於其中，必須如實了知其不實。後三則在說明，若人能知道身心境的不實、

現象界全是虛妄的存在、無明的該斷除；則能頓入本體界，如來清淨心便於中顯現，佛道便可成就。這是從初層的否定，使人阻斷對現象界的執迷，然後超越進入本體的一種方法。

《圓覺經》中相關的譬喻有：

1、此無明者，非實有體，如夢中人，夢時非無，及至於醒，了無所得。（p.913b）

2、如眾空花，滅於虛空；不可說言，有定滅處，何以故？無生處故。善男子，如來因地修圓覺者，知是空花，即無輪轉，亦無身心，受彼生死，非作故無；本性無故。（p.913c）

3、猶如虛空，知虛空者，即空花相。（p.913c）

此三比喻分別用夢、空花、虛空，說明現象界的不實。夢中是有，及至於醒，了無所得；我們存在的世界，雖然感覺很真實，但好比是夢中的感覺一樣，直到醒來才發現，全是虛妄；人存在於現象中亦同，直到證入本體，才會發現原來的感覺全是虛妄，原來所感覺的世界突然消失，轉化成另一種全新的、不一樣的世界出現。也許景物依舊，但對待關係完全變了；這相對於原來的世界，就有如夢醒一般。第二、三比喻，說明空中之花，是眼睛患病者，才誤認為空中有花，人在現象界中的感覺，全是這一類型，是一種錯誤的認識，並非真實如此。為了離開夢境、不要對於事實作錯誤的理解，所以我們當趕緊離開現象界，以趨入本體的真實世界中。這是《圓覺經》以遮詮說明本體，或說以工夫呈顯本體的詮釋方式。

⑵進階的否定

　　初層的否定，利根者馬上可以契入本體，鈍根者可能還會對於您的法教產生執著，於是又要有第二、三層的否定，以掃除對教法執著之病；必須徹底完全的不存一絲對現象界的認識方式，才可真正走入本體。這是趕盡殺絕的方式。前一綱目說明，要觀夢、幻、不實，現在要對於這個「夢、幻、不實」，也要將之徹底的剷除解消；直到一無所有，達致絕對的空無為止，這種第二層以上的否定；亦是說明本體恰當的方式。

1、彼之眾生，幻身滅故，幻心亦滅；幻心滅故，幻塵亦滅；幻塵滅故，幻滅亦滅；幻滅滅故，非幻不滅。（p.914c）

2、依幻說覺，亦名為幻；若說有覺，猶未離幻。（p.914a）

3、心如幻者，亦復遠離；遠離為幻，亦復遠離；離遠離幻，亦復遠離；得無所離，即除諸幻。（p.914a）

4、云何四病，一者作病，……二者任病，……三者止病，……四者滅病，……離四病者，則知清淨。（p.920b~920c）

5、是故我說身心幻垢，對離幻垢，說名菩薩，垢盡對除，即無對垢及說名者。（p.914c）

6、彼觀幻者，非同幻故；非同幻觀，皆是幻故；幻相永離。（p.917c）

7、一切如來，圓覺清淨，本無修習及修習者。（p.918b）

8、若得如來寂滅隨順，實無寂滅及寂滅者。（p.917a）

9、於圓覺中無取覺者。（p.920c）

上引前三則說明幻觀之法，由身而心而境，到最後幻觀本身，也要觀為幻滅，直到無一物非幻滅，如來心才會顯現。第四則說明修行上的四病，根源於對「作止任滅」的執著，最後連這「作止任滅」的工夫也要一起化掉，才能走入本體界。因為一有意念執著，便不容於本體，必須徹底畢竟的空無，才能走入本體中。上引最後五則，說明不只工夫相要化掉，徹底的化到化無所化。而且作工夫的主體，也要徹底的根除，無對垢及說名者、無觀幻者、無修習者、無寂滅者、無取覺者。一切染執的根源是主體，現在連根拔除，透過這種拔本塞源方式，便能達於徹底清淨，而歸於本體界。《圓覺經》中相關的比喻有：

1、譬如鑽火，兩木相因，火出木盡，灰飛煙滅；以幻修幻，亦復如是；諸幻雖盡，不入斷滅。（p.914a）

2、若心照見一切覺者，皆為塵垢；覺所覺者，不離塵故；如湯銷冰，無別有冰，知冰銷者，存我覺我，亦復如是。（p.919c）

3、修多羅教，如標月指，若復見月，了知所標，畢竟非月；一切如來種種言說，開示菩薩，亦復如是。（p.917a）

4、是故菩薩常覺不住，照與照者，同時寂滅；譬如有人自斷其首，首已斷故，無能斷者；則以礙心自滅諸礙，礙已斷滅，無滅礙者。（p.917a）

5、譬如磨鏡，垢盡明現；善男子，當知身心皆為幻垢，

> 垢相永滅，十方清淨。（p.914c）

　　第一則譬喻說明使用的工夫，要像鑽木取火，火生之後，一起把取火之木頭燒盡，全化為烏有，「以幻修幻」也要將觀幻的心，一起焚化而歸於無，若還執於觀幻的心，便差臨門一腳，無法趨入本體界。第二則用「以湯銷冰」說明對於工夫的不著相，用熱湯去融化冰塊，等到冰融化後，也無湯也無冰，全化為水，這也說明不宜有工夫相，否則反成病而不能悟入本體。第三則以標月之指，說明如來的總總開示，只是指點意味，若執著於標月之指，將永遠看不到月。第四則說明主體的需要剷除，現象界病根在錯誤的主體，連根拔除才能真正進入本體，猶如人自斷其首，一切禍水徹底解決，便能轉換成本體的世界。所以最後一則說，「譬如磨鏡，垢盡明現」，完全脫離了現象界，十方清淨的如來境地，便於焉產生。

2、雙遮

　　單遮仍容易讓人以為還有出路，雙遮則阻斷兩邊，讓人無路可逃，逼您非另謀出路不可，然後由現象界超越到本體中；這較之單遮更為威猛。蓋現象界中，常會有對反二概念，且這二概念，會有好壞對錯的價值分別，我們總以為該走好的路，但現在《圓覺經》告訴我們，壞的不對，好的一樣不對；造成我們無路可走。這是因為站在現象界的立場，沒有一件是對的，相對於絕對界言全都錯，只有走入本體界才對，所以現象界的好，仍然非本體界，故一樣要破除。雙遮便是站在這樣的立場，而遮阻好壞兩端，把人逼入本體界中。

1、有無俱遣，是則名為淨覺隨順。（p.913c）

2、依幻說覺，亦名為幻；若說有覺，猶未離幻；說無覺者，亦復如是。（p.914a）

3、於實相中，實無菩薩及諸眾生；何以故？菩薩眾生，皆是幻化，幻化滅故，無取證者。（p.917a）

4、於此無修，亦無成就，圓覺普照，寂滅無二。（p.915a）

5、始知眾生，本來成佛，生死涅槃，猶如昨夢。善男子，如昨夢故，當知生死及與涅槃，無起無滅、無來無去；其所證者，無得無失、無取無捨。其能證者，無住無止、無作無滅。於此證中，無能無所、畢竟無證、亦無證者；一切法性平等不壞。（p.915a）

6、一切如來妙圓覺心，本無菩提及與涅槃；亦無成佛及不成佛，無妄輪迴及非輪迴。（p.915c）

7、一切世界，始終生滅，前後有無，聚散起止，念念相續，循環往復，種種取捨，皆是輪迴。（p.915c）

　　上引第一則總說「有無俱遣」，宇宙人生的總源頭，就是存在與否，也就是有與無，故涵蓋法界中的一切，現在要一起打落。這一概念消融後，其他次要概念當然跟著被破解，故「有無俱遣」吃盡了全天下的公案。第二則說明就修行言的覺與不覺皆非，不覺不對，覺還是不對；因為一說有覺，便假定有不覺，便是依現象界的規格在辦事，便落在現象界的枷鎖中。所以《圓覺經》要說「若說有覺，猶未離幻」，都是在泥裏洗土塊，永無出頭天。三四兩則，說明於實相中，沒有菩薩與眾生、修與不修、

成就與不成就的取捨分別；對聖者言，若覺自己是菩薩、是修行
者、是成就者，便是還有對反概念，便落入現象界，而非實相
中，當然就非聖者，故要遮阻。第五則詳細說明「生死與涅槃」
的真實關係，就現象界中會有「斷生死證涅槃」的概念，而在本
體界中，全都是涅槃實相，覓生死了不可得。這時並沒有一個相
對於涅槃的生死存在，好似過去世夢中的景象，在此境中能所一
如，一切皆如如朗現，而無相對心識之分別。於是無起無滅、無
來無去，無得無失、無取無捨，無住無止、無作無滅，無能無
所，畢竟無證亦無證者，一切法性平等不壞。簡言之，沒有一切
相對世界的各種對立概念，將對反兩邊的概念一起遮阻。第六則
說明沒有菩提與涅槃，沒有成佛與不成佛，沒有輪迴及不輪迴。
這些都是要遮阻相對世界的二元，以期走入絕對世界之如境中。
最後一則以憨山大師的說明作解：

> 始謂迷本之因，終謂涅槃之果；生滅乃眾生之身心，該住
> 異之四相；前後乃三際前後，乃過未以該現在；有無聚散
> 乃世界成住壞空，有無乃住空，聚散乃成壞；起謂三界生
> 死 止謂二乘涅槃；如上之事，乃妄見妄想。㉞

　　憨山謂《圓覺經》此處，將三界內事以及二乘的涅槃等都
視為妄見妄想，都需遮阻，以期趨入本體界中。上面這種雙遮手
法是《圓覺經》中，對於本體重要的詮釋法。
　　以上所論是遮詮，目的在遮阻現象以迴入本體，因為現象

㉞憨山：《圓覺經直解》，頁79~80。

與本體是窮盡的兩界，不在現象界便會頓入本體界；不在本體界便掉入現象界；透過單遮與雙遮，逼人離開現象界，使本體界自然顯現。關於此義，《圓覺經》亦有數處說明：

1、永斷無明，方成佛道。（p.913b）

2、幻滅名為不動。（p.914a）

3、離幻即覺，亦無漸次。（p.914a）

4、幻滅滅故，非幻不滅。（p.914c）

5、當知身心，皆為幻垢，垢相永滅，十方清淨。（p.914c）

6、證得諸幻滅影像故，爾時便得無方清淨。（p.914c）

7、身心客塵，從此永滅，便能內發寂靜輕安；由寂靜故，十方世界，諸如來心，於中顯現。（p.917c）

8、幻滅滅故，非幻不滅；譬如磨鏡，垢盡明現。（p.914c）

　　《圓覺經》的這些詞語皆清楚說明，「離無明就成佛道」、「幻滅滅後，就達清淨不動境」、「離幻即覺，亦無漸次」、「幻滅之後，非幻不滅」。故遮詮可以保證本體的呈顯，因而達致對本體的詮釋，只是遮詮從反面去襯托出本體，以下再從正面表顯方式，以說明《圓覺經》的另一種詮釋法。

㈡表詮

　　這是直接對於本體正面之描述，說明它是什麼；這樣說來似乎與遮詮相矛盾；遮詮是說「全都不是」，表詮是說「全都

是」；那到底遮詮說的對，或是表詮說的對；其實二者皆是，只是立場不同。遮詮是站在現象界說，所以全都錯；表詮是站在本體界說，所以全都對。表詮對於本體的描述，亦分為單表與雙表：

1、單表：

這是單一的對於本體之描述，包括名稱、內涵等，目的在直接指出它是什麼。整部《圓覺經》，單表的數量相當多，此處僅列出有代表性的數類，以為說明之資。

甲、稱謂：此為對於本體的稱呼，由名以知實，這是最能讓人了知其內涵的方式：

1、無上法王有大陀羅尼門，名為圓覺；流出一切清淨真
　　如、菩提、涅槃及波羅密，教授菩薩。（p.913b）

2、佛說是人，名為成就一切種智。(p.917b)

3、求如是人，即得成就阿耨多羅三藐三菩提。（p.920b）

4、方便開示，令悟實相。（p.918a）

5、若善男子，於彼善友，不起惡念，即能究竟成就正
　　覺。（p.920b）

6、皆依圓照清淨覺相，永斷無明，方成佛道。（p.913b）

7、一切如來妙圓覺心。（p.915c）

8、一切障礙，即究竟覺；得念失念，無非解脫；成法破
　　法，皆名涅槃；智慧愚癡，通為般若；菩薩外道所成
　　就法，同是菩提；無明真如，無異境界；諸戒定慧及
　　婬怒癡，俱是梵行；眾生國土，同一法性；地獄天
　　宮，皆為淨土；有性無性，齊成佛道；一切煩惱，畢

竟解脫。（p.917b）

　　上列引文中為《圓覺經》所提到之名相：「大陀羅尼門」、「圓覺」、「清淨真如」、「菩提」、「涅槃」、「波羅密」、「一切種智」、「實相」、「成就正覺」、「佛道」、「如來妙圓覺心」、「究竟覺」、「解脫」、「般若」、「梵行」、「法性」、「淨土」、「佛道」、「如來大寂滅海」等；這些名相共同指向本體界，只是切入角度不同，稱呼便異。這是《圓覺經》透過單一的名相，以說明本體是什麼？這些大致為一般佛學名相，故此處不作詳論。

　　乙、內涵：這是進一步說明本體的特色、質性、狀況等，這一部份數量更多，此處不具引，僅歸納為數類，而作總括性的說明。這也是《圓覺經》單一說明「本體是什麼」的一種詮釋方式。

　　（甲）絕對：這說明本體的離於相對，超越二元的對立，它是「平等」、「不二」、「不動」的狀態。

　　（乙）本性：這是說明本體為一切生命的本來質性，佛的本質為此，眾生的本質亦是。「本際」、「本性」、「如法界性」、「因地法行」、「法性」、「循諸性起」、「出生如來」、「諸眾生清淨覺地」等，都在說明這種本性的究竟圓滿，且能將此潛能開發，以成為圓滿生命。

　　（丙）清淨：這說明本體的清淨不染，這不是相對於污染的清淨，而是超越淨染二元的絕對清淨：「清淨覺地」、「清淨覺相」、「十方清淨」、「八萬四千陀羅尼門一切清淨」、「心恆清淨」、「清淨覺海」等，都說明本體的絕對清淨。

　　（丁）普照：這說明本體的無所不照，一體同觀，全都一起

彰顯圓滿，無有一物例外，且歷歷分明，無所混亂：「妙覺圓照」、「覺所顯發」、「覺圓明」、「其光遍滿，無壞無雜」、「覺成就」、「覺」、「覺相」、「法界海慧，照了諸相」、「眼光曉了前境」、「光體無二，無憎愛」、「圓覺普照」等，說明本體的清晰明覺朗照。

（戊）圓滿：這是說明本體的極致，無有超越之者，生命的極果，無所缺漏：「圓滿」、「究竟」、「究竟覺」、「無上妙覺」等。

以上五類只是《圓覺經》中論述較多者說之，其實整部《圓覺經》透過單表，以對於本體的說明仍多，此處僅舉一些例證以說明之爾。至於相關的譬喻有：

1、諸如來心，於中顯現，如鏡中像。（p.917c）

2、諸菩薩所圓妙行，如土長苗。（p.917c）

3、譬如清淨摩尼寶珠，映於五色，隨方各現。（p.914c）

4、如百千燈，光照一室，其光遍滿，無壞無雜。（p.915a）

5、譬如眼光，曉了前境，其光圓滿，得無憎愛，何以故，光體無二，無憎愛故。（p.915a）

第一則譬喻說明，本體狀態是清淨、普照、圓滿、無執；有如鏡中像，沒有實體的執著，但又清明普照、圓滿自在。第二則說明本體，並非沈空，它是生生不息的成就功德事業，但又無所執。第三、四、五則，透過「如清淨摩尼寶珠」、「如百千燈」、「如眼光曉了前境」，以說明本體的清淨、普照、無對待、

無分別、一體同觀等特質。這些單表的譬喻,都相當能說明本體的狀態。唯《圓覺經》對於本體的彰顯,最殊特之處,還在雙表部份,以下說明之。

2、雙表

這是對於本體非常殊妙的表示法,非常不易理解,因此容易產生誤解,以為是非不明、善惡不分,並且還可能給為惡者當藉口;然而誤解終究只是誤解,並非真實狀態。這是佛法中非常高的智慧見地,以下嘗試說明之:

「雙表」與「雙遮」相近,「雙遮」站在現象界看,故一切皆非;「雙表」站在本體看,故一切皆是。因為我們都在現象界,故對於「雙遮」較易瞭解;對於本體界我們沒有經驗,故「雙表」說起來難於領會。「雙表」在說明正反兩邊皆是;「正的一邊是」這一點,我們也容易理解;「反的一邊也是」這就難於意會了。

所謂「正」是指如:正法、梵行、菩提、解脫、涅槃、行善、修行、慈悲等,表面上合乎世俗善的標準之各種行為。「正的一邊」較易瞭解,因為它是合乎世俗所認為對的行為,但雙表法所說的「正的一邊」,除了它是世俗所以為對的行為外,更重要的是他出於本體真如心,否則也是在雙遮所要阻斷的範圍內;若是以本體界的真如心去為善,此無疑是一件本體界的善行,故是「雙表」所要呈顯的一面。

所謂的「反」是指如:邪法、污行、生死、煩惱、輪迴、為惡、不修、憤怒等,表面上違背世俗善的標準之各種行為。那「反的一邊」為何也是善行呢?要理解此點,必須先分清「事相」與「發動事相的心」之別。善行惡行的分別,重點不在「事相」

而在「發動事相的心」，因此不太問您做了什麼事，而要問您是以什麼心在作它。而所謂「以什麼心」是指「本體界之真如心」或「現象界的分別心」。若是用「本體界的真如心」則所做行為皆為善行；因為就主體言，他有自主性、空明性、無執性、大悲心等，故不是根於貪嗔癡習氣的作為。就對待客體言，因為是本於本體的真如心，故他能深觀因緣，衡量對象的時空因緣，契理契機的去成就利益這對象；而這些行為的表相，也許是世俗人所以為的善事相，也許是世俗人所以為的惡事相，都無關緊要；當然他也會一併考量各種作法的利弊得失，社會輿論所能接受的程度範圍等。若有這樣的前提，譬如說一個聖者他現出憤怒相揍您幾拳，因為對他而言是自主的、出於慈悲心、又深觀因緣，覺得當下這樣做是最好的方式，於是透過威猛的方式去教導您，我們就說這是一件本體中的善行；我們不能看表相的憤怒、揍了幾拳，而判定為惡行。反而那些只能現慈悲相而不能現憤怒相者，為道行廣度有所不足。一個生命圓滿者不只能現慈悲相，也能現憤怒相，且其他一切世俗所以為的惡行，他也都有可能在主體為真如心，並深觀因緣後做出來，故他是黑白通吃、自由度最大、利益最多種類眾生的人。當然不能濫竽充數，沒有這種聖者證量心行，而依貪嗔癡習氣冒濫行之，否則因果不昧，自己必須完全承擔果報；然而在理上，確實有此雙表所詮的義理意涵。

依上所說這些反面的行為：邪法、污行、生死、煩惱、輪迴、為惡、不修等，表面上違背世俗善的標準之各種行為；這些都是「事相」，「事相」非關善惡，甚至「事相」的範圍越大，自由度越高，為善的能力越強，能度眾生的種類越多。清高誠可敬，但比起黑白通吃者，能度善人，也能度十惡不赦的眾生來

說，仍見其有限性。真正的成就者當是可以但是以作出世間各種
行為，「清淨真如心」。天台湛然所謂：「三千在理，同名無
明；三千果成，咸稱常樂。」[94]知禮亦稱：「以在纏心變造諸
法，一多相礙，念念住著，名之為染；以離障心應赴眾緣，一多
自在，念念捨離，名之為淨。」[95]等皆在說明此境。而《圓覺經》
中論及此者特多。這種方式是要對現象界中人，指點本體的內
涵，要由佛告訴您：反面的事相也是究竟圓滿，讓您產生驚覺措
愕，然後領悟心的本然狀態，帶您走入本體世界中，這也是由工
夫見本體之一種。而對於本體界中的人，這就是據實說明本體的
樣態，故是對於本體的一種詮釋方式，以下引《圓覺經》原文說
之：

1、但諸菩薩及末世眾生，居一切時，不起妄念；於諸妄
　　心，亦不息滅；住妄想境，不加了知；於無了知，不
　　辨真實。彼諸眾生，聞是法門，信解受持，不生驚
　　畏，是則名為隨順覺性。（p.917b）

2、當知菩薩：不與法縛、不求法脫；不厭生死、不愛涅
　　槃；不敬持戒、不憎毀禁；不重久習、不輕初學。
　　（p.915a）

3、一切障礙，即究竟覺；得念失念，無非解脫；成法破
　　法，皆名涅槃；智慧愚癡，通為般若；菩薩外道所成
　　就法，同是菩提；無明真如，無異境界；諸戒定慧及

---

[94] 湛然：《十不二門》，《大正藏》46 冊，頁 703 下。
[95] 知禮：《十不二門指要鈔》，《大正藏》46 冊，頁 716 上。

> 婬怒癡，俱是梵行；眾生國土，同一法性；地獄天
> 宮，皆為淨土；有性無性，齊成佛道；一切煩惱，畢
> 竟解脫；法界海慧，照了諸相，猶如虛空；此名如來
> 隨順覺性。(p.917b)

4、雖現塵勞，心恆清淨，示有諸過，讚歎梵行。
　（p.920b）

5、四威儀中，常現清淨，乃至示現種種過患，心無憍
　慢，　　　　　　　屬。

　　案生命中最大的難題有三：一是生前的各種煩惱，二是死時的放不下，三是死後的輪迴。因為要解決這三大問題，所以需要修行克服之，於是修行的好壞，成就高低，又成另一種困擾課題。一位佛教徒，就是要克服這些難題，但現在《圓覺經》告訴我們，這些難題當下都圓滿；所有困難，都不存在。這便是站在本體界，來說明「一切皆是」的道理，憨山曰：

> 此究竟即，以示平等佛慧也，其得念失念等，十對等法，
> 皆迷悟邊事，良以圓覺妙性，不屬迷悟、對待、因果故；
> 一切寂滅、平等一如；以妄見而觀之，則有二相；若以法
> 界海慧照之，則猶如虛空；一切諸相，了不可得矣。⑯

　　站在「究竟即」的圓滿果位立場而說，一切寂滅，平等一如，無有不圓滿。而它的原理，仍是因為心在「真如清淨」狀態

---

⑯憨山：《圓覺經直解》，頁125~126。

下，正反兩面的行為事相，只是外相；它未關涉善惡淨染。因此有怎樣的事相，並不重要，是現煩惱事相、生死事相、輪迴事相、散漫不修行事相等，皆不重要；是依「本體界真如心」或「現象界分別心」才重要，以下即依此說明前引各則。

第一則說明菩薩在修行方面的事為：「居一切時，不起妄念；於諸妄心，亦不息滅；住妄想境，不加了知；於無了知，不辨真實」；「不起妄念」可以瞭解，「妄心不加息滅」、「不加了知」、「不辨真實」等，則較難理解。但基本上仍是重在以「本體的真如心」，去面對這些事為。這猶水之有波，波也是水，只是波為動盪的水，然而靜態的水與動態的水，都是「事相」；都是本體水的示現樣貌。這猶妄想之於真如，它們只是同一法性的不同樣態顯現，到底是顯現為「不起妄念」或「妄念重重」，都不需去起執而生煩惱。二者都讓它如如朗現，如如生滅，因此對於妄念不需起念去了知、分辨、息滅。這是透過「雙表」對於本體樣態的說明。

第二則更為具體詳盡分疏，在修行中，成為對反的事相，在本體界中，全成為相即無別之事相。圓瑛大師將它歸為十對：「智識對、成破對、智愚對、邪正對、真妄對、染淨對、依正對、苦樂對、有無對、縛解對」；亦即人間世會造成您起執的十組對反觀念，圓瑛大師並謂「每對上句是障礙，下句即究竟。若見有障可斷，斷已名覺，即非究竟。若見一切障礙，無不是覺，方稱究竟矣。」[97]這也是在說本體界，「一切障礙，無不是覺」；正反雙邊，都是相即的。

---

[97] 圓瑛大師：《圓覺經講義》，頁165~166。

　　此十對中談到正面事相，我們可以理解；它談反面事相則
需略作說明：「一切障礙」、「失念」、「破法」、「愚癡」、「外
道」、「無明」、「婬怒癡」、「眾生國土」、「地獄」、「無性」、
「一切煩惱」等，為何這些事相會是生命圓滿的顯現？其實原理
皆相同，這些相，都是以本體界的真如心所現出的，包括障礙
相、失念相、破法相、愚癡相、外道相、無明相、婬怒癡、地獄
眾生相、無性眾生的相（定性二乘及無性闡提）⑱、一切煩惱相
等，因為是「事相」，且是根於「清淨真如心」，故皆為清淨圓滿
的事相？用此對反的事相以呈顯本體，故是用「雙表」詮釋本體
者也。

　　第三則說明三類事：對於煩惱，他不怕煩惱，也不求解
脫；對於生死，他不討厭，也不求脫離生死；關於修行事，他不
尊敬持戒謹嚴者，也不討厭犯禁者；對於修很久者不特別敬重，
初學者也不敢輕忽。對於煩惱、生死、修行的三大問題，這樣的
看法，顯然背離一般佛教徒的認識；理由何在？基本原理都相
同，因為這些事項只是外相：「法縛」、「法脫」、「生死」、
「涅槃」、「持戒」、「毀禁」、「久習」、「初學」等事項，都只
是表相，菩薩都可以現這些相，但他的心是已解脫的「真如
心」，為了要救度某一類特定的眾生，他不得不現出如：「法
縛」、「生死」、「毀禁」、「初學」等相，以期同事攝、與之和
光同塵，然後達到真正對於眾生的度化；所以正反兩種事相，他
都可以作，也都不執著。

　　第四則說明雖現塵勞，心恆清淨；示有諸過，讚歎梵行。

---

⑱圓瑛大師：《圓覺經講義》，頁166。

說明心的絕對清淨無染，但外相上卻可以有各種方式的示現，包括「塵勞」與「有諸過」等。這樣的外相，並不會影響聖者德行的純淨聖潔。關於雙表法，有如下譬喻：

> 1、相在塵域，如器中鍠，聲出於外；煩惱涅槃，不相留礙。（p.917c~918a）
>
> 2、恆河沙諸佛世界，猶如空花，亂起亂滅，不即不離，無縛無脫，始知眾生，本來成佛；生死涅槃，猶如昨夢。（p.915a）

第一則舉「器中鍠，聲出於外，煩惱涅槃，不相留礙。」說明洪鐘之聲，無所障礙，煩惱菩提，一體呈顯。第二則舉在本體狀態中，猶如所有佛的世界一起顯現，但無所執著，猶如空花之起滅，無所留礙；亦如昨天夢中的生死與涅槃，完全不會產生干擾與煩惱，因此涅槃是，煩惱亦是。故正反兩面皆在本體之體現中，此所謂「雙表」之詮釋法。

八、結論

本論文首出之概念為「本體的內涵為何？」而所以有此概念，是因為這是「生命實踐」最核心的課題，它是生命實踐的終極目標，也是生命實踐的圓頓法門；因此本論文冀望透過對於本體的清晰論述，以圖有助於生命實踐的具體落實。

本論文所以取《圓覺經》為論述本體的經典依據，乃因《圓覺經》是真常系圓熟期的經典，也是展現圓頓思想的佛經，

且其中論述本體部份精闢詳贍。而既欲陳明其義則理當「知人論世」，故本於古來學者專家之說，將相關問題作分析綜合，以說明《圓覺經》的名義、譯者、年代等問題。

其次，歷來對於本體的詮釋系統，空宗、有宗、真常系，各有獨到入路以彰顯本體，本論文以「八不」、「一諦」、「二諦」歸諸空宗對本體的詮釋系統；以「三自性」、「三無性」屬諸有宗對本體的詮釋脈絡；而統攝空有二家並超越之者，為真常系的「三諦」說，本論文的詮釋依據，便是依於「三諦」的義理系統；在「中道義」下，去呈顯空有二特色，「空」是中道空，「有」是中道有，空有一如，即空即有，即有即空；然後分就空有兩面向以說明本體的內涵。

「空、有」的兩種特色，若化為文學的詮釋語詞便是「遮」與「表」，本論文為了透過文字方式，以說明本體的狀態，故採用「遮詮」與「表詮」的論式。「遮詮」是空宗的說解方式，說明它不是什麼？經由否定式，以逼顯本體的內涵？這種「遮詮」依所遮的單一、雙邊、與多邊，可分為單遮、雙遮、與多遮三類。「表詮」是有宗的說解方式，說明它是什麼？這是經由肯定式，以直接呈現本體的樣態；這種「表詮」依所表的單一、雙邊、與多邊，亦可分為單表、雙表、與多表。其中尤其是「雙遮」與「雙表」最是威猛，本論文於此著墨亦多，希望透過文字的說明，以求對於「本體」能有如實的體現。

最後，本論文依於《圓覺經》本文，透過「遮詮」與「表詮」之詮釋系統，詳為論列相關經文；希望透過這樣的論述，更能如實真切了知本體的內涵；因為對於本體有所理會，對生命的終極目標有所了知；也才可依此設定方向，並以此理悟，當為生

活中的見地;以求早日達於生命圓滿的本體境界,此本論寫作之
旨趣所在也。

地藏願行之殊勝及
其對生命實踐的啓示

陳秀慧
【華梵大學中國文學系專任講師】

中文摘要：

　　中國佛教的特色，在於對大乘佛法教理的闡揚與菩薩道之精神的實踐。發菩提心、立弘誓願為大乘行者邁向一佛乘的首要功課。本論文試圖以代表大乘「悲、智、行、願」四大菩薩(觀音、文殊、普賢、地藏)中，以大願力取勝的地藏菩薩為例，透過《地藏菩薩本願經》①中所載地藏菩薩因地四次發心立願之事緣、精勤度生之法緣為主要題材，探索發願「地獄不空，誓不成佛；眾生度盡，方證菩提」的地藏菩薩，為實踐其「終極承諾」(ultimate commitment)所展現的生命智慧與生命情懷，及其對生命實踐的啟示。文中，分析地藏悲智雙運之願行，有如下之殊勝處：(1)就動機而言具絕對性。(2)就態度而言具主動性。(3)就對象而言具普遍性。(4)就時間而言具永恆性。(5)就方法而言具合理性。(6)就目標而言具超越性。文末，則就(1)自業自受(2)自他交感與(3)自他成就等三項，詳論地藏願行對生命實踐之啟示。

---

①唐實叉難陀譯，《大正新修大藏經》第十三冊，台北：新文豐出版公司，頁777下至頁789下。底下文中簡稱《地藏經》。

關鍵詞：

發心立願、終極承諾、自我超越、自業自受、自他交感、自他成就

前　言

　　中國佛教素以大悲觀世音菩薩、大智文殊師利菩薩、大行普賢菩薩與大願地藏菩薩等四大菩薩，表彰大乘菩薩「悲智雙運」、「依願起行」的實踐精神②。四大菩薩雖皆具足「悲、智、行、願」的德能，惟各有不同的偏重，是以有大悲觀音、大智文殊、大行普賢、大願地藏等依德立名之別稱。箇中，地藏菩薩以效學釋迦佛發願於娑婆穢土得無上菩提③，志願承擔釋迦佛入滅後，直至彌勒佛④出世期間，娑婆世界所有人天眾生的教化工作⑤，為度盡六道一切罪苦眾生而累劫重誓，其「所發誓願劫數，如百千億恆河沙」，較諸同於六道度生「其願尚有畢竟」的文殊、普賢、觀音等三大士，明顯是以大願力取勝⑥。「無願不足以堅行」，發菩提心、立弘誓願，為大乘行者實踐成佛之道的首務；佛教經論中，諸多強調發心立願之重要與方法的作品。當代佛教學人如石法師指出：「發菩提心，就是立志追求自他生命全體圓成的一種不斷『自我超越』之心。……這種人人內心深處本具、追求『自我超越』、『自他合一』、『圓成佛性』的心理需

---

②參考釋淨空著，《認識佛教》，台北：佛陀教育基金會印行，1994
　年，頁32。
③唐玄奘譯，《大乘大集地藏十輪經‧序品第一》（《大正藏》第十三
　冊），頁723上。
④現居兜率天內院，56億7千萬年下生人間，於華林園龍華樹下成正
　覺，繼紹釋迦佛化度眾生。
⑤參見《地藏經‧分身集會品第二》（《大正藏》第十三冊），頁779
　中、下。
⑥《地藏經‧地神護法品第十一》（《大正藏》第十三冊），頁787上。

求，在近代心理學、哲學、宗教學等學術領域裡面，已經受到了
相當程度的重視。」⑦可見「發菩提心、立弘誓願」不只是佛門
中人，由凡夫之人乘轉趣菩薩乘的第一步實踐功夫，更呼應了心
理學大師卡爾‧榮格(Carl Jung)研究所指稱，人類「集體潛意識」
(collective subsconsciousness)(「人類的集體潛意識是由本能和原
型共同組成的。在它深處，沒有自他、人種、文化、時空的差
異，沒有分裂；它是非二元的原始統一領域。其中，每一個體都
與他人聯繫在一起。而在『原型』裡面，含藏著人類對於追求淨
化、和諧、再生和完美等理想目標的渴望。」)⑧中，最高層次
的心理需求—自我超越，是值得渴求提昇生命境界者—探究境的
生命課題。

　　傅偉勳教授認為「終極關懷」(ultimate concern)、「終極真
實」(ultimate reality/truth)、「終極目標」(ultimate goal)與「終極
承諾」(ultimate commitment)是宗教之所以成立的四個不可或缺的
基本要素。⑩以此四個向度來檢視大乘佛教的內涵，「發菩提
心、立弘誓願」所對應的，正是「終極承諾」。到底一個人要具
備什麼樣的生命智慧，以參透宇宙人生的「終極真實」？要懷抱
何等的生命情愫，以感發生命的「終極關懷」，從而義無反顧地

---

⑦釋如石，《現代大乘起信論‧大乘起源與開展之心理動力》，南投：
　南林出版社，2001年，頁19，20。
⑧釋如石，《現代大乘起信論‧大乘起源與開展之心理動力》，頁20、
　21。
⑨人本心理學大師馬斯洛(Maslow)於1969年修正心理需求層次理論。參
　見李安德著、若水譯，《超個人心理學》，台北：桂冠圖書公司，
　1992年，頁172、173。
⑩傅偉勳著，《生命的學問‧從終極關懷到終極承諾》，台北：生智文
　化公司，1998年，頁26。

勇往直前，為圓成生命的「終極目標」(ultimate goal)，積極勤奮地不斷自我超越，以履行生命的「終極承諾」？本文試圖以大願地藏菩薩為例，透過《地藏經》中所載地藏菩薩因地發心立願之事緣、精勤度生之法緣為主要題材，探索發願「地獄不空，誓不成佛；眾生度盡，方證菩提」的地藏菩薩，其所展現之生命智慧與生命情懷，從而反映其悲智雙運之大願行對生命實踐的啟示。

一、關於《地藏經》

㈠ 說法之緣起

綜合前人說法，歸結佛於入滅前升忉利天宮，為亡母摩耶夫人說法的六個原因如下：⑪

1. 為報母恩並示出世之大孝—成佛度生。

2. 慰別天神，感念彼護法之恩並囑咐衛護未來世比丘，使遠離魔事、成辦道業。

3. 囑託地藏繼承佛滅後度化六道罪苦眾生的重責大任，以待彌勒下生、同成佛道。

4. 破除佛世時六道外師的疑謗，顯揚佛法廣度眾生之大孝。

5. 佛以身示孝，激勵後世四眾弟子興發行孝報恩的思想與行動。

6. 顯揚大孝典範地藏菩薩救拔罪苦眾生的累劫弘誓，並讚揚

---

⑪ 參考釋竺摩著，《地藏經概說》，台北：巨龍文化公司，1995 年，頁 21 至 27 。

其慈悲威神、方便度生之力。

㈡ 經文大意

經文分為十三品,合計一萬九千四百三十二字,各品之大意如下:

1. 忉利天宮神通品第一

佛昇忉利為母說法,放光明雲、出微妙音,十方諸佛讚歎,無量億天龍鬼神來集;佛為文殊說地藏因地發願之事緣。

2. 分身集會品第二

無量分身地藏與受化之眾生咸集忉利。佛遍摩頂,付囑地藏度生之大業,預期龍華聞法;分身合一,上慰如來。

3. 觀眾生業緣品第三

佛母摩耶夫人問眾生業報所感惡趣,地藏說明五無間罪及五無間報,所謂從惑造業,由業感報。

4. 閻浮眾生業感品第四

佛囑地藏善度未解脫之眾生;次定自在王問地藏往願,佛述二緣。次四天王又問大願,佛說人間二十三華報,地藏百千方便而教化之。

5. 地獄名號品第五

普賢啟問地獄惡報;地藏陳述地獄種種差別罪器,皆由惡心堅固及貪嗔熾動所感。

6. 如來讚歎品第六

如來再度放光、出大音聲,普告十方菩薩、天龍鬼神等眾衛護是經。次普廣請問地藏利益人天因果事,佛揭地藏功德,為說供像、讀經、持名等法益。

7.利益存亡品第七

地藏白佛普勸眾生斷惡修善，存亡獲益。次詳大辯長者問度亡營齋、貢獻佛僧之道。

8.閻羅王眾讚歎品第八

閻王啟問地藏度苦不倦，眾生何不依止善道，永取解脫？佛以迷人入險道喻之。次惡毒鬼王、主命鬼王各發善願衛護眾生，佛讚印之，並為主命授記。

9.稱佛名號品第九

地藏於佛前演說諸佛名號功德，利益眾生。

10.校量布施功德緣品第十

地藏問布施功德輕重，佛答王臣極貴，如對下者親手布施及修塔寺等，得百千生福，更能迴向法界，是即成佛之因。

11.地神護法品第十一

堅牢地神白佛，地藏度生之願無盡，若能塑畫禮敬得十種利益。佛讚地神稱揚地藏功德倍於常分地神。

12.見聞利益品第十二

佛三度放光、出微妙音，讚歎地藏。次為觀音宣說地藏不思議威力，若眾生見形聞名、瞻禮供養，悉得安樂；並囑流布是經。

13.囑累人天品第十三

法會將畢，佛當涅槃，重伸金臂摩地藏頂而讚揚之，囑以教化天人。次為虛空藏說見像閱經得二十八種利益，復為天龍鬼神說七益以起信敬。

㈢經文要旨

根據上述各品之大意可以看出，本經之要旨為闡揚地藏因地發心立願之事緣、精勤度生之法緣與夫修習地藏法門之法益，俾有緣見聞者咸畏地獄苦而斷惡修善、勤行善法，感親恩、念眾生苦而興慈運悲，進而步塵前賢，效學地藏菩薩，發救度一切眾生使離苦得樂、成就菩提之心，以實踐圓滿的大孝。

二、關於地藏菩薩

㈠ 因地發心立願之事緣

〈忉利天宮神通品第一〉與〈閻浮眾生業感品第四〉中，佛曾四次言及地藏菩薩因地為大長者子、婆羅門女、小國王與光目女時，分別以何等事緣，立下「地獄不空，誓不成佛；眾生度盡，方證菩提」的大願。謹簡要分述如下：

1.為大長者子

因仰慕師子奮迅具足萬行如來千福莊嚴之相好佛身，乃依如來所示：「欲證此身，當須久遠度脫一切受苦眾生。」而發願曰：「我今盡未來不可計劫，為是罪苦六道眾生，廣設方便，盡令解脫，而我自身，方成佛道。」⑫

2.為婆羅門女

為救度因譏毀三寶、不信因果而墮落無間地獄的亡母，遂

---

⑫《大正藏》第十三冊，頁778 中。

變賣家宅，於先佛塔寺廣修供養，其憶母之至情感動覺華定自在王如來。蒙如來之指點，婆羅門女得以仗佛威力得至大鐵圍山西面第一重海；因值無毒鬼王告以亡母承孝女供養、布施之福力，已脫離無間地獄之苦報，遂於覺華定自在王如來塔像之前，立弘誓願：「願我盡未來劫，應有罪苦眾生，廣設方便，使令解脫。」⑬

3.為小國王

為小國王時，與一鄰國王為友，同行十善，饒益眾生。因國人多造眾惡，「二王議計，廣設方便」以度化之。於是，鄰國國王發願：「早成佛道，當度是輩，令使無餘。」而此小國國王則發願：「若不先度罪苦，令是安樂，得至菩提，我終未願成佛。」⑭

4.為光目女

於母亡之日，資福救拔，設食供養一羅漢。羅漢愍其孝思，入定觀其母墮惡趣中受苦，復應光目之請，示以救度之法。光目依教奉行，虔誠禮念、塑畫供養清淨蓮華目如來，遂於夢中感得如來現，預示其亡母將轉生為家中婢女之子。其母以此轉生之緣，得以請求光目繼續為其設法拔濟，以解脫一己「為下賤人，又復短命，壽年十三，更落惡道。」之苦。光目獲悉亡母因殺害、毀罵二業，累墮大地獄受苦，悲不自勝，「啼淚號泣，而白空曰：『願我之母，永脫地獄。畢十三歲，更無重罪，及歷惡道。十方諸佛，慈哀愍我，聽我為母所發廣大誓願：若得我母永

---

⑬《大正藏》第十三冊，頁778 中至頁 779 上。
⑭《大正藏》第十三冊，頁780 下。

離三塗，及斯下賤，乃至女人之身，永劫不受者，願我自今日後，對清淨蓮華目如來像前，卻後百千萬億劫中，應有世界，所有地獄，及三惡道，諸罪苦眾生，誓願救拔，令離地獄惡趣、畜生、餓鬼等。如是罪報等人，盡成佛竟，我然後方成正覺。』」⑮

　　宗喀巴在《現觀莊嚴論妙解金鬘疏》指出，發心所依的心態有三種：「1.緣佛而生的淨信，2.緣有情而起的悲憫，3.緣聞菩提心利益(所生的嚮往)。」⑯地藏因地四次發心立願中，第一次為緣佛與緣聞菩提心利益而發心（信佛言修行可以感得三十二相、八十隨形好的佛身）；後三次則為緣苦眾生（於惡道受苦之亡母與造惡之百姓）生大悲憫而發心。而不論地藏發心立願之事緣為何，隨後所展現之累劫精勤度生的的慈悲與智慧，正是大乘聖者「悲智雙運」的具體寫照，其殊勝處容後分析。

㈡ 精勤度生之法緣

　　「上契諸佛之理，下應眾生之機」，為佛門施教之準則。在談地藏接引眾生的方法助緣之前，先來瞭解地藏所教化之對象的根器，以突顯其「難行能行，難忍能忍」之實踐精神。經中有下列經文可供參考：

　　1.〈利益存亡品第七〉：

　　地藏白佛言：「世尊！我觀是閻浮眾生，舉心動念，無非是罪。脫獲善利，多退初心；若遇惡緣，念念增益。」⑰

---

⑮《大正藏》第十三冊，頁780下至頁781上。
⑯陳玉蛟著，《現觀莊嚴論初探》，台北：東初出版社，1992年，頁194。
⑰《大正藏》第十三冊，頁783下至頁784上。

2.〈閻羅王眾讚歎品第八〉：

「佛告閻羅天子：『南閻浮提眾生，其性剛強，難調難伏。是大菩薩，於百千劫，頭頭救拔如是眾生，早令解脫。』」⑱

3.〈囑累人天品第十三〉：

佛告地藏：「……是南閻浮提眾生，志性無定，習惡者多，縱發善心，須臾即退，若遇惡緣，念念增長。以是之故，吾分是形百千億化度，隨其根性而度脫之。」⑲

面對如此剛強難化、善少惡多，於六道中頭出頭沒的「學生」，地藏菩薩這位慈悲的「老師」，除了累劫重發誓願頭頭救拔外，更以其不思議之大智慧，繼志釋迦佛，「於娑婆世界，閻浮提中，百千萬億方便，而為教化。」⑳地藏精勤度生之法緣，可以〈分身集會品第二〉中，地藏白佛言：「我從久遠劫來，蒙佛接引，使獲不可思議神力，具大智慧。我所分身，遍滿百千萬億恆河沙世界。每一世界，化百千萬億身。每一身度百千萬億人，令歸敬三寶，永離生死，至涅槃樂。但於佛法中，所為善事，一毛一渧，一沙一塵，或毫髮許，我漸度脫，使獲大利。」㉑為總則—即在悲願的熱切驅動下，地藏以大智慧為行化之指針，隨機化身，度無量百千萬億人，令歸敬三寶，從而在佛法真理的實踐中，解脫生死之苦、證涅槃樂。復次，基於善法為助道因緣，是以只要眾生在佛法中種下微弱的善根種子，地藏即漸次度脫，使獲大法益。至於具體的行化方法，則可根據經文，歸納為下列三

---

⑱《大正藏》第十三冊，頁784下至頁785上。
⑲《大正藏》第十三冊，頁789中。
⑳〈閻浮眾生業感品第四〉（《大正藏》第十三冊），頁781中、下。
㉑《大正藏》第十三冊，頁779下。

個層次：

1.明業感報應之可畏

　　業感緣起、因果報應，是佛教極其重要的教法。業有「造作」之意，以與第六意識相應之思心所為體，為一種意欲的表現。由於業的發動，而有身、語、意三業的造作。身、語、意三業的表現，可分為「有形」的活動（即可以看到或聽到的）與「無形」的活動（如種種心理作用）；而無論是「有形」或「無形」的造作(業因)，都會在我們的生命體（唯識學派所稱之阿賴耶識）裡留下一股影響力(業力)，藉著外緣力的助長，招感苦樂不同之業果。小自個人的根身正報，大至宇宙山河的依報，皆因業因、業緣之交感作用與業力之推動，而存在、而變化、而顯現千差萬別的現象。《俱舍論》：「世別由業生」㉒，「但由有情業差別起」㉓，又《成實論‧業因品》說：「業是受身因緣」㉔可見佛教的宇宙觀及人生觀，皆奠基於「業感緣起」說上。大、小乘經論中，對業力的作用，有如下之描述。有部《毘奈耶四十六》說：「不思議業力，雖遠必相牽；果報成熟時，求避終難脫。」㉕《大智度論》云：「業力為最大，世界中無比，譬喻債物主，追逐人不置，是諸業果報，無有能轉者，亦無逃避處。」㉖皆強調業力對生命具有強大而持久的宰制力，且每個生命體絕對無法逃脫「自作自受」的因果法則。近代倓虛法師(西元1875

㉒《大正藏》第二十九冊，頁67中。
㉓《大正藏》第二十九冊，頁67中。
㉔《大正藏》第三十二冊，頁308上。
㉕《大正藏》第二十三冊，頁879上。
㉖《大正藏》第二十五冊，頁100上。

年至 1963 年)晚年開示：「十法界的因因果果，都沒有出乎
『業』，不過有善惡之分罷了。善業可以超脫，惡業可以墮落，善
業大的，可以為人，可以升天，可以成聲聞緣覺，菩薩，佛。惡
業大的可以轉修羅，下地獄，墮惡鬼，轉畜生，都離不開這個
『業』。所以『人生是業力的俘虜，一切受者業的支配！』」㉗

　　地藏觀機逗教，以所化之對象為剛強難伏、廣造五逆十惡
的眾生，是以先以苦切的法語，詳明業感果報的事實與道理，俾
眾生畏苦而斷造惡之因，使不復於三惡道中沈淪，以為向上進一
步提昇生命境界、修習人天善法奠基。《地藏經·觀眾生業緣品
第三》中，地藏藉摩耶夫人啟問之緣，詳述招感五無間地獄苦報
之業緣，及墮落五無間地獄所受種種罪器之苦報；〈閻浮眾生業
感品第四〉中，記載地藏隨機、殷切開示殺生、竊盜、邪淫、惡
口、毀謗、瞋恚、慳吝、飲食無度、恣情田獵、悖逆父母、燒山
林木、前後父母惡毒、網補生雛、毀謗三寶、輕法慢教、破用常
住、污梵誣僧、湯火斬斫傷生、破戒犯齋、非理毀用、吾我貢
高、兩舌鬥亂與邪見所招感之惡報。〈地獄名號品第五〉應普賢
之請，地藏略說地獄名號及罪報、惡報之事，冀後世末法一切惡
行眾生知三惡道報，從而轉心歸佛。經中地藏特別陳言：「業力
甚大，能敵須彌，能深巨海，能障聖道。是故眾生莫輕小惡，以
為無罪，死後有報，纖毫受之。父子至親，歧路各別，縱然相
逢，無肯代受。」㉘以明業力之力用與自業自受之理。

2.明修人天福德之善法

㉗釋倓虛口述、釋大光記述，《影塵回憶錄》，台北：原泉出版社，
　1990 年，(上冊)頁185 。
㉘《大正藏》第十三冊，頁782上、中。

　　佛教將隨業力輪轉，在三界受苦之有情生命的趣處，分為：天、人、阿修羅、畜生、餓鬼、地獄等六道（或六趣）。六道中，以人、天二道所處之境緣，最適合修學佛法。人道以苦樂參半，思斷苦故，易於發心修道。雖然佛經中，不乏以人為出發點，強調「人間修行優於天界」的論點，如《增一阿含·等見品》：「佛世尊皆出人間，非由天而得也」㉙，及「人有三事—憶念、梵行、勇猛勝過諸天」㉚等說法。而實際上，天道的層次高於人道，「他們的道德操守、福德善根通常要比人類來得高尚而深厚。雖然諸天的色身莊嚴、物質豐美，容易陷溺於欲樂之中；然而，從另一個角度來看，諸天的心理比較健康開朗，精神狀態比較平靜敏銳，而且修學善法的領悟力、意願和等流習氣亦較常人強而有力。」㉛惟相較於六道中瞋習重的的阿修羅，與罪苦不堪稱說的畜生、餓鬼、地獄等三惡道，人、天二道皆是修行的好環境。

　　《法華文句》：「頗有發願令五道同成佛不？佛言：不可以非器之身，成無上道！要先化三惡趣，令得人天，然後乃可如願，三趣非善道，何能成佛？如人求寶聚，不於空中求。」㉜由於地獄道的眾生不易直接成佛，地藏乃善巧方便，先引導彼明業感報應之可畏，俾斷惡離苦、轉生人道，再從人道努力積累人天福德、修習出世資糧以漸趨菩提。而人天福德的積累，來自五戒

㉙《大正藏》第二冊，頁694上。
㉚釋印順，《印度佛教思想史》，台北：正聞出版社，1993年，頁115。
㉛釋如石，《現代大乘起信論·大乘起源與開展之心理動力》，頁59。
㉜《大正藏》第三十四冊，頁56上。

十善的受持。五戒十善不只是世間人天正法的基礎，也是出世三乘正法的基本。《十善業道經》云：「言善法者：謂人天身、聲聞菩提、獨覺菩提、無上菩提，皆依此法以為根本而得成就，故名善法。此法即是十善業道。」㉝《地藏經·如來讚歎品第六》㉞中，佛應普廣菩薩之請，略說地藏利益人天因果之方法與所感之福德果報。經中所示地藏利益人天之方法為：聞名讚歎、禮敬供養經像、讀誦經典、護持三寶等。而所感之福報為：滅罪生天、相貌莊嚴、神鬼衛護、久病離苦、夢寐得度、來生尊貴、生產獲福、居家無諸橫病、衣食豐溢等。〈利益存亡品第七〉㉟地藏以臨終之際為善、惡業道昇沉之關鍵，是以特示如何為臨終眷屬修福及死後造善之法，以助亡者永離惡趣，得生人天，受勝妙樂，存亡獲利。〈閻羅王眾讚歎品第八〉㊱佛藉閻羅天子之問，明地藏累劫以方便力，拔出惡趣罪報眾生之根本業緣，遣悟宿世之事，使令解脫，生人天中。復藉主命鬼王之言，明善生與善終之法——修福、戒殺。上述三品皆以具體之事例，說明修習地藏法門與人天善法對現實人生之利益，以啟發有緣見聞者修學之信心與意願。「身安而後道隆」，上述三品之內容表面上看來，似乎是「卑之無甚高論」！但憑現實生活之經驗，若生計困難、災難頻起、身罹病苦，確實是會造成修行的障礙。就人之常情而言，若基本的生存需求都無法獲得滿足，則遑論有閒情與意願去提昇生命的境界，追求靈性的成長。

㉝《大正藏》第十五冊，頁158上。
㉞《大正藏》第十三冊，頁782中至頁783下。
㉟《大正藏》第十三冊，頁783下至頁784下。
㊱《大正藏》第十三冊，頁784下至頁785下。

3.明成就佛道之因緣

　　部派佛教與大乘佛教均重視念佛法門，前者有「六念」（念佛、念法、念僧、念戒、念施、念天），後者有「觀像、觀想、持名、實相」等四種念佛方法。如石法師認為，部派的念佛以消除恐懼為主，大乘念佛則是為了要超越自我、追求圓滿而想見佛聞法而成佛。[37]並從宗教心理功能的角度，分析念佛有如下之作用：(1)消除吾人意識上二元對立的無明，善根深厚的行者，可因此「從無意識的源頭，喚起一種遠比經驗上的自我更強大的潛能，『不假方便』而達成『自得心開』的悟境。」(2)念佛法門有強化發心之心理功能，因為「佛」為大乘行者自許在未來扮演的一個超越的「自我意象」的角色，這個角色的確立，「可以引生出『自我期許』的心理，暗中推動行者積極實現『成佛利生』的發心初衷。[38]此外，念佛法門尚有攝心專注、成就定慧、除罪滅障、增長福德等無量的法益。

　　地藏之本願為救拔一切眾生，使解脫因惑業所感招的生命流轉之苦，助使眾生因智慧、福德的提昇，漸趨生命最圓滿的境界，成就佛道。「欲成佛果，必須稱佛」[39]是以在開示人天善法後，繼之以念佛法門，以為眾生成佛之因，此為〈稱佛名號品第九〉之來由。隨後，〈校量布施功德緣品第十〉則明布施之功，以為成佛之助緣。《地藏經科注》云：「稱佛名號，固為成佛根本。若無福助，則根不深，本不大，安望其開華結果耶？故明校

---

[37]釋如石，《現代大乘起信論·大乘起源與開展之心理動力》，頁88。
[38]釋如石，《現代大乘起信論·大乘起源與開展之心理動力》，頁91。
[39]釋青蓮，《地藏菩薩本願經科注綸貫》，台北：佛陀教育基金會印行，1985年，頁32。

量布施功德，以明助緣也。」⑩大乘佛法將菩薩必修之法門歸為六類，即布施、持戒、忍辱、精進、禪定、般若等六度。六度再歸納，就是一個布施（分財布施、法布施、無畏施）。持戒、忍辱攝屬於無畏施，精進、禪定、般若則屬於法布施。⑪是以經中雖僅言布施，實則含攝另五度之行法。以稱念佛號為正行，以六度為助緣，正助相輔，佛道可期；藉此行法，地藏度生成佛之願可滿矣！

〔三〕不可思議之慈悲與智慧

地藏為已證十地果位，於阿耨多羅三藐三菩提（無上正等正覺）畢竟不退的聖者⑫，具足不思議智慧與慈悲⑬，能如實覺知宇宙人生之一切真理、能平等無差別地利濟一切有情。慈悲為關懷眾生之熱情與興發願力之主要動力，智慧為拔苦與樂的指導方針；強烈的關懷之情，加上正確的度化方法，才能惠予眾生真實之利。分析地藏悲智雙運的願行，有如下之殊勝處：

1. 就動機而言具絕對性：

純然出自無我利他、利濟一切眾生的情懷；為了成就眾生，無條件地布施身心性命，而不求絲毫回報。

2. 就態度而言具主動性：

⑩ 釋青蓮，《地藏菩薩本願經科注綸貫》，頁34。

⑪ 釋淨空，《地藏經的啟示》，台北：佛陀教育基金會印行，1998年，頁119。

⑫ 參見《地藏經・見聞利益品第十二》（《大正藏》第十三冊），頁787下。

⑬ 參見《地藏經・囑累人天品第十三》（《大正藏》第十三冊），頁789上。

主動、積極地，自願承擔救護一切眾生的使命。只要能利益眾生，再怎麼辛勞都不以為苦，樂於成為眾生的「不請之友」。

3.就對象而言具普遍性：

不捨一眾生，「慈眼視眾生」⑭、「等觀無差別」⑮，直以法界一切眾生為關懷、救度之對象，真箇是「大愛無國界」。

4.就時間而言具永恆性：

以地藏發願：「眾生度盡，方證菩提」，勢必於無量劫之時空中，永續如願而行。〈忉利天宮神通品第一〉中，佛以「譬如三千大千世界，所有草木叢林，稻麻竹葦，山石微塵，一物一數，作一恆河，一恆河沙，一沙一界。一界之內，一塵一劫，一劫之內，所積塵數，盡充為劫。地藏菩薩證十地果位以來，千倍多於上喻。何況地藏菩薩在聲聞、辟支佛地。」⑯生動地描述地藏累劫不可算計之修行時間⑰。

5.就方法而言具合理性：

善巧方便運用不思議之神妙智慧，隨機度化、應病與藥，使先斷根本業緣（貪、瞋、痴三毒），進而以人天善法為基礎，逐步邁向成佛之道。⑱

---

⑭《法華經·觀世音菩薩普門品第二十五》（《大正藏》第九冊），頁58中。
⑮《華嚴經·卷十一》（《大正藏》第九冊），頁471上。
⑯《大正藏》第十三冊，頁778上、中。
⑰一大劫之時間為十三億四千三百八十四萬年，為一世界由成到壞的年數。
⑱參見《地藏經·閻羅王眾讚歎品第八》（《大正藏》第十三冊），頁785上。

6.就目標而言具超越性：

以圓成自他佛性為生命的終極目標，為實現目標而不斷地自我超越，生命的價值與意義，因此得以有層層提昇的展現。

地藏所展現的慈悲，佛教稱之為「無緣大慈，同體大悲」(能施所施、自他不二，「三輪體空」的超越道德意識的慈悲)。⑭所證悟智慧是「一切種智」(能如實了解宇宙本體與現象之存在與變化的原因)，所實踐的願行是「度生成佛」的終極目標。這些殊勝的特質，若與現代心理學、物理學、哲學等領域之研究對照比較，地藏悲智雙運的行願所突顯的，不亞於近代心理學家佛洛姆（Fromm）於其大作《愛的藝術》(The Art of Loving）所稱「成熟的愛」(「成熟的愛」需具足如下之內涵：無條件給予、主動關懷他人之生命與成長、了解他人處境、尊重個體之獨特性與自主性、能適切回應被愛者的需求等。)⑮與近代物理學家們所提出的「宇宙智慧」(萬物全然整體，為一相互依存、不可分割的有機體。這是在破除因實執無明所產生之二元對立認知後，所體證的「我即宇宙，宇宙即我」的智慧)。⑯而其無限精進、勤行六度萬行，以邁向「度生成佛」之終極目標的行願，則呼應馬斯洛「需求層次理論」中的最高心理需求「自我超越」。⑰綜觀上述地藏願行之殊勝特質，確實可作為有心「無限提昇」

---

⑭ 參見林朝成、郭朝順著，《佛學概論》，台北：三民書局，2000 年，頁 342 、346 。

⑮ 參見釋如石，《入菩薩行衍義‧發心對身心之利益》，高雄：諦聽文化，1997 年，頁 226 。

⑯ 參見釋如石，《入菩薩行衍義‧發心對身心之利益》，頁 222 至 224 。

⑰ 參見釋如石，《現代起信論‧大乘之心理動力》，頁 22 ，23 。

生命境界者之絕佳參考。

二、地藏願行對生命實踐之啓示

㈠ 自業自受──
生命的「向上提昇」或「向下沉淪」操之在己

地藏能從「隨業流轉」的凡夫，轉為「乘願而來」的聖者，全繫在一念利他的悲心，悲心感發願力；復在願力的驅策下，勇猛精進地、勤行度生之大業，生命境界因此轉轉增勝、層層提昇。凡夫之所以進少退多，則是被無明業習所縛、妄計有我；因為強烈的我執，遂衍生出種種人我是非、千愁萬苦，以身、口、意三業善少惡多，遂隨業沉淪，於六道中頭出頭沒。然業由心生，善惡從心起；《大乘起信論》云，眾生之心「攝一切世間法，出世間法」㊴，是以若能善用其心，便「能生一切世間出世間善因果」㊵一如地藏發願度生廣行六度，則不只自己得以超越生死輪迴之苦，更有餘力拉拔沉淪的罪苦眾生同證菩提。至於心念是善或惡的判準，若以大乘佛教的觀點來看：利他為善。反之，利己為惡。是以《華嚴經》云：「忘失菩提心，修諸善根是名魔業。」㊶前土城承天寺住持傳悔老和尚(西元 1923 年至 2001 年)根據多年修行之心得，說道：「同樣用心，會用功的發心為別人，為別人即是戒定慧，為自己就是貪瞋癡。」㊷可見開

───────────────

㊴《大正藏》第三十二冊，頁575 下。
㊵《大正藏》第三十二冊，頁575 下。　。
㊶《大正藏》第十冊，頁307 下。

發利他的菩提心，是生命得以轉凡成聖、無限向上提昇的轉捩
點。

㈡ 自他交感－發大願力、同步提昇

　　由於地藏的發願感召無量的福力，不只她的母親因此得
度，更澤及一切有情眾生，是以佛門有言：「業力不思議，願力
更不可思議！」願力之所以如此不可思議，就是因為由願力所發
出來的那股「念念強烈利他」的心意，可以「加持」被緣念的對
象。近年來，國內外對於心靈潛能方面的研究，已證實「心念是
有能量、有作用的！」⑰利他、正向的念頭(如關懷、溫暖、善
良、積極等)有助於自他生命狀態的全面提昇⑱。透過釋出專
注、強烈、無私的愛護心念，人可以對意念所投射之對象的生命
體產生「起死回生」的巨大影響。⑲不止如此，心念還是無遠弗
屆的！美國一位頗受敬重的名醫賴瑞達西（Larry Dossey）在最
近出版的《重新創造醫學》(Reinventing Medicine ：Beyond Mind-
Body to a New Era of Healing)一書中提到，心電感應是一種「非區
域性的心念」(Nonlocal Mind)，對美國印第安人及澳州原住民而
言，是生活中很重要的溝通方式。他認為：你我當下的心念，可
以透過觀想「散播在各地，延伸到幾億英哩遠的太空中，從時間

---

⑯釋傳悔口述、釋道邊記述，《覓菩提》，台北縣：承天禪寺印行，
　　1999 年7 月，頁58 。
⑰陳履安口述、王志攀整理，《陳履安的內心世界》，台北：眾生出版
　　公司，1995 年，頁33 至37 。
⑱參見釋如石，《入菩薩行衍義‧發心對身心之利益》，頁235 。
⑲參考李嗣涔、鄭美玲著，《難以置信─科學家探尋神秘信息場》，台
　　北：張老師文化出版，2000 年10 月，頁159 至164 。

的起始到無限的未來，我們的心與他人的心相連，與任何一個活過的或未出世的人相通，這就是你無限、無極的意識。」⑩。瞭解念力不可思議，我們就應當在日常生活中養成「隨時不忘發利益一切眾生的願力」⑪，以與法界一切眾生連線，發揮生命一體交感、同步提昇的作用！

(三) 自他成就—感眾生恩、迴小向大

釋迦佛說地藏經之緣起，為報母恩並示出世之大孝。其「眾生無邊誓願度」的本懷，因著地藏的毅然承擔，遂得以無後顧之憂地示現涅槃。地藏則因佛的教化得以轉凡成聖，歷經聲聞、緣覺乘的階位，證得十地菩薩之果位，具足度生的不思議神力、慈悲、智慧與辯才⑫。經中，地藏四度向佛表達感念師恩之情，茲分述如下：（1）〈分身集會品第二〉地藏菩薩涕淚哀戀，白佛言：「我從久遠劫來，蒙佛接引，使獲不可思議神力，具大智慧。」⑬（2）〈閻浮眾生業感品第四〉地藏白佛言：「世尊，我承佛如來威神力故，遍百千萬億世界，分是身形，救拔一切業報眾生。若非如來大慈力故，即不能作如是變化。」⑭（3）〈地獄名號品第五〉地藏答普賢言：「仁者，我今承佛威神及大士之力，略說地獄名號及罪報惡報之事。」⑮（4）〈利益存亡品第七〉

---

⑩美瑞亞瑞斯麗(Mariette Risley)撰、玲蘭譯，〈超越身心靈的醫學新紀元〉(《琉璃光養生世界季刊》第40期)，2002年2月15日，頁32至頁33。

⑪具體行法可參考《華嚴經·淨行品》。

⑫《地藏經·囑累人天品第十三》(《大正藏》第十三冊)，頁789上。

⑬《大正藏》第十三冊，頁779下。

⑭《大正藏》第十三冊，頁780中。

⑮《大正藏》第十三冊，頁782上。

地藏答大辯長者營齋功德之問，曰：「長者，我今為未來現在一
切眾生，承佛威力，略說是事。」⑯

　　設無地藏之繼志，釋迦佛無以圓滿度生之願；反之，若無
釋迦佛之教化，地藏亦無法勝任度生之大業。是以師生二人乃相
互成就！復次，地藏於因地為婆羅門女與光目女時，其亡母皆因
仗孝女廣修供養之福力，得以解脫惡道之苦，轉生善道。兩位孝
女分別成就了自己母親！但若無亡母墮落惡道之事緣的激發，婆
羅門女與光目女便無發大願之機緣。是以母女二人亦相互成就！
推而論之，眾生固有待菩薩之施救；但若無剛強難化、性識無定
之眾生，地藏便無法施展其度生之本領、圓滿其本願。《華嚴
經·普賢行願品》云：「是故菩提，屬於眾生，若無眾生，一切
菩薩，終不能成無上正覺。」⑰因此，諸佛菩薩與眾生亦是互相
成就！具備了「自他成就」的認知，有助於對治「唯我獨尊」的
傲慢心理⑱；從而生起感恩利他的慈悲行。「我慢如高山，前面
有大海」，傲慢是生命自我超越的絆腳石；「一個學者如果未將
自己忘記時，它的學問也就有限了，也沒有根基。」⑲我執我慢
重的人，生命場域以自我為中心，當然所見、所思、所作之格
局，自然就有限了！相對地，「感恩為大悲之本，能開一切善行
之門。」懷抱感恩心的人較能「縮小自己，放大別人」，常念如
何利益他人，以回報彼等對一己之恩惠。一個人若能將自己縮小
到「無我」的境地，便越有可能進入無限「大我」的生命場域，

---

⑯《大正藏》第十三冊，頁784中。
⑰《大正藏》第十冊，頁846上。
⑱六大根本煩惱（貪、瞋、癡、慢、疑、不正見）之一。
⑲釋曉雲，《泉聲第一輯》，台北：原泉出版社，1999年，頁83。

實現超越的成就。

三、結語

　　地藏菩薩示現了生命得以轉凡成聖、無限自我超越的關鍵－發菩提心、立弘誓願，與其實踐之道－為了具足完成「度生成佛」(終極目標)的本領，在願力(終極承諾)的驅策下，無限提昇一己的生命智慧與福德資糧，從凡夫乘漸次轉昇，歷經聲聞乘、緣覺乘的修學，終至證得菩薩十地的高階果位。從而以自他無二的智慧，興無緣大慈、運同體大悲，以一切眾生為救護之對象，隨機度化，於無窮盡的時空中，勤行菩薩之六度萬行。除非所有的眾生皆斷惑證真，在緣起無我之般若智照(終極真實)的體證下，解脫一切惑業苦、安享無上究竟樂(終極關懷)，否則其度生之重擔將永無卸下之一刻！地藏悲智雙運的願行具殊勝的絕對性(就動機而言)、主動性(就態度而言)、普遍性(就對象而言)、永恆性(就時間而言)、合理性(就方法而言)與超越性(就目標而言)，誠可作為人類無限自我超越的典範。

　　而從地藏度生之法緣(方法與機緣)－先明業感報應之可畏，次明修人天福德之善法，後明成就佛道之因緣－推知，從人乘的立場來看，你我轉凡成聖的實踐功夫，須從斷十惡、修十善之人天善法為基礎，進階修習菩薩六度，而以一佛乘為終極目標。如此的步數與近代中國佛教現代化先驅太虛大師(西元 1889 年至 1947 年)，為對治中國佛教末流之空疏貧乏，以「五乘共法」、「三乘共法」與「大乘不共法」，統攝一切佛法，開顯「人成佛成」－由人而成佛的正道⑦，恰是不謀而合的！此一理念，可導正時

下部份好高鶩遠之學佛人，捨基礎務本之學而奢求即時成佛之偏差心態。

> 心如工畫師，畫種種五陰。一切世界中，無法而不造。
> 如心佛亦爾，如佛眾生然。心佛及眾生，是三無差別。
> 諸佛悉了知，一切從心轉。心亦非是身，身亦非是心。
> 作一切佛事，自在未曾有。若人欲求知，三世一切佛。
> 應當如是觀，心造諸如來。⑦

　　心生則種種法生；佛由心作，地獄亦由心生。是以生命的「向上提昇」或「向下沉淪」操之在一己之心；每一個人都要「從心」為自己的生命負責任！發菩提心、立弘誓願以彰顯生命之大用，在念念不忘利益一切眾生之心願的踐行下，發揮自他生命一體交感、同步提昇的作用，自他相互成就，以實現自我超越的終極目標。

---

⑦參見釋印順，《妙雲集中編‧成佛之道》，台北：慧日講堂等流通，1971年，(序文)頁3。
⑦《大正藏》第九冊，頁465下至頁466上。

理想的生命實踐

以「菩薩戒」的自律精神為基礎之探討

王惠雯

【華梵大學人文教育研究中心通識教育組助理教授】

中文摘要：

　　本文的探究內容將從哲學思想領域中的倫理學、生命教育的著眼點進行思考，主要是以大乘佛教的菩薩戒思想詮釋做為基本的內涵。有關生命的理想進程、困頓情境的超克，終極價值的實現與開顯等等相關問題的剖析及論述，是本文的研究要旨。目的即在自我實現或教育領域中，尋獲一個可以予以詮釋為生命實踐的基礎起點。藉由此一探究，期能呈顯菩薩戒在佛教倫理中學理論內涵的定位與特色，並重新省思大乘佛教所涵的生命觀，及其相應的實踐方法，是否能夠給予當代倫理學的研究處境一個嶄新的視野與觀點？

　　以下分從五方面的議題進行論述，包括：一、菩薩戒的基本概念：特就其在佛教實踐理論中的定位與特色加以闡釋，及其相涉於社會倫理與宗教倫理的基本內容。二、菩薩戒中的生命觀：佛法對於生命意義的觀點及詮釋，如：生命終極理想目的、價值與善惡利益問題的思考、生死無常、十二因緣、輪迴、因果業報等等概念，屬於佛教人生觀的基本內涵，菩薩戒思想究竟如何含融這些觀點，而轉化出屬於大乘實踐內涵的意義。三、菩薩戒與

自律精神的開展：在菩薩戒律的要求之下，是否必然喪失道德實踐與判斷的自由意志？若否，則在菩薩戒的規範中，要如何能夠仍然保有自律的精神，而呈顯道德行為的倫理價值，不會淪為被動、受約束，或動機低劣、毫無自覺精神的善行。四、理想的生命實踐之可能性基礎：除了採取佛法中的基本信念之外，實踐主體應當具備菩提心的認知與涵養，護持、穩固菩提心的誓願和行持，此在菩薩戒思想中亦是源於自律的要求，當面對理想與現實的衝突時，其調適的可能性，即是應當立基在菩提心本身的實踐意涵中。五、開顯生命理想價值的實踐方法：透過詮釋菩提心與菩薩學處（菩薩道、菩薩行）的方法原則，以趨向理想的生命實踐。

關鍵詞：

　　菩薩戒、自律、菩提心、大乘佛教、佛教倫理

一、前言

本文主旨擬在探究菩薩戒思想中有關生命實踐的理念、內涵與原則，期能進一步理解大乘佛教所開展的生命理想義。

大乘佛教的義理實可具體而微的展現在菩薩戒的思想中。若以含括最廣且闡釋較詳的論典做為菩薩戒實踐思想的探討，當屬《瑜伽論·戒品》（以下簡稱《瑜伽戒》）的內容。歷來頗多的印、中、藏地的論師皆曾注解《瑜伽戒》，對其菩薩戒思想提出詮釋並加以發展，①其中以宗喀巴（1357-1419）的注解較富有思想的辯證性，因其擬建構一套系統化的大乘實踐理論，可以含攝小乘及兼融密乘的實踐原則。因此，本文將藉由宗喀巴《菩提正道菩薩戒論》（簡稱《戒論》）中的思維成果，擇其精要部份做為本文論述的原典依據。

本文主題「理想的生命實踐」基本上含括二重內涵，一是生命的理想境界型態，一是開顯生命的理想性。前者屬於靜態義理的呈顯，後者則是屬於具有趨向性的動態發展。根據筆者的理解，這二重內涵正是菩薩戒思想所體現的本質義：即是趨向自利、利他圓滿的實踐理想；在生生世世的每一期生命過程中，以成就覺性圓滿（佛果境界）為究竟目標，以利化眾生為己任。為了實現此一價值與理想，必須基於正確的規範、良善的動機、引

---

①此大抵可略別為藏文及漢文兩類典籍，如：《西藏大藏經》中海雲、月官、菩提賢論師的注疏，宗喀巴的《菩提正道菩薩戒論》（台北：佛教書局，民78年）等；《大正藏》所收錄的最勝子注、窺基注，以及韓清淨《披尋科記》等。

發善德的行為，並開啟持續不斷的善性循環，而其先決的出發
點，即在於自律精神的啟發與安立。

二、正文

㈠菩薩戒的基本概念

菩薩戒的實踐意義及其戒法本身的價值，即在指明大乘應
修之理與取捨之道，是行者自願發起菩提願心，進而受持菩薩行
法。藉由戒性與戒法的特色，能導、護行者圓滿善行。②

一般咸認為戒律是對於行為的一種束縛或限制，即為：止
惡行善的規範。此一規範的所由根源，是透過佛所宣說的各種做
為解脫之行持根基的教誡，依於實踐主體不同的根器、機宜，而
趨向各自相應的解脫境界。菩薩戒顧名思義，即是菩薩應當守持
的軌範。對於菩薩行者的要求，在菩薩戒經、戒本的戒律條文之
外，尚可見於各大乘經典中佛所宣說的學處，或是佛所顯、佛所
讚。③這些實踐的規範內容，不外乎是六度、四攝的菩薩行，其
形式即總為三聚淨戒。④

---

② 在《瑜伽師地論》中，提到：菩薩戒的自性、戒法特色、種類、利
　益、戒相、戒行等。從菩薩戒的自性，可知其具有四種功德及四種勝
　益，即：從他正受、善淨意樂、犯已還淨、深敬專念無有違犯（能生
　出利益的原因）；妙善淨戒、無量淨戒、饒益有情淨戒、能獲大果勝
　利淨戒（分別形成自他利、攝受無量菩薩所學、利安一切有情、自獲
　圓滿菩提施眾生）。參見大正30，頁510c。

③《瑜伽師地論》：「云何名為毘柰耶事摩怛理迦。謂即從此四種經外
　別解脫經所有廣說摩怛理迦。展轉傳來如來所說。如來所顯。如來所
　讚。名毘柰耶摩怛理迦。」（大正30，868c）

　　三聚淨戒融通在家與出家二眾。其律儀戒具體而言即包括
七眾別解脫戒，就通則而言，至少應以「十不善戒」為基礎。⑤
攝善法戒則包括「所有一切為大菩提，由身語意積集諸善」，
「如是等類，所有引攝、護持、增長諸善法戒，是名菩薩攝善法
戒」（大正30，頁511a-b）。⑥饒益有情戒即是對於應助伴、遭
怖畏、憂苦等諸有情眾生，如其所應為作義利。⑦

　　受菩薩戒前應先發菩提心，在《瑜伽戒》中提到：

> 若諸菩薩欲於如是菩薩所學三種戒藏。勤修學者。或是在
> 家或是出家。先於無上正等菩提發弘願已。當審訪求同法
> 菩薩。已發大願有智有力。於語表義能授能開。（大正
> 30，頁514b）

　　無著並未另造發心儀軌，但阿底峽等論師，則分別有發心
及受戒儀軌。宗大師認為：以受願心儀軌為先，當願已堅固，再
進受戒儀軌，此為堅固淨戒之方便。⑧無論是否要依照願、行二
心之儀軌分別求受，在受戒前之「發菩提心」是菩薩戒的充份、

---

④三聚淨戒即是：律儀戒、攝善法戒、饒益有情戒。其中律儀戒即是十
　不善戒或七眾別解脫戒；攝善法戒即是圓滿自利的六度行；饒益有情
　戒實含括各種度眾的善巧方便行。
⑤這在宗大師的《戒論》中，有清楚的辨析與討論。參見前揭書，頁
　20-25。
⑥攝善法戒的目的即在自成熟一切佛法，能生起諸善、護持不壞，且增
　長廣大圓滿。參見《戒論》，頁28-32。
⑦參見大正30，頁511b-c；《戒論》，頁34。
⑧參見《戒論》，頁80。

必要條件。⑨而持戒又是三世菩薩行處唯一要道。

由此可見，發菩提心、受戒、學菩薩學、行菩薩行、成就無上菩提，彼此間有緊密的關連性。從發心到成就無上菩提的佛果，其間需於菩薩學處如實深信而修學。而發心行持菩薩學者，應當於三戒或六度精勤修學，宗喀巴認為於此之外，別無大乘波羅蜜道。⑩

以上即菩薩戒的基本內涵。其前行關鍵即在發起菩提心，且應當修學菩薩學。後者在「廣學一切戒」中，即是明行止原則，以及開遮持犯的取捨分別。在此一行持的原則軌範中，本文擬推論有關菩薩戒義理中所涵應的人性觀、生命價值觀、道德善惡觀等，以闡釋在大乘佛法理念中，對於生命教育及倫理教育所能提昇的啟示價值。

㈡菩薩戒中的生命觀

佛教思想本含的生命觀：即未解脫者於輪迴中流轉生死，世間一切皆苦、空、無常；但眾生可以經由實踐與證悟而達出世間的解脫，這是佛教解脫論的基本內涵。大、小乘的法教，皆立基於此一根本看法，二者所差異的只是關於實踐的善巧方便，以及著手處重點不同而已。⑪之所以要開展不同的教法，即是因為眾生根器有別，因而亦發展大乘涅槃觀的特色。後者有其思想興

---

⑨《戒論》中說：「菩薩行者，應如聖教，最先發起勝菩提心。此為菩薩諸行之所依。次受菩薩淨戒，學菩薩學。」（頁5）
⑩參見《戒論》，頁5-6。
⑪對宗喀巴來說，大小乘並非道體有別，只是運用的善巧方便不同。參見《菩提道次第廣論》及《密宗道次第廣論》。以及拙著，《宗喀巴菩薩戒思想之研究》。（新莊：輔大哲研所博士論文，民87年。）

起的時代背景因素，但筆者認為主要仍基於做為實踐主體，其本身特性的差異所導致的發展結果。因此，僅就大小乘行者（聲聞、菩薩）為何有別加以詮釋與論究。

在《大寶積經・優波離會》中提到：菩薩與聲聞學戒發心及所修有別，⑫如：聲聞持戒，斷除煩惱，如救頭燃，所以持唯遮戒及次第戒。而大乘菩薩相較而言，則是持守開遮戒與深入戒。⑬這是因為菩薩願於多生累劫往來生死，不生厭離，所以如

---

⑫ 「爾時世尊告優波離。汝今當知。聲聞菩薩學清淨戒。所發心所修行異。」（大正11，頁516c）可知大小乘行者依於發心及所修二者有別。

⑬ 「聲聞持戒。斷除煩惱如救頭然。所有志樂但求涅槃。以是義故。名聲聞乘持唯遮戒。」（大正11，頁517a）「復次優波離。云何菩薩持深入戒。聲聞乘人持次第戒。菩薩乘人。於恒沙劫受五欲樂遊戲自在。未曾捨離菩提之心。如是菩薩不名失戒。所以者何。菩薩善能守護安住菩提之心。乃至夢中一切結使。不為其患。而是菩薩所有煩惱漸漸當盡。不應一生便盡諸結。聲聞乘者。成熟善根如救頭然。乃至一念不喜受生。以是義故。大乘之人。持深入戒。說有開遮。名不盡護。聲聞乘人持次第戒。名曰唯遮。名為盡護。何以故。優波離。求大乘者。於阿耨多羅三藐三菩提。甚為難得。具大莊嚴乃能成就。是故菩薩雖於無量阿僧祇劫往來生死。終不生於厭離之心。以是義故。如來觀察為大乘人不應一向說厭離法。不應一向說於速證涅槃之法。應當為說慈喜相應甚深微妙無染之法。遠離憂悔無繫著法。無障無礙性空之法。菩薩聞已。於生死中而無厭倦。決定圓滿無上菩提。」（大正11，頁517a-b）另亦可引《方便善巧經》：「善男子。汝今當知。具善巧方便菩薩摩訶薩。設於異時有極重罪。而彼菩薩亦不壞善根。云何不壞。所謂菩薩或時值遇彼惡知識。勸令退失無上道意得極重罪。菩薩爾時即自思惟。我今若或即或時值遇彼惡知識。勸令退失無上道意得極重罪。菩薩爾時即自思惟。我今若或即於此身。取證涅槃斷後邊際。不復堪任被精進鎧。何能度脫一切眾生輪迴苦惱。我今不應以此因緣自壞其心。何以故。我欲於輪迴中度脫一切眾生。設有極重罪亦不斷善根。善男子。如是名為菩薩摩訶薩善巧方便。又善男子。若出家菩薩有分別心生別異作意。彼所得罪過四根本。是菩薩若具善巧方便者隨起即悔。善男子。我說彼菩薩為無罪者。」（大正12，頁167a-b）有關以上的討論內容，亦可參見《戒論》，頁174。

來不一向為其宣說厭離法及速證涅槃之法，而為說與慈喜相應之
無染法、無繫法、性空法，令其聞已，於生死中無厭倦而能成就
無上菩提。

　　然而由於生命的本體價值雖呈顯出向上開展的完美可能
性，但實際現象界中，卻是由於煩惱而生滅流轉。後者在佛教基
本教義中已被清楚的闡釋。大乘佛教雖開顯出強調佛性、如來藏
等本體價值的還滅實踐方法，對於煩惱的調伏則仍是實踐時必然
要面對的課題。

　　從戒相上來看，菩薩戒的內容有兩大類，與聲聞戒的五篇
七聚等強調自斷煩惱、行持威儀以及僧團和合等詳細規定身、口
行為的戒相相較，形式上顯得較為簡明。但在實踐的要求上，並
非必然的較為簡省或不嚴謹。因為就個別所需調伏的煩惱的對治
（止持）而言，都需要面對理智與意志抉擇的挑戰。在防範身口
意惡行的進程上，菩薩戒的要求甚至更強調「意念」的防護。

　　由此可見，菩薩行者踐行菩薩戒所開顯的生命觀內涵，不
只是限於身口外在行為表現的層面，更深入防護心的意念與意志
的作用。其道德實踐所蘊含的生命價值，即在自覺朝向自他兩
利、究竟成佛的菩提心。發起菩提心，是開顯菩薩戒與菩薩行存
在價值的根本充要條件。但是就實踐的角度來看，在菩提心未失
的情況下，仍有戒行毀壞與否的問題。如果已退失菩提心，則菩
薩戒亦失。如果未失菩提心而以上品纏犯他勝處法，則仍可重
受。另一方面，若清淨嚴持戒行，則雖歷經多次輾轉受生，菩薩
戒的戒體仍保有不失。縱使因轉生而在他世重受，仍非新得。根
據《瑜伽戒》：[14]

　　略由二緣捨諸菩薩淨戒律儀。一者棄捨無上正等菩提大
願。二者現行上品纏犯他勝處法。若諸菩薩雖復轉身遍十
方界在在生處。不捨菩薩淨戒律儀。由是菩薩不捨無上菩
提大願。亦不現行上品纏犯他勝處法。若諸菩薩轉受餘生
忘失本念。值遇善友。為欲覺悟菩薩戒念。雖數重受。而
非新受亦不新得。如是菩薩安住菩薩淨戒律儀。於有違犯
及無違犯是染非染軟中上品。應當了知。

　　上述內容指明菩薩戒戒體的殊勝性是可以超時空的。而此
一殊勝性，必須相應於菩提心及未以上品纏違犯他勝處法兩者，
並非單純的以「一受永不失」即可說明。

　　至於在上述二者之外的違犯諸行，必須透過懺悔還淨的方
式，使戒律恢復清淨，並不會破失菩薩戒。⑮但任一違犯應當審
知其相應之悔除法，如何能減滅異熟苦果，回復清淨，無復熱
惱。因此，上述詮釋所開展的意義，即應當側重在了知發起、護
守菩提心本身，防止纏犯他勝處法，與防範惡作罪的形成等。

　　理想的生命實踐所當面對的課題，從菩薩戒思想內涵中的
生命觀所呈顯的上述意義來看，生命並非只有短暫的一期，而是
有生生世世的可能性，因此，學習菩薩行即是朝向圓滿生命實現
的歷程，除了應當積極的防非止惡之外，更需懷持「利他而究竟

---

⑭參見大正30，515c-516a。
⑮當具足上品纏犯四支（此四要件即無慚無愧、深生愛樂、數數現行、
　見是功德〔不見其過〕）而違犯他勝處法（重戒、根本罪）時，即屬
　破失戒律。如果只具足後三者，則成中品纏犯。若三者中未具最末
　者，則成下品纏。中、下品纏皆可通懺悔，還淨之後並不毀失其戒。

成佛」的菩提心，做為生命的終極理想目標。

　　綜觀上述可知：菩薩戒的生命觀即在呈顯實踐主體的理智與意志能力，並透過自覺的生命體悟（自他共融、平等無別）而發起菩提願心，進而在實踐上開展利他而成佛的價值；在利他中亦同時調伏我執煩惱，使眾生及自己進趨獲得成佛解脫的樂果。肯定眾生心性可以轉化，具有可完美性、可完善性，即是菩薩戒所顯的生命價值觀。

㈢菩薩戒與自律精神的開展

　　由菩薩戒實踐的旨趣歸向，可知其以成就無上菩提為究竟目標，因菩薩以眾生為念，亟思度化及利益一切有情眾生。因此，當其具備此一發心動機，即可進一步趣入菩薩戒的受持，修學菩薩行。前者即是菩提願心，後者即為菩提行心。二者分別可簡稱為願心及行心。

　　在願心的發起方面，應以自律精神為主，要由求受者自行審查是否堪受菩薩淨戒律儀。⑯亦即受戒的前行強調自由意志的作用，對菩薩戒來說，在未受戒前應當先善聽聞而「正知解了」，當願心已堅固而自願守護學處時，才進一步求受戒律。

　　關於發心的儀軌，在漢藏典籍編纂中收錄頗多。⑰至於發心的次第，在《菩提道次第廣論》中結合寂天的「自他相換」與阿

---

⑯《戒論》（頁83）中，主張必須自觀意樂及堪能思擇而受；不得自不欲願，而受他人所勸或為了勝過他人。若成就以上應有的意樂，則能生起淨戒。在《瑜伽師地論‧攝抉擇分》即特別強調，應當自主發起增上意樂、生淨信心，於有情住憐憫心，愛樂善法，才可進受菩薩戒。如此才能真實防護、圓滿修習善法，而獲相應的殊勝果位。（大正30，711c）

底峽的「因果七教誡」，說明菩提心發起的修行實踐次第與內涵，包括：知母、念恩、報恩、慈心、悲心、增上意樂等，作為菩提心生起的前行條件。⑱

具足菩提心即是成為菩薩（佛子）的開始；透過菩薩行的修學，朝向趣進成就佛菩提之路。菩薩戒的實質內涵即是菩薩學處，因此，做為實踐主體的菩薩行者，應當認知學處的規範要求，以淨除內心煩惱，利他為先。此自律精神的展現，即是透過正念、正知、不放逸的方式，以導正心念與行為。

自律精神相對於他律精神，實踐主體「能夠」且「應當」趨向正道的修學，這是一種自我自由立法的展現。但菩薩戒顯然有「學處」的規範要求，以下將對於菩薩戒與康德「自律道德」間的同異性比較進行分析及討論，以期能進一步瞭解。

有關自律精神與道德實踐的問題，德國哲學家康德曾經提出一套自律的道德觀，反對他律的假道德。他認為：德性的行為與意志、意念、自由有關，⑲藉由上述概念的分析，他主張道德行為是一種自由的展現，消極而言，理性可不受感官所限，決定意念遵從客觀的道德律。積極而言，即可對於意念進行在德性上的立法或箝制。所謂的「德性」就表現於意志不屈不撓地對意念的箝制，這樣的自我箝制因而就是德性的自律，也就是自由。自由（自律）的概念涵蘊著主體的目的性。只有自己才能安立自己

---

⑰發心受戒儀軌，在《戒論》中曾略加討論：龍樹傳承的中觀典籍係以受行發心，誓願隨順一切菩薩行，合併發心與受戒二者。而阿底峽則分別造發心與受戒之儀軌。參見《戒論》，頁79-80。此外漢譯典籍有《勸發菩提心集》（大正45）等。
⑱參見宗喀巴，《廣論》，頁228-249。

的目的。所以自我箝制即同時是責任及指向目的。責任概念是導
向目的，而道德律是說明應有的目的之所在。當一項目的同時是
一項責任時，便是德性責任。故德性的目的性為一種「應然
性」。當目的同時為責任時，康德稱之為德性責任，可分為兩
類，即個人的完美性、他人的幸福。⑳

　　康德指出由理性立法可以成為客觀的道德律，此即成德之
理想；另一方面，主觀所涉及的是達成這種道德理想的工夫，因
此，我們的責任即是朝向客觀面所樹立的德性之完美理想，並展
開一連串追求完美性的過程。㉑康德對於成德的工夫並未明確提
出說明，而這在中國哲學中，各家的道德實踐理想都已曾廣為探
討。㉒

　　但康德的確指出道德實踐的重要基礎精神，其價值的展現
並不在於行為「符合」規範本身而已，而是透過自我決定的自律

---

⑲參見鄺芷人，《康德倫理學原理》。台北：文津，民81年。書中詮釋
　康德的觀念：意志即實踐理性，它決定意念的活動，而意念則直接決
　定行為。由於意志即實踐理性，故其所發佈的原則是客觀的道德律
　（指所有理性動物皆應遵守的原則而言）。另一方面，意念不是純粹的
　（混雜動物性的意欲），而它又直接決定行為，故其原則為主觀的。主
　觀原則是指個別主題的行為原則，此即「格準」。...當意念由意志
　（理性）的決定作用而活動時，就成了德性行為。而此時的意念也就
　成為「自由的意念」。如果意念在上述意義下能自由，它便能獨立於
　動物性感官欲望的決定作用。康德把這種獨立性稱為消極的自由。積
　極意義的自由是實踐理性，此即理性在德性上的立法，亦即理性對意
　念的立法或箝制。（頁163-4）
⑳參見鄺芷人，前揭書，頁192。
㉑參見鄺芷人，前揭書，頁177。
㉒如儒道兩家之學說，包括：擴充四端、化性起偽、復歸其根、心齋坐
　忘、格物致知、致良知等等。

性，同時亦面對意志自由與理智可能做出錯誤判斷的考驗，從而開展出道德抉擇的價值。菩薩戒之實踐理論內涵可以透過康德的理論之詮釋與應用，呈顯其理想的價值：成就個人的完美性即他人的幸福。

對於西洋哲學所開展的道德倫理學來說，自律精神之動機所由出，究竟是被決定或是完全自由，仍各有所見，未達共識；另一方面，此一精神能力究竟是先天或後天，同樣仍有諍論。就菩薩戒思想而言，判斷先天或後天、被決定與否，在實踐意義上來說，不具啟發之效。菩薩戒的既定規範本身的存在，並不必然使戒行墮為他律道德。相反的，正因為標舉菩提心的內涵，使菩薩戒的學處，無論置於開遮持犯的實踐中，皆有依循之判定原則。就其戒法本身的特性：清淨、圓滿、成就德行與佛果而言，依聖言量的作用，可以聯繫德行與成佛的目的。其理論的建構進程因而大別於康德對於「實踐理性」所提出的設準方式。㉓

㈣理想的生命實踐之可能性基礎

由此可見，要開展大乘佛法的理想生命實踐，即當建立在菩提心的基礎上。此又是應當立基於自律的精神上。但另一方面，菩薩戒提出的規範本身，亦指引出實踐的積極價值性。

人性中無論是否含具本有向善的素質或是有向惡的自然習性，都必須經過努力與堅持，才能夠開展道德生活。亦即無論何者是更為根本的人性本質，都應當透過實踐的作用，才能顯發出

㉓康德認為德行與幸福二者，在現實世間中未必有必然的關連，為保證其關連性則需採取三大設準，即靈魂不滅、意志自由、上帝存在。

理想的道德生命價值。因此，即令菩提心具有殊勝的價值，或是自律精神的可貴，都無法立即全然將人性定位於純善的角度。相反的，正對照出人性應當加以發展的需求。

菩提心是大乘佛法所指出做為實踐基礎的理想特性，相應的，在行為的實踐準據上則有菩薩戒作為規範。依其規範所涵的行為價值即是菩薩行的攝集善法（以六度的內容加以圓滿自利成就）、饒益一切有情（利他行之圓滿）。在消極的規制行為方面，即防犯有違利他行的諸種過失。因此，當明瞭犯戒有四種原因：無知、放逸、煩惱、不恭敬，進而加以防範。

此外，若因煩惱熾盛之故而違犯戒行，在菩薩戒本身的行持軌範中亦有補正的實踐原則，即是「懺悔」的行法，可以避免不必要的憂悔、懊惱之積累，形成業障以遮止善心、善行的生起。透過如法悔除罪過，可以使心行清淨，不受業障之阻擾，對於廣大的菩薩行可以精進、樂行。以上可見菩薩戒本身所涵的實踐理論特性，即含蘊能趨向成佛理想的生命境界實現的可能性。

(五)生命理想價值的實踐方法

以上述探討的內容，做為生命教育的基本方法，首先即應當思考：是否所有眾生皆可生起菩提心？菩薩戒以成佛為目的，是否必然將其他（不以成佛為目標）宗教排除在外？以為唯有佛教才能開展真正的生命實踐？

事實上，由於菩提心是自願生起，所以願者自可生起；不願發起菩提心者，亦有其相應的實踐方法，可助其完成其目標。就菩提心可以生起的可能性，其普遍性意義並未因此而有衝突。對於欲實現生命理想價值的實踐主體來說，目標的選擇，決

定其實踐所開顯的終極價值。若以成佛為目標，經過道德實踐、學行菩薩學處的努力，自向成佛目標邁進。若以求取人天果報，或是求取現世的安樂，則實踐的成果並不會導向更高的目標。

不以成佛為目的而踐行菩薩戒，在理論上仍可成就妙善之行；但在實際上則相當不易，因為菩薩三聚淨戒的學戒內容，需以自成熟而後能成熟他有情，才能開展殊勝的六度萬行，若非以最究竟的福慧圓滿之佛果為目標，則隨時棄捨所行或退墮至自利意樂，是極有可能的。而久行大乘之行者，最初亦由發起菩提心，誓願守護一切菩薩學處，經過重重考驗，最後才真正達到自我立法的完全自律之理想，使所有行為不雜染惡心、煩惱等。一般初業行者，只是開始向理想目標邁進而已。雖以成佛為目標，亦不等於其當下所有的行為即必然是菩薩行，仍然有其多生累劫形成的生命課題、生命困境要超越，因此仍要努力於學行的增上與開展。

透過菩提心的攝受，實踐主體將能自我惕勵，超克當下的制限，朝向更圓滿、智慧的人生目標邁進。至於實踐的方法，以六度四攝做為基礎，㉔含括諸大乘經論中所載：菩薩無熱惱、饒益有情之行為典範，智慧與慈悲雙運之妙行等，都呈顯出自我要求的自律精神。

由此可見，若採取上述的理解進路，對於生命教育理念的提倡，應先建立理想的生命價值目標，從菩薩戒的實踐觀點看即是含融菩提心的教授。在《廣論》中即曾提到對於自我生命價值

㉔ 指布施、持戒、忍辱、精進、禪定、智慧，布施、愛語、利行、同事。

的肯認，以及觀待其他有情與自己平等無別，皆是希求快樂而厭苦；因此應當進入大乘菩薩道，以自利利他而朝向成佛的實踐。

至於發心的教授方法，有所謂四緣、四因、四力發心，㉕在教育方法上都可引為參考依據。

三、結語

菩提心的教育方法，即是以啟發自律精神為根基，配合菩薩行的實踐予以整合成理想的生命價值。正和生命教育的目標，以啟發生命智慧、深化價值反省、整合知情意行的蘊含相當一致。生命教育不應當只是生死教育，還應涵蓋整個人生價值觀的建立。本文認為：生命教育的理念，若從菩薩戒的生命觀給予一整全的分析，並從自律精神安立其實踐方法的合理性基礎，應當能開展出理想的生命實踐理論。本文透過上述初淺的探討，僅在思考其理論建構的可能性基礎，對於完整的發展，實有待進一步詮釋與發展。

參考書目

北涼·曇無讖譯，《優婆塞戒經》，大正藏24。

唐·玄奘譯，《瑜伽師地論》，大正藏30。

宗喀巴造，湯薌銘譯，《菩提正道菩薩戒論》。台北：佛教書

㉕參見《廣論》，頁226-8。如見聞諸佛菩薩難思神力，從說法師所聞佛功德先生淨信，不忍大乘聖教遷滅，見此心大利極為珍貴。…四因發心者，種姓圓滿，善友攝受，悲愍有情，不厭患生死難行。從四力發心則有自力、他力、因力、加行力。

局，78 年。

宗喀巴造，法尊法師譯，《菩提道次第廣論》。台中：方廣2000
年。

克主傑著，堪布昂念仁波切講授，黃奕彥語譯，《三戒略論與抉
擇－教門淨垢》。（原典參見《 ࿓ 》收錄於
《宗喀巴師徒全集（ ࿓ ）》。蘭州：甘肅民族出
版社，1999 年。）

王月清，《中國佛教倫理研究》。南京：南京大學出版社，1999
年。

會性法師主講，慧敏筆記，《菩薩戒本經講記》。台中：青蓮出
版社，民83 年。

佐藤達玄著，釋見憨等譯，《戒律在中國佛教的發展》。嘉義：
香光書鄉出版社，1997 年。

李圓淨居士編，《梵網經菩薩戒本彙解》。台北：佛陀教育基金
會，83 年。

釋聖嚴，《戒律學綱要》。台北：東初，79 年。

聖嚴法師，《菩薩戒指要》。台北：東初，85 年。

李明芳，《大乘佛教倫理思想研究》。高雄：佛光，民78 年。

黃紹倫編，《中國宗教倫理與現代化》。台北：臺灣商務，民81
年。

鄺芷人，《康德倫理學原理》。台北：文津，民81 年。

弗蘭克著，趙可式、沈錦惠合譯，《活出意義來》。台北：光
啟，民75 年。

釋體韜，《六度四攝與「瑜伽論·戒品」的關係》。台北：法鼓
文化，1997 年。

鄭石岩，《安度難關》。台北：遠流，2002 年。

鄭石岩，《生命轉彎處》。台北：遠流，2001 年。

王惠雯，《宗喀巴菩薩戒思想之研究》。新莊：輔大哲研所博士
　　論文，1998 年。

苦難與超越

由〈定風波〉一詞
談蘇東坡的生命抉擇與意境

王隆升

【華梵大學中國文學系專任副教授】

中文摘要：

　　神宗元豐二年七月，東坡在湖州刺史任內被如同雞犬般驅趕著，陷入困境。著名的烏臺詩案，把一個清亮之士示眾。三個月後，東坡來到黃州。黃州雖苦，卻是大難之後的喘息安撫之地，對東坡而言，擁有生命中最真實的況味，也成全了一個嶄新的人生階段。東坡以一種曠達的懷抱，將自己從人生的挫折中超脫出來。黃州對於東坡而言，有了這麼特殊的意義。而透過〈定風波〉一詞，最能理解東坡超脫思想。在虛實相間的筆法中，一個昂然不屈、不與人流俗的正直之士燦然表出。是故，本文討論東坡於貶謫黃州所作之〈定風波〉一詞的深刻意義及東坡展現的生命情境。

　　本文分為七部分。壹、前言——黃州，一個新的人生階段：以東坡身陷烏臺詩案的牢籠，卻能在政治中開拓人生意識為出發點。貳、抉擇——一蓑煙雨任平生：分析東坡的「不覺而覺」與「一蓑煙雨任平生」的獨特性，並顯現其生命中遭遇困窘

險惡與威迫，卻不為弱柔的修養與操守。參、超越——也無風雨也無晴：說明風雨撲面而來，東坡自有勇氣承擔；當風雨驟去，斜照相迎，也不會歡喜忘形的自適超脫。肆、哲理與反思：探討東坡在黃州以禪悟之心面對挫折。伍、人生觀的學習與領悟：探討定風波一詞所呈現的意義。陸、結論——生命的堅持：以東坡對於自我生命本質的認清與堅持為結。

關鍵詞：

　　東坡、生命情境、黃州、曠達與超脫、順境與逆境

一、前言——黃州，一個新的人生階段

　　每個人生命中，總有最值得品味的事件與最深刻依戀的所在。詩詞作品，對於故鄉所繫之愁，即使是千百年之後的咀嚼，依舊讓人刻骨銘心。然而在這些文學作家的生命情境中，仕途上的起落與政治上的複雜糾纏，正是致使他們不得不在人生驛站中多點佇足的主因。

　　胡曉明曾說：

> 中國古代知識分子，與他們生存的時代的最顯著力量——
> 政治——之間，歷來有一種緊張狀態。此種緊張狀態，
> 遂造成……無數詩人現實生命的坎陷與心理人格的焦慮。
> ①

　　在這種政治憂患中，文學創作扮演著那一種功能？有些文人，面對政治壓抑或紛擾不已的世局，因而發憤著述，將個人的不幸遭遇和國家衰敗破碎的命運牽繫在一起，藉著詩歌創作，既是情緒的發洩，也是與世俗險惡對抗的一種方式；另外一些人，則是試圖在文學中尋找慰藉，排解生命衝擊，有的因而獨善其身或失卻生活動力，有的藉此心性涵養，化解悲情，求取心靈安頓，曠達自適，進而圓融觀照世界。不管如何，在蹭蹬與困頓的

---

① 胡曉明：《中國詩學之精神》，〈養氣〉，南昌：江西人民出版社，
　2001年，9月，頁121。

生命歷程裡，狂憤與慨嘆、自覺與反省，往往形成迴然不同的文
學風格。

　　文人的多思與多情性格，東坡亦無可避免的擁有，尤其面
對許多不愉快的經歷，他著實飽滿著比其他人還深切的掙扎與痛
苦。生活的挫折，常引領他在面對現實之外，用反省與思考，並
藉由文學創作，對人生或宇宙世界的現象加以體會發抒。對東坡
來說，他的憂患，並非只是單純的指向政治或社會所帶來的風雨
或矛盾，而是牽繫著對整體人生的反思，「人生到處知何似？應
似飛鴻踏雪泥。」（〈和子由澠池懷舊〉·前集·卷一·頁二）
②、「世事一場大夢，人生幾度新涼？」（〈西江月·黃州中
秋〉·上冊·卷一·頁二一二）、「人生如逆旅，我亦是行人。」
（〈臨江仙·送錢穆父〉·下冊·卷二·頁三五二）有別於一般作
品對於事件本身的特定指向，東坡之作多是對於人生整體與歷史
時空的詰問與感嘆。但是在感慨與厭倦的情緒之後，他猶可以在
困頓中冀求希望、在憂患裡追尋消解，讓深沉的人生憂慮裡，竟
也奔迸曠逸而達觀的心胸。「水方瀲灩晴方好，山色空濛雨亦
奇。欲把西湖比西子，淡妝濃抹總相宜。」（〈飲湖上初晴後
雨〉·前集·卷四·頁四三），什麼樣的西湖景色最動人？不論
是晴抑雨，無一不美、「黑雲翻墨未遮山，白雨跳珠亂入船。捲
地風來忽吹散，望湖樓下水如天。」〈望湖樓醉書〉·前集·卷
二·頁三〇）烏雲縝密地織錦天空，瞬間大雨傾盆而下，一時天

---

② 本文所引東坡詩文均出自於楊家駱主編：《蘇東坡全集》（台北：世
　界書局，1998年，6月）一書；詞作則出自於曹樹銘校編：《蘇東
　坡詞》（台北：臺灣商務印書館股份有限公司，1998年，6月）一
　書。均標明卷數及頁碼，方便查考。

地變色；然而急雨一過，天又歸於青藍，晴雨皆宜，「吾安往而
不樂？」（〈超然臺記〉・前集・卷三二・頁三四九）他不斷地開
拓人生智慧，為撕裂的心靈填補傷口、也為封閉的世界尋找出
口。

　　舒亶、李定、王珪、李宜之……，這些基本上可以稱為是
文化人的官吏，為宋朝的歷史留下一個驚心動魄的記號。邪惡的
動機掩飾著不負責任的誣陷，把東坡推向一個臨深淵履薄冰險象
環生的困境。神宗元豐二年（西元一〇七九年）七月，東坡在湖
州刺史任上被捕入獄，一場生死的劇情上演著。東坡身陷其中，
毫無反撲之力，只能如雞犬般被驅趕著，一個廟堂之士，已失去
了應有的尊嚴與對待。蹎蹎的仕宦生涯，當屬這次的囹圄之難打
擊最為深刻了！經歷三個月的牢獄之災，終於免於一死，獲得赦
放，既而遭到貶謫的命運。黃州的生涯雖然清苦，卻因為是大難
之後的喘息安撫之地，對東坡而言卻能擁有生命中最真實的況
味，為東坡成全了一個全新的人生階段。蔡秀玲說：

　　　談東坡的人生觀，黃州時期是重要關鍵。……對於人生，
　　他認為是長久的持續，而非短暫的存在，別離與聚合，憂
　　愁與喜悅都是相對的，因此不須沉浸於一時的悲哀與別
　　離。……貶謫黃州時，……他將佛老思想融入他的生命
　　中，換言之，在面對挫折時，他已能以一種曠達的懷抱，
　　將自己從人生的挫折中超脫出來了。……〈定風波〉，最
　　能表現這種思想與態度。③

③蔡秀玲：〈論蘇東坡的人生觀〉，《臺中商專學報》，1997 年，6
　月，第二十九期，頁243。

　　黃州對於東坡而言，有了這麼特殊的意義；而透過〈定風波〉，彰顯著一個「不屈服，不從流，而昂首闊步，毫無畏懼的抗直之士。」④是故，本文將討論東坡於貶謫黃州三年所作的〈定風波〉一詞的深刻意義及東坡展現的生命態度。

二、抉擇——一蓑煙雨任平生

　　王文誥《蘇文忠公詩編註集成·總案》說：「元豐五年三月七日，公以相田至沙湖，道中遇雨，作〈定風波〉詞。」⑤緣事而來的感情，總是最為真實。東坡自己在詞作之前，以小序交待詞的創作動機與緣起，並且清晰地表明詞作情感的指向：「三月七日沙湖道中遇雨。雨具先去，同行皆狼狽，余獨不覺。已而遂晴，故作此詞。」也就表明了這闋詞就時間順序與當時情狀為——「雨具先去→行沙湖道中（行沙湖道中→雨具先去）→遇雨→同行狼狽、余獨不覺→已而遂晴→作詞」。

　　〈定風波〉云：

　　　莫聽穿林打葉聲，何妨吟嘯且徐行。竹杖芒鞋輕勝馬，誰怕？一蓑煙雨任平生。料峭春風吹酒醒，微冷。山頭斜照卻相迎。回首向來蕭瑟處，歸去，也無風雨也無晴。（下

---

④陳師新雄：《東坡詞選析》，台北：五南圖書出版公司，2000 年，9月，頁114。
⑤王文誥：《蘇文忠公詩編註集成·總案》台北：臺灣學生書局，1987 年，10 月。

冊‧卷二‧頁二三四）

　　「穿林打葉聲」所代表的，是客觀的存在。「莫聽」，表達了東坡認為外物不足以縈繞於身，這種「莫聽」——對襲來風暴的消解態度，延伸成「何妨吟嘯且徐行」的自適與灑脫。而「何妨」甚且還暗示著一種挑戰而不服輸的性格；「吟嘯且徐行」則是呼應詞序中「同行皆狼狽，余獨不覺。」以凸顯東坡的個別性。

　　在東坡身上，總看不到對於雨的哀愁。驟雨急來，本是自然現象，無關心情、也無關緊張、狼狽與否，畢竟生命中有太多的事是無需去憂慮與心急的，憂煩並不會改變事情的發生或結果。生活在人世間，生命的遭遇無疑也是一種風雨陰晴。葉嘉瑩先生就說：「從宗教來說是一種定力，從道德來說是一種持守。……無論是在大自然的風雨之中，還是人生的風雨之中，都需要有一份定力和持守，才能站穩腳步，不改變你的品格與修養。」⑥無疑地，從風雨中平凡不過的人生事件，我們清晰地看見東坡灑脫而自適的定力與持守。

　　東坡在詞的開頭，即運用十分強烈的「穿」和「打」等字眼營造氣氛，描述一種「困境」。「穿」有穿越、穿透、穿插、穿過等意義；而「打」則包含了打擊、打破、打敗、打斷等意義。一個「穿」字的現身，已經足夠引領讀者想像眾人躲避的「狼狽」的模樣；進而加入「打」字的雙重爆發，讓遭受攻擊的

---

⑥葉嘉瑩：《蘇軾》，第九講，台北：大安出版社，1991 年，2 月，頁124-125。

生命情境更加不堪！然而，東坡獨異於人，用「莫聽」的態度，去面對一個風風雨雨的世界。

穿林打葉，代表風雨的襲來，但不為所動的心情，猶然自適；生命中的困窘險惡與威迫，修養與操守並不因此而弱柔。然而，衝擊擾身，如果只是以「莫聽」的態度面對，是否是麻木與消極？如同駝鳥心態般，選擇逃避？「莫聽」只不過是掩耳寬慰的一種方式，解決了耳畔的聲響，卻阻擋不了眼前的風雨。又或者說，如若只是一味排拒外力的侵犯，卻不知所措，甚至用抵抗的態度，在泥濘的環境裡奔逃，試圖得到逆境的消解，終究有失足的危險！挫折的恐怖往往不在於挫折的艱難，而在於自己本身精神上的頹圮與自信的喪失，因而自亂陣腳。

但是，東坡選擇的不僅是「莫聽」，他在「莫聽」的同時，也開啟了另一扇門，引領自己走向自適而達觀的道路。

「何妨」代表一點也不勉強地，能夠將挫折轉化為考驗與反省，甚至以欣賞的眼光來看待，這是何等心胸！一點也不受外界的──除了老天突如其來的驟雨之外，還得加上同行狼狽所引起的不安定感。──影響。既然不可改變的是現狀，何不用心靈去寬解為外物繫心的束縛？因此，「徐行」以定心，「吟嘯」而自得，如同〈南歌子·送行甫至餘姚〉所言：「我是世間閒客，此閒行。」（上冊·卷一·頁二〇三）一個閒逸灑脫的形象歷歷在目。

人生，總是在習慣中被呵護著。然而，習慣於習慣，卻有可能是一種可怕的耽溺現象。習慣於在風雨中被保護、習慣於車馬的代步，終究只能被拘執在一方角落。當官久了，總有揮之不去、頤指氣使的慣性，也少不了吆喝一聲、群僕代勞的傲氣。如

果，人生總是不斷地要求，從不知足，一旦情勢丕變，便難以適應。但東坡並不眷戀這耀武揚威的生活（其實他本來也就不是），於是，即便是無馬可騎，也有竹杖芒鞋輕簡裝備的快意。

東坡在離開黃州到汝州赴任時，曾有「芒鞋青竹杖，自掛百錢遊。可怪深山裡，人人識故侯。」（〈初入廬山〉·前集·卷一三·頁一五六）詩句，可見東坡喜歡清簡的穿著芒鞋遊走山林之間。「竹杖芒鞋」，是一般平民百姓的行步裝扮，或是閒適之時所穿；而「馬」則是官人或者欲辦急事時的交通工具。照理說，論速度，人行不如馬行；論舒適，騎馬無步履之累。如果能夠選擇，想必眾人多擇馬而怯步。但東坡卻獨好穿著芒鞋，在黃州的土地上烙印。

芒鞋固然是輕盈的，然而，在一個穿林打葉、暴風來襲、雨水灑落的濕漉之地行走，卻會變得拖泥帶水，一不小心還會濺濕衣裳。那麼，東坡這樣的選擇，是否意味著什麼？陳長明認為，這是一種不欲為官的心理：

> 「輕」字必然另有含義，分明是有「無官一身輕」的意思。……〈答李之儀書〉云：「得罪以來，深自閉塞，扁舟草履，放浪山水間，與樵漁雜處，往往為醉人所推罵，輒自喜漸不為人識。」被人推操漫罵，不識得他是個官，卻以為這是可喜事；〈初入廬山〉詩的「可怪深山裡，人人識故侯」，則是從另一方面表達同樣的意思。這種心理是奇特的，也可見他對於做官表示厭煩與畏懼。「官」的對面是「隱」，由此引出一句「一蓑煙雨任平生」來，是這條思路的自然發展。⑦

他認為東坡歸隱之意十分明顯。「一蓑煙雨任平生」這樣的發想,許是從張志和〈漁歌子·漁父詞〉中所描寫的恬淡隱士生活「青箬笠,綠蓑衣,斜風細雨不須歸。」而來;東坡〈臨江仙·夜歸臨皋〉也說「長恨此身非我有,何時忘卻營營?夜闌風靜縠紋平。小舟從此逝,江海寄餘生。」(下冊·卷二·頁二五二)東坡為眼前的靜夜水色所醉,一種浪漫不羈的性格燦然而出。這應是陳長明為什麼認為東坡在尋找一個無官的隱居世界。

然而,這樣的思路是否只暗示著畏懼為官或歸隱的念頭?另一個想法也許可以成立。東坡在序中用眾皆「狼狽」余獨「不覺」以標誌自己的個別性與隨緣自適的灑脫時,就已經透露在「急切——舒緩」、「狂飆——徐行」中的選擇傾向,那麼,對於東坡捨棄「快馬」而就「輕簡芒鞋」的擇一決定並不意外。另一方面,試想,如果在沙湖道中騎馬遇雨,當眾人皆狼狽騎馬狂奔之時,難保東坡之馬不會如脫韁般急馳而去!如此,將與東坡的期望背道而馳。因此,沒有車馬以代步,沒有傘具以遮雨,天候的因素,加上人為的「配合」,讓東坡的芒鞋雨中行,有了心境轉換的條件。也許當眾人慨嘆沒有車馬代步的同時,東坡更能在濕泥中踏實土地,咀嚼生命中曾有的風雨點滴。

於是,「『輕』勝馬」的意義,亦可解讀為:芒鞋確實是比較「輕便、輕快」的,只是這種「輕」,是一種脫離困頓的「輕」(反省與轉化——既然只有芒鞋,何不寬心踏水前行?)、更是

⑺陳長明、唐圭璋等:《唐宋詞鑑賞集成》,上冊,台北:五南圖書出版有限公司1991年,6月,頁775。陳師伯元亦有相同看法。見《東坡詞選析》一書,頁一一五。

一種心靈清醒之後泰然自適的「輕」（寬慰與解脫──眾人皆抱
怨的情景，對我而言，卻也是一種成長的契機，無入而不自
得）。那麼，在「官」、「隱」之間的取捨關係之外，「一蓑煙雨
任平生」也可說是不論自然界的風雨或是政治風暴，即使只有單
薄的遮掩與防衛，即使這種歷程將成為生命的永恆伴隨，都將坦
然面對，欣然接受。⑧

　　東坡的灑脫，不僅標示著他與眾不同的自得，對身為閱聽
者的我們，也是一種勉勵：生命中也許充滿著痛苦和難題，但能
掌握的人，總是將之當作是成長的契機。這所有的改變與轉化，
都涉及自覺性的深刻意義，如同索甲仁波切在《西藏生死書》中
所說：

　　當海浪拍岸時，岩石不會有什麼傷害，卻被雕塑成美麗的
　　形狀；同樣道理，改變可以塑造我們的性格，也可以磨掉
　　我們的稜角。……因此，生命中的逆境，都是在教我們無
　　常的道理，讓我們更接近真理。當你從高處掉下來時，只
　　會落到地面──真理的地面；如果你由修行而有所瞭解
　　時，那麼從高處掉下來絕不會是災禍，而是內心皈依處的
　　發現。困難與障礙，如果能夠適當地加以瞭解和利用常常
　　可以變成出乎意料的力量泉源。⑨

⑧胡雲翼說：「披著蓑衣在風雨裡過一輩子，也處之泰然。」（語見
　《宋詞選》，台北：明文書局，1987年，8月，頁71）但東坡在詞序
　已說明雨具已先去，如何有蓑衣可披？是故以字譯方式解讀此句，和
　東坡所要表達的深刻意義並不相同。
⑨索甲仁波切（Sogyal Rinpoche）著、鄭振煌譯：《西藏生死書》，
　〈反省與改變〉，台北：張老師文化事業股份有限公司，1996年，12
　月，頁57-58。

　　當生命已然達到無入而不自得的境地，即使是政治上的風聲鶴唳、自然界中的風起雲湧，都將無擾其心。也許當眾人以為「一蓑煙雨任平生」是困蹇人生的淒涼坎坷，因而為東坡一掬同情之淚，但卻是東坡「我心坦然」的最佳寫照。沈家庄說：「通過『誰怕』的反詰，表現詞人兀傲偉岸的人格和剛烈坦蕩的胸次，……『不覺』是人生參透後一種超然物外的至高境界。」[10]因此，儘管穿林打葉而來的風雨侵擾，東坡內心執守的信念，卻使他能在精神上瀟灑地吟嘯徐行，並發抒無畏煙雨的曠達之情。

　　考察置身世界的假設，是在實際經驗裡，以另一種觀點予以對照，因而提供我們一種選擇的餘地。經過風波之後的心靈，終究會舒放眼光，看淡得失，「一蓑煙雨任平生」的抉擇或無謂，已著印在東坡的心靈空間。

三、超越——也無風雨也無晴

　　詞作上闋表現東坡面對「穿林打葉」風雨時，從容不迫而無所畏懼的精神；下闋則呈現心靈的反差與寧靜，畢竟飄風不終朝，驟雨不終日，風雨終究會消失，斜照相迎，表現了他對逆境的樂觀態度。

　　時間回溯。一場生與死的拉鋸戰，正狂傲不羈地在元豐年間上演著。而糾葛其中的主角東坡，正在躓躓的仕途裡，身陷囹圄。就算太皇太后、王安石等人的說項讓他免於一死，既而遭到

---

[10]沈家庄：《詞學論稿》，〈詞品：定風波〉，桂林：廣西師範大學出版社，1994年，9月，頁255。

貶謫的命運，但文人敏感的心靈所烙下的傷痕，卻是揮之不去。
打擊帶來的寒慄，不免讓人回想而深深悸動與抖顫；料峭春風的
寒冷，是現實的情景，卻也是心境的寫照。烏臺詩案的恐懼，在
寒風與酒醒之後重新鮮明起來。

　　一個飽受艱辛的生命旅者，總該被溫情所包圍。當心境一
陣春寒之際，山頭西斜的太陽，終究帶來光明與溫暖。雨後終
晴，是一種宇宙循環的必然，因此，微冷之後，將會有暖意徐
來。而這種循環，恰巧觸動著人生領悟的心絃——雨過可以天
青、冷後終將微暖，那麼，痛苦是否也可以超脫？葉嘉瑩先生
說：

> 「對人生有了一個比較徹底的認識，所以在微冷的醒覺之
> 中就有了親切溫暖的感受。……一個作家不管寫出多少作
> 品，你都可以透過他所有的作品找出他的心中的一個感情
> 意境之所在，……通過蘇東坡的……詩和詞，我們也可以
> 找到他的一個基本的修養之所在，那就是『山頭斜照卻相
> 迎』——一種通觀。」⑪

　　缺乏反省或思索的心靈，往往容易讓自我依附著環境而變
動。如果東坡在微冷之後，無法擺脫心靈的寒顫，也就沒有解脫
與曠達了。經驗的體會深刻人心，終究要在心靈上烙下痕跡，如
同東坡在冤獄中受盡的折磨，總讓人無法忘懷。然而，經驗卻也
是一種心隨萬境轉的過程，其中的關鍵，常在一霎時的念頭轉

---

⑪葉嘉瑩：《蘇軾》，頁133。

換。

在東坡身上，我們不難看出他對於經驗所凝結的法則或道理——「困頓→接受→反省→領悟→解脫」，一樁生死大事，寫來微顫卻又淡然，彷彿一切的政治風雨早已消散如煙，不再心靈困阨。人生的境遇便是如此，多少挫折與艱難，就如同風雨般；當時間流逝之後，悄然回首，原先那風雨侵襲的地方，已然一片寂靜。「眾裡尋她千百度。驀然回首，那人卻在燈火闌珊處。」回顧，不啻是省思的最好方式。有時候，尋找一個能夠保持距離的視角，反而更能投入一種滋味悠長的品味與析賞。

詞中的「蕭瑟」，除了寫東坡方才走過的路徑之外，所指應是生命中所遭遇到的挫傷與愁苦。然而這一切都不再是悠然自適的東坡所牽絆或心悸的對象了，因為在他心中既已無風雨、也沒有晴天——一種超越於風雨陰晴、幸與不幸、憂傷與暖抱的超然境界。

如果沒有已而遂晴，東坡這闋詞的意義是否鮮明的呈現？於是，晴的出現也是顯現和風雨的對比，如同〈六月二十日夜渡海〉詩所說的「參橫斗轉欲三更，苦雨終風也解晴。雲散月明誰點綴？天容海色本澄清。」（後集・卷七・頁四九六）雲開月見、天宇透澈、星空皎潔、碧波清盈，風停雨歇之後，原有的光風霽月，澄淨了。東坡用寫景之筆，寄寓其情：點綴的天空雲翳盡散，天容澄清、海色也澄清，而東坡也得以還其原有的面貌，自身高尚的品格與堅持，是不會因為短暫的烏雲遮蔽或長久風雨的侵襲而消失的。⑫

「人有悲歡離合，月有陰晴圓缺。」（〈水調歌頭・丙辰中秋……〉・上冊・卷一・頁一六八）自然界的反復往來，形成一種

必然的循環，然而仕宦中的風雨卻是難有確切的停歇，終究沒有人能知曉雨過天藍的兌現是否圓滿。遭受挫敗與詆毀的人，總是渴望天晴的眷愛；如果有一天，不再有風雨擾身，是否也意味著期盼天晴的心理不必再有？「當肆虐的風雨撲面而來時，他自有『泰山崩於前而色不變』的勇氣；當風雨驟去，斜照相迎時，他也不會歡喜忘形，暗自慶幸。」⑬心靜了、心空了、心也富有了。東坡所建構的世界，是思索後的再生，是塵囂擾攘之後的空，也是一種空而富有的空。陳師伯元云：「相田途中遇雨，詞人寫眼前之景，而寓心中之事，因自然現象，抒人生觀點，即景生情，於是寫出這樣一首於簡樸中見深意，尋常處見波浪的詞來。這首詞實際上也就是東坡自己的寫照。」⑭一個昂然獨立的清流之士，終究會在風雨的淬鍊之後更亮眼。

四、哲理與反思

王水照曾說東坡是一位聰穎超常的智慧者，但卻算不得是擅長抽象思辨的哲學家。因為「他是從生活實踐而不是從純粹思辨去探索人生底蘊。他個人特有的敏銳直覺加深了他對人生的體

---

⑫ 東坡在〈六月二十日夜渡海〉詩中，將渡海的經歷加以擴大，顯現其人生旅程中所品嘗的憂喜，和〈定風波〉有相似的情感基調。可參考拙著：〈天容海色本澄清——東坡六月二十日夜渡海詩的人生境界〉，《文學時空與生命情調》，台北：文史哲出版社，1998 年，3月，頁117-132。

⑬ 王水照、崔銘著：《蘇軾傳——智者在苦難中的超越》，〈三詠赤壁成絕唱〉，天津：天津人民出版社，2000 年，1月，頁288。

⑭ 陳師新雄：《東坡詞選析》，頁114。

驗，他的過人睿智使他對人生的思考獲得新的視角和高度。」⑮
從平常事理，體會人生的意義，平凡中學習，生活就是禪。陶文
鵬也認為，東坡在詞作中所表達的人生哲理，都基於日常的事理
與人情，「有明顯的實踐性、樸素性與作者的獨特個性。蘇軾兼
融儒、釋、道三家思想又使其趨於簡易、致用，借以圓通地觀照
事理和明達地處世應物，……」⑯所以，在詞作中所揭示的哲理
既是深邃精微，且又平易近人。

　　東坡在黃州放遊山水、從大自然中安撫情緒，閒適自得。
沙湖道中遇雨的心靈透悟；赤壁之遊的江上之清風、山間之明
月；東坡的灑脫豪情與自然的天地彷若相容。皎然僧曾有〈山雨〉
詩云：「一片雨，山半晴。長風吹落西山上，滿樹蕭蕭心耳清。
雲鶴驚亂下，水香凝不然。風回雨定芭蕉濕，一滴時時入畫
禪。」（卷六）山雨飛動，卻是感性的生命形態與動人的生活美
學。於是東坡的雨中行、風中吟，不是惱人的陰霾與晦暗，而是
一種面對飛動之趣中的自覺，一種對於美感的深深顫動。眼前的
景致和心中的情緒相融，竟也烙印著禪宗色彩。

　　東坡的〈出峽〉之作「入峽喜巉岩，出峽愛平曠。吾心淡
無累，遇境即安暢。」（續集·卷一·頁二〇）「因病得閑殊不
惡，安心是藥更無方。」〈病中游祖塔院〉（前集·卷五·頁四九）
⑰透顯著安命思想。東坡也「惟佛經以遣日」（〈與章子厚參政
書〉·前集·卷二八·頁三三〇）、「心困萬緣空，身安一床

⑮王水照：《蘇軾研究》，〈蘇軾的人生思考和文化性格〉，天津：河北
　教育出版社，1999年，5月，頁71-75。
⑯陶文鵬：《蘇軾詩詞藝術論》，〈論東坡哲理詞〉，上海：上海古籍出
　版社，2001年5月，頁178。

足。豈惟忘淨穢，兼以洗容辱。」(〈安國寺浴〉·前集·卷一
一·頁一三三)

　　烏臺詩案的飽受屈辱，讓東坡在黃州生活，喜與田家野老
相從，溯溪沿山以參訪佛寺、親近佛理。「東坡始終由平靜空明
之心反照萬象，牢籠萬物，故所發皆為具禪意之觀照。」⑱而好
友參寥僧，亦不遠千里自杭州前來探視東坡，陪伴東坡年餘。⑲
而《冷齋夜話》也記載著：「軾嘗要劉器之同參玉版和尚。器之
每倦山行，聞見玉版，欣然往之。至廉泉寺，燒筍而食。器之覺
筍味勝。問此筍何名？東坡曰『即玉版也。此老師善說法，要令
人得禪悅之味。』」⑳

　　黃州時期，東坡進入另一個人生階段，這時因為情勢大
變，加上黃州偏僻，使他「以素樸生活為經，方外之游為緯，勤
涉釋道典籍，復轉往心靈奧秘省察。……東坡之性格融嵌儒釋道
三家。……釋道二家，乃東坡之隱性，使其精神和諧，助其超於
困厄之下；……」㉑

---

⑰「安心」二字，出自《墨子·親士》：「非無安居也，我無安心也。」
　　所指為安定之心情；此處應為佛家語，出自《景德傳燈錄》卷三，菩
　　提達摩言。二祖慧可向達摩求安心之法，達摩言「我與汝安心竟」，
　　所指即求安心只須內求，而不必向外。
⑱李慕如：〈談東坡思想生活入禪之啟迪〉，《屏東師院學報》，1998
　　年，6月，第十一期，頁180。
⑲參寥僧與東坡的情誼甚深，東坡多次貶謫，參寥均不遠千里相陪。東
　　坡的〈八聲甘州·寄參寥子〉一詞，更是兩人友誼的最好印證。關於
　　兩人之交往情況，可參見拙著：〈傾訴與聆聽——試論東坡與參寥
　　的情誼〉，《歷史月刊》，2001年，7月，第162期，頁37-44。
⑳《冷齋夜話》一書，收錄於《筆記小說大觀二十二編》，第一冊，新
　　興書局，頁620。
㉑王淳美：〈東坡謫居黃州時期與釋道關係之研究〉，《南台工專學
　　報》，1992年，3月，第十五期，頁132。

五、人生觀的學習與領悟

分明是無罪，卻被小人奸臣投以「關照」的眼光，因見謗成為階下之囚；明明沒有詆毀朝廷與皇室，卻得在自知無罪中強迫自己承認有罪，把外在的侮辱與戕害轉變為自侮自戕，心靈所受到的創痛就更慘烈。大難之前，詩詞文章曾經是讓他幾乎逼近死亡的最大「元兇」；然而大難之後，這些文字卻又成為他自我治療、擺脫心靈困阨的精神支援。修補深痛的傷口，亦即尋回自尊。「樹木受傷會分泌液汁自我治療，人類的語言文字也有類似樹汁的作用。……蘇軾希望在詩中創造出一個超拔的新世界，……恢復自尊的正確途徑是進行深刻的反思。……在經過縱（時間上的今昔）橫（空間上的物我）兩方面的深自內省後，蘇軾終於走出了感情的低谷，……以曠放超逸的精神世界來蓄養自尊及自信。」[22]

相異的生命，執著與絕望的深度或有差異；憂憤與陰霾的情緒也會不同。然而，當心中的大門打開，剝落塵土，不再為沮喪與焦慮折磨，心念終會被撫平，因而隨緣成長。

那麼，東坡的〈定風坡〉一詞，究竟擁有著多大的意義呢？鄭文焯《大鶴山人詞話》：「此足徵是翁坦蕩之懷，任天而動，琢句亦瘦逸，能道眼前景，以曲筆直寫胸臆，倚聲能事盡之矣。」[23]直筆曲筆、眼前景心中事，只是輔助我們掌握東坡詞境

---

[22] 史良昭：《浪跡東坡路》，〈初到黃州〉，台北：漢欣文化事業有限公司，1990 年，11 月，頁94-97。
[23] 鄭文焯《大鶴山人詞話》收錄於曾棗莊、曾濤編：《蘇詞彙評》，台北：文史哲出版社，1998 年，5 月，頁89。

的方式或技巧，更重要的探索層面，該是一種人生觀的學習與領悟。陳師滿銘說：「寫的雖是他在沙湖途中遇雨的一件小事，卻反應了作者在惡劣環境中善於解脫痛苦的曠達胸懷，……『誰怕，一蓑煙雨任平生』及『歸去，也無風雨也無晴』，正道出了他不避苦難、經得起挫折的生活態度……但覺真氣流行，空靈自在，……」㉔當我們以受想行識去經驗一件事，念頭便開始轉動。就在轉動之時，便是觀念的改變，於是，常會引領我們進入一個更深邃的境地。

　　對東坡而言，心念的執著與掛礙，隨著生命歷程的變化而淡然，黃州生活，究竟為在仕宦道路上跌落潦倒的他帶來那些心靈智慧的啟迪？冥想與遊觀，收起勁健的稜角，在偏僻的黃州扮演親近鄉土的閒逸之士。他可以發抒「山下蘭芽短浸溪，松間沙路淨無泥。蕭蕭暮雨子規啼。誰道人生無再少？門前流水尚能西！休將白髮唱黃雞。」（〈浣溪沙——游蘄水清泉寺，寺臨蘭溪，溪水西流。〉·上冊·卷二·頁二三五）用爽朗的語調道出「水可西流，那麼人為什麼不能再年少？」的青春企想；生活中也有自得其樂、高風亮節的風雅：「雨洗東坡月色清，市人行盡野人行。莫嫌犖确坡頭路，自愛鏗然曳杖聲。」（〈東坡〉·前集·卷一三·頁一五四）而屬於東坡超脫而不染的生命氣質也歷歷在目：「江城地瘴蕃草木，只有名花苦幽獨。嫣然一笑竹籬間，桃李漫山總麤俗。也知造物有深意，故遣佳人在空谷。……」（〈定惠院海棠〉·前集·卷一一·頁一三三）將自己比為海

㉔陳師滿銘等：《唐宋詩詞評注》，台北：文津出版社1989年，10月，頁224。

棠花，雖身在漫山桃李間，卻有高貴而不流俗的氣質。

領略總不分事大與事小，正如風雨和晴朗的泯除悲喜，相對的喜好與厭惡，常繫於心念之間。林師明德說：

> 所謂的風雨和所謂的麗晴，以及，所謂的滄桑和所謂的甘甜，原也不過是轉化相對的現象而已，到頭來，還不是復歸虛無。那麼，還要斤斤然置意、執著些什麼呢？穿過風雨的東坡，終於體觸到生命的真諦，同時也為自己找到了安頓的地方。㉕

命運總是在有力量的遭逢中和人生相遇，也正是機緣裡自身產生的那股力量提攜著自己，於是命運有了動力。當這股動力有了深刻的領悟，心靈終將可以超越風雨陰晴，真正的平「定」「風波」才會落實。

楊海明說，在東坡詩詞中，最能感知到他的思想歷程。那便是從苦悶憂患的境遇中尋找慰藉與追求、進而在追求中尋得解脫的「三部曲」進程：

> 作者對於人生的「熱情」，幾已降到了「零度」：「古今如夢」（〈永遇樂〉），人間一切的悲歡離合到頭來都只是新舊相續的一連串夢境而已，這又是一種多麼深刻的苦悶情緒！但是這僅只是蘇軾思想歷程「三部曲」中的第一部

㉕林師明德：《唐宋詞選》，台北：時報文化出版事業有限公司，1998年9月，頁157。

曲。蘇軾接著又向我們展示了他的第二部樂曲──「追求」……他思想中不甘人消沉悲觀的一面，就因自然景物的啟發而亢奮起來；既然「門前流水尚能西」（〈浣溪沙〉），那麼，「誰道人生無再少」？當然，真正的「人生」……，是「看看已失」而不會「倒流」的。但蘇詞所寫，卻正表現了他對於苦悶情緒的抗爭和對樂觀情緒的追求。……他發現一個尋解決矛盾的「法寶」：「忘卻」煩惱、恢復「清淨」。……在未「忘卻營營」之前，江水騰湧，心潮起伏；而一旦「徹悟」之後，卻江風平息、水波不起。……經過這番艱苦的思索與追求之後，蘇軾終於找到了自己精神上的一個宿：任天而動、隨遇而安。這便進入了他的「第三樂章」──「解脫」。㊱

　　從苦悶的情緒中掙脫，代之以對樂觀情緒的追求，終之以隨遇而安、超脫自得的歸宿，讓東坡的「三部曲」既感人又值得喝采！

　　東坡用他坦蕩的胸懷與達觀的從容不迫，把生命行旅中遇襲的驚濤駭浪一一克服，在敵意環伺的險惡環境中，昂然挺立，並且化險為夷。東坡作〈定風波〉之時，雖然已經逐漸從烏臺詩案所籠罩的陰影中走出，然而，經歷一次幾乎喪身、驚心動魄的震撼教育，要在短期之內消逝抖顫，終究是一件難事；再者，當時的東坡正身處在黃州編管「留置查看」的逆境之中，那麼，詞

㊱楊海明：《唐宋詞史》，〈「新天下耳目」的蘇軾詞〉，高雄：麗文出版事業股份有限公司，1996年，2月，頁356~359。

中所描述的種種情景與心境，便可以「看作是他對不幸遭遇的一種『精神抵抗』」。㉗但是這種「精神抵抗」的意義是積極而正面的，那並不是麻痺或封閉自我的隔絕，如果把東坡的隨緣安時和樂天知命，解讀為只是自我寬解、自我安慰或自我麻醉的精神勝利，未免小看了東坡的生命基調：

> 蘇軾的超邁放達、隨遇而安不能視之為一種不得已而為之的苟且偷安，而應看作是在當時異常險惡的現實生活中以及敵黨必欲置其於死地而後快的情況下所採的一種處世藝術……。㉘

對蘇軾來說，當時第一是存有生命，再來才是往後的發展，生命的保有之後，才有實現人生理想的可能。而這種存命而實踐理想的處世之道，能夠形成一種藝術，必定是有徹悟的心靈與開朗的性格。東坡在詞中提到的「微冷」，固然是「寫實」，然而卻也是在處世藝術中迴蕩出一點寒顫的沁冷！可是，既然坦蕩的胸懷擁抱「誰怕」的自信，這微微刺傷終究會消散。

於是，我們在〈定風波〉中視見一種處世藝術，一種哲理式的人生思索，這種以平凡而現實的題材，發抒真實的主體意識，省視自我的心靈，讓為情造文的豐沛感動，在字裡行間充分流洩：「東坡詞主體意識的強化，抒情主人公的變異，打破了舊的抒情程式和詞的創作心理定式……把題材的取向從他人回歸到

㉗ 楊海明：《唐宋詞史》，頁359。
㉘ 程林輝：〈蘇軾的人生哲學〉，《中國文化月刊》，1995年，10月，192期，頁84。

自我，像寫詩那樣從現實生活中拮取主題，捕捉表現的對象，著重表現自我、抒發自我的情志，把代言體變成言志體。」⑳同時也不同於多數的詞，由普遍而廣泛的抒情模式，向具體化的事實靠近。小序中，東坡交待了事情的緣起及緣事而發的創作動機，也明確地有著情感的指向。於是，詞序中「同行皆狼狽」，更襯托著文本中東坡「一蓑煙雨任平生」的獨特人生態度。東坡的〈獨覺〉詩也說：「翛然獨覺午窗明，欲覺猶聞醉鼾聲。回首向來蕭瑟處，也無風雨也無晴。」（後集‧卷六‧四九〇）尤其可見東坡對於「也無風雨也無晴」境界之嚮往。

六、結論──生命的堅持

驟雨和急風之後，常是平靜的雲開天青。自然界是如此，人生的過程不也是這般？

如果，歲月在生命歷程中刻劃屢屢傷痛，我們是否能瀟灑自在、淡然處之？如果，重重湍流一再侵襲，我們終究可以隨遇而安、寬容以待？

放置在偶然的時空背景下，東坡為自己檢示了一個在平凡的風景和日常生活中超越風雨、超越個人政治跌宕與超越實境的思維。這一曲生命之歌，表明生活的真相，也表達他如何面對困境，如何進行一場雋永有味的人生品賞。

飽經風霜的老松，歷經滄桑而彌堅。孤高寂寞、流言蜚語

所帶來的精神創傷，藉由平凡與困苦的生活中品賞生活的樂趣與歡欣而康復。超曠自得的樂觀情懷，幫東坡化解許多人生道路上的重重阻擾。

東坡在這貶謫生涯裡，實踐著命限中自我抉擇的態度。貶官安置、薪俸微薄、環境貧瘠等因素，非東坡所能變異；東坡可以努力的，是在一個遠離權力中心的窮鄉僻壤修養心性、讀書著述；從現實生活中複雜而對立的官場鬥爭裡抽離，寬解漩渦中的憂幻；而讓波瀾之後平復內心、舒緩情緒的良方，便是在佛道哲理中求取精神寄托，進而超然悟性。

在身逢逆境之後，受傷的心靈總渴望順樂之境的到來。然而，禍福相依，在悲喜的矛盾兩端，終究都不免激動內心，衍生波瀾。那麼，最有智慧的感悟，該是什麼？顏崑陽說：

> 境遇是外在、客觀的，對於我們來說，它是「命限」，無從選擇，只能去遭遇與接受。但以什麼態度、心情去面對客觀的境遇，卻在主觀上可以自我抉擇、做主。……面對順逆二種境遇，人也有三種「心境」：一是處順境的「樂境」，二是處逆境的「苦境」，三是超越苦樂的「寧境」；「也無風雨也無晴」便表徵了這種「寧境」。⑩

當混亂的情緒獲得澄清，淨化的心靈不再為物己喜悲而衝擊，「焚香默坐，深自省察，則物我相忘，身心皆空，求罪垢所

---

⑩顏崑陽：《蘇辛詞》，〈蘇辛詞選釋：定風波〉，台北：臺灣書店，1998 年，3 月，頁84。

從生而不可得。一念清淨，染汙自落，表裡倏然，無所附麗。」
（《黃州安國寺記》·前集·卷三三·頁三六〇）生活中的憂幻，
「也無風雨也無晴」，沒有雨晴、亦無順逆，而是一種寧靜和諧的
境界。詞中的人生意義，正是東坡飽經憂患的遭遇和他的心理機
制所帶來一種豐厚餽贈：

> 到黃州的我是覺悟了的我，……蘇東坡的這種自省，不是
> 一種走向乖巧的心理調整，而是一種極其誠懇的自我剖
> 析，目的是想找回一個真正的自己。他在無情地剝除自己
> 身上每一點異己的成分，那怕這些成分曾為他帶來過官
> 職、榮譽和名聲。他漸漸回歸於清純和空靈，在這一過程
> 中，佛教幫了他大忙，使他習慣於淡泊和靜定。艱苦的物
> 質生活，又使他不得不親自墾荒種地，體味著自然和生命
> 的原始意味。這一切，使蘇東坡經歷了一次整體意義上的
> 脫胎換骨，也使他的藝術才情獲得了一次蒸餾和昇華，
> 他，真正地成熟了……，成熟於一場災難之後，成熟寂滅
> 後的再生，……③

當我們把眼光放置在東坡、放置在緊近死亡邊緣後收容他
的黃州、放置在留黃三年的元豐五年、放置在一場再平凡不過的
雨後初晴，卻閱讀著一幕激情之後的收斂與曠達、吟詠著一曲對
生命美好的堅持。東坡在坎坷道路上形成的領悟與自覺，尋找真

---

③ 余秋雨：《山居筆記》，〈蘇東坡突圍〉，台北：爾雅出版社有限公
司，1995年，8月，頁110-111。

正的自我，咀嚼東坡的〈定風波〉之後，也許最該讓我們稱誦的，不在於他冤獄之後詩詞風格與思想心境的改變，更不在於他對風雨來襲從容不迫的灑脫與能耐，而是一種對於自我生命本質的認清與堅持。

迷失與回歸

《紅樓夢》空幻主題
與寶玉的生命省思和實踐

侯迺慧
【臺北大學中國語文學系專任教授】

中文摘要：

本論文共有六個部分。

第一部分，確定紅樓夢的核心主題在呈現空幻之理與提點解脫之道。同時開展出紅樓夢敘寫由空而色而情而色而空的生命歷程。

第二部分，由第一回的兩則神話說明賈寶玉的特殊來歷，以及其中寓含的寶玉生命特質的意義。同時由此顯現出迷失的開端。

第三部分，在認識寶玉生命特質的基礎之上，分析出家這條解脫之道對寶玉可能有的艱難與容易。

第四部分，順延著小說情節的發展，探討寶玉在幾個重要事件中對生命本質的省思，說明寶玉在無常空幻的理解之上所思索到的對應之道：出世。

第五部分，觀察得知在二十八回時寶玉即已認識生命的本質並得到出世的對策，從二十八回到一百一十九回出家之間，是寶

玉從知解到實踐的歷程。從幾個情節分析寶玉面對人事的離散衰損是由情緒反應到幽冷以對的心理變化。

　　第六部分，結論寶玉出家的真正原因，標示出他從迷失到回歸的簡要歷程表。並以「賈寶玉」三字的諧音寓涵來印證這個回歸的歷程。

關鍵詞：

　　紅樓夢、賈寶玉、空幻、解脫

一、空幻主題與回歸

賈寶玉的出家雖然讓《紅樓夢》及其中許多人物頓時墮入悲劇的收場，但是對寶玉自身而言，卻毋寧是一個智慧與喜悅的結局，也是另一個究竟圓滿可能的開端。這樣的情節發展也許令許多讀者驚訝、失落，卻自有其內在的必然性。本論文即以寶玉生命特質的分析為基礎，探討進入佛門修習之路在寶玉生命內在的難與易，並在此理解的幫助下，沿著寶玉一路走來的經歷，流灠他在幾個重要事件中的生命反省與心理轉變，試著從這些轉變點的連結中了解寶玉的生命實踐歷程的概貌。最後我們會發現這是一個由空到空的迷失與回歸歷程。

這個迷失與回歸的歷程如果能配以《紅樓夢》的主題來分析，將可以有更貼切的了解。如果整部小說的敘寫就只為了情愛的主題，那麼一僧一道的人物安排、遊歷太虛幻境的情節舖寫，豈不過於勞神與徒然。我們應該留意作者在第一回的提醒，第一回的第二段，作者以簡短扼要的文字開宗明義地強調：

> 此回中凡用「夢」用「幻」等字，是提醒閱者眼目，亦是此書立意本旨。①

以短短的三句文字立為一段，置於第一回第二段，而後隔開從頭敘述情節，作者確實使用相當顯眼的方式提醒讀者本書的意旨即

① 本文所有關於《紅樓夢》的引文一律採用以庚辰本與程甲本為底而革新的《紅樓夢校注》，里仁出版社，1984 年 4 月。

是「夢」、「幻」——空幻主題。這是作者扼要的總說。至於具體的意涵則立刻在下面的石頭神話中藉由一僧一道之口說明：「那紅塵中有卻有些樂事，但不能永遠依恃；況又有『美中不足，好事多磨』八個字緊相連屬，瞬息間則又樂極悲生，人非物換，究竟是到頭一夢，萬境歸空，倒不如不去的好。」這是僧道在頑石動心欲入凡之時所提示的警告，就是這個空幻警告沒有為頑石所接受，所以頑石才會為慾所迷，進入凡間，展開了一連串的回歸之途。另一個更讓我們印象深刻的情節是，第一回中空空道人閱讀了石頭鐫記在自己身上的幻形入世的故事並將其從頭至尾抄錄回來之後，就產生了「因空見色，由色生情，傳情入色，自色悟空」的大改變②。這個改變的進程是：空——→色——→情——→色——→空，這是空空道人詳閱（抄錄）石頭記一次之後的轉變，因此，這個進程應也是隨著石頭記所敘寫的寶玉的轉變而進展的。所以我們可以說：《紅樓夢》所展開的生命歷程即是：空——→色——→情——→色——→空。這樣的一個轉變歷程正與太虛幻境大門的對聯相符：

　　　　假作真時真亦假，無為有處有還無。

---

② 余國藩著、李奭學譯〈虛構的石頭與石頭的虛構〉一文對此段情節有極簡要的說明：「敘述者的這番話可是有心寫下，根本就是用諷喻在比《石頭記》頑石主角的生命歷程。頑石出身大荒／空，乃『因空見色／幻』，『由色生情』，再『傳情入色』，最後又『自色悟空』，回歸大荒。」刊《中外文學》，233 期，80 年 10 月，頁 32。這樣的見解十分可喜，只可惜並未落實到小說情節中加以開展，以具體地探討每一個進程的生命實況，所以無法顯現一個生命的成長與修持的真相。本文除為補充這個部分之外，更希望能藉由分析來突顯一個生命的覺醒與實踐。

無論是由空經過色、情、色再回歸空，或是假、真、假與無、有、無，作者都一再地藉著各種象喻告訴讀者，這是一個從迷失而回歸的生命故事。以下我們先沿著寶玉的生命旅程檢視他的改變，最後這個由空回歸空的軌跡當能自然朗現。

二、兩則神話看寶玉的生命特質

《紅樓夢》第一回出現了兩則神話敘述寶玉的前身，細思兩則神話的描寫，可以略知寶玉與生俱來的特質。第一則的敘寫如下：

> 原來女媧氏煉石補天之時，於大荒山無稽崖煉成高經十二丈、方經二十四丈頑石三萬六千五百零一塊……只單單剩了一塊未用，便棄在此山青埂峰下。誰知此石自經鍛煉之後，靈性已通，因見眾石俱得補天，獨自己無材不堪入選，遂自怨自嘆，日夜悲號慚愧。……（一僧一道）後便說到紅塵中榮華富貴。此石聽了，不覺打動凡心，也想要到人間去享一享這榮華富貴……（要求一僧一道）攜帶弟子得入紅塵，在那富貴場中、溫柔鄉裡受享幾年，自當永佩洪恩，萬劫不忘也。

這塊靈性已通的頑石後來被一僧一道縮成瑩潤可愛的一塊寶玉，攜入紅塵隨著賈寶玉出生，成為賈寶玉有特殊來歷的重要象徵。因而此處對頑石的敘寫隱含了寶玉生命中相當重要的特質。其

一，頑石聽見僧道談論紅塵中的榮華富貴便動了凡心，要求僧道攜他入富貴場、溫柔鄉受享幾年。可知這代表寶玉前身的頑石是基於一股強烈的慾望來到人間，這股慾望主要是受到富貴與溫柔（情）所吸引。而且溫柔鄉是頑石自己在僧道的榮華富貴敘述之外加上去的，也許隱然寓含著頑石對於溫情的特殊渴望與憧憬。因此，將寶玉的玉理解為「慾」的諧音是可以接受的。③但看第一回第一段開宗明義處即在「真事隱去」之下不遠處出現「甄士隱」、當段結束處亦在「假語村言」之下出現「賈雨村」即可知作者在本書開端處便以頗為明顯的脈絡引導讀者：根據諧音原則可以從紅樓人物的姓名中窺知作者的寓意。因此，結合姓名諧音與頑石神話的內容可以確信，頑石來到人間，對於富貴生活與溫柔情事勢必與生俱來地表現出強烈的受用與貪愛。④從頑石打動凡心慾望、決定到人間享受，便展開了迷途。

　　其二，頑石雖為女媧氏所精煉，又經歲月陶萃出靈性，但卻被棄置而無所用。雖然作者並未交代是什麼原因致使他被棄，但從下文他自忖「獨自己無材不堪入選」看來，女媧補天取石時是經過選材歷程的。因此，頑石的被棄不用應也意味著它確實「無材」，「不堪」補天。從這一段文字，我們看出頑石的一個明

---

③王國維首先提出這個說法，而余國藩也認為：「甲戌本凸顯棄石『凡心已熾』，不啻在聚照『欲望』問題……而這正是貫穿全書的引導母題……棄石自慚不堪任用，故渴慕下凡以彌此憾。他念生則欲動，小說的情節率皆由此產生。」見同上注，頁15--17。

④寶玉對於溫柔情愛的貪執，下文有較多的分析。至於對富貴的享受，小說中所在多有，但多為較長的篇幅。此處引一段小小的情節為證：「寶玉因誇前日在那府裡珍大嫂子的好鵝掌鴨信，薛姨媽聽了，忙也把自己糟的取了些來與他嘗。寶玉笑道：『這個須得就酒才好。』」（第八回）可見出他是一個善於享受品味的人。

顯重要的特質就是：無材因而無用（不受賞識）。所以小說裡寶玉從故事開端到結束的整個歷程中，不曾為賈府辦過一件家事，也未做過什麼有利的貢獻。⑤所以薛寶釵以極其功利的標準加封給他「無事忙」的綽號，嘲諷他忙忙碌碌地穿梭於眾女子之間，從未做過一件「正事」。另外，當黛玉初次見到他時，批寶玉的〈西江月〉詞便道：

> 富貴不知樂業，貧窮難耐淒涼。可憐辜負好韶光，於國於家無望。天下無能第一，古今不肖無雙。寄言紈褲與膏粱，莫效此兒形狀。（第三回）

以世俗的眼光和標準來衡量，寶玉確實是一個無用之人：不愛讀書，不愛應酬，厭棄功名仕宦，害怕沾染所有俗氣的事；然而成就一個龐大家族興盛發達的條件正是這些。所以寶玉的無用主要應對的是，他不會也不屑去追逐掙取世俗利益之事。第三十六回直接說明寶玉最厭峨冠禮服、賀弔往還等事，而每每甘心為丫鬟充役，顯示這是一種發自內心真實的好惡。這種特質不但彰顯他對世事的笨拙，也突顯他是一個與世俗遠隔的人。詞中的「無能」「不肖」等強烈批評字眼，都是從他對國對家無所作用、無所貢獻著眼的。這種批評或者也可以當作是世俗價值觀的反映。

其三，寶玉的前身既為一塊頑石，其稟賦的特質也就較諸一般生命更加頑強。石頭本為一種形質堅固之物，所以人們每以

---

⑤也許有人會想到他在出家之前考取舉人，光耀門楣。但那事實上是為自己的斷絕親情略做補償，是一種消極的作為。

「金石」象喻至堅，悲慨著「人生非金石，焉能長壽考」。上引神話由石頭開展而來，應也寓含著寶玉對富貴柔情的享受慾望以及對世俗功利無能無用等特質之強烈頑固，難以改變。在賈府興盛揮霍的時候，他不但對別人的警勸之語毫不在意，只一心專致地享樂⑥；而在賈府遭際抄家鉅變後，寶玉仍然無所事事，始終沒有出面處理過一件事務，也始終沒有扛起過一點家計責任，至此仍對甄寶玉的經世濟民之說感到強烈的厭惡⑦。那是一種深厚頑強的生命特質。尤其對於世俗世界中功利心機之類的事更是強烈地抗拒唾棄。這正與第二則神話遙相呼應：

> 西方靈河岸上三生石畔有絳珠草一株，時有赤瑕宮神瑛侍者日以甘露灌溉，這絳珠草始得久延歲月。後來既受天地精華，復得雨露滋養，遂得脫卻草胎木質，得換人形，僅修成個女體，終日游於離恨天外，饑則食蜜青果為膳，渴則飲灌愁海水為湯。……恰近日神瑛侍者凡心偶熾，乘此昌明太平盛世，意欲下凡造歷幻緣……那絳珠仙子道：「……他既下世為人，我也去下世為人，但把我一生所有的眼淚還他」。

---

⑥例如在六十二回記述到：黛玉道：「要這樣才好，咱們家裡也太花費了。我雖不管事，心裡每常閑了，替你們一算計，出的多進的少，如今若不省儉，必致後手不接。」寶玉笑道：「憑他怎麼後手不接，也短不了咱們兩個人的。」此外，他還常勸大家安享富樂。
⑦一百一十五回中賈寶玉見了甄寶玉之後大感失望，他批評說：「他說了半天，並沒個明心見性之談，不過說些什麼文章經濟，又說什麼為忠為孝，這樣人可不是個祿蠹麼。」

這則神話雖然主要在敘述寶玉和黛玉的前世因緣，但是卻可以看出寶玉的特殊來歷——天上的神仙下凡。前世既為神仙，自然稟賦了神仙特有的氣質：潔淨、清靈、飄逸、不諳俗務也不懂人情；似乎永遠不沾染塵垢濁污。寶玉和黛玉同具有這些特質，他們對於世俗事務同樣毫無興趣、深感厭棄。如果站在世俗的立場以世俗的眼光標準來看待他們，就會有像賈雨村這樣的看法：

> 使男女偶秉此氣（指清明靈秀之氣）而生者……置之於萬萬人中，其聰俊靈秀之氣則在萬萬人之上，其乖僻邪謬不近人情之態又在萬萬人之下。若生於公侯富貴之家則為情痴情種……（第二回）

清明靈秀之氣在世人眼中卻是乖僻邪謬、不近人情，所以連寶玉的母親都認為自己的兒子「瘋瘋傻傻」、「孽根禍胎混世魔王」（第三回）。因為人們無法了解他的價值系統，當然也無法了解並欣賞他的所言所行。從世俗的價值系統看來，他確實是腹內草莽、偏僻乖張。⑧試想寶玉若非生於榮國賈府，以他身無謀生之能的狀況，能否存活於市井之間，著實令人疑慮。無怪乎他會被視為無用之人，也無怪乎只有黛玉一人能認同他的人生態度和價值觀。而他也完全不在意世人的誹謗之言。

原來寶玉的來路確立了他與黛玉和世俗全然不同的價值系統，致使他在茫茫人海中為俗眾所譏唾卻又安然自得。

---

⑧第三回〈西江月〉詞的第一首批寶玉云：無故尋愁覓恨，有時似傻如狂。縱然生得好皮囊，腹內原來草莽。潦倒不通世務，愚頑怕讀文章。行為偏僻性乖張，那管世人誹謗。

三、寶玉在回歸路上的難與易

　　也許有人會疑惑，依上文所析，寶玉生命特質當中豈非存在著自相矛盾之處？又說他貪於榮華富貴的享受、沉溺於溫柔情鄉，卻又說他抗拒世俗功利、不諳人情。榮華富貴豈非世俗功利所造就？溫柔情鄉又豈非人情所發？於此，我們必須對這兩個神話象喻的層次做一個界分。頑石神話幻化為寶玉出生時含於口中的扇墜大小之玉，隨身佩帶，以石頭堅固難化的形質象喻寶玉生命中形質層次的特質：享受富貴安樂的生活，對形美之人會動心喜愛。此層次對應到主要的女性角色時，是寶釵、襲人等通達人情又兼形色與德性之美的女性，他們是世俗價值系統所稱善的完人。至於神瑛神話則以神仙來歷象喻寶玉生命中精神層次的特質：以其清明靈秀之氣厭拒功利濁穢的世俗，不學世務亦不操世務。此層次對應到主要的女性角色時，是黛玉、晴雯等脫俗離世又潔身自好的性靈之美的女性，他們是世俗價值系統所排斥的不親和之人。這極度喜愛享受榮華富貴、耽溺溫柔情鄉又極度厭棄世俗功利、人情世故的生命特質是寶玉從兩個神話來處與生帶來的生命面貌。⑨從這裡出發走向最後出家的路上，寶玉在自省、

---

⑨歐麗娟在〈《紅樓夢》論析──「寶」與「玉」之重疊與分化〉一文中認為：「在《紅樓夢》中一切有關神性與俗性、形上與形下的爭議和對抗都來自於『玉』所蘊含的雙重性，以及由此雙重性所導致的模稜性，遂而使寶玉這個人成為理想與現實互相衝突的戰場，也造成讀者聚訟不已的來源。」見國立編譯館館刊，28卷1期，88年6月，頁213。所謂神性與俗性、形上與形下之間其實並無此文所說的對抗與衝突，因為他們分屬於不同的生命層面，這兩個層面分由兩個神話來象喻。

覺悟乃至實踐之道上，存在著較一般人困難但同時也是較一般人容易的生命課題。

先從艱難處說起。

寶玉既以清明靈秀之氣出生於富貴公侯之家，自屬賈雨村所謂的情痴情種。他在賈府眾多美好女子的環繞之下⑩也的確顯得耽於情執。他不但博愛所有品貌出眾的少女，說出令人譏嘲的名言：「女兒是水作的骨肉，男人是泥作的骨肉；我見了女兒我就清爽，見了男子便覺濁臭逼人。」（第二回）⑪連像秦鍾一類「人品出眾」的男子也會為之「痴了半日」（第七回），為了與他交結寧可生在寒門薄宦之家。至此我們似乎可以說，寶玉對於一些生命中具有美好質素的人——或貌美、或品高、或潔淨、或情摯、或純善之人，都發自內心地喜愛他們、欣賞他們，樂於穿遊其間。⑫脂硯就評他說：「寶玉有生以來，此身此心為諸女兒應酬不暇……可知除閨閣之外，並無一事是寶玉立意作出來的……寶玉是多事者，情之事也，非世事也。」（庚辰本二十二回）

但這種情感並非獨佔的，自與一般男女情愛有別，賈母對

⑩本書第一回第一段即開宗明義地強調：「忽念及當日所有之女子，一一細考較去，覺其行止見識，皆出於我之上。……我之罪固不免，然閨閣中本自歷歷有人……」

⑪此處女兒指的是未婚之少女，已婚之婦在他的定義中仍與男子同類。第二回他還說女兒結了婚沾染了男子的濁臭，便不可愛了。

⑫古清美〈無立足境，方是乾淨——漫談紅樓夢中的情與禪〉一文對寶玉的情感取向有這樣的見解：「而寶玉也並非是一個完全形而上的愛情觀者，而是兼求性靈與形貌的。他對周圍眾女子『既悅其色，復戀其情』；他這樣一個雖受傳統禮教影響卻又不受世俗利害及價值觀污染、任性發展而純真開放的心靈，往往不重視他們的地位的差別亦不在乎她們性格上的缺點而恣意的憐惜、戀慕、愛護、欣賞而不能自已。」見《國文天地》，74 期，80 年 7 月，頁 44。

他即有如下的觀察：

> 別的淘氣都是應該的，只他這種和丫頭們好卻是難懂。我
> 為此也耽心，每每的冷眼查看他。只和丫頭們鬧，必是人
> 大心大，知道男女的事了，所以愛親近他們。既細細查
> 試，究竟不是為此。豈不奇怪。想必原是個丫頭錯投了胎
> 不成。

一般世俗的男女之情是佔有的、獨享的⑬，寶玉的喜愛親近丫頭
們，是對潔淨柔軟生命的自然趨近。這種趨近使他可以安身在溫
柔鄉裡，可以遠離外面功利、複雜、攫取傾軋的屬於男人的世
界。⑭這分愜意自如的舒適感使他產生強烈的依戀執愛。第十九
回襲人回兄家後，趁勢以母親即將贖她的話題試探自己在寶玉心
中的分量，結果寶玉果然緊張地不准她離去。然而寶玉接著吐露
的心意卻是讓襲人失望的：

> 只求你們同看著我，守著我，等我有一日化成了飛灰——
> 飛灰還不好，灰還有形有跡，還有知識——等我化成一
> 股輕煙，風一吹便散了的時候，你們也管不得我，我也顧

⑬ 李淳玲〈紅樓夢的美感世界〉（下）就融貫張愛玲的見解，認為寶
玉：「對一切女兒的愛戀，都是『愛悅而不佔有』。」 見《鵝湖月
刊》，258 期，85 年12 月，頁43 。

⑭ 兩個世界的說法主要見於余英時〈紅樓夢的兩個世界〉與〈曹雪芹的
反傳統思想〉二文，分別刊於《歷史與思想》，聯經出版社，71 年，
與《史學與傳統》，時報出版社，71 年二書。他認為兩個世界的研究
足為紅樓夢研究的新典範。

不得你們了。那時憑我去，我也憑你們愛那裡去就去了。

「你們」指的是賈府裡一干未婚的女子，包括小姐們與丫頭們。意即寶玉在意的不只是襲人一人，而是所有身邊的女子。他強烈地希求所有的女子一起守在他身邊，直到他自己在世上完全消逝得無影無蹤。所以只要他存在世上一天，這些女子就要陪著守著而不可離開。這分對聚守的貪執，和他最終放下整個家族絕然出家而去，是兩個背馳的極端。此時，任何一位女子離他而去都會令他心傷不已，更遑論他自己主動放下所有喜愛的人呢。因此，我們可以了解，寶玉生命中出家的一個最大的艱難應是分離，亦即是情感上的執著（故為情痴情種）。

然而這個生命中特顯的艱難卻也可能成為寶玉覺悟出家的容易。因為他太在意與所有喜愛的女子廝守同樂了，以致於只要有一個女子離開或受苦，他便會生起深切痛徹的失落與哀傷，較諸一般人感受到更強烈的幻滅。早在榮府最鼎盛的時期他已有類似的經驗：當大千金元春晉封為鳳藻宮尚書加封賢德妃時，榮寧兩處連接幾日熱鬧慶祝，眾人得意興奮不已，獨獨寶玉一人因秦鍾生病而悵然若失，對於府內的熱鬧得意「視有如無，毫不曾介意。因此眾人嘲他越發呆了。」（第十六回）⑮第十九回當襲人以自己即將被贖回家是「去定了」來試探寶玉，並說出女大當嫁的一番道理時，寶玉便若有所失地感嘆：「早知道都是要去的，我就不該弄了來，臨了剩我一個孤鬼兒。」此處分離事件尚未發生，只是意識到身邊的女子終將離開，他便倉惶不安，有何必當

---

⑮秦鍾人品出眾，在寶玉心中與未婚女子同類。詳見上文。

初、寧可始終不聚的想法。而後隨時間的消逝，身邊女子或遠嫁
或患病或亡故，每一個事件發生時，寶玉就深受驚嚇，驚嚇人事
的聚散無常，任憑多少財富權勢也無法阻止流散。痛徹的幻滅感
使寶玉較諸常人更敏銳深刻地體會到無常空幻。可以說，情痴情
種與聚守的貪執是寶玉出家的艱難，卻也是引發他出家的容易和
重要緣起；「煩惱即菩提」的道理於焉顯現。

　　其次討論寶玉出家的易，其中最明顯的當屬他對世俗事務
的厭棄。他既然嘲諷追求仕進的人是祿蠹，自然對功名利祿無所
執取，更且避之唯恐不及。所以出家時必然要放下世俗的功名財
利對寶玉而言應是簡單合意的。雖然寶玉一開始是因頑石動了慾
心想到凡世享受榮華富貴，但寶玉對於富貴榮華只是盡情地享受
現有者，並無追逐攫取之心，更無意經營，甚或只是有則享之、
無則捨之的心態。七十一回探春對於持家的艱難有所感慨時，寶
玉就有如下的回應：

> 寶玉道：「誰都像三妹妹好多心。事事我常勸你，總別聽
> 那些俗語，想那俗事，只管安富尊榮才是。比不得我們沒
> 這清福，該應濁鬧的。」尤氏道：「誰都像你，真是一心
> 無掛礙，只知道和姊妹們頑笑，餓了吃，困了睡，一點後
> 事也不慮。」寶玉笑道：「我能夠和姊妹們過一日是一
> 日，死了就完了。什麼後事不後事。」

他是只管安富尊榮，一點俗事也不管，一點俗心也不擔。雖然也
許後事不能盡如人意，他卻抱持著過一日是一日的態度。亦即他
對富貴榮華是既能盡情享受又能隨時放下。這也和他不沾滯的生

命特質有關。

寶玉出家的另一個容易應是他生命中驚人的流動特質。試想寶玉喜愛且疼惜身邊眾多女子，日日穿梭嬉遊於她們之間，倘若寶玉事事放在心上，留滯累積，那他豈不是將自己陷溺在瑣碎煩膩之海而不可自拔？二十二回寶釵生日看戲時，他原本對寶釵總選熱鬧戲碼深感厭煩，在寶釵的一番說詞後，他便央求寶釵念戲文給他聽，聽後喜得拍膝畫圈稱賞不已。這麼快速的大轉變引起了黛玉的不滿與嘲諷。令人印象深刻的當屬三十回：他得罪了寶釵正覺無趣，便四處閒逛。晃到母親處，王夫人正在午睡。炎炎夏日午后，侍女金釧兒一面替王夫人搖扇一面睡眼惺忪地打盹兒。一看到金釧兒楚楚的模樣，寶玉已然忘記剛才的不悅，既服侍金釧兒含香雪潤津丹，又表白要向母親討她，引逗得金釧兒說了不該說的話。不料假寐中的王夫人起身打了金釧兒一巴掌。寶玉情知自己惹禍了，一溜煙竄出王夫人屋外，卻在花園裡馬上被齡官畫薔的情景所吸引。他已然又忘了金釧兒被他無端攪和（而即將失業終至自盡）的嚴重事態，又被眼前的情境感動到忘我（被雨淋濕而不自覺）。一般人對於之前得罪使寶釵不悅之事多少會有些歉疚，但寶玉卻能毫不掛懷地又進入另一個充滿情思的境地裡；一般人對於害金釧兒受苦受罰必然心有不安、慊慊良久，但寶玉卻能立刻忘懷，又進入另一個情思繾綣的境地。他生命的流動特性實在令人驚駭，這是他無所掛礙、永遠專致於當下的長處，也是他進入佛門、當下決斷的容易所在。⑯

四、回歸路上的幾個省思關鍵

寶玉從情執與享受的生命情態到毅然出家，是一個完全悖反的轉變。從迷失中回歸，並非一夕之間所致，也不是由一個事件所轉捩，而是有其漫長延續的多次事件相互震盪、積累而成。雖然如余國藩所說：「《紅樓夢》從頭至尾都在講寶玉看破紅塵的過程，雖則講得撲朔迷離，費人疑猜」[17]但是仔細解讀，仍能看出寶玉轉變的因緣和脈絡。以下試由幾個重要事件的分析以呈現寶玉轉變的漸進軌跡，了解其回歸的歷程。

㈠ 埋下種子──初遊太虛幻境

一個靈性已通的頑石或一位天界的神仙熾動凡心而到紅塵享富貴柔情，無異是一種遮障與迷失。這個淨除遮障而回歸的路程早在第五回就已緣起，也就是在賈府正要攀達權勢與富貴的巔峰時。這次的奇異經歷是寧國府賞梅，寶玉睏臥秦可卿房中而遊太虛幻境。警幻仙子帶領寶玉閱覽了諸多門區與對聯，如：

孽海情天

---

⑯ 廖咸浩〈前布爾喬亞的憂鬱──賈寶玉和他的戀情〉一文略略提及流動，但他關注的意義是：「他的情欲確是多向的流動著，但在意義上是形而上的(metaphysical)。也就是說他愛（應說痛惜）的是女人整體，或是由個別女人所指向的女人整體。」《聯合文學》，198 期，2001 年 4 月，頁63 。

⑰ 見余國藩著，李奭學譯〈情僧浮沉錄──論《石頭記》的佛教色彩〉，《中外文學》224 期，80 年 1 月，頁40 。

> 厚地高天，堪歎古今情不盡；
>
> 痴男怨女，可憐風月債難償。

> 春恨秋悲皆自惹，花容月貌為誰妍。

「寶玉看了，便知感歎。」因為警幻仙子專司「人間之風情月債」，所以寶玉被導引閱讀的詩聯均抒寫男女情愛，可是卻都流露出負面的否定的感慨。寶玉遂不自禁地發出感歎。「感歎」是一種情意性的反應，顯示寶玉在閱讀中深深地感受到一種令人頹喪的情興。但這也只是情意性的感發，並沒有任何智性的反省，所以寶玉往後的生活也沒有因此有立即性的影響。然而這卻是一顆種子埋進寶玉潛意識中，種子能否發芽還有待日後思維反省等功夫，猶如陽光空氣水分的充沛才能開花結果一般。

　　這個情節，警幻仙子肩負著賈家祖先的託付，想藉此遊歷「警」告寶玉一切情意終為空「幻」。雖然她的「警幻」目的並沒有達成，但種子既已埋下，就只有靜待寶玉在紅塵中諸多緣會的反省與體悟了。

㈡ 齊物思想——概念上的啓發

　　二十一回裡，一日寶玉不自覺地得罪了襲人，被襲人冷落。在百端無聊賴中，寶玉橫思豎想地有了一些心得：

> 若往日則有襲人等大家喜笑有興，今日卻冷清清的一人對
>
> 燈，好沒興趣……說不得橫心只當他們死了，橫豎自然也

要過的。便權當他們死了，毫無牽掛，反能怡然自悅……
看了一回《南華真經》。……不禁提筆續曰：

> 焚花散麝，而閨閣始人含其勸矣；戕寶釵之仙姿，灰黛玉
> 之靈竅，喪減情意，而閨閣之美惡始相類矣。彼含其勸，
> 則無參商之虞矣；戕其仙姿，無戀愛之心矣；灰其靈竅，
> 無才思之情矣。彼釵、玉、花、麝者，皆張其羅而穴其
> 隧，所以迷眩纏陷天下者也。

寶玉畢竟是聰穎的，在孤獨寂寞中思維，了解到對襲人等的情意
成為內心的牽掛，而這牽累卻不能改變她們不在身邊的事實。他
也思考到不論所愛的人在不在身邊，橫豎生活是要過的。所以權
且假當她們已死，反而能放下所有的牽掛。接著從莊子書中思考
到：寶釵之仙姿、黛玉之靈竅以及襲人、麝月等正如網羅穴隧，
使人迷眩纏陷。唯有戕損灰槁其仙姿靈竅，人人無所差別，才能
使人喪減情意、無愛戀之心。這裡我們看到，多情多紛擾的體會
加上莊子思想的啟發，促使寶玉對於放下情累以逍遙自適有了一
番憧憬。然而這些理解卻如靈光一現，在襲人出現時，見其嬌嗔
滿面，寶玉馬上情不自禁地向襲人信誓旦旦要聽從襲人的規勸。
⑱

　　然而這概念上的認知，與對逍遙無累的憧憬，在寶玉回歸
的路上卻是一大躍進。

---

⑱襲人為世俗價值體系中典型的賢德女子，是入世甚深的人。她的一切
　規勸之語皆在趨使寶玉向世俗核心靠近，是為悖反寶玉回歸路向者。

㈢ 無常、空幻的認知

　　情累的苦受很多人體會過，絕大多數人都明知而又不可自
拔地陷於其中，寶玉也不例外；何況圍繞其旁的盡是動人楚楚的
美好女子。所以必須有更多事件情境的強化，才能使他持續已現
的領會。下一個重要的進展關鍵是二十二回寶釵生日，鳳姐以借
刀殺人的手法引誘湘雲去觸怒黛玉，引發寶玉的高度緊張，想在
湘雲和黛玉之間調停，不料竟招惹兩人極度的不滿。寶玉因而有
了一次深刻的省思：

> 細想自己原為他二人，怕生隙惱，方在中調和，不想並未
> 調和成功，反已落了兩處的貶謗。正合著前日所看《南華
> 經》上有「巧者勞而智者憂，無能者無所求，飽食而遨
> 遊，泛若不繫之舟。」又曰「山木自寇，源泉自盜」等
> 語。……寶玉道：「什麼是『大家彼此』！他們有『大家
> 彼此』，我是『赤條條來去無牽掛』。」談及此句不覺淚下
> ……遂提筆立占一偈：你證我證，心證意證。是無有證，
> 斯可云證。無可云證，是立足境。……亦填一支〈寄生
> 草〉：無我原非你，從他不解伊。肆行無礙憑來去。茫茫
> 著甚悲愁喜，紛紛說甚親疏密。從前碌碌卻因何？到如今
> 回頭試想真無趣。

他從徒勞無功的善意調解中深深體會到莊子無為的道理。而後在
襲人「大家彼此」和氣的一番勸慰下觸動了自己沒有能力影響所
愛之人的感慨，興發了人的本質原來是孤獨的、不相牽涉的領

悟。前次戲文「赤條條來去無牽掛」的意涵此時便有了新的解悟：每個人的來路與最終歸處畢竟是一無所有。這是空幻的領悟。由此推得，每個人的立足點都是一樣的：無所保證──對於未來甚或下一秒鐘，誰能保證什麼呢？這是無常的領悟。既然無常、空幻，那麼為情執著而「悲愁喜」、而分「親疏密」的紛紛碌碌，終究是徒然傷神罷了。唯有無所分別、無所執著才能肆行無礙，才能逍遙自在。但是這分領會馬上又被釵黛合力駁斥而暫拋腦後。

這是寶玉在湘黛的糾紛中體會到的無常空幻與不執取的道理。可以說他對生命本質有了深刻的認知，但這分由小小糾紛所推得的認知仍不足以改變寶玉的行為常態。然而這畢竟也是一種進步。

㈣ 出離思想──消解空幻之苦的對策

儘管釵黛努力扼阻寶玉往參禪的路上走，然而一旦對生命本質有了真實的領會，是不可能忘失或回頭否定了。因此接下來再有機緣深思生命時，這個領會將成為他思維的基礎，再往前躍進。這個契機與轉進出現在二十八回，寶玉聽見黛玉葬花時吟唱的詩句：

> 次後聽到「儂今葬花人笑痴，他年葬儂知是誰」，「一朝
> 春盡紅顏老，花落人亡兩不知」等句，不覺慟倒山坡之
> 上，懷裡兜的落花撒了一地。試想林黛玉的花顏月貌，將
> 來亦到無可尋覓之時，寧不心碎腸斷！既黛玉終歸無可尋
> 覓之時，推之於他人，如寶釵、香菱、襲人等，亦可到無

可尋覓之時矣。寶釵等終歸無可尋覓之時，則自己又安在哉？且自身尚不知何在，則斯處、斯園、斯花、斯柳又不知當屬誰姓矣！因此一而二，二而三，反覆推求了去，真不知此時此際欲為何等蠢物，杳無所知，逃大造，出塵網，使可解釋這段悲傷。

黛玉傷感的詩句又引起寶玉空幻的情思，由黛玉的終歸無可尋覓推之於每一個所愛之人，甚且連自己、賈府、一花一木都將面對改變的命運。無常空幻認知又再度撞擊他溫柔鄉的壁壘，使他油然生起略已熟悉的驚悸。這次思維到的空幻猶如彌天蓋地的網羅，把所有的人一網打盡，無人可逃遁其外，他的驚恐使他不知所措——杳無所知在世俗人間還能以何種存在跳脫此空幻的命運。一種強烈的跳脫意識使他想到「逃大造、出塵網」才能消解空幻的悲傷。

「逃大造、出塵網」是出世的思想。心溺於塵世俗網中，執取所愛，抗拒變遷，便難以接受空幻的事實；一旦離散失落便悲傷痛苦，不可自抑。然而無常空幻的事實既不可避免，那麼要消解這種悲傷，唯有心隨時光共流轉，無所執著於「有」（常）。這是以心的調整來對應空幻。「逃大造、出塵網」指的即是心的逃出、心的不執著。這是寶玉在推想大量空幻的前景時所思維到的對策；也是寶玉一路在生命真相的認知進程中，第一次有了對策。

五、回歸路上的生命實踐

　　從上文的討論可以了解，早在《紅樓夢》第二十八回，寶玉即對生命的本質有了體會，而且也找到對策。但是這樣的認知與思維都發生在賈府鼎盛、人氣興旺的時期，尚無重大的離散衰損事件撞擊他的心，以致這些體會仍停留在頭腦層面成為概念而已。所以一直到一百一十九回寶玉才以實際行動放下一切，以全副生命去實踐出離的對策。從二十八回到一百一十九回這佔全小說四分之三篇幅的情節，是寶玉從知解到實踐的歷程。也可以說，從概念性的認知到全生命的蛻變、從頭腦到心靈的路程走得比之前正確知見的獲得要費時更久。這是大部分生命在知與行方面的成長常態。

　　或者，我們可以換個角度看。之前寶玉的認知是因為一些個別事件所引起，這些事件本身的空幻性也讓寶玉即境而生發的體會（也跟事件一樣）像泡沫一般，在事過境遷之後，隨時間而淡化、而沉澱到意識潛幽的角落去。一直要到賈府開始走下坡，元春崩逝，晴雯死亡，迎春賤嫁，探春遠嫁，乃至黛玉亡故，賈府抄家，賈母、王熙鳳一一去世，衰損離散的事件越來越多，終至大量襲罩而來時，寶玉的空幻認知與出世思想才被一再反覆地強化，終而成為遍在的明意識時，寶玉的心靈才有了全面的淨化與回歸。實踐於焉加速跳躍。

　　以下我們分成幾個階段來看寶玉生命的改變：

　　在空幻本質的體認下，寶玉雖對情愛仍有執著，卻也從人事的變化中漸次理解因緣分定的限制。以下三段情節可略窺一

二：

> 趁你們在，我就死了，再能夠你們哭我的眼淚流成大河，
> 把我的尸首漂起來，送到那鴉雀不到的幽僻之處，隨風化
> 了，自此再不要托生為人，就是我死的得時了。……昨夜
> 說你們的眼淚單葬我，這就錯了。我竟不能全得了。從此
> 後只是各人各得眼淚罷了。……自此深悟人生情緣各有分
> 定，只是每每暗傷「不知將來葬我洒淚者為誰？」（三十
> 六回）

> （寶釵搬出大觀園）寶玉聽了，怔了半天……更又添了傷
> 感。……心下因想：「天地間竟有這樣無情的事！」悲感
> 一番……（七十八回）

> 當日園中何等熱鬧，自從二姐姐出閣一來，死的死，嫁的
> 嫁……由是一而二，二而三，追思追來，想到《莊子》上
> 的話，虛無縹緲，人生在世，難免風流雲散，不禁的大哭
> 起來。（一百一十三回）

雖然已領會空幻的道理，寶玉仍期望有生之年眾女子都陪在身
邊，最好趁大家仍團聚時自己就死去，才能得到所有人的眼淚。
但在知道齡官對賈薔的鍾情之後，才了解各人各得眼淚，原來人
生情緣各有分定。只是在這分體會中仍免不了暗自神傷的情緒反
應。而後離散事件一一發生，在寶釵搬出大觀園時，他也為寶釵
的無情而悲感。一直到一百一十三回，黛玉已逝、妙玉遭劫，寶

玉都仍為人事的風流雲散而大哭。因此我們大抵可以了解：從二十八回至一百一十三回之間，寶玉對因緣分定有所相信，也在聚散離合的人事間確確實實地品嘗到無常與空幻之苦，他也像絕大多數的人一樣，只能深感悲傷，甚或不可抑扼地痛哭。可見他的心仍有熱情，仍有不捨，仍放不下。這是寶玉在知與行的落差之間跌宕、攀爬的漫長路程。而一件又一件的離散衰損事故也漸漸地趨使他、逼迫他去適應無常，且漸漸平靜地接受，終至淡漠以對。

這期間最重要的轉捩當屬一百一十六回他再度遊歷太虛幻境，第二次見到《金陵十二釵正冊》等，心下牢牢地記著每一首詩，對姊妹們的壽夭窮通沒有不知，兼且見到黛玉、熙鳳、晴雯等已亡故的女子已然成為仙眷。最後領他入夢的和尚做了簡短的開示，結束夢境：

> 那和尚道：「可又來，你見了冊子還不解嗎？世上的情緣都是那些魔障。只要把歷過的事情細細記著，將來我與你說明。」（一百一十六回）

此後寶玉面臨身邊的人事時，往往能與心中所記金陵十二釵詩句相印證，無一爽失，也就對因緣分定更加篤定深信。加以「情緣都是魔障」的開示是在空幻的理解之外直指本心，[19]過去出離的

---

[19] 所以一百一十七回當寶玉了然一切，心中竊自決定出離紅塵並執意要還玉與和尚卻被襲人苦苦阻攔時，他說了一段頗富玄機的話：「如今不再病的了，我已經有了心了，要那玉何用！」

思考此時在寶玉心中已成定見,⑳此後他的言行舉止便有了明顯
的改變。如一百一十六回:

> 那知寶玉病後雖精神日長,他的念頭一發更奇僻了,竟換
> 了一種。不但厭棄功名仕進,竟把那兒女情緣也看淡了好
> 些。……紫鵑:「如今我看他待襲人等也是冷冷的。」

厭棄功名仕進是寶玉本具的「邪僻乖張」,並不令人訝異;但是
把兒女情緣看淡,卻是近似於脫胎換骨的改變。一直以來,寶玉
最困難的問題──情執已然消逝將盡。這種言行上與整個生命
情調上(熱→冷)的轉變,不再只是概念的理會,而是融透到整
體生命中的智慧。之前尚有的哀傷悲痛(即熱情),於此已轉為
冷冷的沉靜。一百一十八回他對寶釵有如下的開導:

> 你可知古聖賢說過『不失其赤子之心』。那赤子有什麼好
> 處?不過是無知無識無貪無忌。我們生來已陷溺在貪嗔痴
> 愛中,猶如污泥一般,怎麼能跳出這般塵網。如今才曉得
> 『聚散浮生』四字。

寶玉明白從前的生活(亦即一般的人)不出貪嗔痴愛的作用,隨
著聚散順逆而浮沉其悲喜。若不能如赤子般無知無識、淨除貪嗔
痴愛,便永遠無法跳出塵網的纏縛。寶玉既已明白貪嗔痴愛為浮

---

⑳牟宗三〈紅樓夢悲劇之演成〉一文認為:「寶玉是有計劃的慢性的出
 家」,這段計劃據牟先生的分析是從九十八回開始的。見《紅樓夢藝
 術論》,里仁書局,73 年,頁296-299。

生的病因，也就從生活實踐中努力放下這些情緒執著。因此來到
一百一十九回，寶釵感受到寶玉雖然聽從規勸用功讀書，「只是
那有意無意之間，卻別有一種冷靜的光景。」因為此時寶玉已打
定主意要「跳出塵網」，要全然放下過去對他束縛最深的情執，
所以從生命深層發出的盡是幽冷與沉靜。而讀書考功名只是他報
恩的終曲罷了。

六、結論

　　寶玉最後拜別了母親與所有家人，準備出門應考時，對家
人所說的最後的話是：

　　　　走了！走了！不用胡鬧了，完了事了。

這是寶玉在塵世的最後語言，饒富深意。彷彿告訴大家，平生在
賈府的所有言行一概皆為胡鬧；或者說，他認為世俗一切欠缺反
省與覺悟的生活均為胡鬧。我們應該也可以這樣理解：寶玉此時
認為在溫柔鄉裡享受的生活沒有意義——不只功名利祿沒有意
義，連他最在意的與眾姊妹團聚的無憂生活也沒有意義，甚至在
他心中最珍愛的與黛玉相知相契之情恐怕也已無意義了。

　　因此，假設我們也像許多讀者一樣，認為寶玉是因為失去
黛玉而絕望而出家，那就辜負作者一路來對寶玉心境轉變的描
寫，也忽略了寶玉生命的反省與成長。試想，寶玉若真為了黛玉
而出家，那他就是帶著一分熱情去出家，他對情愛的執著仍然沒
有放下，那麼他能安於出家的生活嗎？㉑

　　至此，我們可以回頭來了解「賈寶玉」這個姓名的意涵與
這個生命變化的相互印證情形。根據本書第一回第一段作者的姓
名諧音暗示，我們可以相信寶玉這個最重要人物的姓名確有寓意
存在。從石頭凡心熾烈、因享富貴溫情的欲望而被變為一塊寶玉
來看，「寶玉」二字應有寶愛欲望、保有欲望的諧音義；而寶玉
在賈府的作為也確實以寶愛溫情富貴的欲望為主。但是寶玉姓
「賈」，根據賈雨村諧音「假語村言」的線索，寶玉這個「賈」應
該是「假」的諧音。「假」的意涵於此應有兩層意義：一是太虛
幻境「假作真時真亦假」的意義，亦即儘管所有空性本質不被人
們理解，而被當作真有，這種認知終究無法改變空幻的命運與真
相。在這層意義上，「假寶欲」即在寓含所有欲望的追求終歸徒
勞無功。二是消解的意義，由賈寶玉與甄寶玉兩個人物的對比之
中展現。甄寶玉的家在南京亦為富貴鼎盛之家，同樣也經歷過抄
家的際遇，甄寶玉卻選擇以功名仕宦之路來回應，他是自始至終
都珍寶人世的欲望；而賈寶玉最後卻選擇出家潛修來回應，等於
整體否定原先寶愛的欲望。因此以「賈」這個姓加在寶玉之前，
應有全體統攝、籠照的作用，這是寶玉最後的消解。在這層意義
上，「假寶欲」所寓含的應該就是寶玉生命從迷失到回歸的整體
歷程。

　　當我們了解，寶玉是在領悟生命的真相以及找到解脫超越
之路後才毅然決然地出家，就了解整部小說主要在敘述頑石從入

㉑牟宗三〈紅樓夢悲劇之演成〉一文也認為「逼著寶玉出家的主力，據
　情理推測，尚不在愛黛玉心切，而實在思想之乖僻與人世之無常。這
　兩個主力合起來，使著寶玉感覺到人生之無趣。」見同上注，頁
　299。

凡到超凡的歷程，也是一塊通靈石頭從迷失在欲望雲翳之中到撥雲重現光明清空的本性的歷程。這也是一個生命自覺與實踐的情味性的展現。最後謹以表列方式來呈現寶玉的迷失與回歸：

空 ——→ 色 ——→ 情 ——→ 色 ——→ 空

空	色	情	色	空
大荒	中榮華富貴聽見僧道敘述紅塵	溫柔鄉享受打動凡心欲入	與溫情而貪執遭際眾多女子	出離並找回本心離散與衰損而悟空

心得分享與回饋

生命的澄清，主體的建立

主講人：王鎮華
【德簡書院主持人】

引言人：林素玟
【華梵大學中國文學系主任】

引言人：

　　王老師，還有王邦雄老師、曾昭旭老師，師母、王師母，以及各位在座的老師、同學、朋友們大家好。今天呢非常的開心，一大早大家就歡笑聲不斷，那很高興今天進行我們第一屆生命實踐學術研討會的第二天的活動，也就是也邀請了四位來賓，來為我們做一個他們長期關注這個生命實踐的課題的心得分享。那第一位是王鎮華老師，對王鎮華老師，其實我個人有一些滿深刻的感受，雖然我跟老師的接觸不多，也沒有真正的上過老師的課，不過老師是我的師執輩的老師。在我大學四年級的時候，就是民國七十八年的時候，淡江剛好成立了碩士班，所以，所長就邀請了王老師到所上來演講，那是我第一次接觸到王老師，也知道說有德簡書院這樣的一個書院的創辦，那我非常的對老師、那時候是非常的景仰，以一個學生的心情非常的景仰王老師。那再來，我是到了華梵之後，一九九九年到二〇〇〇年這個世紀，二十一世紀之交，王老師有一場在誠品書局的演講，我收到了同事送給我的一個誠品書局的邀請函，那在裡面我看到了老師的一句話，

老師說:「小元,爸爸答應你一個清新的社會。」那這句話我看了之後我非常的感動,因為那時候自己也剛好有一個小 Baby,那我可以體會,這句話裡面有好深好深的這個父親對小孩的一個親情生動的真摯的感情。那另外,我也感受到王老師,做為一個文化人,他長期的這樣一個淑世的精神、淑世的情懷,這是我非常非常感動的一個地方。那今天非常的高興能夠邀請王老師來為大家現身說法,就把他最長期以來對生命課題的關注,還有主體建立的這樣的一個心情來跟大家做分享。那希望大家也能夠給予王老師很多很多自己個人心情的一個回饋。我們現在就以真誠的一個心來聆聽王老師的這一場心得分享——生命的澄清,主體的建立。邀請王老師。

主講人:

各位朋友、各位同學,非常高興有這個機會,來這裡做這一生到目前為止生命的心得報告。這是我最大的光榮,因為剛開始在籌備這個會議的時候,在電話中,碧玲老師跟我講了三點,她說中文系要辦一個不限於中文專業,而要面對生命實踐的學術會議,我覺得「生命實踐」這四個字,已經掌握生命的重點了。第二,從生命實踐定位學術研究,這個也很重要,因為現在的學術研究很容易流於高級的概念遊戲,那個人本身沒有變化,說不定還把生命變化了,也把學術過度概念化了。第三,她說中文系辦這個演講要先讓外界的朋友講,也許那個人沒什麼學位,也非中文學界的人,但是他有生命實踐,我們就邀請。我聽了很感動,扣準生命實踐做學術研究,而且那個人,任何外在的形式不

能限制他，他真有實踐心得就值得邀請。所以，我覺得這是一個基於充分了解、基於面對生命的一個邀請，對我來講是一種鼓舞。

　　坦白說，我準備到今天早上、到剛剛，也還沒準備完。可是生命實踐的確是不那麼需要準備的，你的平常生活就是工夫，你平常就有心得，只是我的習慣喜歡把我所有的心得做整合，利用每一次跟外界溝通的機會，都會不斷的整理。其實，這次整理得非常興奮，發現我有這麼多的心得筆記，當心得匯聚起來的時候真是……不知道怎麼形容那種的感覺：生命的壯闊、好像很遙遠的東西變得很平易、透澈的真理接近任何人……。我還是順著整理的綱要，也許所談不多，幾句話，至少這是一個完整的介紹要有的。

※

　　我一直都是本著初心，也就是像小孩子的一個童心，順著生活的開展，很珍惜週遭種種機緣，坦白說，這個機緣常常都不是在學校中的，都是在社會環境裡面。我有個習慣，就是喜歡點點滴滴的去收集、去累積感動我的人事物，而且感動就不再動搖。這樣一個成長的過程，讓我自己慢慢長進，最後我體會到中國文化原型，也就是古典的中國文化，它非常的簡樸而且大氣。我曾經講過一句話，在我眼裡、在我心裡中國文化是地球上的「天然首學」，至高的生命學問。當然這個高，一點沒有要跟任何東西比的意思，因為它同時表現的非常平凡、平實。天然的特性，就是至高至平，文化亦然。

　　我算是走過現代的一代，我們受的教育就是現代的教育，後來回去面對傳統，我找到的就是──一個人的主體。可以說這

一百年，我們就是主體迷失，我就是找到這個迷失的主體。我也終於明白，在我們傳統裡面談了很多的天道與德行，像論語裡面說君子要知天命，到底天命裡面的天道、德行是什麼，我也了解了。

兩年前，寄給朋友的春節卡我就寫了一句話：「道不遠人，德在人心。」其實這個德，就是我們心裡面的本心、直心，它最鮮明的一個特質就是「覺」。每一個人的心裡面，不管你承不承認、清不清楚，總是有「覺」的。這個「覺」，它在我們的認知系統裡面就是「自明的覺知」，它會自己從裡面明白，覺是自明的。當然，這個「覺」、自明的「覺」，是在人心裡的，所以我說「德在人心」。那「道不遠人」是什麼意思呢？「道」就是生命的過程：自然的萬物整體，活活潑潑的大化流形，這裡面包括人的身體，它都是有生命過程的，我們睜開眼睛就看到這個萬物的大化流形，當然也看到自己的身體從小長大，當然「道不遠人」。只是，人有沒有好好活，卻不一定。當我找到了主體，了解了天道與德行，我相信，中國文化可以解除這一百年來主體迷思的根本問題，也可解除目前兩岸的緊張（不光是民主牌，其實中國問題背後，是有個真正的文化問題在），甚至世界人類信仰的危機、信仰的衝突（據說世界現在只剩下意識型態的衝突）。大體上我就是作這樣的一個報告。

第一節　一生到現在，重要的幾步

㈠首先就是家庭的教養。

　　我父親是一個司法人員，做法官、做律師，從小覺得在家裡面很安定，覺得，一家人能夠安安靜靜的吃飯，是小孩子非常需要的，我現在有點激動是因為，很多家庭忘了這一點，就是一起吃飯，像個家的氣氛，以前的大人也不太把自己內在的痛苦告訴小孩，我就在這麼安定，這麼像家的氣氛中長大。我看到父親對他的書很尊重，做事很有個格。我母親個性頂正，非常重視小孩的教育，八個小孩，大哥交大，二哥浙大，台灣六個雄中、四個台大，都是她辛苦帶出來的。這就是教養我的環境，我覺得現在和樂的家愈來愈少。我們家裡面有個缺點，就是喜歡打麻將，我父親算是文化衝突過渡時期的人物，只不過這個過渡時期太久了，我要在這邊說，有很多「把生命的時間消遣掉、打發掉」的那種活動實在不好，像打麻將它是壞事裡面比較好，可是它也是好事裡面最壞的，就是把時間消遣掉，它可以說打掉很多人的志氣。當然不只是麻將而已，類似麻將的事情都值得各位注意；生命有它的目的、有它的正果，歲月不是用來消費、消遣的。

㈡第二類家庭之外的影響

　　A **老師**，我碰到一些很好的老師，這要說的很多了。從初一開始，我就跟著蔣青融老師畫畫，他不只是教我藝術，我根本是在他身上學做人。記得到梅山看他，他就打一盆清水，一方毛

巾，要我洗個臉「洗塵」。我大三在學校開個展的時候，抱了整綑的畫請他先批評，他就告訴我，你開畫展不就是要聽別人的意見嗎？不管好的意見、壞的意見都聽。每一次我都感覺這些是老師給了我真正的教育，不是在課堂上，是在生活的脈絡裡。

用「生命寫史血寫詩」的紀剛先生（本名趙岳山），他教了我「人格的七個位格」也就是主體的體。從大學時代起，我跟他亦師亦友的學習至今，三十多年了。我學到有人格才有文化。六十五年我到臺北，在高雄時候就聽說臺北有一位滿清的王爺在教古書，我從六十五年到六十八年，聽了毓老師講的四書五經，從那裡面我學到歷史的智慧，要不然我可能這一生要報銷很多次，自己還勇氣十足。

此外，教我楊家太極拳的王子和老師（三年）；教我聽南管的余承堯先生；參加惟覺老和尚的禪七，體會到一切放下的滋味；參加懷仁中心的協談人才培訓班（五個月）；跟林淑娟老師學華陀的「五禽之戲」（五年多）；參加內觀中心的「十日課程」，學佛陀的內觀法等。「遠古不可欺，各地藏天意」，亂世依舊有文化大德。我喜歡順著自己生命的節奏和機緣，自主的去學習，而且，深信生命需要大開眼界好多次。沒有一次搞定的萬靈丹。

我覺得我們周邊十步芳草，是有許多可學的。像曾老師、王老師，我在研究所的時候看他們成立鵝湖雜誌，單單看到這個雜誌我就去拜訪他，從那個時候起，他們就是我的老師，也慢慢的變成我的朋友。就是這樣的去珍惜我們周邊存有的學習機會。

B.**參加社團**。四十九年我就加入了童子軍，野外生活給我的感受很深。我媽媽晚年生病，我沒有辦法常常去童子軍露營，

可是它是我體會生活、大自然很重要的場所。五十一年參加墨林藝苑，這個畫會給了我浸淫書畫文物的環境。五十七年大三加入成大Σ社，我的大學可以說是在這個社團畢業。Σ重視生命的整體性，這兩年我已體會到整體的生命性。到了臺北，參加夏學社、建築人的聚會等，這些都非常重要。我不是很喜歡應酬的人，但是我們不能沒有群體的砥礪、切磋。跟不同個性的人相處，看到生命的不同走法，很重要。

C.**社會參與與社會活動**，我也蠻注意的，比如說65年的林安泰事件，在這之前我不研究中國建築，我覺得都是四合院沒什麼好研究，沒想到被建築師視為鴉片小腳、都市絆腳石的這些古老的房子，重新勾起了我對於「主體性」環境的欣賞與研究。很多社會的演講、學術論文發表，對我來講都是我自己生命的整合，我非常珍惜每次答應的機會，它把我很多體會、很多心得一次一次的揉練、整理起來，參與時再學以致用。

D.**出外遊學**也是一種歷練、學習。六十九年，我四哥買了一張環球機票給我，這兩個多月讓我看清楚：對於世界各國不適合用浪漫的幻想，那是「遙不可及」的，到實地體會，你會看到許多書裡的理想是「有路可尋」，因為人家也是天份加努力走出來的。七十七年，開放前一年我回大陸，也是兩個多月，多半是一個人去拜訪那些古建築，看了六個省幾十個建築據點，也讓我溫習了文化的具體景象。

E.創作、展覽、出版，我就不在這邊多說了。

㈢**比較重要的幾個生命的轉折。**

五十七年在Σ社，我主持知識方法論研討會，那個時候我

其實接觸都是西方的東西，我讀日本人寫的「知識誕生的奧秘」，他教我收集資料、吸收、整理出架構、寫作、校對印刷，每一個知識生產的步驟都很清楚，就在準備過程中，我想到論語說：「學而不思則罔，思而不學則殆」，學與思兩個字，也把知識方法掌握了，更妙的是它在收集資料有學有思；在吸收消化有學有思；在整理架構也有學有思，這讓我警覺到東方的思想跟西方是不一樣的。當時文星雜誌所帶動的是西方學問，我大一、大二、甚至到大三，也是讀記號學、西洋哲學史話、心理學、社會學這些西方的書籍；可是，我覺得它相當滿足我的認知，卻沒有辦法滿足我的情緒，更沒有辦法讓我的人有行為上的改變。我那次主持完研討會之後，漸漸發現中西是不一樣的。記得那個時候我們家裡，因父親有一個「兒子的夢」，就是幾個兒子住在一起，所以他蓋的是雙拼三樓，一人一戶，結果我們家兒子都在國外、大陸，臺灣只有三個而且還不在一起，所以不得不把樓梯間打掉，隔開做兩個樓梯，另外一半賣掉；我就在飛沙走石裡面讀論語，那一次讓我體會到閱讀古書的感動，吵的要死都是振動機聲和灰塵，我卻完全浸潤在跟孔子的對話。我讀古書就真的把那個人請在我面前，因為明明白白是他的書嘛，那是不是他的「佛指」不重要，他講的話裡面有他的內涵、精華，為什麼不直接受教、對話？原來，我們凡人喜歡執著外在的對象，喜歡浪漫的神奇。那一次是我的一個轉折，從知識方法論之後，我就在成大 Σ 社組織了「論語小組」，時間還在「鄉土運動」之前，不同科系的同學，一個禮拜一次，風雨無阻，我們持續了三年，把幾本重要的經典都讀了，到了臺北還繼續了兩年七個月，讀到易經時，我們還邀請曾老師一起來跟我們討論過一段時間。

　　六十六年到七十九年，我在中原建築系，因為接觸了原典，所以自然也就順機緣研究了中國建築，一方面是林安泰事件、逢甲建築系的「傳統建築演講週」、聯合報的「中國文化新論」等參與；另一方面我讀了經典，當然會用這種眼光去看居住環境。有一次是在教基本設計的時候，突然間感覺到，學生一屆一屆被我們訓練成西方的美學品味，畢業出去之後，還要十年二十年的實務訓練他才能成熟，但他接觸中國的民間藝術、傳統藝術還是會有隔閡，所以我就在基本設計裡面加了一個「造型實習」，我選擇最棒的中國傳統造型，讓他們用針筆一點一點、一條線一條線，很貼切、很細微的去把它畫出來。因為一個造型光看是有限的，當你那麼緊密、細微的貼近它，你的觀察、感受是不一樣的。那次我發動系裡面的幾位助教，到學校圖書館、國立藝術學院的圖書館、故宮博物院的圖書館去找這些好的造型。那時，讓我感覺到中國藝術造型非常豐富，也跟西方的是有所不同。

　　到了七十九年，我感覺到建築專業所面臨的問題，不是專業本身能夠解決的。我們現在很多專業，如音樂、哲學甚至中文系的「現代化」都遭遇到問題，問題是發生在文化上、思想上、做人上；專業做事背後總有思想的問題、文化的問題、做人的問題。剛好一個學生他們家二樓空出來，他比我衝動，劈哩啪啦就把它打出來，說老師好了，你不是要辦書院？我還在想換跑道，從建築換到文化，從現代換到古代，可以，但是……年輕人的衝勁把我們往前推了一下。那個時候，我記得很清楚，辦就辦嘛，我也不覺得怎麼樣，可是旁邊的朋友覺得說，老王你滿有勇氣的，這麼穩定的飯碗你怎麼敢放？這時我才警覺到：中國的知識

分子太重視一個穩定的飯碗。我沒有刻意去想生存問題，那時我們的經濟已經起飛了，吃飯真的不是那麼難，如果在克難時期，說不定我也會遲疑，我太太也在旁邊叮嚀：「你沒薪水了，到了社會面對第一線，你要好好的有所準備。」書院的生活，讓我坐進了傳統文化的位子裡去了，我覺得非常好，我記得每天趕到書院，太太也陪我去，她總是擦擦弄弄，我就埋頭讀書，因為要上課嘛，我就浸潤在這些經典裡，上完課抬起頭來，四周都市已華燈初上。我發現：我整個浸潤在古代文化，但是又明明白白的對面對現代變遷，蠻有張力的。有些來師徒班上課的同學受不了，白天在現代的快速感受，晚上到書院還面對王老師配天德行的要求，有人就衝到廁所去哭，似乎會把人撕裂似的。我們的書院生活過得很簡樸、很舒服，我們整個就在古典的文化裡面，慢慢消融著眼前的文化互動的失調。我曾寫下書院生活的三個主要工作：（1）得以從容讀書。（2）充分體會思考社會現實（3）從自己的成長考慮、擔當文化長河的事。

到了三週年，我辦了一個「文化的甦、醒、感、動」，這個「甦」就是把我了解的經典通通活化，講了六個題目。「醒」就是站在文化的立場看現實的生活。「感」我把古代的衣食住行，還有很多好書作一個展覽。「動」我們籌備了一個成年禮，近十位適齡的青年朋友，我們一邊整合古代到今天，甚至原住民、外國的成年禮，作了一個新的整合，這個行動，是我們制禮作樂的一個例子。

一直到了八十四年，也就是五週年，我終於覺得我找到了，出了一套「明珠在懷」的書，可以說整個中國文化能夠延續這麼久，每次都是靠良知或中道的復甦，如孔子的忠恕、中庸的

中道、孟子的性善、宋明理學的發明本心、王陽明的致良知等都是，民國前後就缺乏這一步。這不是概念的找到，而是生活由繁而簡的體證，亦即歷史脈落上的復活。那次發表會，我覺得可以了，慨然有澄清天下之志，沒想到記者朋友把我們當成新書發表會。我高興太早了，雖然已經掌握到樞紐，但是社會的接受不一定接的住。我記得很清楚，發表會上，佛教界的學者藍吉富先生，他說王先生，你是非肥皂，宗教在傳終極信仰，你也在傳終極信仰，但是你卻不用宗教的方式，所以像非肥皂。後來愈想他的形容是貼切的，中國文化是有信仰的，但是不用宗教方式，它也不排斥宗教。中國人對宗教是「親而難信」，因我們總說良知本有。

從那個時候起，我發現我的身體不行了，八十二年就得糖尿病，到八十四年的時候已經掙扎的很辛苦，血糖始終維持到二、三百，所以我就決心搬到郊區，在淡水找了一個房子，不打算做推廣，就做深埋吧，把文化好好的延續下去，不在乎推廣。可是在淡水的時候，因為用這個明珠在懷，就是我們內在的這個覺、覺知，去讀古書、去整理東西就特別的順而暢，它不像探照燈一樣支支節節的，照處清楚旁邊就不清楚，我們理性的思維、認知常常是這樣的探照燈特性，那覺知它像光幕，它是非常整體又精微的同時兼備，它靈敏得很。記得我在淡水整理東西的時候，很痛快，它像大火炒菜，一下子就把東西整合起來（以前都是燉、熬的多），所以在淡水那兩、三年，我就以覺知一直在整理，或者是傳統文化，或者是我自己的心得。後來，發現我整理好的東西還是可以推廣，剛好臺北大安公園附近，我弟弟有一個辦公室，還有一些空出來的空間，我就搬過去了。

　　就這樣又經過五年，我內心又覺得可以了，我不但知道每一個人內心有這個覺，也就是本心、直心（它的名稱太多了，佛性、心神、天良……反正人類關於宗教信仰的，都圍繞著這個核心）①，我還找到了人的主體。我在淡水準備好的不只是內在這顆明珠，外在，除了人造的世界、人為的觀念制度，所有這些背後還有個自然的、萬物有機一體的整體。內有真外有實，內真就是你的覺，外實就是生命整體，「覺整體」就是我們的主體：

（人）　　心　　　台
（天）　　主　　　體　　　位
　　　　（內）　（外）

　　我們現在一般人的感覺，就是抓緊了我的心，面對現實的社會「台面」；那我找到的，就是你的心裡面有這個覺，是你的主，你早一點以它為主，你就不會活得六神無主、做不了主。那麼外在，人為的台面也不要活到，只有人造的這一套消費生活，把自然的種種天性與人性都疏忽了、污染了，所以我找到的東西其實就是主與體。當然我講這兩個字，跟哲學上所謂的客觀性、主體性是不一樣的，我用這兩個字，意思是中國古代文言的意思，主與體。也跟老祖母的意思比較近，孩子大學畢業要進入社會，老祖母都會說：「做人篤愛有主，不使無體。」（台語唸）

---

①與覺相當的字，還有：直心、本心、天心、誠；天良、佛性、心神；覺知、中觀、自明、第三眼；主、一、道；老天爺、無極老母、赤子心；造化者、第一因、永恆者、無限者、絕對者；明珠、戒珠；同理、平等心、平常心……在中國即德字。直心疊起，即古代德字。

我講的跟她講的比較近，跟哲學上的意義有關係，但較不一樣。

十周年的時候，剛好是西元二○○○年，我到誠品去借藝文中心的場地，一月一號跟二號就空在那裡，我說好就借我吧，前面跟他們合作過兩、三次十二場的演講，都辦得蠻成功的，他們說好啊，文化活動回饋社會免費提供，我就辦了四場「聞道發表會」的演講。發表會之前，我寫好了一本書「有主有體，活得感心」，我們辦了一個記者會，大概有六、七個報紙做了很真實的報導，記者有聽到我內心的話，所以他們寫的每一篇報導都用了心寫，我事後還特別感謝他們。來聽的人滿多的，演講也辦得很成功，來幫忙的年輕朋友都感到現場氣氛的可貴，書院的書也賣得很好，之後，還上大愛台介紹了半小時，有四個單位願提供書院場地②，我也因此獲得「熱愛生命」獎章。但我心裡還是有些挫折，那個挫折是來自於主與體都找到了，你直接把主體向社會發表，場外的主流社會還是無動於衷。這時我才發現，內在的天心（就是那個主），外在的自然萬物整體，兩者都容易懂，佛心與天然都「雖深猶易」，但是人心難測，你要怎樣穿透人心，突破人為所編織出來的一層薄薄的層面，直接把主跟體告訴大家，這個是困難的。佛道都說人心是虛妄的，一句都否定了，但你還是會遭遇到這個現實。我相信人的虛妄、現實也是一種真實，無法迴避；從有偏有執的人心修養到中觀的覺，這本身就是成長與成熟。一個通達的成德者，他必須穿透現實種種，而成為一個通透的有道者。

主體說澈底了：覺是自明的，萬物整體是自然的，所以主

---

②雖然都不適用，卻感覺到民間傳統興學觀念還在。

與體只是自明與自然，自然一定自明，自明必也自然；想到這裡我不禁非常驚訝——生命最高的學問是自明的、自然的，主體應該只需點一下，即可自動自發的推廣，但是沒想到聞道發表會面對的是消費時代……群眾的心似乎已陷在某種人工的生活習性裡。換句話說，你不要以為你在推動至高的宗教信仰、在推動最珍貴的人的內在智慧種種，別人就理當來接受你，不，那個現實還是要你流血流汗，我準備用我一輩子的精神去穿透。面對很累，但面對是生命之道的鑰匙。生命門後，總是含淚喜面。

　　從八十九年到現在，我在努力的就是重新再回頭去了解，為什麼已經掌握到主體，卻沒有辦法把主體說到讓人家可以接受？上文提到，人生可以這樣子看：我的心面對現實社會的台面，就是人造的這一套，心裡面是有覺的，它是自明的，那是你的主；外在呢，人為的東西的背後，基礎是自然的萬物整體，覺整體是一定在那裡的主體世界、生命道場。我們人的心在現實台面，可以活到不管主體，這是讓我很訝異的，難道人為的這一套真的可以把自明的自然、自然的自明架空淹沒掉嗎？現在看起來是有可能的，資本主義這一套是比政治上的意識型態還屬害的，我們這一代人剛好，眼看這個社會在變，新的一代以前是五年、三年一變，現在是每年都很快速的在變。慢性病、心理病的人口，快速提升。

第二節　生命的澄清

　　從主體，我進一步澄清了這百年來的六大混淆，它們老是在生命問題的思想上糾纏不清。但這雖是普遍的現象，對一般人

還是不夠切身，最切身的應是卡位與天人之間的錯亂了。所以，先介紹生命的澄清（卡位、天人錯亂與六大澄清）再介紹主體的建立。

㈠ 生命的卡位

　　生命卡位是人心在單一範疇有「本位的局限」。我剛剛講的是四個範圍：心、台、主、體四個範疇，這整個都照顧才知生命的定位。我們常常問：我是誰？我活到那裡了？這個定位的問題其實是最難的，因為它碰到生命的終極了解，你沒有對整體、對最後的了解，你沒辦法對人定位。你看看一個主字，就是整個宗教領域，一個體字就是整個自然科學，科學累積這麼久還所知有限。一個真正的醫生會告訴你，我真的對身體了解很少，一個科學家也是一樣，最博學的人他反而謙虛、他反而會常常告訴你我不懂；只有要壟斷市場的人，就用權威姿態包辦一切。愛因斯坦說：「沒有宗教的科學是盲的，沒有科學的宗教是跛的」主與體兩者能合起來就不容易；心、台、主、體整個合起來才能把生命定「位」，但是我們一般人，常常會活到卡位。就是在現實的社會，你每天這樣的用心，但你的主體成長最後卡住了。卡位就表示：你還不知道怎麼活，那種重覆、沒出路的感覺讓我們很受不了，那就是卡位。但是已經知道主跟體的，主就是你的德，然後有主必有體，活在生命整體裡面你就有道，德行跟天道根本是一件事情，所以一個有德的人他就知道自己的定位，也能把這個位以每天德行的努力、活出，把位有所提昇，這是一個長進的活位，而不是卡在那邊。

　　好，用覺知或德行來看生命，人的位是動態的，一旦你用

人心來想整個生命，它通常會有幾種「本位的局限」。首先來看
這個心，差不多的人都會被自己的習氣與經驗困住，他只相信自
己體會過的知識，就卡在這邊，那麼這種人到最後，他會相信自
己的個性是宿命，他會採取一種「**宿命的決定論**」：我形成這樣
絕對不是我這一生造成的，也不知道多少因素把我困成這樣子，
或者是怪父母、或者是怪民族性，總之，現在的我的這個習性是
不可能突破，尤其看到習性的根之深哪，如思想的習氣、語言的
習氣，也參加過很多宗教潛修的活動、心靈開發的課程，在那個
特定時空裡面，你會發現生命之美，可是一回到日常脈絡，通常
兩、三個月之後又打回原狀，這就感覺到自己成見、習性根深蒂
固，他會採取個性宿命的決定論。當然，其實努力還是有些變化
的。

面對台面的人，實在是形勢比人強，他發現這個台面是由
權力、財力、媒體力、公關力、知識力決定的，龐大的力量宰制
台面。更要命的是，這些力量所採取的控制方法是從量入手，他
不重視質，以量淹沒質，都是庸俗化的一套，所以一個力、一個
量是這個台面最鮮明的邏輯與感受；我們都被力量宰制。所以重
視台面的人，他會採取很現實的「**力量決定論**」；不能沒有錢、
不能沒有舞台、不能沒有權力，怎麼講都是力跟量。我覺得最悲
哀的是連知識界、教育界、文化界的意見領袖，我看到不少也在
「降低生命的標準」，開始走庸俗化的路，那麼他會漸信大眾實在
是「既沒有知識又沒有經驗」，那這句話在民主社會是不能講
的，沒有人要得罪大眾。你把你內心最深的心得講給大眾聽，瞭
解的比例漸少，於是意見領袖不敢肯定大眾還是有主體的！我覺
得一個文化人，看到平凡的大眾也有主體，做事中顧照到主體，

才算到家；生命的學問到家了，你就信仰平常人還是有主體。問題是到家之前，他會相信他所相信赤裸力量的「形格勢禁」。

第三個單一範疇的本位局限就是宗教，一旦他想到佛陀是至尊、上帝是無上的上帝，他去執著那個終極的、最高的……不得了了，他又變成「**至上決定論**」。他回頭來看現實中的人，充滿了驕傲，講是講平等慈悲、大家是一體的兄弟姊妹，可是一回頭就忘了：我相信的上帝、至尊是最高的，所以我也是最高的。這裡面有太多的細微的偏差與混淆。如果你有宗教信仰還能夠堅持平等，這個平等不是在教堂裡面說、在廟宇裡面說，而是在日常生活就抱持這個態度，對待很粗俗的人，你還是平等對待，我相信你在宗教的信仰上沒有偏差。

對於自然的萬物整體也有一種執著，我們今天早上開車來的時候，朋友還說李遠哲他只相信自然科學，他不覺得需要去碰觸什麼上帝啊、造物主啊。他可以沒有宗教，對他的沒有宗教我是尊重的，可是相信自然物理、自然律，卻看不到這麼多的自然律、萬物的演化，其實背後不就是造化者嗎？也許，不一定要去想像一位造物主，說在那邊造人啊什麼，至少一個造化者，萬物這麼大的能量背後，當然有一個冥冥中的造化者；學術地位這麼崇高的人，對不起我不是在這邊批評李先生，我只是拿他當一個例子來說明，很多科學家、科學主義者他會是這樣子的。科學主義者大概就不相信宗教問題（他的宗教是科學），這也就是「**自然決定論**」或「**唯物決定論**」。一個科學家他在他的專業非常的科學，可是他私下的業餘生活當然可以有宗教信仰，這叫科學家，可是當你把科學膨脹變成科學主義的時候，通常他們有點唯物傾向，不太喜歡談那個造化者。其實說穿了，去碰這個領域很

麻煩。人本來就有神性，一不小心就自以為神，明明白白我們是有神性，你要好好處理自己的神性，要不然在人類的歷史上，我們就看到人「自以為神」所引發的災難，架空了老天爺本來安排的這麼美的自然道場，在這個自然的生命場域裡，做了很多人為的道場，還互相排斥、攻擊。我真的看到正派宗教可以和諧互助的景象，前提是「從天然本有的主體到宗教」。

以上在說明單一本位的局限。這讓我有點警惕了，每一個人的心啊非常強而有力，就會相信這四個範疇的一個到二個，很少人願意完全敞開。孔子說：君子不器。柏拉圖說，心量放大就是愛。六祖惠能說，心量大事，不行小道。也都指此。

㈡ 天人之間的混淆

第二種我必須穿透的就是天人兩層的混淆、錯置。所謂天人兩層，心跟台（人為的世界就是台）這個是人的一層，你裡面的覺與外在的萬物的整體，這層是天然的、是天。覺是你的本心、直心，可是從天的角度來看它就是天心了，那自然萬物都是天然、自然的，所以當然是天的層次。要了解生命的真相，是要了解天人兩層的天人之際。我對於司馬遷說「究天人之際，通古今之變」嘆為觀止，我對於中庸說，你了解生命要「無所不用其極」，也非常的佩服，因為這句話跟我們今天的意思不同，我們今天是指為了目的不擇手段，手段用到極為惡劣，中庸不是這個意思，中庸「無所不用其極」就是我們人與人相處最平常的行為，都碰到最深刻的天人關係，因為我們就活在天的生命道場，用的心又是很屬害的天賦自主心，在做人的最普通平常的事務裡面都有天人問題。不要以為我是平凡人，我只能夠處理比較表面

的、我比較膚淺我不能深入，你這樣子講不可以，因為你身為一個人就有主體，有主體你就要「面對上帝努力做人」，知道「日常生活的誠實，決定真正的人神關係」，總之，知道照顧生命的場域以及人為的世界，即主體與心台兩層，天人之間才是做一個人真正的生活狀態。

關於天人兩層，這個地方最複雜，首先你的心在用的時候就是你的心，心若不去用它，反而把它鬆開來、敞開來，慢慢的你的本心就浮上來，你的本心直接浮上來不經過你的心的污染就叫直心，它就是覺，所以心裡面很清楚有天人之際，你自己的心跟那個覺始終並存或拉鋸。另外，外在的人為這一套，背後有大自然萬物，這個我們比較容易體會，只不過我們現代人的眼睛在看大自然的時候，很容易受我們的觀念、知識控制，你看大自然只看到知識觀念允許你看到的，現代社會上最暢銷的書就是「怎麼看」之類的書，怎麼做（know how）的書教你每一件事情，換句話說我們現在只用了認知的管道，用心去認知的管道，不太開發覺知、直覺這個管道，所以面對大自然你怎麼看都經過觀念的過濾、束縛了。③

所以一般來講，我們都是用我們的心在看這個環境，如果

③我們在內觀中心後面有一條大的水道，我過去看，因為那個時候身心狀況洗滌的滿徹底的，我突然間看到裡面滿髒亂的，旁邊的樹也很普通，但是那個倒影很美，一棵芭蕉的倒影在水裡面變化萬端、光影流動，到最後我這樣一看我就看到了，這不就是神造的嗎？那個樹是神造的，那個水的倒影水更是神造的，所以我如同見到神的大化、造化，那我再一看水跟那個樹不都是平等的嗎？所以我一層一層的進去了，可是旁邊有一位同修他走過來，匆匆忙忙的他要看風景，他眼睛一看，沒有他要看的東西他就走了，我知道他與造化沒什麼對話。

你敢說我如實的看到東西，你這一刻一定是開悟心，你的覺才有可能看到實相，對大自然有最飽滿的感受，尤其看到的時候你是不會講話的，是楞在那邊的，完全飽滿不知道要講什麼，怎麼講呢？這個萬物，不講每一個東西的內涵，它是「有機一體」的對不對，它是一個生命的大合唱，更可怕的是「芥子須彌」，小小的芥菜子它也是一個小宇宙，那個微觀世界跟宏觀的宇宙有某一種特殊的關連，我們難以想像。所以內心有兩層：心與覺，外面也是兩層：台與整體。

先從裡面的兩層來講，「一主萬主」：每一個人在自己用心的時候，我們是不一樣的，你自己這一刻用心跟下一刻用心都會三心兩意、心猿意馬，有的時候看得起自己，有的時候又看不起自己，但是每一個人心裡面的覺，不止人人平等，它本來就是一個，這叫做一主萬主。也就是「同中有異，既分且合」，要講人與人之間到底是分是合、是同是異，其實非常難講，你要看到最後你才敢講這句話。同中有異，我們人類只有一類，人類心裡有個共同的部分，覺相同，但用心很不同；既分且合，人心磨擦、糾纏像刺蝟一樣，可是終究有一天你會不在乎那些傷害、不在乎那些誤會，你就想去擁抱你的親人甚至敵人，就是因為裡面有相同的那個覺。生命真的是這樣子，在整體普同裡面又有獨特性。

外在的世界比較複雜，我們只要在功利的社會泡久了，我們都有一個意識型態，就是對於利害關係的敏感。聽話的時候他講的是真話，但是我不一定能點頭，因為這個對我的威脅太大了，我經常講主體，我看有些人全身不舒服，台面上的人物他也不太舒服，如果是宗教權威，你說每一個人都有主體，那你把我

擺在那裡？如果去跟總統說，每一個人都有主體，你不要亂講話，我們有覺的，做總統的不就隨時隨地要小心了嗎？隨時隨地要接受每一個人良知的、覺知的檢驗？政治人物說我是人民的公僕，他不見得希望人民眼睛是雪亮的（指覺知）。既得利益者還動用大眾媒體，天天把人的覺知弄昏。要把人的良知弄昏，要動用各種大眾媒體，報紙、電視、雜誌全都動用；請問我們被弄昏了沒有？好像有（知識經驗）但是也好像沒有（覺知）。要注意某種眼光，利害關係的眼光。再進一步，他怎麼控制台面，他是用量來壓制質，我剛剛提到採取多數水準的策略，這樣子他就可以避重就輕，通常迴避掉的剛好就是主體的自明與自然，甚至他自己有主體，都放棄自己還有一個主體自然人的身份，他堅持人為的一套不容質疑。請注意，這個「避重就輕」實在是很嚴重，我們說主體這生命的場域、生命的道場就是自明與自然的狀態而已，換句話說，我們普通人講出來的話，他沒有讀那麼多書，但他講出來很普通的話，其實對專業都是最嚴格的考驗。這卻被專家避重就輕掉了。④

　　我常常感覺到大師就會話說平常，大師級的人物你看他一場專業演講講完，到最後都歸諸非常平常的結論；而且面對主體這個平常、平實、平等的世界，他常常說我不懂。我覺得最動人

④在我們建築界，說「你幫我設計一個房子，要親切一點，不過還是要有點正派，但是又不要太嚴肅，要很平易近人」，你知道我在要求什麼嗎？這在設計裡面是最高難度的要求，就是要親切又要莊嚴，莊嚴又不嚴肅，親切又不隨便，那怎麼辦呢？這個時候專業者就會說，你講的已經過時了，我們現在流行的是一個家要像一個藝術品，要講究 Minimal Art，比例要精確、顏色要精準，一進去就是不一樣。你很快就被他的那一套，把你的主體性要求、自然自明的要求架空了。

的就是：對這個平常、平實的主體世界的尊重，尤其把生命真正的空間都讓出來，讓每一個人進去都可以呼吸到自己的主體。到了避重就輕的人為世界，我們已經快受不了了；主體總是被人工的一套架空、替代。總之，內心的混淆是人「自以為神」，以致心與覺的糾纏，外在的混淆是「人工的一套替代了主體場域」。不懂生命本身，卻在誤導生命，這是否天人混淆？

更狠的是「對症出招」，我可以舉一系列的例子。⑴好好的鍛鍊自己的身體，認識這個身體是一個神奇，生你的是媽媽，但是造這個身體的是上帝，或者是大化流行造化慢慢形成的，不一定是某一天造出來的，而是從一點大爆炸「真空妙有」開始演化，然後一個單細胞出現，在子宮裡面所有物種的起源演變一遍，從零歲到三歲你整個主體，原本是要被老天爺帶著演練過一次的，兩、三歲之際有了自我意識，你自己心用的影響才開始介入，歷代祖先通過父母對你的影響也才開始有作用。偏偏我們對這個身體不知道「道在肉身」，心裡面是有覺，身體裡面也有道，零到三歲的時候，那個覺就是吸收性心智，道在肉身就是小孩子的敏感期；天道在每個人身上，在三歲前是運行過的。我們卻稱它為學前教育。用父母在乎的一套，去填塞小孩。

⑵我對於把人的美簡化成三圍，再簡化成塑身，我覺得實在是荒謬。我從小就看到一個父親的朋友，他太太去拉皮啊、割雙眼皮啊，最後整張臉真的我都不太看她，有點不忍心，你想想看這麼神奇的身體，怎麼可以把那些異物打進去塑身。這是把成長的障礙都怪身體有憾，再以人工塑身傷到珍貴的天然身體。⑶第三個例子，有了錢的休閒生活，其實休閒拿來學習、拿來面對求道，來長進很好，可是這個社會是製造另外一套名位的價值

觀，臺北有很多俱樂部，入會費就是五百萬、一千萬，它有一套人為自己設定的榮譽、價值在消費，其實說穿了那都是人造的，人造的價值觀、人造的尊嚴、人造的氣氛、人造的尊卑，這跟真正的生命與感動何干？(4)朋友之間呢？現在的網交我覺得滿可怕的，我說可怕我不是悲觀。我覺得人跟人真正的關係就是承認那個不一樣，承認每一個人都可以錯，甚至都可能傷到別人，最後就是一定要包容，在我們對週遭包容的同時，人跟人是不比較的、不替代的，父母也不能替代子女、老師也不能替代學生，你就是在包容的基礎上盡你的力量去幫助他，提供他自己主體吸收成長的營養。但網路裡，自成一套思路、較量、價值觀、人際關係……，缺乏真人實際的體驗，永遠有「回到真實生命」的後遺問題。

(5)經濟方面的例子，我最擔心那些基因改造的豆啊肉啊。我實在覺得WTO不是一件好事情，知識經濟的世界體制，我覺得提倡這個觀念的人他內心在發抖，按照我們生命的經驗，知識從來沒有帶來幸福，甚至沒有帶來改變（如強欺弱現象），利用知識而不依之真做則是欺人的慣技。我講的知識就是一般的，如果生命實踐心得的知識我是肯定的，但是連「心得知識」你直接這樣說出來，別人聽懂了嘴巴就開始用，也有不良影響。這就是儒家在學術會議上最傷的一點，我常常看很多人在講聖賢的學問講到那個樣子，我覺得他只是概念的強調、理解的肯定，我們卻沒交代這些知識跟自己的關係是什麼。

(6)政治方面，我也舉一個例子，朱高正說「政治是高明的騙術」，我記得當時一般人都覺得他還算講了實話；你如果有了主體，你就會發現他實在是只看心台，還尊重不到主體，林肯就

尊重到主體，他說「誠實是最好的策略」，策略是在現實上用的，歷盡滄桑的人、鬥爭到痛苦萬分的人，他就會知道誠實畢竟是最好的策略。

(7)像現代詩、現代舞，通常都會把自己的心、把自己的身體弄到有點傷，如果你練內家的東西，弄到最後都通養生，甚至通心性的修養，那就對了。

(8)每天面對電視機、第四台，我真的覺得，它把小孩子人格的偏態擴大了。蒙特梭利說，一個零到三歲人格沒有正常化的小孩，他有八種偏態，我只能舉其中一種，就是佔有慾。如果人格沒有正常化，這些偏態長大以後會用另外一種形態，繼續存在影響他的人，甚至影響別人。佔有慾是什麼呢？小孩子如果正常，他把玩一個東西淋漓盡致之後，他能夠真正的擁有一個東西，他就不需要佔有，你可以拿去了，但是不能學習、不能真正擁有的人他就靠佔有，可是佔有的悲劇就是他從來沒有擁有，他要繼續不斷的佔有，這是「吃不完的餓」，越吃越餓。所以電視上那些廣告，大多加強了大家的佔有慾，還用價值觀去包裝它，這實在是加重病情。

(9)至於裝扮上的作怪，那是一種勇氣的誤用。我們的成長就是把心與台去接近主與體，這個中間就是要靠勇氣，以實踐的勇氣去面對自己的自我成長，可是偏偏現在這個勇氣也被誤導到作怪。當你沒有成長勇氣的時候，你會發現：所以我只能夠靠人為所講究的這一套混，度日如年、無意義、無聊，如果自己有主體，你一定不敢把自己的頭髮弄得那樣，以為愈怪愈拉風，這可不是很好玩的，如果大家主體都不見了，那還會看你兩眼，如果大家主體都還在，一看就知道這個人沒有自信，勇氣用錯了而且

滿可悲的，因為你是被人家操控的。我記得染髮要流行之前，他一定先把「敢作怪是勇氣、是個性」的意識型態輸出來。以前的侵略是槍炮，現在的侵略是意識形態打頭陣，接著商品就出來了，碰到身心問題，他就用合理化混淆。

(10)最可怕的是偶像崇拜的被利用，它原本是少年階段人格的一個特質，教育機構該重視的。我們少年時候的偶像是很寬闊的，像蔡元培、陳寅恪、胡適之、丁文江、蔣廷黻、傅斯年很多類型，現在的偶像在商業利用之下只有兩類，影歌星、運動員，本來青少年階段他要學習人格的典範，你真的想這一生就做運動員嗎？搞不好你這一生都被運動員的資料消費掉了。

以上舉了十個例子，似乎尚未清楚呈現人與天的混淆。澈底的說，人心會利用覺而又不面對覺，是一切內耗的根源；一個人、一個家、一個社會、甚至國家府院等內耗，都源於此。同時，一切的異化也都源自人自主心的過度工具化、過度合理化、過度概念化；自心異化，才造成各種的疏離、虛幻。人內心的天人兩層不澄清，人不會用心，也不會活，自然就容易產生，且影響至巨。

總之，人跟天之間有兩句話：

天人之際：稍滑則失，真妄相待。

內外之間：失之毫厘，差以千里。

人的世界很糾纏、折磨很多，在主體的世界大家是和諧一體的而且各活各的，是沒辦法糾纏的；天人兩層可怕的是它會混淆，於是有的人真的懂得宗教，或者真的懂得身體的秘密，他又拿到現實台面去用，這個時候可能嚴重到──欺神騙佛玩弄人。稍滑則失，指天人這兩層會滑動，真妄相待，指人的工具心會真

中起妄，「稍滑則失、真妄相待」指天人兩層是互動的。內外之間呢？你的主跟體一定是合一的，打坐的時候一鬆一切放下，你會發現在安靜中，那個覺是完全呼應默契、覺照著萬物，內外相合的，獨獨人心用到台面，中間是有隔而分離的，所以內外之間天然的這一套是沒有分的，人為的這一套他會失之毫釐差以千里，是非常嚴重。

　　以王陽明為例。我以前對宋明理學不了解，後來經林安梧的推介，我才去把陸象山、王陽明幾位大家，徹底的看了一下，發現王陽明真的是天縱之才，他把中國的良知、中國的中道打起了新的波瀾，可是王陽明也埋下了後來野狐禪的隱憂，我不知道這個責任是不是他老人家要負，中國讀書人蹈虛，就是讀讀聖賢書儼然有聖人氣象，那種蹈虛從朱熹就開始，他晚年有後悔，到了王陽明又有一點。因為我們中國文化原來是內外雙軌的，內心有良知，外在的世界萬物是有天性的、是有本性的，內外交互界定，生命本色自不偏失。我們現在的心台，可以活到一切是虛幻的、飄浮不定的。其實你永遠有兩個定點，一個是你內心有覺，一個是外在的萬物都是有天性的，而這個天性跟你的覺是內外合一，默契無間。我沒想到：如果文化的領導人，一旦在生命的看法上，起點若失之毫釐，會兩、三百年以後才差以千里。其實，我的話多少有一點落到熊十力先生，我再說一次，我對這些前輩是尊敬的，但是在真理的面前，我不得不把我的內心有一點覺察的地方提出來，我不敢說認定，我只能說提出來大家注意警覺，看看是不是有這種起點的偏差，就是「讀聖賢書人就儼然有聖人氣象」，這是一種蹈虛，太偏心一邊的高明了。中國生命的學問這麼高，同時也是這麼平凡的，極高明而道中庸，平凡而重大，

再莊嚴還是平凡，這就是我們文化堅持老天爺本有的這一套主與體的特性。

主體與心台這兩層，不只是會混淆，而且兩層會擺錯位置，以後你千萬不要把你的主體放到心台去衡量，一定要把心台放到主體來衡量，前面那一種是幾千年的奴性、殖民心態在作祟，後面這一種才是一個文化人、一個有主體的人。所有心台的東西要放到主體來衡量，不要錯置、錯位。這兩層合起來看，你就看到生命是「自然中見人為，平等中見尊卑」。也就是在主體平等的基礎上，活出德行的尊卑。

(三) 生命的六大澄清

還在講澄清，但是我們的思想都被這些糾纏住，所以主體立不起來。（1）首先，心中有覺，覺就是你內在的主，外面呢人為的台面底層是有一個天然整體的基礎，這是第一個澄清，心面對現實台面，主體永遠還在。主體出來了。

（2）文明與文化。我把人心在台面所做的人為的種種叫作文明，而你自己主體的變化、生命的成長叫文化；一個是外在的成就，一個是內在的成長。這兩個澄清很重要，因為新舊問題就解決了，文明是「日新月異」，按照韋伯的說法是不可逆的，可是文化的新要從舊裡面長出來，像你每天都希望有一個新的自己，換個頭髮、換個服裝，甚至換個講話的調調是沒有用，你要真的接受自己現在的舊，然後從裡面「知非便捨，從善如流」，行為有所改變那才是新。極端的講，生命主體是：「舊的從來不死，新的不斷湧現」，主體性文化的新舊是萬古常新。也就是新舊兩兼而連貫的。它不是不可逆，當然也不是每況愈下，也不是

螺旋狀，文化就是文化，就看「每個人自己的心，怎麼對待自己的主體」，然後集合起來看，那個社會風氣、時代風氣就是群體的文化水準，它決定生活真正的感受。我們現在的感受是：高度的文明，低度的文化，生活還日漸怪異反常。所以，文化跟文明澄清了，新舊就可以澄清了，新舊問題困擾了中國這麼久，百年來一直是衝突，用新的來打舊的，大陸「河殤」就是用新的意識型態，又再度的想要把所有的痛苦歸到舊文化、黃河文化、大陸文化，這個是不對的。事實上，他們出國以後都有後悔。

新舊問題的內在，是變與常的問題，大自然的變是有常的，人心的變是善變莫測的，如果你講的是主體，那有變有常，如果你講的是文明，一直變不一定有常，所以變跟常的問題清楚，新舊問題也清楚了。新舊問題顯露在外的，就是傳統跟現代化的衝突。一句話：我們應該在主體（文化）的生命場域上，去包容、期待、檢驗各種「創新」的外在成就（文明）。也就是在新舊兩兼連貫的主體上，去看待日新月異的創新。

（3）人權與人格。人心在台面上，一定有所動作、行動、作為，這需要外在規範，就是民主法治，可是我們現在開放後，體會到了，光有外在規範不行，因為人會鑽法律的漏洞，知法玩法，尤其是警察最清楚關不勝關，人一定要懂得自律，社會才會正常，但是剛好所有傳統社會的德目（如誠實、勤勞、自律），都被我們慢慢的丟光了，我們從現代化到現在，一直在丟現在這個階段需要的美德，就是主體人格的這些美德。所以第三個我們可以從主體澄清人權跟人格。可以說，這一百年來中國最大的痛，就是人權與人格的糾纏、錯亂，用黑格爾的話說，為了倒洗澡水連小孩都倒掉了，就是為了推翻台面的專制、控制，西方就

是推翻教會的宰制，結果呢？西方是把宗教式微了，我們呢？為了民主法治把我們的主體文化丟掉了。

我覺得牟先生講的：民主法治是畫框，生命文化的內涵是畫心，就在臺灣民主開倒車的時候（議會肢體衝突），牟先生這一番話的確是一個哲學家的智慧，穩住了人權跟人格的地位，那個時候我記得，有人在講是不是中國人不適合民主，我覺得牟先生的確是有穿透力。

（4）第四個澄清，永遠要分清兩種工作，人心在台面上都是直接目的性的，那是外在成就，它有四個特性：依靠外力、講究效率、一味加速、終會倦怠。但是，我們生命的工作不一樣，它就是要內在成長，它也有四個特性：自力、全心投入、依自己的節奏、無悔不累。對直接目的性而言，內在成長是間接準備的性質。你不要把這兩個混在一起。上文提到兒童的偏態（未正常化），以及人工性格、社會化、中年危機、缺乏人格的自律、人生常有被外逼迫之感等等，都與此澄清有關，即外在成就終究無法替代內在成長。

（5）兩種文藝：創新與配天。主體性的文化重視的是配天，西方啟蒙運動後，重視的是人類創造力的釋放，即創新。配天的文藝，它以本心、天性出發，過程尊重的是「生成」與「配天」，其結果以掌握的天則為貴；配天的文藝當然與生命是統一的。創新的文藝，它以觀念、作品為出發，過程重視人為與創新，其結果以構想的原創為貴；創新的文藝與生命萬物的關係，有三種狀況：超越、不相干（不連續）、有所違逆。所以對創新，我們必須包容、期待、檢驗，急於否定或肯定都不好。近百年來，以創新打倒傳統（配天）的災難，我們都看到了，文藝也

受創不小；簡直是「以鴨論雞」，胡扯，野蠻得很。

（6）最後，從心發展出：兩種知、兩種信、兩種解決問題的方法。人用心，即「私心自用」的私心，用心所知即認知，它比較相信知識、經驗、力量，它解決問題常用外加法；反之，人若不用心，「無念有覺」即本心，自明的覺即覺知，他相信覺察、「感心」（台語唸）、生命本身的全然整體，它解決問題常用「內發法」。當然，兩種都在心頭，交織於事物，但兩種屬性判然，至今，後者已漸萎縮，前者日益獨大，也日益走不下去。該想想「人路盡頭是天道」了；人路不可能脫離天道。

私心還承認多少本心，那是一個人的成熟度，社會風氣也根源於此。認知與覺知，上文提過一如探照燈的光束，一如光幕。認知的理性思考，經常是「二分→對立→排斥」的，它做事喜歡「一切從頭來過」，如推土機、如革命。而覺知的覺性思考，經常是「兩兼→兩層（天人）→包容」的，它做事依循傳統「總是修修補補」，如捨不得、如老根新芽。當然，前者即現代化後較多的現象，後者即傳統中人較多的現象。前者看主體，總說很模糊、很玄、遙遠而蠻難的（這兩年越來越多）；後者看主體，總說真實、親切、切身而難易在個人。說穿了，自明與自然的主體是本有的，怎麼會遠而難呢？

顯然，人心這百年來的使用，對自己生命的主體有了隔閡。這是中外皆然。 國父的心理建設、五四的新文化運動、乃至中國加入世界經濟開發的行列，會不會變成一個新的資本霸權（黃禍）？對內又變成一個舊的宰制勢力？這幾個大問題，端看兩岸中國人主體的覺醒。對中國而言，有了生命的六大澄清，主體的建立已然呈現。

第三節　主體的建立

　　所謂主體的建立，內心的主就是覺，明珠在懷，到底怎麼去教這一部份，我在《明珠在懷》兩本書裡，以及論文「覺在人生的定位、功能與教法」也都寫了。那個體怎麼建立，就是對大自然你怎麼去真的從心裡尊重它、愛惜它，每一個動作顧全萬物整體，不去傷害它，我想這個大家都在教，只不過科學的教法跟主體性的教法不太一樣；科學以客觀知識，主體以覺知、良知良能。在我看主與體都是很難言教，主甚至不能教的，可是主與體的內容永遠要教，歌德最尊敬的一位教育家他就說過一句話，人類教育的問題，就是永遠要去教那個不能教的。具體內容，就是內在的覺、自明的覺，已經是自明的，人又不肯承認，怎麼教呢？外在的大自然，大自然最鮮明的一個特性就是活活潑潑，這個活怎麼教？所有的科學也沒有把活教清楚啊！它都是歸納剖析的客觀知識。莊子講的，混沌生命七孔鑿穿了，那個活氣也沒有了。我沒有否定科學，科學跟民主還是必要的，只是不充分。

　　對不起我時間沒有掌握好，才把澄清講完了，建立就來不及了。我希望大會允許我將「主體的建立」已寫好的論文，附在本文之後，以補我缺。嚴謹的說主體不是用建立的，主體的教育是最昂貴的教育，簡單的說，是每一個人聽完以後，你自己願不願意認肯，肯去承擔「我是一個有主體的人」，就這樣子。如果你落到教育上來講，它只能身教，學生看著老師講得再深奧、再博大，他不會動容、相信、依行的，他一定要看到老師真的做過幾次，他才相信：這個人間是一個主體的生命道場，他沒有看到

你做，他回頭還是這樣去教別人，可是行為是分開的。

我急切的感覺到，教育改革還沒有面對主體，當時吳京、李遠哲在報上說：教育改革是每一個人的責任，我趕快把書院整套書一人寄一套，李遠哲沒有理我，吳京回了一信，很多感謝的話，但是我看不到教育改革裡面有主體的影子。不過，這個世界還是非常美好，我不是說明天會更好，而是，不管人的心製造了怎麼樣的現實台面，主體永遠在；主體的問題不管人心覺得多嚴重，它永遠不難也不遠，自明與自然本身一定是貼緊你的生命；你真要，它就在。我願意在這亂世、在這個十丈紅塵中，依舊做一個自然的人、正常的人，這個堅持也是我對我們文化的堅持。

我希望六大澄清與主體建立，有搔到中國這一百年來的痛處、癢處。一旦各位願意認肯自己的主跟體，這就是宗教、這就是道德、這就是美感（也就是藝術的起點）、這就是真正的哲學、這就是你成長的道路，至於台面上講的那些宗教、道德、藝術、哲學、知識等要小心，裡面有很多真真假假的混淆，你願意承認自己的主體，你已經是一個有信仰的人、有德行的人、有美感的人、有哲意的人。

我希望主體的提出，能夠讓我們看到每一個人自己成長的道路，也希望兩岸的中國繼承五四，也跨過五四運動的迷思。五四運動對人權民主以及科學科技的肯定，那是屬於人為的世界以及外在世界。西方還有一個偉大，就是超越的神（基督教），因為部分人心已經信不起內心還有主，所以他需要透過耶穌基督的寶血，重新焊接天人的溝通，這三個都是偉大；只不過，這些都不要替代人跟天最原始的、內外雙軌的、這麼好的一個主體的世界。我希望，我們澈底跨過百年中國的主體迷思。

　　最後，這個世界其實是各國都可以安安靜靜很安詳、很和諧、很快樂的住在地球上。麻煩的就是意識型態、宗教的衝突，主體的提出也可以化解意識型態的衝突，因為主體是不用語言、不用思想，在每一個人內在本有的自明與自然。對不起我已經越位太多了，謝謝。

（引）（言）（人）：

　　非常謝謝王老師給我們做非常精彩的一個心得分享，那剛才我在思考這個時間的調整上面呢，我想到因為我們剛才是九點十分晚了十分鐘才開始這一場，為了尊重王老師我們會延後，在謀道謀食之間，我內心在想還是謀道比較重要，所以後面的時間我們更動一下，把茶敘與午餐稍作濃縮。如果下一場講完，還有一點點時間，與會朋友也可以與王老師有所互動，因為我聽完之後，內心有一種非常飽滿的感覺，覺得自己像盤古一樣頂著天地，雖然形軀是小的，可是精神是非常巨大的，也許與會朋友也有想與王鎮華老師分享、互動的地方。

附　錄

主體的建立

——生命之道的九把鑰匙

王鎮華

【德簡書院主持人】

一顆明珠，一根脊椎，有主有體，活得感心。
大原則在：貼緊生命，靠船下篙。

編者案：本文為王鎮華教授針對「生命之澄清，主
體之建立」所撰專文，因演講時間限制，
「心得分享」內容多有未盡之處，今徵得
王教授同意，將此專文附入，以饗讀者。

前言　本文之主旨

在台灣安定生活了五十年，十年書院生活，我明白了天道與德行：道不遠人，德在人心。走過現代與傳統，我也找到了主體。百年來新舊的脫軌，如同脫臼，好痛，如今我看到：舊的從來不死，新的不斷湧現。新舊可以不衝突。一解千從。

但是台面上，還不面對真正的問題，這是老百姓擔心的。到二十世紀末，人的心還無法起信啊！兩岸信仰的危機，隨著經濟的發展，到後來只更嚴重；其實，若兼顧文化紮根，危機是可以解除的，經濟也可以發展得更穩健。

在這世紀末，人類也似乎很疲困了；高度的文明，低度的文化，生活怪怪的。相當多的人，十分懷疑新世紀、千禧年，我們有什麼新思潮值得興奮，有什麼根本而整體的信念，值得信望愛？

同世友人，容我直說心懷。天地間，這股靈氣是不會斷的：

1. 人類的反常錯亂，必須從心頭大破大立。
   事做不好因為人，人做不好因為不會用心；
   唯有走入內心，正本清源，才是關鍵、樞紐。
2. 原來，人這顆天賦的「自主心」不簡單，
   人必須面對——人神在心頭共處，這個事實。
   這顆心，你用即你的心，所謂「私心自用」的私心；
   　　　你不用，而「心自有覺」即你的心神，亦即你的
   　　　本心。

私心與心神重疊心頭，是不能否認、也不能專利的——人間第一事實。

私心歸依心神，扶正本心為主，日常生活中尊重內心的覺知……做人開始有主了，也就是有個準了。

一個人還需知道：覺與覺知「稍滑則失」；人心甚且會「真妄相待」。

所以，一個會用心的人，不自我認定而樂與人同。

3. 我們文化稱心神、良知為明珠，

我相信：「明珠在懷」是永遠的世紀之鑰，

以它打開千禧之門，你將凝視「生命之境」——生命的原貌，依舊在那，始終在那；生命，內有自明之主（本心）外有自然之體（有天性之萬物），兩者呼應默契無間。

我最深的發現，只不過是本有的自明與自然。

4. 主體「生命的場域」，原本自然得很、生動得很。

但，人心使人悲觀，近百年的人心尤然，如各種力量的宰制；觀念的綑綁；使人陷溺的成長替代品，其包裝異化人心又快速替換，不容你省思生命原貌。

總之，本心，這一顆明珠——等於肯定了天良、佛性、心神的存在。

　　　　有天性的生命整體——等於肯定了常態、常軌、常道的存在。

祖先們二話不說，以內在本心為大本，就面對天地萬物，有主有體的生活著，生命最要緊的就是——主體建立這件事！所謂「本立而道生」，傳統社會活了幾千年，專制之下還有人味啊……

＊

「子曰：天何言哉，四時行焉，百物生焉，天何言哉」（論語十七）

「萬變俱在人，其實自然無一事」（宋儒）

天地正靜，萬物原本各活各的——沒事。沒事變有事，只因人，人不會用自己的心。若懂得用心的某些重要方法，則見生命的原貌，依舊在那，始終在那。

第一節　人為台面

力量「子曰：射不主皮，為力不同科，古之道也」（論語三）

「子曰：驥不稱其力，稱其德也」（論語十四）

「子曰：眾惡之，必察焉；眾好之，必察焉」（論語十五）

「凡夫取境，道人取心」「凡夫逐境生心」（希運）

「有恃於力量，是路或是障？有所迎與防，謂之未出纏」（王）

六念 1.權「富貴而驕，自遺咎也」（老子9章）

2.利「金玉盈室，莫能守也」（老子9章）

3.慾「罪莫厚乎甚欲」（老子46章）「五色目盲、五音耳聾、五味口傷」（老子12章）

4.名「寵辱若驚」（老子13章）

5.慢「自矜者不長」（老子24章）

6.疑「終日營營，無超然之意……縈縈如此，討個
　什麼？」（象山）

　「終至喪己」（程子）

內心「懷安」（象山）

　「不肯一日安其所不安」（伊川）

　「知苦乃入佛法」（劉洙源）

　　人為的世界，人心太過追逐力量、太過重視力量。各種力
量本是生存的必要條件，生存下去為的是——人格成長，過豐富
的人生，但人心把必要當充分，把手段當目的，於是：台面的力
量法則形成，產生了「宰制」、「就範」、「顛倒」、「荒謬」……
等現象。人的聰明會把多元社會簡化為各種力量，而力量又會反
控人類自己。

　　龐大力量宰制之下，西方先進國家的心理學家，曾代大眾
說出心中感受：人生只有四個確定：死亡、自由、孤獨與沒意
義。如此悲觀的論調，當然與西方宗教對人心的看法有關，但是
力的介入與量的庸俗化，造成各種全球性的宰制與異化，也夠嚴
重了。人類天然的存在感（真實感）竟然因之模糊。

　　個人的生活感受，由六種人類心念決定大半：權、利、
慾、名、慢（優越感）、疑等，六者環環相扣，終歸是困惑之
疑，稍有警覺或聽聞正見者，若無清明行動，日子依舊一段一段
的在因循中蹉跎掉。內心懷安、苟安，日甚一日。

　　不懂人格成長，就只會追求力量。太現實而世故的人對前

者常有迴避性，對後者常有依賴性，甚至強迫性。

　　台灣開放後，本以為專制一去，真才實學的時代來臨，沒想到，人人都有專制心態與工具心態，放任的人心，可以把人世搞到瓦解的邊緣。民主制度只保障了人權，至於人格卻越來越模糊。今天，歐美那種生活的疏離、冷漠，已經來臨！

　　「子曰：道之以政，齊之以刑，民免而無恥。

　　　道之以德，齊之以禮，有恥且格。」（論語二）

　　「子曰：三軍可奪帥也，匹夫不可奪志也」（論語九）

　　如何化解人類力量的宰制？在個人，即道。在體制上，也根源於道。談生命之道之前，先對目前世界化的資本體制，說兩句建言：

　　一、「以人格的心服性，平衡人權的合法性。」不要只問合法性。不顧人格，人權會變質。立法院質詢污辱人格、民代半數染黑金，台灣已見。人權需民主法治，但仍需人格之自律。

　　二、「以人格的主體，化解多元社會結構性的宰制。」這句話不好解。簡言之，宰制乃人心自己造成，主體也得從人心建立；答案就在問題上，關鍵在心之誤用與善用。

※

　　治世亂世，做人之道永遠在。老子說：「自古及今，其名不去」。易經晉卦渙卦有言：「晉得勿恤。渙奔其機」。晉即文化成人之道，知道則不憂不懼；若扣對板機，生命之箭將奔騰前進。尚書說：「惟王建中。王心無艱」。道，的確是一直都在人心的，只是人心自清自濁。人心之於生命之道，如雲蔽日，不見

不是不在。

面對人為台面，有三把打開生命困惑的鑰匙：

⑴**生活中一定有覺察／但稍縱即逝**

「覺察一定在，壓下即欺神」（王）

「閃躲事實、壓下覺知是明顯的心理動作」（王）

「內心深處，有個歎息」（徐誼）

「曾子：吾日三省吾身」（論語一）齋省即為憶取覺察

「念起即覺」（憨山）這是最快的、立即的覺察

生活中一定有覺察。沒想什麼，覺察自己會浮現或跳出來，覺察可以說是神佛親自來教你，但它稍縱即逝，不懂得尊重它，你就沒有興奮，疏忽成長，自棄了老天的教示。日有覺察夜有夢，都是老天爺對每個人的天然教育與疏導。

經由覺察，認改自己的過錯，與學習別人做對的榜樣，都是生命的真工夫。隱慝與嫉妒，足以把人生灰暗掉。台灣的人心作風有時過於軟弱，而激情抓狂正是第一種軟弱，因還不會面對真正的事實，不敢面對內心的覺察。

覺察無所不在。①困惑的時候，人的思想要面對內心的覺察，不要找理由把覺察模糊掉。

⑵**痛苦裏面有扭轉力／但若不面對或黏上去，就只是痛苦**

---

①一生要緊之處，覺察不只一次。時代環境之趨勢，也無法淹沒心頭覺察，甚至自己壓抑也沒用，總會浮現。

「痛苦，若真切面對，或主敬或主信，則生力量。」（王）

「道之物……中有精也，其精甚真，其中有信」（老子21章）

「聖門功夫要處，只在個敬」（胡五峰）

「成始成終，不外一敬」（李二曲）

「民無信不立」（論語為政）

「層層阻礙，能鍛鍊人步進成功」

「只要有勇氣面對挫折，就會發現新事物」（皮雅傑）

　　痛苦中有扭轉力。痛苦可悲，因為此心不忍，悲中生慈；由慈而仁，而善而愛，仁心、善念、逐漸加強為愛行；可見「悲慈仁善愛」是通的，悲苦與愛樂是動態的。為什麼常人看不到苦樂互動、禍福相倚？

　　人心之用常常過猶不及，「不面對」與「黏上去」一樣是膠著靜止的，因此看不到生命的動。誠實者對生命有敬意，對真況信實痛切，如同己受，扭轉力就產生了；若不面對，不夠真誠、不夠切身（亦即無敬無信），人間的痛苦災難就會只是痛苦災難。**冷漠其實是內在無力的缺席行為。**官民都有的僥倖心理，使得悲劇不斷重複。當負向思維盤據一個人、一個地方，那才叫做悲情苦命。

　　「生命失序—僥倖投機—負向思考」是苦命的金箍子。中國若是「現實而不面對現實」，沒有深刻追究的智慧、意志，就只有不了了之的無奈、窩囊。靜止的苦命，其實只是心的靜態認定，心尚未看到動態的扭轉力。上述覺察，就能看到生命的鬆

動。

⑶內心真想回到自己／只因捨不得，信而迷

義利「見利思義」（論語十四）「見得思義」（論語十九）

　　「子曰：君子喻於義，小人喻於利」（論語里仁）

　　「名與身孰親？身與貨孰多？得與亡孰病？」（老子
　　44章）

　　「衣食至微末事，不得亦未必死，亦何用犯義犯分，
　　役心役志，營營以求之耶？」（朱子）

為己「子曰：古之學者為己，今之學者為人。」（論語）

　　人多「務外遺內」（宋儒）

　　「但向己求，莫從他覓」（慧思）

　　「順流時，循聲逐色；逆流時，反觀自性」

獨處「獨處閒靜，觀察自覺」（楞嚴）

　　「前念著境即煩惱，後念離境即菩提」（六祖）

　　「清鋤蕩滌，慨然興發」（宋儒）

　　「若是有精神，即時便出便好」「凡事莫如此滯滯泥
　　泥」（宋儒）

　　在人為台面，常聽到內心這類呼喚：回到自己。回到自己
的生命，自己做人。返樸歸真，指出了生命之道的路向：即返回
生命之樸實，歸依內心之真誠。這樣會「先若有所失，後必得大
順」。這內在呼聲為什麼沒效呢？六個字：捨不得，信而迷。既

得利益、享樂生活不捨，則生命大事、成長正果不得。迷信是還沒弄清楚、未明朗透澈，就信了；信迷是有正見正信，卻還拖延蹉跎。**迷信因無明，信迷因「牽拖」**（以閩南語唸）。

人在江湖身不由己，覺得自我被牽制而失落時，需要先回到自己；**能控制自己，才不會被人控制**。所以，獨處是接近自我重要的一步。

「尊重覺察」、「痛苦的扭轉力」、「回到自己」這三把鑰匙，可以把人（應說人心）從台面的人為世界，警醒、超拔出來，接下來，才可能面對自我的開展。

第二節　當下心變

⑷當下心量本有變化／只怕被習氣淹沒

「治世莫先於治心」（高愓庵）

「欲得淨土，當淨其心」（維摩經）

當下心量變化「即時豁然，不離當念」（淨名）

放不下就是思與言之習氣重。

「子曰：吾未見能見其過，而內自訟者也」（論語五）

「子曰：古者，言之不出，恥躬之不逮（及）也」（論語四；十四）

「子曰：過猶不及」（論語十一）

「子曰：過而不改，是過矣」（論語三、十五）

「子曰：攻乎異端，斯害也已」（論語二）

「前識者，道之華也而愚之首也」（老子38章）

「自視者不彰，自見者不明，自伐者無功，自矜者不長。

其在道，曰：餘食贅行」（老子24、25、72章）

「所惡於智也，為其鑿也」（孟子）

「當自攝心無令瞋恨，亦當護口勿出惡言」（遺教經）

「閉其兌，塞其門」（老子52、56章）

「需是一刀兩斷」（象山）

「迅掃夙習……人爭一個覺」（白沙）

　　自我的焦點在心，心在當下的變化，不同於大自然萬物的變化，萬物的變化是「有物有則」，如發芽、茁壯、開花、結果等，階段變化之中，有常態、常軌、常道——變中有常；而唯獨人心在當下的變化，心猿意馬、三心兩意，真是因人因時因地因事而異。心不止「心量」有異，甚至「質地」上，善念惡意也可能顛倒。這都歸因於人心不尋常，人心是天賦的一顆「自主心」，請正視這個字。

　　自主心是天賦的，神將祂自己給了人，所以自主心原本如神一般，是自由、自在、自主的，可是人不會用心，不知道用心要付出代價，常常私心自用到「真假虛實都混淆了」，甚至「把自己綁得死死的」，那就是語言的習氣與思想的習氣。心本有的心量變化，被語言思想的習氣淹沒，如一開口又是老話，一動念又是老套，當下總是被習氣的重複淹沒。

　　當人心對誠實的重視，慢慢鬆懈了之後，諸多心念、觀念……漸漸築起了一道玻璃牆，將自己隔絕在內。這一道牆既無形

又具體（對他自己而言）。習氣甚至形成一層「翳」，覆蓋眼睛上，影響看事之清澈。

注意習氣如何襲上心頭，隨時隨地寶愛虛心的美德；虛心是保住這顆心的新鮮、心的變化之美最好的方法。不讓自己的心故技重施，心才可能清新可喜。

⑸打開心神的正法是「無念」／只怕私心沒敞開的勇氣

中「誠者，不勉而中，不思而得」（中庸）

「至虛，恒也；守中，篤也」（老子16章）

虛「正法：無念──不用此心，心自有覺」

「不發是發菩提心」（文殊問經）

「只箇無念，是名真念」（大珠）

「虛空，即不自念」（五祖弘忍）

「息念忘慮，佛自現前，直下無心，本體自現」（三祖）

「顏回以忘我為虛，夫子許以盡矣。」（莊子）

「其心虛明，自能知之」（程明道）

空「真心無性，其體是空，故曰真空」（劉洙源）

「子曰：回也，其庶乎，屢空」（論語十一）

不知「般若無知，無所不知」（般若經）

「不識不知，順帝之則」（詩經）指文王

心的大問題，就是不知道心裏面還有本心，以及心如何融

入生命之流，如何面對人世的複雜變化。後面兩個問題根本在前者。打開本心，發明本心的方法，除上所引，自古傳之如下：

「人心惟危，道心惟微，惟精惟一，允執其中。」（尚書與論語）

「多聞數窮，不如守中」（老子）

「喜怒哀樂之未發，謂之中」（中庸－伊川－楊時－羅從彥－李侗－朱子）

「明明德」（大學）

「清明在躬，氣志如神」（禮記）

講的都是中或自明、清明，這在樸素厚道的遠古，一點就夠了。之後，老子所謂「無為」，六祖壇經所謂「無念」，都是在傳正法，只是後世越說越精，越接近當下心頭的「機」、天人共處之機。所謂無念，即「不用此心，而心自有覺」，覺即本心，覺是本心直出，故又叫直心；反之私心自用，你用時即你的私心。普通話說：「意念放空」，或「一切放下」，或「敞開坦然」等，其實都有說到關鍵，只是說者未必實知，說了也未必做得到。

無念，不是一個概念，而是心頭的一種實踐，所以記住名詞沒用，強調沒用，得要從心頭自己去體會。當然，心偶爾放鬆，覺也會自己浮現。在達到「無念有覺」之前，讓心靜下來，陳白沙所謂「靜中養出端倪」，是正法前各種修心方法之共法。若妄念又多又亂，靜不下來，更往前一步是「懺悔」，將本心從偏態（等於偏路）釋放回來。如果連懺悔什麼都不知道，那就跪中反省了。「跪→懺→靜→無念」是一實際修心之法；無念則是關鍵之正法。

法本於道，正法不宜多立、多談。「多者不善，善者不多」
（老子）。

第三節　明珠在懷

⑹覺，即本心，即神佛天，人神在心頭共處／明知是真，卻信不起

本心「孔子曰：操則存，捨則亡，出入無時，莫知其向，
　　　　惟心之謂與」（孟子六上）
　　　「守本真心，勝念他佛」（五祖）「佛者覺也」（六祖）
　　　「存養是主人，檢斂是奴僕」（陸象山）

直心「子曰：人之生也直，罔之生也，幸而免」（論語六）
　　　「子曰：三代之所以直道而行也」（論語十五）
　　　「直心是道場，直心是淨土」（淨名經）

中觀「堯曰：咨！爾舜，天之曆數在爾躬，允執其中」
　　　（論語二十）
　　　「子曰：中庸之為德也，民鮮久矣！」（論語六）
　　　「中心為忠，如心為恕」（周禮註）
　　　「多聞數窮，不若守於中」（老子5章）
　　　「中道因邊而立」（涅槃經）
　　　「可中心，即俱忘」（希運）

壹德「民之秉彝，好是懿德」（詩‧大雅）

「聖人執一以為天下牧」（老子22章）抱一（老子10章）

「一者，其上不攸（居），其下不忽」（老子14章）

「昔得一者，天得一以清，地得一以寧，神得一以靈」（老子39章）

「才主一，便覺意思好，卓然精神，不然便散漫蕭索了」（朱子）

「主一之謂敬」（張南軒）

自明　明明德：明白自明的德（直心）

「澄朗清明，應物無方」（宋儒）

「楊簡忽省，此心無始末，無所不通」（陸象山）

「內外兩忘……無事則定，定則明，明則尚何應物之為累我」（明道）

「鞭策得炯然，不可時沒，對越上帝，則遇事自省力矣！」（陸象山）

本有「此真心者，自然而有，不從外來，不屬於修」（弘忍）

「這良知人人皆有」（王陽明）

「一切眾生無漏智性，本自俱足」

　　覺，即本心。我們用心時剛好壓住本心，不用心，覺出來，那就是本心；若對各宗教略異取同，本心又叫心神、佛性、

天良等。人心會自動過濾、自動選擇、自動控制，尤其牽涉到自己的得失榮辱時，人心還會壓抑本心、壓下覺知，甚至投射給別人。這時生命就擱淺了，與自己內在脫節了。能坦蕩蕩的完全不控制什麼，虛豁豁的讓本心直出，那直心也就是良心。人懂得讓神佛天在心頭作主，人格就挺立了。爽氣的人、有主見的人、有格的人，都是早就忠於內在，早就率真而活。

一般所說直覺、心靈，因可能染有私心，故需謹慎分判。

本心呼應著一切萬物，那渾然一體的狀態就叫中或中觀。從無念到覺照一切，即所謂「真空妙有」。古人那麼重視虛、無、空、靜，都是對心而言，不能漫指生命（生命是腳踏實地的實相），心放空，妙的是心自有覺，而且覺知一切，這是先天的。後天用心惡劣或被現實傷過，則較難相信先天。

覺知，是基於本心與天性的呼應、默契，把這天然的感應，流露出來即覺知，覺知是自明的，這屬頓悟。認知則需靠自己的知識、經驗，需要學習，這屬漸修。**漸修累積所知，無非頓悟本來覺知**，這就是「有自明還得自修」的——天人兩層的美妙人生。朱子說：「夫子生而知之，而未嘗不好學」即頓悟漸修雙重肯定。

從自明的默契知識進步到自修的明晰知識，其實就是依循本心，人向天接近。努力自我完成，接近的是天的覺知與自然的豐富。

從心頭以自己心神管住厲害而不安的人心，人因而知道：珍惜生命，一生好好活。這叫「本立而道生」。否則，人是管不住的，人心更是大麻煩。**法治僅是必須的治標，教育人人會用自主心才是治本**。若有人認為本心覺知永遠教不會，也得教，更要

教。

第四節　生命整體

⑺良心所見萬物是和諧一體的／私心卻常善變、靜止、瑣
　碎

　常「見素抱樸」（老子19章）
　　　「樸散則為器，聖人用則為官長，夫大制無割」（老子
　　　28章）
　　　「和曰常，知和曰明，益生曰祥」（老子55章）
　　　「知常明也」（老子16章）
　　　「一團和氣」（明道）

　活「道生之，德畜之，物形之，器成之，是以萬物尊道而
　　　貴德」（老子51章）
　　　「滿腔子都是生意」（周濂溪）
　　　「此心，通塞往來之機，生生化化之妙」
　　　「物自有來去，見性無來去也」（大珠）

　大「一體之仁」「大人者，以天地萬物為一體者也，私心
　　　自小之耳」（陸象山）
　　　「子曰：君子不器」（論語二）
　　　「孟子曰：萬物皆備於我，反身而誠，樂莫大焉」（孟
　　　子七）

一切怎麼瞭解？整體觀如何建立？生命整體，不能割裂知解，不要猶豫必須全然面對，整體至少包括四個大項：個體、群體、大自然、歷史。群體包括家庭、社會、民族、國家、世界等幾類。在人為世界，整體被用得真假錯亂；從良心看到的整體，確是萬物一體，秩序井然，像一首和諧壯觀的交響曲。這叫一體意識。

萬物每一物都有自己的生命過程（狹義的道），有階段的變，有常態的常，並且與其他萬物配合成一生命道場。總之，生命是有道有常，是活體的大合唱。請注意「常」、「活」、「大」三個生命特性。人心人為的一套，常把生命弄成幻變虛無、重複僵化、瑣碎厭煩；一個「膩」字，常是其終歸之感。

心神是人之「主」，心神所呼應之整體是人之「體」；人的生命最重要的事，即**早識主體，立起主體，開展主體，這是人先天的無限潛力**。主體在人即人格，在事物即格局；人與人之共識在此，專業事物之整合也在此。人類的危機在於：因大量後天作為而疏棄、架空先天格局。中國文化的主體性，正在主與體的本身。莊子說：「備天地之美，稱神明之容」人生本然如此大氣，如此精神。主體肯定不易，卻更不能放棄。

前述「人格的心服性」與「以主體化解結構宰制」，根源都在此。一切人為的深度破壞，都是將主體「非主體化」，如外化、物化、靈化（見後）等等。主體一立定，也就是將心導正了，生命之自然、人世之厚道是可以期待的。人知道親近自然之大化流行，而對人為之外化等，必定深心戒懼警惕，而人為真正的目的與影響的後果，也不難勘破。

⑻身為萬物之一，且道在肉身／人卻以為身只是供心差遣 使用

「天命之謂性」（中庸）

「子曰：不知命，無以為君子也」（論語二十）「修身養性」
性命雙修即心身兼修

「老子：修之於身，其德乃真」（老子4、5章）

「莊子：道之真，以治身」

「聖人之治也，為腹而不為目」（老子3、12章）

「作在心，殃在身」（永嘉）

「身體是誠實的，他與大自然一樣，你怎麼對他，他怎麼
回報」（王）

人的身體，也是萬物之一，必然的生老病死尚不足以點出
生命的神奇。人身難得！讓我們用「道在肉身」說明人生起點
吧，蒙特梭利對嬰幼兒的偉大發現，早已證明此事。心中有心
神，身中有道，心神本然的默契著道。心若尊覺指引，豈不明
道？若經一輩子的努力，成德的有道者是「道成肉身」，此時平
平凡凡的一個人，流露出整體生命的光采，言行中豐富的人性，
往返流通於萬物之間。古人說：「言行君子之所以動天地也」是
真有的境地。

人一輩子在用心，身心的關係可以「承受相涵」形容。先
是身支承著心，身病身亡，心即萎止，這時身比心大。接著，心

發用的後果，卻由身受，或益生或害生，都由身體收受，這時心比身具決定性。一生用心都記錄在身上，身心關係是承與受的相互包涵。人卻以為，身僅供心差遣享樂，那就成了人頭馬身，成了神話、原始造型、心理學上常見的「人馬座」（非星座之意）。

自從有靜坐體驗後，我知道身體有它自己的法則、奧妙。伸出一隻手，其結構功能已是神奇；打過幾年太極拳與五禽之戲，更體會全身關節、經絡、氣脈自成一個體系。此中，呼吸是身心關係的樞紐：用心不覺中會影響呼吸，呼吸在體內的氣之脈動，又影響全身。亦即人的意識與身體狀態，透過呼吸與氣，關係密切。

人用心太甚，累了，出世避開現實，往形而上談靈論神，或往具體身體練身練氣，靈與身進步了，甚至小成了，人的用心或心行就沒問題了嗎？人終究還要看他的心行。人的意識有限，但終究人在意識狀態的心行，不能迴避。

天只承認你心行的水準，此即德行。修身兼顧身心，但重點更在德行。

第五節　德行定位

從當下之時機，打開本心，經萬物一體，覺知身體，終要落實到自己的「位」上。道，是生命整個過程；位，是生命走過的歷程、目前的位況。時位是一體的，心懂了明珠、整體、身體之後，還要回來面對血肉之軀的目前位況，從整體中清明的面對赤裸的自己，這在中國文化叫「立人極」。

多少聰明人，甚至開悟心，讀經論道，迴避掉的正是這一

步，他畢竟還是一個人，帶有習氣、尚未實修的凡人。**一念最嚴重的偏差在——內在頓悟，滑失漸修**，遂成「知神知佛不知心」的危險人物，若心還亂用惡用則成魔。「根器愈劣，智巧愈深」，所謂「機深禍亦深」；小心根源上的自我混淆，不能自覺覺他，反而害人害己。

　　心神與私心都在心頭，這最最需要澈底的澄清，因為「心神全照全容，私心稍滑則失」。起心動念的一念甚易糾結有染。心若自以為神，自以為是什麼精、什麼星，那就近乎魔。神魔同體的神奇一生或著魔一生，說穿不過如此，但後者為害之大，神也搖頭。心頭大分是智慧，心頭大合是大圓滿。大分非二分排斥，大合乃大分之後的兩者兼顧，而總歸以心神（覺）修私心即德行之正道。

　　回來修自己靠的是德行。德，古字寫法直心重疊，這正可說明良知、德行之知行是一件事，人心才將知行打成兩截，甚至倒用。

　　⑼**生命歷程唯有以德行改變／生命會被自己心用的偏執卡住**

　　「修養：知非便捨，從善如流」「自過不隱匿，人善不忌妒」（王）

　　「見過即見道」（六祖）

　　「知非便捨，從凡夫直到大聖地位」（元來）

　　「不過切己自反，改過遷善」（陸象山）

　　「下學上達，知我者其天乎！」（論語）

「子曰：顏回者好學，不遷怒，不二過」（論語一、六）

「子曰：學而不思則罔，思而不學則殆」（論語）

「上士聞道，勤能行於其中」（老子41章）

「莫厭辛苦，此學脈也」（象山）

「得之於心，是謂有得，不待勉強；學者則須勉強」（伊
川）

「從聞思修，入三摩地」

「行解相應，名之曰祖」（初祖）

「子曰：君子學道則愛人，小人學道則易使」（論語十七）

「中山不知醉，飲德方覺飽」（謝靈運）

「孔德之容，唯道是從」（老子21章）

　　德行，雖是立人極，但也不要想的太高太遠——修養就是
德行，不好的過錯，修之；好的美德多做，養之；這時，人格就
成長了、動了。所以，人的德行是靠實踐、腳踏實地活出來的，
人格的定位不以知、說為準，而以行、做為準。②

　　德行與一般的行為、實踐之不同在於「為己」。多少中年危
機，只因在生命下坡時，強烈覺知與自己的內在脫節，再多的成
就、再多力量的擁有，無法拯救自己意識（即心）的狹隘，生活
變得重複、無趣、厭煩。這現象清楚說明：生命有不能降低標準

---

②近聞下個世紀，將是知識的社會，唯知識競爭決輸贏，真是新厚黑
　學。我看到人的內心在發抖。

的成長問題。德行的目的，正是焊接童年內在的真誠，面對成長成熟之正果。

德行總是無害有益，總是「面對整體，把握重點」。德行不需要辭職、不需要出世，卻自然會調整做事的分寸進退。外界現實，自己不能全擔，但自己做法應不違背良心與法律，自己總是量力盡力而為。宋儒說：「隨事磨練」，重點不在成就，而在成長，那實踐心得別人拿不去。君子的德行，自得受用，所以不空虛。所謂「為己心行自得之」，乃真工夫。

德行「在現實中，以身作證」，乃大丈夫。在這生命的道場，修己即安人，自愛即愛人。反之，愛的盲點即在未從自愛做起。

德行若一下做不到，儒家有學、思、行等基礎功，佛家也有聞、思、修以及信、解、行等，都是通的。

尚書說：「依中行義」，依天良行宜事，這就是知命，命在直心德行（行義）中是活的。不面對「飢渴慕義」，命運在堪忍與不堪之間搖擺，停滯不前，最是困惑惱人。人的命即「依中行義，以德凝命」。是誰依中行義？當然是人心、心念、心行；所以，也可以說「念即是命」。

一個君子，一個有主體的人格者，頂天立地，有長進、有人味。對於他，「真是一個人啊！」已是最高讚美。

＊

這九個生命的重點，分開來，每一點如一把鑰匙，要摸索多年、經歷大段，方有真實把握；但合起來，生命之門似乎層層相通，重重相套，一以貫之。廣義的道，正是如此精微博大，靈活一體。中國一個道字，意含似乎模糊，實因道在日常用法上，

至少應有「正法」、「與神相通」、「整體觀」、「生命過程」、「德行（心力著手處）」等五層意思，而道字由上而下全包含了。德字由下而上也是全貫上去的。

　　道與德兩個字是我們文化的至寶。論語說：「志於道，據於德，依於仁，遊於藝」。老子說：「道生之，德畜之，物形之，器成之」。道德是儒道兩家所共寶。至於現實中所謂的道德，其虛偽部分尼采己破解殆盡，兩者宜有分別。一個字，本義常偏天然，到引伸義常偏人為，變化之大，甚至顛倒。人間常見：人用文字可能同字異義，理解時也同字異解。是以同一個字，應分清天然與人為兩層含義，這不是小事。道德一詞即是明證。

　　以下還有生命的幾個重點，需要澄清。

主體是機密？

　　所謂「密」，也可加以澄清了。上述，(5)當下心之用與不用，是天人之間的「機」，而心神所要打開的(6)本心、(7)整體、(8)身體三項都是「密」；機與密是對人心而言，人心只能融入道，無法以言語以思想進入道。三項本身，原是朗然的、實在的。本心之主，天性之體，主體原是自明的自然，再「簡」不過，人心看主體，居然演變成「密」，絕了。

有主有體才是大丈夫

　　人人必有主體，但心存主體者才是人，否則不肯承認主體者則只是民。一個人，中規中矩，中肯不偏激，這都為了主體的體現，當他流露出中正平和的心態時，一個真正的大人出現了。小孩子一顆良心，總是稚嫩的想顧全整體，所以**赤子心有大人氣度**。反之，一個放肆而厲害的大人，可能是梟雄、是流氓，那不

是真大，不是自然而厚道的大人。「用心存不存主體？」決定你我是人是民，決定某人是政治家或政客（此決定當然是動態的）。台灣喜歡阿莎力、豪放、雄強的個性，若從人的意識狀態來看，敢承認主體的人最有勇氣、最豪爽；只是自己爽，別人不爽，那算哪門子豪氣。古人說：「始信真放在精微」真說到痛癢了！內心的精微，生命的博大，兩者永遠是檢驗人生世事真假的判準。反之，心粗境窄，絕非主體態度，所謂「不學即凡夫」常落得如此。

主體的自律

人會擔心「沒有方法管得住厲害的人心」；太過箝制人心的自由、思想固不可，不管心的厲害放肆亦不可，主體的提出，如同一個神管一個人，一個佛管一個人，應是人心「拔本塞源」（王陽明語）的方法了。③所以，教育不能避重就輕，敢面對目前種種惡劣的反教育、面對嚴重缺失的人文精神、正視主體的建立，才是教育改革，否則「量己教人」或「隨人腳跟」，起步已鑄大錯。④**主體模糊、文化迷思的地方，被欺負的苦難，總是在深層隱痛……隱痛不斷。**

主體與多元社會

不顧主體的人，做的事也沒主體性，甚至盡做「將主體非主體化」的替代性的贗品、偽事。⑤多元化主義、多元社會的真諦，由主體來分判，清清楚楚。現實各種力量，如政治經濟社群

---

③「戇戇從，沒沒泅」（以閩南語唸）個人還沒關係；厲害領袖人物的亂帶領，天下人都遭殃。
④這次教改，方向上：重教育條件，疏教育內涵。收集很多觀念，卻缺乏整合。

輿論，或教育學術藝術宗教等等，先看他們自己的主體狀況，再看所做的事與主體的關係；天下有主體觀念，事情是不可能被混淆的。自己主體模糊，做事不顧主體，即不顧良心與不敬生命整體，那就是客字輩的政客之流。⑥要知道：「爭紛錯亂不等於多元」，正如「專制統一不等於一元」，爭紛的結果，仍是勢力大的在導控，民意民心云云，都可以「以形式做假」或「口惠而實不至」啊！主體是人格，是格局，有真格才有真正的多元可言。

主體帶來的希望

人人原本都是天人，但心中對主體存與不存、顧與不顧，決定了個人是人是民，也決定了生活是文化與野蠻的分野。所謂古今之變，時代風氣，看看主體狀況，思過半矣。在台灣「兒童讀經」的蓬勃發展，印證了中國經典的主體性，價值非凡。對治人為偏差，種種人想出來的調整辦法，如果人心已疲乏失信，主體這「本心覺知」與「天性活體」本有的兩大寶貝，應可給人類一股莫大的鼓舞。中國那幾本經典，正是覺知與理性兼具、自然天性與人為成就兼顧的典範。

主體是起點，也是歸處

生命、主體、文化，三者在本文是一體的。⑦生命當從自己主體切入、確立，其餘一切經典與一切現實力量，都當尊重、歸

---

⑤凡俗被整人搞笑的老套，辛苦的笑了一夜，但人格內心的感受呢？凡俗也有內心啊！生命也需成長啊！至於嗑藥亂性，即將主體非主體化。

⑥客即無主者，無主者只有他自己的「主」（兩義之說，又一實例）。無主者，還不是一個人！

⑦我曾寫過一篇論文，題目「生命之境，就是文化」。收於成大「第一屆台灣儒學研究研討會論文集」。

依主體。經典、傳法等對主體而言，已是第二手的；人為的文明永遠不該替代天賦的主體本身。主體是天道與德行的骨幹，核心則在明珠。

主體，關鍵尤其在主、在天覺、在本心上。上文講過「無念─本心─整體─身體」四者密不可分，這是語言思想切不進的大機密，這也是人心很想融入的「生命之流」、「自然情境」，明明朗朗的「大化流行」，切入點就在心頭──由自心打開心神，由心神融入整體。所謂「才自警策，便與天地相似」（陸象山）。主體明明一定在啊！人卻以「觀念的玻璃牆」或「觀念的綑綁」將自己與主體隔開。人被自己的用心，綑綁得好慘。

一切真幻虛實的樞紐在──人心

千言萬語一句話──明珠在懷。肯定內在本有的心神，從心頭「天人和好」，如此則：內在確立了私心與心神，外在看清了人為世界與生命整體，都是兩層重疊──內外上下都清楚明白，稱之圓融，即德位大定。

內在外在，「失之毫釐，差以千里」不可不察；

天人兩層，「稍滑則失，真妄相待」更不可不慎。

源頭活水，正在心頭方寸之大分大合、大破大立。分清心頭的心神與私心，是兩層重疊而非二分排斥，然後立起心神之主，這正是究天人之際的大事。陸象山說：「千古聖賢，只是辦一件事」。

第六節　主體的功能

1.心　2.台　　　　內外之間「失之毫釐，差以千里」

3.主　4.體　5.位　　天人之際「稍滑則失，真妄相待」

　　民國84年，筆者寫「明珠在懷」兩本書時⑧，就充分瞭解「覺」是自我生命的大根大本，六年來依覺進修，瞭解主體是台面人心的源頭活水，尤其內外天人澄清之後，始知主體真是「造次必於是，顛沛必於是。」雖然，天人於內心、於外在都兩層重疊在一起，一旦從心找到主，從主找到體，就可以對真真假假的生命現象大破大立，大分大合。人與人之間，主體是平等合一的，不同的是用心以及在台面的職責。人與人之間，真是「同中有異，既分且合」。

　　內外都有天人兩層，種種生命現象因此得以澄清，也因此需要正名才能言順，可以說一字一詞都可能有兩義（已如上述）。如自然之大化與人心之善變不同，自然的一統與人為之統一不同，乃致文化與文明、成熟與成就、權威與威權、歲月與時間……總之，「主體」與「心台」合中有分，從此混淆不得。

　　主體，在中庸的說法：「中也者，天下之大本也；和也者，天下之達道也。致中和，天地位焉，萬物育焉。」在大學的說法：「自天子以至庶人，壹是皆以修身為本。」修身是指格物致知、誠意正心；此二者即中國文化的知識論與實踐論。古人說

⑧「明珠在懷」文集與卡片集，王鎮華著。覺覺出版。

得夠清楚了。

唯我始終不曾去想主體的功能。

2000 年元旦「聞道發表會」四場演講之後，一方面覺得「覺悟的門後還有門，且門門相通」，一方面諸多重大社會現象的筆記，也慢慢匯合，有一天終於我整合出一張生命現象諸問題的大表，發現許多「束手無策」、「根部腐爛」的問題，歸根究底都在主體迷失上。人類隨著文明的大躍進，卻不敢相信自然厚道的人世是可期的。人類的常態常道是否能還原，取決於主體信念的重建，重新肯定。以下所列問題，筆者雖於此無法論證，確深信是主體的功能：

(1)個人的停滯：如
 • 人格未正常化（大卡）。
 • 來自人際關係與社會宰制的情緒（小卡）。
 • 心用常卡住，以致不會用心與不會實踐等。

(2)弱者所需要的：
 • 突破意識型態的僵化生活。
 • 增加對外界誘惑、拉扯的定力。

(3)強者所需要的：
 • 知道生命潛力用在那裡，不會只忙於邊緣之事、台面之事。
 • 知道要深信什麼、堅持什麼。（聰明只用來競爭，太遜了！）

(4)思想方面：
 • 分化割裂如何整合。

- 複雜、僵化、單調如何擺脫。
- 如何管住自己的心思（如鑽牛角尖、抓狂、心機深到自己會怕等）。

(5)社會方面：

- 責任感的薄弱（如婚姻家庭，雙方意願距離天職差一大截。又如求職工作，只問權利迴避責任。）
- 外在規範不夠，尚須自律，如何自律？
- 簡單的事，經人心利害介入，變復雜（如官商勾結，公的觀念不立，司法訟案大增），如何恢復人世的簡明清爽？

(6)國家方面：

- 中國、中國人、中國文化與文物等的主體性是什麼？
  很明顯：**中國文化的主體性，就在主體本身**。可以說特質就在中。
- 兩岸的良性競爭，不只民主問題，更在民族的歷史文化上，即主體問題。

(7)世界方面：

- 全球化的資本消費生活，那是結構性的力量宰制，以及人心的異化，很難化解。只有主體才能化解結構性的宰制。
- 科學科技的進展，已抵到上帝的肚子，如基因的破解。
- 光纖所帶來的網路世界，如果人心電腦單線思維成習之後，也將逐漸疏離與架空主體的生命場域。
- 「核生化競爭」、「工業生態污染」、「種族、信仰等意識型態衝突」等是老問題了。

(8)整合與異化問題：

- 個人生活之拼湊感、人際溝通之共識、專業科技之整合等，都需要靠主體這天然的「生命感應網路」。

(9)整體價值方面：

- 個人的氣質、社會的風氣、國家民族真正的榮譽感等，都奠基於主體的誠實上，不誠無物。

類似童真、赤子心的直心，的確是使生命氣氛還原的魔術棒，而主體這生命的整體場域，也的確是人心努力的起點與終點；當然過程中，覺知也在每個當下現場隨伴著。至於人心創造性的成就，不可限量，但也不可替代主體。最最重要的一個提醒：**不要把主體放錯脈絡。應將現實的人心利害、台面力量放到主體中衡量，切莫反將主體放在現實中衡量！**

神佛天是主，生命萬物是體，我怎麼可能從功利的角度，來強調神佛與萬物的功能？莊子所謂「無用大用」也嫌冒犯、不恰當。人這一顆自主心，它誤用所造成的問題非常嚴重，但又總覺得諸多問題在根部是通的，即總歸是：解決問題的答案，就在產生問題的心上──人類不會用上帝給我們的自主心。這就是我統觀到生命的一個「明礬點」，從這正本清源的一點切入，我們才看到：最遠的最近，最複雜的最簡單。

主體自明而自然，生命的場域就在眼前身上，人怎麼可能不理主體？

啟蒙運動後，人類只知自主心的自由、自主，它可以無限往前創新，但擺脫當時教會的束縛，同時也放棄了主體的體認。自主心的誤用：如過度的概念化、過度的合理化、過度的工具化

等，終於，發展到真實感、自然感、存在感的模糊——這就是主體的遺忘！弔詭的是：主體明明還在！不理主體，人心會製造內耗；急功近利，終將落得進退兩難；有整體而長遠的主體智慧，人類才有最迫切需要的膽識。

世紀末的反省，千禧年的展望，各國媒體的炒作、嚴肅的國際會議，似乎並未觸及到心頭上的天人問題。如何將誤用、惡用使之正用？答案就在問題上；所以人類深層問題的解法，絕不遙遠。⑨

第七節　正派與用心之判準

新世紀，據聞靈性時代將臨，若大道被簡化成純靈性之探討、較量，即靈化，我怕聰明人又將再次欺負一般人，因老天原本安排的生命過程，是內有本心，外有天性，是雙軌的，而且還要看究竟的德行，若只談心靈呼應宇宙能量之單軌，所謂內心之精微，誰說得過聰明人？甚至天才？除上文之討論，以下謹列正派信仰之判準，與傳教氣氛之判準，以救偏失之危。

正派信仰，三個判準：向內、平等、本有。

　　向內：「外求不歸」即外道。

　　平等：天良，平等不二，甚且是同體大悲，一體的。

　　本有：本心、天性是原本在，一定在。

當然，這都指根本上的心神、佛性、天良而言；只要平等

---

⑨但長久以來人不澈識問題根源，所以用種種外加法、對抗法，問題顧此失彼、層出不窮、解不勝解，釜底抽薪只有靠「啟明本心」。

心在，修為的尊卑高下才是真的，也在。

教規教法之行為氣氛，四個判準：自由、獨立、負責，而且是明朗的。

自由：人心就是想控制，這造成別人的不自由。故不自由最是明顯立判，逼迫感、發誓、詛咒等神明不為；所謂「進教容易出教難」，即非正派。當然，信教是嚴肅的事。

獨立：主體在宇宙萬物之間，獨立不依，故「自覺自修，自行自證」是主體不可或缺的步法。人求道必須他力他助，但不能依賴到無主失主。依賴常含貪懶（貪法懶修），易被暗控，因小失大，難成正果。

獨立，是心神的特性。

負責：神給了人自主心，人用此心，能不負責？自己心行，必定自己負責。功德切莫與福報相混；更不要把幫人卸責當布施。

明朗：大自然即便神奇，也是澄明朗朗，心神之主，自明也一樣是澄明朗朗的。一訴諸神秘、陰暗、封閉，就要小心了。

目前，政治商業輿論等各界，大量使用宗教手法，宗教有些也使用企業、政治等手法。前者如拜物教、戀物癖⑩、乃至各種人為的怪力亂神（作怪、暴力、反常、神異）、以及商業搭配宗教等。故以上檢測判準，對一般生活上的問題：「可不可信？

---

⑩買隻玩具貓，可以將插隊的長者推倒地，而大家旁觀不顧。

正不正派？」也都適用。

第八節　呼籲

⑴跨過五四，揮別迷思

天人兩層的錯亂，是百年中國最大的痛。

中國文化的主體性，就在主體本身，

而非以主體去創新的外在成就；

五四運動不澈底自知「主體」，

一味以客觀化的民主科學看自己，

抹殺文化主體的悲劇，於是發生。

主體本來就是人類的盲點，甚至痛點；

在具體、明確、有力的理性思維之前，

在外在成就的價值思維之前，

中國文化被「雙盲對待」了一百年！

在台灣，文化失調已演變到

「重要官員、意見領袖，視外國比台灣還近」的地步，

以截枝的新知踐踏大眾天良（覺知），

與土地剝離、與祖父母疏離，眼前現象嚴重。

五四在文化上「不澈底自知而反傳統」之影響，已完全呈

現、暴露。崇洋、哈日竟都成了類似光榮的理所當然。

該跨過五四，以主體終結渡過時期了。

⑵復甦主體：為中國文化招魂，為新文化催生

個人、社會、國家、世界的生存狀況，

終歸是天人關係的顯現；

有良心則多少有尊嚴、有秩序，否則

良心擱一邊，心靈缺席，人就不懂得尊重人我的尊嚴，

不可能活得有意義，只能活在傷害性重的社會。

從正面來說，良心、心神就是人類各種精神的要素。

先看人格的整體，七個位格裏的各種精神、意識：

個體意識，如自尊心、榮譽感 ←→ 自我中心、本位主義

家庭意識，如親情、家庭觀念 ←→ 父權思想、家庭壓迫

社會意識，如鄰里相助、社會關懷 ←→ 多數暴力、集體盲

　　　　　　　　　　　　　　　　　從

民族意識，如民族大愛、同胞愛 ←→ 民族主義、血族認同

國家意識，如愛國心、國家認同 ←→ 國家主義、霸權心態

世界意識，如世界村、人類愛 ←→ 世界主義、全球宰制

宇宙意識，如生態意識與歷史意識 ←→ 神秘主義、歷史宿

　　　　　　　　　　　　　　　　　命

以上左列，都是良心所本有或心神所活出、體現的。

右列相反面，都是人對左列意識的誤解或混淆。

一個人，表現在行為上、生活中的生命價值的本質：

勇氣、決心、毅力、意志力等，也是心神的屬性。

在民主的現代社會，舉凡個人的誠信、社會的正義、

群體的「公的價值觀念」等，所謂信念也需心神的堅持，

才能維持不墜。

　　近世，西方有向東方文化有所借助之史實，一如百年前，
東方有向西方有所借助之史實，雙方之「另謀出路」，實
乃人類的用心都用到疲困了。

　　正本清源，該回到啟蒙運動前的某種「天人和好」了，但
理性的價值應該肯定下來，調整在於：理性與覺知的兩層
重疊，而非二分排斥。

⑶用心就是用神，小心自心異化

　　天下最大的不平是：

　　　　有人不能違背自己的良心，

　　　　有人早就不顧良心而肆無忌憚。

　　有人在錯亂的社會，還憑良心真做實事，

　　有人藉口亂世，還用心機成套的設計別人，

　　中庸所謂：君子中庸，小人反中庸。

　　論語所謂：君子固窮，小人窮斯濫矣！

　　這是不平，但會平；不只將報，實乃已報，因為用心就是
用神──一個人的誠實程度，實乃真正的人神關係、人
佛關係、天人關係。

　　所以說：誠實勝於一切。⑪

---

⑪信仰者都奉教主為至尊、真宰、無上……這很自然，但若在生活中不
重視誠實，那歌頌至尊或真宰是什麼呢？對負面責罵渲洩太強烈，是
謂「漂白」；對正面會不會讚美崇敬太強烈？那叫什麼？金剛經說：
所謂莊嚴即非莊嚴。
紀伯倫說：善行回顧就變石頭。人心對正負善惡，是會漂白或石頭化
的。

用心太甚、用心嚴重、心機成套者，

心會起變化，在心頭上自我混淆，最危險！

「只利用而不真做」的工具心態，

先受傷的是自己「自心異化」啊！

如有人信誓旦旦，卻不知道如何起信！

從心來看，生命是自己的事，

人格正常的人，必是心存主體的人。

有主有體者，日常生活中有朗朗乾坤，有人世歲月，自然

活得感心！

一念真妄啊！禍福自定。念即是命，心行定命。

＊

書院大門的門聯是：

　　　直心，天地之元氣；

　　　德行，人文的新春。

　　直心德行，天然首學。⑫

斯文未喪，在主體文化；文化新命，在主體復甦。

知我罪我，可以本文為據。

八十八年夏天書於德簡書院

九十年八月改定

---

⑫孔子之道，以常言常行立教。正因他肯定凡人的天良一定在，他不以
　自高代天而取信於人，反以天賦凡人本有的天良為平實起點，他對天
　之忠心耿耿，一如老子之和光同塵，此之謂「天然首學」。亦即以覺
　知從生命學習，亦稱主體自學。

後 記

⑴書院前七八年，主要開的課，都是四書五經、老子壇經等原典，近兩年我開了「生命課題」的系列，本文是第一個系列（基礎篇），十四堂課的精華。我以現代的語言，甚至口語，說出自己的心得，這並非個人生命經驗而已，在傳承上，可以說：源於易經，揉和儒道，旁通佛家，稍涉西學；至於「尊重自明的常識，驀歸自然的活體」，是我用心自得的。終究，我不替代神，中國文化深知「行己有恥」！

⑵本文大體寫成之後，改了十幾次。第一次寫，較簡易流暢，為照顧周全而修補再三，雖可能失之旁出枝節，希望能顯示根幹的穩實。考慮過的題目有十幾個，在此都列出來，應有一定的意義，雖是顯露過程，但可以知道相關的領域與牽涉的問題：

㈠**天道**

1. 道，一以貫之

2. 朝聞道，夕死可矣！

3. 生命的九把鑰匙

4. 解開生命之道

㈡**主體**

5. 建立內心與外在的公分母

　　──主與體即人格的脊椎骨

6. 主體的建立

　　──做人篤愛有主，不使無體。（台語唸）

7. 扶正主體，扭轉乾坤

──為中國文化招魂，為新文化催生

8. 自明之主，自然之體

　　──各專業共同的人文基礎：認肯主體

9. 以主體化解全球結構性的宰制

　　──以心服性平衡合法性，以內在自律平衡外在規範

㈢**明珠**

10.天人宣言

　　──明珠在懷，諸神退位；

　　　　直心德行，天然首學。（此處神指人為的）

11. 天人和好，大地春暖

　　──力量與人格能和諧，則意義生

12. 解救兩岸的信仰危機

13. 究內心天人之際，通古今主體之變，導力量正用之義。

㈠類四題掌握了「道」的主旨；㈡類五題掌握了「主體」的骨幹；㈢類四題直指「明珠在懷」核心。幾年前，清香齋在木柵山上雅聚，會中餘興抽到一枝籤王：雄雞一聲天下白。如今，誰不希望讓天下浮一大白！

面對新生的嬰幼兒，努力真心而活的人，人人都「慨然有澄清天下之志」，但是由哪裡開始著手呢？看完上文，人人本有的主體兩字，不是好端端的就在每個人的內心？！這件事誰也無能為力，只有每個人自己願意重新與天和好，認肯這兩個字，讓它活過來；讓「自明的覺」帶著人類的心、活在「自然的生命整體」中，做個主體人。可以說：能澄清天下者，正是天下的天下人！天下人的主體！！

如果主體在學校教育、社會教育各種脈絡，呈現的夠清

楚，我不相信「自明的覺與自然的整體」會被人類模糊掉；何
況，覺一定存在於當下現場，也一定存在於死後「剎那回顧一
生」。人如何可能擺脫「自明的覺」？誰願意動搖自己的主體？
問到底，誰不喜歡讓人自覺主體？在你將主體推廣時，就知道
了。真正信仰的根源在此。

一命二運三緣分

老子道德經的人生智慧

主講人：王邦雄

【中央大學中國文學系專任教授】

引言人：曾昭旭

【淡江大學中國文學系專任教授】

引言人：

　　各位朋友，華梵中文系這兩天辦的研討會可以說是別開生面，又可以說是回歸古老的中國文化傳統，很值得我們去嘗試與期待。剛才第一場，王鎮華老師先分享了他生命成長的心得，尤其，他得到了生命是一個動態的成長歷程，由此展開，成為今天心得分享的四場演講，我們也不妨說，這像是一個階段一個階段、一棒一棒的接力。王鎮華老師是我們今天這四個分享的人裡，實踐性最強的，可以有直接的生命的重量，雖然他話沒有講完，可是那種生命的莊嚴感，大概已經拋出來了。

　　各位不要一下子就被天道、德行、主體、心臺震懾得有一點沈重，生命是辯證的，因此，我們第二場請以道家的智慧與體驗著稱的王邦雄老師，給各位用道家的氣氛，把生命再做一點鬆動，以輕鬆的心去承擔歷史文化的莊嚴使用、責任，反而會比較自然。通過人為語言的解消之後，才會有點自明的感覺。

　　王邦雄老師是我大學的同班同學，可以說相知甚深，不過很
有趣的，我們在大學四年裡，卻並不相知，而且，王老師那時候
似乎不大看得起我，因為老覺得我和女生們混在一塊。是大學畢
業以後，我們藉著共同的恩師——張起均老師的緣，畢業以後還
常有見面，有一回我們約在師大樂群堂會面，兩人之間有非常重
要的生命對話，從此王老師才對我改觀，那也已經是三十年以前
的事了。請我來當王老師的引言人，應該是很恰當的，反正我們
兩個人焦不離孟，孟不離焦，外界不熟的人，常會把我們搞混，
當然，有時候我的演講一個不小心，同時間答應了兩場，發現之
後請他代打，別人看怎麼這個人來了？所以會搞混。他也會這
樣，有時候我替他去講，有時候他替我講。我在高雄師院當國文
研究所長的時候，有時候會收到一種信，就是「高雄師範學院國
文研究所王邦雄所長收」，不知道是寄給我，還是寄給他的？

　　可是，我們兩個人真的這麼容易搞混嗎？不是，我們兩個
太不一樣，風格上可以說南轅北轍，雖然殊途同歸。我們曾經被
邀請在同個題目一起對談，比如說，回到我們的母校師大國文
系，為學弟們談談我們的意見，也就是讀書心得，我說：我覺得
讀書要忠於自己的性情，每一科都考九十幾分是不對的，我們的
成績應該符合我們的課業，最有興趣的就考九十幾，實在是沒什
麼興趣的就考七十，你的分數的高低，剛好跟你的性向符合。我
以為這樣很周到，然而接下來他就說：唸書當然就是要考第一
名，考試當然就是要考九十幾。這也有別的道理。生命的確是這
樣多元，這樣的辯證，左說是有理的，別忘記右說也會有理。所
以，我們覺得你不要聽我的，也不要都聽王老師的，你聽我的覺
得有道理，聽王老師的也有道理，然後中間就有你自己的道理，

那才是真正的道理。現在我們就來聽聽王老師的道理。

主講人：

以自家生命體會經典的智慧

　　謝謝曾老師的引言。今天很高興看到各位朋友、各位同學，跟大家聚集在一起討論生命實踐——牟老師所說的「生命的學問」，我也覺得，由王鎮華先生開場是很恰當的。講生命實踐對我來說是比較遙遠的事，所謂遙遠，就是我一直在生活，但好像不是很下功夫，所以認真不如王鎮華，細緻不如曾昭旭。我是在網球場比賽的人，喜歡說大話，有時候還很隨興，曾經在香港開儒學會議，我主講「莊子的修養功夫」，有一位大陸深圳大學的教授蔣慶先生，他特別請教，他說他一直神經衰弱、失眠，可不可以請王教授指點道家的修養功夫？我直接回了一句：我從來沒有做工夫。全場面譁然，他們才知道剛剛聽我聽真是冤枉。不過，讀中國經典是一定要下功夫的，不然，你的詮釋理論是說不出來的。大家都喜歡講打坐，練氣功，記得有一回在高雄，我一天講了八、九節，講到晚上好像氣力還很足，主辦人對我佩服的無以言喻，說：王教授，請教你練了什麼神奇的功夫？我說：我沒有練功夫啊！後來想一想，牟老師曾經說一句話，他說：我們何必練功夫？我們講課就是練氣功。有道理，原來講課就是最好的氣功，而且是浩然正氣，在上一堂王鎮華先生的演講裡，就可以體會到。而我的實踐功夫，大概就是我去讀經典，先說服自己，再試圖把我的心得、感受跟很多學生朋友分享，這大概代表

我的生命實踐。我試圖把我的經驗放在人生的路上，去體會、去消化，然後通過經典的詮釋做一個檢證。

今天我要講的題目，好像不是很生命實踐，但我大半生對眾生說法，比較代表性的關懷，是通過傳統「緣」跟「命」的觀念來說人生。「緣」的觀念來自佛門，「命」的觀念來自於儒、道兩大家，事實上，這樣的關懷已經是儒道佛三大教，同時落在我的思考中。這十幾年來，我們一心一意要為儒家文化，為歷史傳統背負知識份子的責任，所以鵝湖的朋友幾乎都很儒家，但是學界有一個很奇特的發現，就是這些鵝湖的朋友，很多人都在講道家，這很不可思議；事實上，我們是通過另外一個切入點，從道家的心靈成全儒家的理想，因為儒家的理想似乎有點壓迫。剛剛，我就被王鎮華先生震懾住了，呼吸都不敢太大聲，生活總是要自在輕鬆的，那麼，我們可不可以用道家的心靈去實踐儒家的理想？我的儒道之間，就是往這個路上推進。我的「緣與命」的觀念，事實上是老傳統的觀念，但是我把它放在現在街頭，試圖來詮釋當代存在的困苦，看看能不能通過這麼簡易的理念（它是個生命理念，不是一個知識概念），來釋放出它的內涵，所以我就講緣與命。

福報來自德行才能長久

確實，「緣與命」的問題，是曾昭旭教授逼出來的，因為他答應演講，題目叫「情與理之間」，後來時間衝突，只好由我去講，既然原來是「情與理」，那我就來一個「緣與命」。我講「緣與命」，在民國七十二年，很受注意，我自己的關懷也沒有停過，後來我又想，緣與命實際上是一個福報的觀念，可用來解釋

人生的福報。人生的福報不能離開德行，不然，《易傳》就不會把《易經》的吉凶轉換成善惡，所以我想，你怎麼可能給出一個福報的答案，而沒有給出德行的開發？那那個福報何德何能？人生的福報無法消受，就是因為你沒有德行作為支撐，福報終究是過眼雲煙。所以我進一步想，可不可以用老子的一二三，天道的一二三，德行的一二三，來說福報的一二三，人間的一二三。

一二三是老子「生」的原理

　　我把原來「緣與命」的觀念，變成「一命二運三緣分」，這樣的說法有點背離傳統，傳統是「一命、二運、三風水、四積陰德、五讀書」，用一二三四五來詮釋人生的福報，從重要感來排它的位階。我不是要標新立異，刻意說自己與傳統有別，來開創出自己的天空。傳統說「一命、二運、三風水」，但我認為「風水」的份量遠不如「緣分」，因為「風水」是靜態的，它是死的，它只是一個存在的時空，「緣分」是人跟人心靈的激盪，生命的感應，生命的激發。有一回，我跟朱高正委員到北京訪問，朱委員那時候如日中天，所以我們在北京行走，公安老是全面監控，所有的座談、對話一律錄音。有一天，我們到定陵去參觀，「邦雄兄你看，我們放眼四顧，都是明十三陵，天下好風水盡在於此。」我狠狠回了一句：「有什麼用？還不是亡國？又亡得那麼難看。」所以我想，不能光講風水，也要講緣分，緣分來自於人跟人間情意的交會，與理想的激發。儘管「緣與命」很風行的時候，老是接到電話，要嘛就是有人從屏東一大早打電話，說：王教授請你講兩個數字，我說幹嘛？明牌啊，你不曉得你是明牌嗎？我說為什麼找我給明牌？他說因為你寫《緣與命》啊。我

說，緣與命你有沒有讀過？他不答。我當然拒絕給明牌，把我當作什麼人？他說你不說嗎？我不說。那就零零喔。我說那是你說的。沒有說也要負責任嗎？另外，有一位女士也是一大早就打電話給我，說：王教授，可不可以請你到我家來？我說做什麼？幫我家看看風水。我問為什麼，她說，我跟先生處不好。我問，那為什麼找我？她說你寫《緣與命》啊。我才知道，《緣與命》讓我變成王鎮華先生最討厭的權威。我跟她說，風水是排物的位置，物是死的，不會有感應，最重要的是排人的位置，你和先生的位置，你跟公公婆婆的位置，你跟兒女的位置，夫妻間、母子間的互動，才是人生美好依附的關鍵點。所以我認為，我們應該用「緣分」來取代「風水」。那麼，把「四積陰德五讀書」抹煞了？也沒有，我把積陰德、讀書消化在我所謂的「緣分」的「分」裡，我的「三緣分」已經涵融了四積陰德五讀書，就以這樣的「一命二運三緣分」，來回應老子天道的一二三。

我剛剛說，我的關懷就是任何福報，來自德行。有德的人有福了，這是通貫各大教唯一的一條，所以我給它的名號叫天條，只有這一條，人間所有福報來自德行，有德的人有福了。所以我想，不能再光講緣跟命，應該從德行的一二三，來開發福報的一二三，這是當初會引用《道德經》的一二三來取代，最重大的理由所在。

傳統知識份子永遠有一個使命感，就是儒家式的內聖外王，內聖的修養和外王的事業。中國知識份子的宗教是政治，這樣的政治是一個廣義的、外王學的政治，包括教育、學術、文化，中國第一流的人物往這邊走，他談治國平天下。自己有德，有德的人不為福報，內聖是「德行不為福報」，這是內聖的極

致，但外王就是要保證天下的好人得到好報，讓天下的好人得到好報，最直接的路就是政治，所以政治是中國幾千來知識份子的宗教，考科舉是必經之路，要嘛當宰相，要嘛當太子的老師，這樣，才能夠真正對你的鄉土、你的國度有立即且直接的貢獻，所以，我們對這個時代發言，「德行福報」就成為關懷的主線。

「一、二、三」是「無、有、玄」，也是「我有三寶」

對老子來說，老子還是講外王，我們知道《道德經》除了有修養功夫之外，最精彩的是他的政治思想。老子講的一二三，最直接就在「我有三寶，一曰慈，二曰儉，三曰不敢為天下先」，整部《道德經》，唯一老子挺身出來，我有三寶那個「我」出現了，不然他是隱藏幕後的。一二三是什麼？他沒說，我們可不可以用「我有三寶」的一二三來解釋「道生一，一生二，二生三」的一二三，傳統註解有一家是通過「我有三寶」來解四十二章的一二三，但不是最恰當的，因為一二三是代表「生」的原理，所以當我們念這一句的時候「道生一，一生二，二生三，三生萬物」，連續四個生排列在那，它們講生成原理，道生萬物，而整個道的生成原理是一二三。那一是什麼？二是什麼？三是什麼？他沒有直接說，牟宗三教授是依據第一章來說，道生一的一是「無」，一生二的二是「無」跟「有」，二生三的三是有跟無同時朗現的合，這個有跟無的交會叫「玄」，所以三是「玄」，以「無有玄」來說「一二三」。「無、有、玄」，剛好在講道的性格，那我希望以「一二三」、「無有玄」來說「一命二運三緣分」。

事實上，「一曰慈」的「慈」就是無心的意思，天地是無

心的，所以第五章講「天地不仁」，天地是無心的，如剛剛王鎮華教授講的「無限的包容」。儒家講孝是從兒女心的自覺講孝道，道家講慈是從天下父母心來講慈，「慈」是整個自然界，飛禽走獸都有「慈」，它是天地生物的奧秘，所以這個「慈」，是無心自然的「無」。「二曰儉」，「儉」是一種智慧，儉約的智慧，你能夠「無」，能夠無掉執著，放下分別，不要只看見名利權勢，那你的生命智慧豁然開顯，二不是「有」嗎？有什麼？有智慧。通過「無」的功夫可以開顯「有」的智慧。三曰「不敢為天下先」，「不敢為天下先」是當一個聖人要守柔處下，但老子又說：「後其身而身先」，把自己放在最後面，反而會得到百姓的支持擁戴，而居於最前面的位置，原來「後」同時也可以是「先」，這是「玄」。所以事實上，六十七章「我有三寶」的一二三，也可以跟「無有玄」的一二三，做一個融會貫通的解釋，它仍然在老子思想的系統中。

「道生一」，一是「無」，道是沒有自己的，道沒有自己最直接的解釋就是「無」，「無」不是一個描述性的觀念，「無」不是描述現狀的一無所有，「無」是一個修養的觀念，是一個修行的功夫，老子的智慧是無了才有，天下所有的美好，所有的有都從無來，「天下萬物生於有，有生於無」，所以道生一的一是「無」，「無」是修養功夫。一生二是「無」跟「有」，道沒有了自己則擁有萬物，這個體會是很簡單的，老師沒有了自己就有了學生，父母沒有了自己就有了兒女，把自己放下來以後，別人的全生命、全人格就在我們眼前展現，這是道家智慧裡面的「觀」，「觀」就是我看到他。儒家思考，老是想把我最好的給他，天下父母，天下老師，或夫妻之間，都希望把最好的給他，

但此中有我們看不透的盲點，就是：你把最好的給他，好都在你，對方沒有，對方的好是你給的，他沒有自己的。道家的智慧就是我忘掉我的好，我看到他的好，這叫「觀」，「觀」就是觀照，會照現，這叫「有」，整個真實的世界，美好的世界，就在我內心的虛靜中，在我「無」的功夫下，完全朗現，這個叫「有生於無」。三則是又有又無，又有又無的「玄」，不能說我這個階段是「有」，我前面那個階段是「無」，它不是，它是同時並現，我的「無」顯現我的「有」，這又有又無的「玄」，可以舉例子來說：我在讀書中忘了我正在讀書，我在工作中忘了我正在工作，我當父母忘掉當父母的勞累，我是老師忘掉老師的辛苦，這叫又有又無，這個「無」跟「有」同時出現，就是「玄」，所以我們一定要在工作中休閒，在讀書中擁有一點樂趣，才會長久。不然，長時間以來，你就會覺得我有委屈感，悲壯感，作先生的悲壯，作太太的委屈；當父母很悲壯，當兒女很委屈；當老師很悲壯，當學生很委屈，人際關係開始失和，你要「無」了以後，你原來的「有」，才不會產生牽累、困苦，而感到委屈、悲壯。剛剛王鎮華先生也關心兩岸問題，倘若台灣委屈、大陸悲壯，兩岸是不可能開出溝通的橋樑。只有台灣走出悲情，大陸放下悲壯，才有可能，大家回歸道，大陸沒有大陸，大陸可以有台灣，台灣沒有台灣，台灣才可以有大陸。這叫「玄」。

又有又無的玄，是救生原理

我對「玄」的體會，是在念師範的時候上游泳課，老師教我們游泳，又教我們救生的原理，救生的原理就是：你一定要跳

下水，你不能在岸上喊救人，而且你要游過去，還要手拉著他的手，這叫「有」，但是所有救人的悲劇在這裡，救人的陷阱在這裡，因為他會把你抱住，我們看到救生的場面，卻令我們傷痛的地方，就是那個救人的人，他也陷溺水中。救生員一方面當然要跳下水，要游過去，用手拉著他的手，但很重要的一個關鍵點，道家的智慧就在這裡，你要用你的腳把對方的肩膀推開，你一隻手拉著他的手，用一隻腳推開他的肩膀，推開他的肩膀叫「無」。然後，用另外一隻手一隻腳游泳上岸。所以救人不是那麼容易的，你要能夠單手單腳游泳才可以，要靠四肢皆用很難救人上來。你要通過這個例子來理解什麼叫「玄」，你要又有又無，你要拉住他，跟他同在，但是又要推開他，保持距離以策安全，這叫玄。所以我才會說，我要忘掉我是老師，不然的話太愛學生；父母要忘掉自己是父母，不然父母太疼兒女，那樣的愛會讓我們陷落，所以，救人不能直接救人。現在醫學的角度說價值中立，醫生是價值中立的，他這樣才能保住自己，但是，價值中立就缺乏溫暖，缺乏體貼，所以大家最討厭到醫院，我連對醫生都這樣說：我不得已才來，不要以為我喜歡給你看。我們不能夠說我價值中立，價值中立，是現代社會的自我抽離，沒有主觀好惡，才有客觀的研究論述。在體制結構中，只有角色、功能，沒有感情理想，沒有生命的交會，沒有心靈的期待。所以，我們一定要跟他同在同行，但是我又隨時把自己放下，解消心裡面那種牽累、困苦所帶來的後遺症。

為什麼人世間愛不能長久，因為愛是負擔，愛為什麼是負擔？因為愛是執著。原來，我們被自己的愛壓垮。所以，要有道家無的智慧，你才有「玄」，情人間要玄，玄情人才可以長久，

玄父母、玄兒女、玄先生、玄太太、玄老師、玄學生，這個「玄」代表又有又無，「玄之又玄」底下是「眾妙之門」，「眾妙之門」就是「三生萬物」，原來萬物是在「一二三」、「無有玄」之道的實現原理，道的生成原理中生出來的。我們講天道的一二三，體會無有玄的生命智慧，跟自己的人生體驗照面對話，讓老子的智慧成為你心中的道。

那麼，人間的一二三，福報的一二三呢？它不是生成原理，它是修養。前面是實現原理，是生成之道，而這邊是修養之道。人道的路在哪裡？我們說人道主義，那人生的路怎麼走？人生的路就是走天道的路，不然人生的路東西南北，你要走哪一條？分分秒秒都面對抉擇，都在十字路口，不曉得何去何從，假定我們心中有道的話，我的說法是回家有路，「心中有道，回家有路」，不然就連家都回不去了，連家都沒有了。對我們來說，人道走天道的路，而人不是天，人道是修養功夫。

「天生命定」三代一起認，「無」須怨歎

我用三個「天」來講「命」、「運」跟「緣分」。我們回到原來的「一命」，「命」是什麼？命就是「天生命定」，今天我們講的「命」，事實上就是父母生成的，父母生成，很道地的閩南話，從阿嬤那邊聽來的，父母生成的，這是我的命，「命」是指這個意思，它是「天生命定」。天生命定看起來好像已無空間，所以當王充「用氣為性，性成命定」的說法出現以後，大家受不了，這不是命定論嗎？是啊，人是命定的，我的身高、體重跟遺傳基因直接關連，我的五官要嘛像爸爸，要嘛像媽媽，有時候隔代遺傳，像阿公阿嬤、外公外婆，這是天生命定，看起來已空

間，好像「無」，已沒有伸展的空間啦！這個「無」，我們可以當
動詞用，叫修養的觀念，「無」就是因為這個命無可重來，所以
請不要怨嘆，不要抗拒，人生最大的難題就是我不要自己，我討
厭我自己，我受不了我自己，甚至還問父母：你好意思嗎？你把
我生成這樣。所以對我來說，我對命的態度，很直接的講我認
命，我告訴各位，英雄豪傑才認命，認我自己，認命就是認父母
所生的這個我，認生我的父母，認我所生的兒女，三代一起認，
所以，算命是多餘的，命要認不要算。今天出門還卜卦？還要算
命嗎？反正你今天一定要來這裡，你答應了參加「生命實踐研討
會」，而且你也想跟朋友分享心得，人生認了就好，要「無」，不
要怨嘆，不要抗拒，看似沒有空間，事實上，你可以通過你的修
行來化解，所以「一命」的那個「一」就是「無」。這已經把天
道的「無」引向人間的一二三，我們試圖用天道的德行，來扭轉
人間的福報。

「未定之天」運轉「有」百年空間

　　那「運」是什麼？「運」，我的說法叫「未定之天」。儘管
是天生命定，用佛門的說法，人生就是生老病死，人生就是這樣
啊，生然後老病死，你有沒有想過，從生到老病死之間有一百
年，這百年人生可以做多少事？是啊，這個我是天生的，天生命
定，但百年人生是我走出來的。「運」就是要去活出來，要去靈
活的運轉，不然命再好也是死的，你把自己關在家裡，再好的命
都打不開出路，所以命一定要走出去，那叫「運」。人生還是未
定之天，天還在那裡，不是「天生命定」，而是「未定之天」，這
一百年看你怎麼過，我們可以寫出自己的生命樂章，我們可以活

出自己想要的內涵，那叫「常名」，你可以走出屬於你自己的道路，那叫「常道」。我們不要落在人間街頭的「可道可名」，走別人的路，那是人家要我們活的內涵。「運」是我可以把最真實的自己、最美好的自己活出來，原來「二運」就是「有」，有一百年的伸展空間，可以讓我們亮麗光彩。

講命的時候，我們先講「認命」，再講「知命」。孔子講「知命」，「不知命，無以為君子」，我知道我的命根，正是人生可能的起點，知道什麼對我不可能，你才知道什麼對我可能，英文系對我不可能，中文系對我可能，它敞開他的大門，所以「認命」之外，還要「知命」。

認命的觀念我是從莊子讀來的，莊子不僅認這個我是命，還認同生我們的父母，認同父母，直接的呈現就是愛他，所以莊子說「子之愛親，命也」，這話給我很大的震撼，儒家只說此身是命，道家說心中的愛才是命，他對愛的肯認，比儒家還深刻，「子之愛親，命也，不可解於心」，解不開，所以要認。原來我們很多理念，都從傳統經典消化而來，可是我們都忘記了，生命做一回顧，赫然發現莊子的經典在吾身生根成長。

孔子講「知命」，孟子說「立命」，孟子的「立命」從孔子的「知命」轉過來，走向積極，不是命來限制我，是我來立命，我來決定命的走向。另外一個態度就是莊子的「安命」，「知其不可奈何，而安之若命」，各位要瞭解喔，「安之若命」是就「運」來說，不是就「命」來說，因為他講「安之若命」的「之」是指人間的「義」，人生兩大難關，一個是自我的命，一個是天下的義，自我的命就是我一生愛我的父母，天下的義是你一生要證明你是對的，無所逃於天地間。我們認命比較容易，但人世間

是不公平、不公正的，你很難接受社會的不公平、不公正，但是又無處可逃，你能夠逃到哪裡呢？香港嗎？上海嗎？洛杉磯、舊金山？到哪裡都有治安，到哪裡都有體制，都有規範，你逃不掉，你在人間做人，就要面對「義」，義字剛好是我們的負擔，因為社會正義、人間公義談何容易？我稱天生的不平等叫「命」，人間的不公正叫「緣」。莊子講「安命」，「安之若命」，安天下的義若自我的命，把人間的不公正等同天生的不平等。孟子講「立命」，莊子講「安命」，這是，在「運」的範疇裡面，比較好的態度，就在「未定之天」中，一方面你可以「知命」、「立命」，一方面你可以「安命」。

「二運」是指「未定之天」，人人皆有這百年的空間，這百年的人生舞台，儘管天生命定的那個人，是父母生成的，在父母的教養中成長，但這百年人生是我們的。莊子說：「天下有大戒二：其一，命也；其一，義也。」「義」是人間道義，友朋情義，人在人間行走，最大的難題就是人家認為你不義，你被判不義的話，人間走不出去，而且走不通，不義的批判，是有殺傷力的。大陸用民族大義來責難台灣，說台灣拒統背叛民族感情，有道理嗎？愛是接納，愛是最艱難的，你用一個不義把它判死，那他的人生此後要怎麼過？我不要感情、不要婚姻，我就不會背負不義的罵名。此後我們的傳統開始引入印度佛教的「緣」，用「緣」來取代「義」，我們以緣來回應大陸責難台灣不義，我們回應是：不是台灣不義，只是兩岸無緣。前面五十年是日據時代，後面五十年兩岸分離，所以我們重新學習做兄弟姊妹，做一家人，你用一個不義，只有把台灣推得越走越遠。友朋間分離、情愛婚姻分手，也不是不義，只是無緣，為愛存全可能的空間，不

然愛的空間被壓縮。緣比較流動，比較柔軟，義是很嚴正很犀利的，沒有任何退讓空間，所以我講「三緣分」。

「天作之合」是兩命之間的緣分「玄」妙

我們說「命」要「運」，「命」是站起來，假定沒有「運」的話，命是靜止狀態，是死的，你還要走出去，靈活運轉它才是活的。運轉的時候，命往緣中運，你要交朋友，一定要在街頭行走，在鄉土行走，在大中國行走，一步一腳印。命是要站起來，運是要走出去，人生就是要站起來跟走出去，台灣人站起來，台灣人走出去，一個是命，一個是運，台灣站起來是我們的命，台灣要走出去是我們的運，但「運」往那邊去？不是光美國跟日本，最主要是對岸，是文化同源。「三緣分」，我的說法叫「天作之合」。每一個人都是「天生命定」的，但人生路怎麼走是「未定之天」，兩個人在街頭相遇，兩個人有緣相知，互相看得到對方，互相解讀對方生命的密碼，這叫「天作之合」。

講緣分最大的難題是「緣起性空」，印度佛教的理念，「緣起」是解釋天地萬物的存在，是依外緣而起現，擴大解釋，人間名利權勢，也因外緣而起現，既然是因外緣而起現的，所以叫「性空」，也就是「無自性」。事實上，我們的傳統不是這個意思，我們的緣分充滿了美感和疼惜的意義，甚至是長久的美好。

好幾年前，有一回，聯合報王董事長安排，跟華航的幾位領導人物，財務經理、業務經理到總經理、董事長，邀請我聊天談心，在閒聊中，我很好奇的請教，華航的廣告，從台北飛往洛杉磯，說是「相逢自是有緣」，且講得詩情畫意，我說：請問諸位，這句廣告詞是什麼意思？四位大頭都沒有回答。大概知道我

講「緣與命」，面對專家，很難回答。我想，第一個，可能他們真懂，但是我立即推翻，那不可能，因為我想了十幾年才懂，你怎麼可以靈感創意一番就真懂？這是知識份子的傲慢。我說：你們可能真懂，把「相逢自是有緣」說得詩情畫意，我也可以接受，第二個可能，就是你們根本不懂，是誤打誤撞，因為「相逢自是有緣」，緣是「緣起性空」，這句話應該講得很惆悵，充滿了惜別跟傷感，從台北到洛杉磯，這麼多人在一起，是人生美好的緣會，但終究要分離，各走各的路。依據「緣」本來的意思，「相逢自是有緣」應該蠻憂傷的，不能夠那麼詩情畫意。我說他們可能真懂，就是「相逢自是有緣」是有緣分做為支撐的。

因為緣會過去，終究成空，所以佛門只能告訴我們隨緣，時間終究過去，我們就跟著時間走叫隨緣，所以我可以有我十歲、二十歲的成長，可以有三十歲、四十歲的創業，也可以有五十歲、六十歲的休閒，隨緣是每一個階段有每一個階段的美好，孔子說：「吾十有五而志於學，三十而立，四十而不惑，五十而知天命，六十而耳順，七十而從心所欲不逾矩。」每十年，人生歷程完全是不同的面貌呈現，所以「相逢自是有緣」是相逢總是有緣分，雖說緣起終究成空，此一印度佛教的理念到了中國，變成不空的緣分，為什麼？因為「緣」是兩命之間、兩個人之間相遇，緣會過去，兩個命並不會散掉，兩個真實的生命主體總在這裡，緣會過去，命不會消散，緣會成空，而命定不空。

命中注定分手？還是緣分已盡分手？

為什麼我們會相遇？一定是命裡有彼此間可以感應的地方，可以交集的地方，所以緣分的「分」第一個意思是先天的材

質，也許是我們的才情氣魄，我們的性向才情，兩個人之間先天上志趣相投、氣質可以感應，這是先天的因素。「緣分」的「分」有第二個意思，我認為第二個意思是後天的修養，你不能只講先天的才情氣魄。有一回在演講會場，有聽眾提出問題，他說：請問王教授，是命中注定分手？還是緣分已盡分手？反正通通分手，這是既成的事實，他只是在找一個合理化的理由。我說：通通不是。你說命中注定分手，那為什麼當初兩個人會相遇、會相愛？會互相看到對方、互相那麼喜歡？這個緣分的「分」，是你先天氣質上有相互感應、吸引的地方，你的魅力對一個獨特的人而發，這就是緣分的「分」，所以你說命中注定分手，這是不能成立的。什麼叫緣分已盡分手？緣分永遠不盡，這個「分」怎麼會盡呢？「分」叫「本分」、叫「情分」，要「守分」，要「盡分」，人之所以為人就在那個「分」，你怎麼可以說盡了呢？功夫永遠不盡，緣分的「分」，第二個意思是後天的修養。

我講「一命二運三緣分」，一是「無」，雖「天生命定」，卻不會抗拒，也不怨歎，反而去「認命」、「知命」，二是「有」，無了才有，有了百年人生，「未定之天」要「立命」跟「安命」去有它，到了「三緣分」，則是「天作之合」，兩個人的命一定是天生的嘛，叫天作，他們在人間相遇，在人間長久相處，這是天作之合，所以在喜帖裡面最常出現的話就是「天作之合」，這句話很天才，我不曉得他是真懂還是誤打誤撞，也許它就是最平凡的話，可是知識理論把它講得比較微妙。我們看NBA，我的偶像是喬丹，NBA的球跟球場，再好都是死的，一定要有球員、有觀眾，那個球要運轉，球才會活起來，在球場上飛舞，就像舞蹈，打球打到那樣的境界，有點像「庖丁解牛」，跌下去還在運

球，身子都傾斜，那個球還是進了。隊友之間要運球，運球還要傳球，不能光運球還要傳球，傳球最重要要有默契，這就進入「三緣分」，我們就知道喬丹的高明不是他一個人高明，他帶動了全隊，他帶動全場，帶動觀眾，帶動全球性的觀眾，那就是生命的交會，那就叫「玄」。不可思議的角度傳球，他一定是「玄」，他一定又有又無，太「有」的人不會把球傳給別人，讓別人投籃，他要知道對方在什麼時候是最好的角度，什麼時候他到達籃下，甚至那個球是往背後傳去，球到人也到，讓人嘆為觀止。

「分」在先天的氣質與後天的修養

原來，最好的人物、最好的人間也要有「運」，而「運」是要靠人跟人之間、生命跟生命之間的交會，那一方面是來自先天的氣質，再來是後天的修養，先天而有的才氣加上後天的修養，我的說法叫「改運」。為什麼大家算命？就是要改命，改命要靠「玄」來改，因為「玄」才能生成，才能「道生一，一生二，二生三，三生萬物」。我們每一個人要生自己，一定要有「道」。「命」是「天生命定」，「運」是「未定之天」，而「玄」是「天作之合」。「無、有、玄、妙」，美好生成叫「妙」。所以，我說「無」是修行，「有」是福報，「玄」是神通，「妙」是靈驗。這樣，我們就可以通過修養功夫，讓天道的一二三引入人間的一二三，用天道的德行來保證人間的福報。

對我自己來說，這可以有一個知識份子良心的交代，不然，一個學者講緣與命有一點流落街頭的味道。曾經，在緣與命最暢銷、最風行的時候，我很討厭自己成為一個暢銷書的作家，有一回，跟聯合報鄉土采風小組到笨港媽祖去參訪，名作家簡媜

小姐就特別問我：享有盛名的感覺如何？我說：我不喜歡，我討厭。她說她能體會，她有同感。那一陣子，我在聯合報寫專欄，也在中央日報寫專欄，聯合報寫的專欄是「向生活說話」，寫些生活小品，很有意思，在中央日報副刊寫的專欄就完全講儒家思想、講兩岸問題，每一個論題都是義正辭嚴。中央日報主編梅新先生寫信來抗議說：王教授，讀者反應你把比較有意思的都寫在聯合報，比較沒有意思的寫在中央日報。我說：大人冤枉！事實上，我在扭轉一個學人教授老談緣與命的形象，我不想讓人家以為我在隨俗起舞，講大眾喜歡的流行話題，我們最大的關懷還是從哲學、從文化最內在、最核心的理念出發。今天讓我可以得到一點表達的機會，用老子的一二三來講「一命二運三緣分」，這個扭轉可以讓我解消不安。我的書是否暢銷，那是出版社要去用心，作者但求無愧我心而已！

　　總之，「命」的理念來自儒道兩家，「緣」的理念來自佛門，「一、二、三」不僅來自老子道的「無、有、玄」的生成原理，也來自三大教的智慧教言，所以也可以說是生命的實踐。

引言人：

　　剛才王老師提到他十七、八年來講緣與命，是我起的頭，所以剛才我說，別人難免有時候會把我們搞混，因為我們有時候一迷糊，安排演講重疊的時候呢，就會請對方去代打，當年原來是邀我去演講，結果臨時沒辦法去了，請王老師去，沒想到他從那以後，就成為緣與命的專家，雖然他很討厭，但出版之後，這本緣與命非常暢銷，賣了好幾十版。我說你應該分我版稅，緣自我起，分由他定。從這邊我們可以看到，人間的緣會，如果沒有

一個人的創造去貞定的話,他必定很可惜的緣起緣滅,緣起性空,就過去了。為什麼緣會過去,但會留下一些永恆性的成分呢?那就是吾人秉天命之時運,憑著這麼一個緣會,去造我們人生的福,這是人生的意義所在,他不是一個人就能夠成,都是配合了所有人彼此之間的默契,憑什麼默契?因為大家都知此天命,大家都參與這運會,然後彼此分工合作,共同來圓成,因此,他的版稅沒有分給我也就無所謂,其實,十方來十方去,我們都在這個人間。今天我們四個人一起來談這個生命的實踐,也許也可以做如是觀,第一棒已經過去了,其實留下一些永恆的成分,第二棒接著又過去了,這個緣會終必會去,而永恒性的成分留在哪裡呢?不是留在虛空,而必然只可能留在各位的心裡,不過留不留得住,就不是演講者可以管得著的,留得住留不住?留多留少?是每一個人自己的事,我們也只能祝福各位。

(本文由曾文瑩整理)

六十自述

我的成長經驗

主講人：曾昭旭
【淡江大學中國文學系專任教授】

引言人：王邦雄
【中央大學中國文學系專任教授】

引言人：

　　各位朋友，各位同學，大家午安。我跟曾昭旭互為引言人，大家都認為沒有什麼不好，這很自然。主要就是因為我們在很重要的成長歷程、在人文方面的關心、對人間的參與，是一起走過來的。在師大同學的時候，覺得他有一點怪怪的，數學系為什麼轉國文系？他當然是中文系裡很獨特的一個人物，而且他的文采在同儕裡面是最亮麗的，所以當然吸引一群女同學，曾老師說我有點不大欣賞他，是有點嚴重，老實說，一個男同學就帶一個女同學嘛，你一個人帶好多個這什麼意思？所以那個時候，我們同學都說他是紅樓夢裡面的賈寶玉，諸位念文學的人都知道，賈寶玉的性情啊各方面，我們都給出很高的賞識跟尊重。會覺得我們兩個有距離，是因為那個時候我還是西螺老大，我成長的鄉土是在雲林縣西螺鎮，在高中大學主要又是當球隊選手，算是有一點野，所以對於很死的那個曾昭旭，覺得彼此間有些差距，事

實上，還是很肯定、很欣賞他，只是，他老是被幾個女生包圍，好像跟他作朋友就沒有那麼寬廣的空間。

整個改變，當然是因為我們都喜歡義理，在共同的老師——張起鈞教授之下，我們已經互相知道對方，而且對對方的文章都有認識，都相當肯定，只是沒有走在一起而已。關鍵性的時刻，是我在一女中教書，他在建中教書，有一回，我們約在師大樂群堂，那是一個學生活動中心，我跟他聊了大概一兩個鐘頭，我回去就寫了一封長信，我說這是歷史性的會面，果然，後來鵝湖事業展開以後，我是社長，他是主編。對整個鵝湖的撐持，曾老師的個性、性格，他的文化理想、他堅穩的性格是決定性的，我只是號召，朋友都在我家，但是整個工作的支撐者是曾老師，我們兩個主要是「君子以文會友，以友輔仁」，所以，我跟曾老師彼此間的敬重、敬意是很強的，跟他相處不太好意思開他玩笑。我跟顏崑陽就不一樣，顏崑陽是江湖大俠，儘管是那麼好的朋友，相處模式還是不一樣，跟曾老師在一起，就是人生的、文化的，這是兩個人共同的關懷，大家走在這條路上，而且走得這麼密集，幾乎是很難分開。我們一起到中央，很快就一起到淡江，曾老師跟我儘管真的很不一樣，但是他的優點、他的長處都在我心頭，不因為性格或者活動空間有異，影響到我們兩個人之間的相知相處。很多人把我們兩個弄混，我們也很樂意，一個人同時享有兩個人的盛名，這是天下的美事，你說我是曾昭旭也很好，你說他是王邦雄也可以，這大概是我們一直都在一起所產生的印象。

曾老師今天講「我的成長經驗——六十自述」，我認為很經典，他的成長經驗一定值得大書特書。他這個人「獨立而不

改」，儘管被封為愛情教教主，他一點都不以為意，不像我，人家說我講緣與命，我立刻希望扭轉形象，他不用扭轉，他覺得這本來就是人間最重要、在當代最重要的一環，他願意把他的生命定在為男女感情、婚姻打造一條現代化的，從傳統走出來的一條路，「我一生的志業在此」，老實說沒有幾個人可以這樣做，所以，當他要「六十自述」，要講「我的成長經驗」，是充滿了自信的，這個自信，是來自一生認真、用功的對生命的思考，這樣的思考，來自於他的實踐。我沒有什麼好引言的，請大家好好來聆聽曾老師講他的成長經驗，儘管我對他所知甚多，也要聽聽他自己怎樣來說他自己，這一定會有很大的收穫。我們在這裡請曾老師。

主講人：

各位與會同學，早上王鎮華老師先提出一個文化理想，近乎是「天道」，所謂「天命」、「天命之謂性」。後來王邦雄老師談到這樣一個理想落到人間，是怎樣開展的，天命要動起來向「緣」而運轉，這就引進了人的道德創造，也許可以算是接近「地道」。在天地之間需要有人去走，所以我的這場有點像是「人道」，拿我自己生命成長的體驗作為一個例子，來跟各位分享。

壹、生命成長總緣自負面的刺激

1・「人之有德慧術知，恒存乎疢疾」

人處於這個世上所遇到的一個基本格局，也就成為人生命成長的一個起點，要說命運與緣，這就是命。當然，人的命千差萬別，不過，能促使人成長的命，都不免是遇到負面打擊的時

候，所以我引了孟子的話說：「人之有德慧術知者，恒存乎疢疾。」人遇到什麼打擊，沒有關係，那就是我們要懇切面對存在面的一個疾，就在那個地方激發出人的意志力、人的主體性，要把這樣的一個生命做一個扭轉。

2・幼年的身體健康及青年期的種種病痛

我出生於民國三十二年年初，正是抗日戰爭最熾熱的時候，日軍已經打到廣東了，我母親帶著我和姊姊從廣州逃難到家鄉——廣東的大埔縣，因為山地比較沒有日本人。我一出生就在逃難，而且逃難的過程中，我的身體可以說是先天不足，後天失調，我母親缺乏奶水，又回到鄉下，物資非常缺乏，各種的衛生跟現實環境都很差，所以，大概在我兩三歲的時候，該生的病都生過了，比如說：麻疹、麻疹後跟著百日咳、又因為病豬死了捨不得丟掉，吃了有毒的豬肉，因此長了一身的皮膚病，還患過瘧疾，聽說我有三個月沒有下過床，幾乎死掉。我媽媽奶水不足，所以只能喝米湯，我母親說，那時候有一罐奶粉便非常寶貝，只能在米湯裡頭攙一小勺和一和，這樣子當然營養不夠。

三十四年的九月抗戰勝利，我母親就冒險把我帶回廣州，那個地方醫藥的資源比較好一點，慢慢可以調養身體。我還記得，我那時候的身體不能維持兩個禮拜是安好的，頂多半個月就會出事，飲食要非常注意，吃一片西瓜就完了，青菜湯一口都不能喝，直到現在，我家的青菜湯一定會放薑，冰棒更不用說，所有冰的東西都不能入口，在廣州，有一位醫生簡直變成我的家庭醫師了。我的父親後來因為我的身體的緣故，去鑽研中醫，後來我就吃父親的藥。在這裡，真的讓我很早很早就領略到，人之生也，與病俱生。莊子說：「人之生也，與憂俱生」，那我是與病

俱生。孟子裡所謂的病其實是疲倦的意思，如「揠苗助長」一章
所說，「予今日病矣！予助苗長矣。」這個病，就是指身體達到
健康的平衡點以後往下掉。其實，人病的時間比平衡安好的時間
多的多，只是人漠視這個事實，正視生命的脆弱無常，反而很早
就不會濫用這個身體，而更早知道身體靠不住，心才靠得住，因
為身體基本上屬於有限性，心靈才屬於無限性。

　　在民國三十八年底大陸淪陷，我跟母親、姊姊逃難到了香
港，我的身體就由兩個禮拜可以維持到一個學期，也就是說每個
學期都會病一場。一直到民國四十三年，我到了台灣，念小學六
年級，然後念中學，大概在青春期吧，中學那六年是一個人的生
命力量最旺的時候，所以那六年沒有生病。我還記得小學六年級
畢業，考完初中聯考的那一天，我去買一根冰棒，我要吃一根冰
棒，因為已經考完了，不怕病，居然，這次吃了冰棒沒有病，我
的身體才算有了一個轉折。

　　不過，到了青春期的末期又走下坡了，然後連續的，各種
慢性病次第而來。我高中三年級的時候已經開始胃痛，誘因是到
陽明山去偷橘子，那個時代，我們到陽明山去，是一定要偷橘子
的，不偷橘子等於沒去啊，管他酸的甜的，都吃，我吃得太多，
誘發了十二指腸潰瘍，那時我家裡經濟環境也不好，所以只是忍
著，進了師大，就在師大的校醫那裡拿藥，那也只是臨時將就，
還是常常胃痛，一直熬到大學畢業，到建國中學去教書了，有公
保了，看病免費了，才去看我的胃。我遇到一個還不錯的老醫
師，不是熱門醫師，但是很細心給我試了很多種藥，終於試到兩
種很適合我體質的，然後長期的吃藥，吃了兩年，十二指腸潰瘍
才算好了。

　　但我進入了研究所，很快又發現患了肺結核，我的碩士論文就是在醫生囑咐不能勞累，要注重身體的情況下寫的。在肺病完了之後，陸陸續續也發現眼睛的結膜炎、喉嚨啊、痔瘡啦等等，我慢慢瞭解我是一個癆病體質，很容易就失衡，可是，人就是在這麼個病中長大，我也漸漸的能夠不怕吃藥，我父親開給我的藥，再苦我都覺得像喝咖啡，可以品很苦的中藥。

　　在病痛的逼迫之下，我不得不反求諸己，要珍惜這個有限的形軀，比如說：我在患十二指腸潰瘍的時候，醫生就說有很多禁忌，所有「太」的東西：太冷太冰的、太熱的、太酸的、太辣的、太鹹的都不能吃；不能吃剛出爐的麵包，那會刺激胃酸；不能動激烈情緒，生氣、憂傷、興奮；不應該過度勞累。我生平第一次認真的面對自己的生活行為，要管住自己，這個時候，我曾經給自己訂了十條生活戒律，比如：晚上一定要十一點鐘睡覺，不能吃「太⋯⋯」這些東西，不能夠動情緒等等，每天晚上檢查一遍，凡是有違犯的都在下面用紅筆註記，最初的時候都不能認真遵守，每一條下面都是紅字，大概過了一個月，才首度出現通通都遵守的情況。所以，持戒是做自己生命的主人的一個開端，由戒才能夠生定，由定才能夠發慧，要先管住自己這個脆弱的形軀生命。又比如說，我在得肺結核的時候，正要寫碩士論文，我的碩士論文實在是無足稱道，唯一可堪告慰的，是寫碩士論文的過程當中，幾乎沒有開過一天夜車，說幾乎，就是一共只有一天超過晚上十一點睡覺，因為那天寫得太高興，下筆不能自休，其他通通都按部就班。有人說，你看到一個人面有菜色就知道他有作品，寫碩士論文，沒有人不是弄到後來睡眠不足，趕哪熬啊，我能夠在理性的規畫之中珍惜自己身體的有限。養成自我控制的

習慣，後來我寫博士論文也是很從容，都是固定的，一個禮拜寫一章，一章兩萬多字，一天寫五千字四天寫完，休息一兩天，再找一天整理那些資料，開始第二章，然後兩個月寫完。這是自我控制的功夫，由於我知道自己糟蹋不起，這是從病痛得到的教訓，可以說，我的德行生命的成長，是從這個地方開端，這是我的命，要認命，認命然後才能夠立命。

3・童年的逃難經驗與窮困生活

除了生理的病痛，就是外在的家國環境。我一出生就逃難，面臨到經濟環境的困頓，我跟母親、姊姊逃難到香港的時候，我母親非常能夠正視現實，很多人帶一點錢到香港，就等著國民黨消滅共產黨再回去，所以只會做寓公，不事生產，我媽媽知道局勢不是那麼簡單。但是如何維生呢？她想到我們廣州家裡有一輛縫衣機，她就一個人回去，把那輛縫衣機——不是現在輕巧的，是以前有鐵架子的、用腳踩的———個人扛到香港，她沒有路條，遇到當時的共幹，就一路罵出來。就憑著那一輛縫衣機，維持我們一家人的生活。我母親到工廠去找工作，那時候我當然失學在家，跟我姊姊，我們一起用縫衣機日夜不停工作，比如縫口袋啊，做球鞋的鞋面啊，甚至還做過編織藤椅啦，繡花啦。做過最多的就是縫毛巾，那個時候毛巾織出來是雙幅的，我恢復上學後，跟姊姊放學就先到工廠，扛一大包毛巾，登上兩百八十階，回到山上的貧民區，到家時就剪開，縫個邊，第二天早上再把毛巾扛到工廠去還。因為疲倦，常常在昏沈之中把手送上去，縫衣針一下就戳進指甲，斷在裡面，再拿老虎鉗拔出來，我姊姊比較粗心，食指、中指、無名指不曉得戳過多少根針，我比較少。

　　在這樣的辛苦當中，我知道人生不是那麼輕鬆，而感受到人生的嚴肅。我父親是軍人，抗戰的時候官拜上校團長，所以抗戰勝利回到廣州，有很短暫的優裕環境，在這個環境中，我是不愛讀書的，功課都叫我爸爸的衛兵、勤務兵幫我做，字不許寫得太差，這樣分數太少，又不許寫得太好，怕老師會認得不是我寫的，生活真是渾渾噩噩。要逃難到了香港，才知道人生疾苦，才懂得用功唸書，所以，也是由惡劣的環境逼發的。尤其在失學的一年半裡面，我後來居然很奇妙的發現，這是我人生非常好的一個階段：當時七、八歲，也不能做什麼，母親怕我荒廢了，規定每天要寫一頁大字、一篇日記，當然，都是用毛筆寫，那個時代還不流行鋼筆。我母親認字不多，也不管我寫什麼，有寫就行，所以我只好胡謅瞎編，我的作文能力就是這麼逼出來的。而我那一年半裡，既然沒事，就去看小說，那時候沒有金庸，也沒有翻譯小說，都是章回小說，我的章回小說十之七八都在那一年半讀的，薛仁貴征東、薛丁山征西、五虎平南、羅通掃北、七俠五義、小五義、封神榜、三國演義、粉粧樓，諸如此類都是那時候看的，有時候字不認得，不認得沒關係，故事那樣的吸引人就往下看啊，看久了以後，字自然就懂了。我才發現，國文應該這麼念，死背是沒有用的，得在文章的脈絡中去懂得那個字，原來，那一年半奠定了我念中文系的基礎。我沒什麼家學，到現在我都覺得失學是一件很美好的事，休學一年是天賜之福。我們不要把人生摳得那麼緊，要知「塞翁失馬，安知非福？」

　　同時在那一段艱難的日子，我也逐漸懂得「民生」疾苦。一年半之後我開始入學了，那時候的學費是每個月繳一次的，繳不出學費，下個月就不要來上課，校長每到月初，就會到每一班

去唸名字，唸到名字的回家，因為還沒有繳學費。

有一次，我跟同學比賽誰最早到學校，所以跟一個鄰居一清早就出門，從我們山上的貧民區逛下去，這時候，空蕩蕩的街道上，只見牆東邊放一個菜籃，不遠處，西邊又一個籃子，是什麼呢？我很好奇，走近去掀開一看，是死的嬰兒，一條街上有三個五個，原來是很多人養不起小孩，生了小孩把他悶死，半夜放到菜籃裡，偷偷放在街角。這種經驗對一個小孩來講，當然是很震驚的。

又有一次，跟年紀大一點的鄰居晚上去逛街，看到有人在街上拉客，因為不懂，問他們是幹什麼的？原來那個叫扯皮條。慢慢瞭解有人無以維生，只好出此下策，太太在家裡賣淫，丈夫到外面拉客。這些事情，都在我心靈尚幼的時候就已經闖進來，於是知道人生不是可以隨便玩玩，而開始認真唸書。

這些可以說是我整個人生的轉折點——由渾渾噩噩、鬧少爺脾氣，到認真嚴肅地面對人生。這是由環境刺激而來的，是這樣一個「命」——這「命」的狹義就指的「命限」，是深深感受到命的有限，才會用自己創造性的心靈去扭轉命，否則這個命像各種動物一樣，是被設定的，一隻貓吃魚，所有的貓都吃魚，我們根據一本書瞭解一隻貓，就瞭解所有貓。如果我們也只是在命定中過了一生，那就是只有命，沒有運，更不用說緣，更不用說人生的道德理想，所以後來念到孟子的話都覺得親切，「人恆過而後能改」、「天將降大任於是人也」，一定先「苦其心智，勞其筋骨，餓其體膚，空乏其身，行拂亂其所為」，總而言之，要人認真面對人生的有限，牟宗三先生稱為「打落到存在面」，「打落到存在面」就是認識生命的有限。

貳、生命成長的必要條件——自由

1、「為仁由己,而由人乎哉!」

存在哲學上總會談到對偶性的命題,不只邏輯這樣,存在上更是這樣,所有的存在體驗,都是同時發現了人生的有限,也同時發現人生的無限。人的自由與人的不自由,其實是同時被發現的。所以在這個「命」下面呢,一個自由的心靈其實在慢慢的甦醒,慢慢的,有所感有所動,王鎮華老師說「甦醒感動」,「甦」是一種醒過來的初階,還是朦朦朧朧半睡半醒的,充分的「醒」,當然需要一個過程,這個過程需要有意外的「緣」來誘發。如果只是一個苦難的人生,可能把人導到另外一個歧途,就是孟子說的:「富歲子弟」固然有他的陷阱叫「多賴」,「凶歲子弟」也有另外一個陷阱叫「多暴」,生存競爭逼使他成為一個很強悍的人,很有生命活力,可是不道德。生存競爭之下,一切的傷人害人都可以被合理化。所以,要從生命的有限性中,導引出人的創造力,人文化成,需要有另外一些機緣,讓人在這個命限中對照出另外的一種命,那就不是一個有限性的「命」,而是那個無限性的「天」。「天命」本來是一體連稱的,後來把它做一個區分,有限性稱為「命」,無限性稱為「天」,或者稱為「性」。孟子就有這樣的區分:耳目口鼻的感官是「性也」,但是「有命焉,君子不謂性也」,專把形軀肉身的活動稱為「命」,是有限性;至於仁義禮智呢,也是「命」,也是天所賦予的,但是「有性焉」,所以「君子不謂命也」,這個部分專名之為「性」,也就是人的無限性。

2、我的求學生涯與考試經驗

　　自由無限心的由「甦」到「醒」，也有些機緣。我很慶幸到台灣念小學六年級以後，上了建國中學，建國中學有一個非常好的學風，就是自由。建中的老師都很性格，從來不點名。我有一位教數學的王文思老師，非常令人敬佩，但是從來不收作業，月考不改考卷，我們的月考成績單，數學都是空白，只有在期末考的時候，隨便給你一個分數。但是，正因為這樣子，他沒有讓我們被引導到升學競爭裡面去，他只是認認真真教數學，教我們數學的觀念、如何思考。比如：同學問他一個難題，他說：這個題目我也沒做過，做不做得出來我也不知道，我只是現在做做看，看看這個題目，我們可以設想有哪幾個可能的解決方向，最可能那個，我們先試試。結果此路不通，那麼就用第二方案，一個一個試，直到把它解答出來。如果可行的各條路通通試過了，還做不出來，他就會說：這個題目一定是只能用特殊解法，專門為了這個題目而設的解法，那種解法太特殊了，因此如果各位不會，沒有關係，像這種題目不會做，不影響學數學，這一個題目我也不會做。他平平正正的帶領我們走一條思考路，很好，我們很敬仰這個老師，雖然他很懶，從來不改作業。

　　我們另外有一位音樂老師張世傑，也很性格，一個人單身到台灣來，滿懷家國憂思。他有他的熱忱，組織當時候非常龐大的中華合唱團，而上課常常喝得醉醺醺的走進來，他也是不關懷分數，到了學期末，基於學校的義務要打分數，那就打吧，他開始點名，張三：一表人才，不錯。李四：獐頭鼠目，六十分。大家哈哈笑，沒有人覺得不公平，大家都認為無所謂，分數算什麼？在這種老師的薰陶下，我後來教書也認為升學是你的事不是我的事，教書才是我的事，所以我行我素。

　　我在大學四年級時在當時的成淵國中試教六個禮拜，結果被我教過的那一班，中間通過一個月考，國文分數就是全年級最後一名，為什麼？因為我從來不盯他們重點啊、小考啊。後來我到中山女中，也都是講我覺得該講的，同學們說：老師你講得實在很好，我們很願意聽，不過，能不能等我們考完聯考再講？我說不能！因為等你們考完聯考，我就沒有機會跟你們講了，我只有現在講，至於你們考上哪裡？關我什麼事？考得好不好是你的事。只有這樣，教書才會教三十年不厭倦。但，是不是這樣子，學生會對我失望不平呢？不是！真的才能感人。我還記得我剛到中山女中教的那一班，只教一個學期，因為他們在寒假的時候把國文老師轟走，臨時出缺，我去接。只教一個學期，那班卻有二十個人念中文系，這件事我到現在都引以為榮。

　　端正自己的人生的路向，就是忠於自己，這叫自由。自由就是自我所由，根據我自己來走，以我為準，就是所謂的主體性。

　　在建中除了有很性格的老師，也有一批好同學。這些同學平常也是騎著腳踏車成群呼嘯而過，除了吃晚飯睡覺都不回家，行徑看起來跟太保也差不多，不過，我們自問什麼壞事都沒做，只是發抒我們青春的熱力。我們騎腳踏車，也在街上隨時跟人飆車、賽車，我也從這邊，把我生命裡一些蘊藏的能量次第的發抒出來。別看我這樣一個人很文弱，我有兩次飆車的經驗。有一次跟一個同學賽車，他的是新車，我的是老爺車，眼看賽他不過，結果一下子發狠，激發腎上腺素，雙腿是自動的狂踩，這樣一種意志，終於讓那位有新車的同學氣餒而放棄不踩了，我就用老爺車贏過他。在這裡我發現了人內在意志力的可怕，這也有助於建

立我的內在自信。

在這樣的風氣之下，很自然的，一個青春的生命，各種的芽都能夠自由的萌發。再加上我的父母因為是貧賤夫妻，實在忙於生計，無暇去管孩子，在香港，我開始領略到人生疾苦，懂得用功，我的爸爸媽媽就開始對這個兒子非常放心，不過問我的功課。他們不曉得，青春期的生命是非常跌宕的，只要迷上一樣東西，其他就可以通通丟掉，迷上數學的時候不管其他，迷上打球的時候不管功課。所以，生命如果不受到外在的干擾、升學的干擾、分數成績的干擾、父母叮嚀的干擾，這個生命就可以在性格的老師、親愛的朋友間的互動之下，讓各種的芽都發出來。

至於成績呢？我在中學六年的成績非常跌宕，常常兩個學期之間，總平均相差十分以上，也考過前面第二名，也考過倒數第二名，總之迷上什麼，就把功課丟掉，等到玩夠了，不好意思了，就揀起書來回頭唸，一唸成績就暴漲十分，就很滿意，再把書扔掉，去玩。青春生命應該如此，我是這樣子得到我的益處。那成績單怎麼辦呢？回家去拿爸媽的章蓋一下，我爸媽根本不知道我考幾分、唸幾年級，反正是自我負責。

憑著很重要的，青春期生命的發芽滋長，養成了我比較平均的性格。也許，我的性情先天就是比較平均的，不是專家，不是天才，沒有任何一個地方是絕對的有決定性，都可以。這樣一個平均的發展，倒讓我覺得最適合走道德實踐之路，也就是說，不作專家就做人吧！說好聽叫通人、通才，說得不好聽就是週身刀，沒一張利，樣樣精通，也樣樣稀鬆。善於調和鼎鼐，人我溝通，就是不能作專家。到現在為止，我都覺得人生最大的志氣就是做一個人，人最大，比什麼都大。

當年在這樣一個環境中，到考大學的時候，我就感到考大學分組是不公平的，你只能考這一組，不能考那些組，剝奪了我的機會。因為按照我平均的性情，足以作為我第一志願的科系橫跨各組，包括中文系、藝術系、心理系、植物系、數學系、建築系。沒有法政那一組的系就是了。結果我選擇唸什麼組呢？那時候是為了捨不得那一班好同學，而他們幾乎全都是念理工的，我就跟著他們去念甲組、念理工。

當然，在那自由奔放的年代，我文學藝術的才也都發出來。我大概從初二到高三，都在替學校做壁報、編校刊。我最虛榮的年代，就是在那個時候——當建中校刊的主編。那是全省第一本由學生編的校刊，發行到全台灣各中學，所以我那個時候是很有名的，聖誕節的時候，會收到各校女生寄來的卡片。

終於，到了高三下學期，學校覺得對我不起，給我特權，准我不用上課，讓我自由的安排我的時間。於是，我翻開數學課本，才發現有一本課本是從頭到尾都空白，全沒上過。我也很自信，每天到中央圖書館去自修，從第一頁讀起，讀完以後信心十足，都懂，預料至少可以考八十幾分。結果才考了十三分，卻考到師大數學系。你別笑我，那一年的數學方向整個顛倒，所有人都不會做，台大數學系的系狀元只考兩分，所有考生只有一個人超過六十分，幾千人考零分。那是我難忘的經驗，有時候我碰到朋友問：我們是不是同年同屆？就問你是不是那年考那個數學的？是，那我們就是同一屆。結果，我就念了數學系。

進到大學是我人生的另一個轉折。

本來，我所以會唸師大數學系，為的是非台大不唸。我們高中的那一班很利害，初中直升高中，一共只有四十幾人，十三

人保送台大，十八個考上台大，所以我們都是非台大不唸。如果考不上台大呢？就去填師大，準備重考比較方便，因為師大是公費，不用繳學費，不必用到家裡的錢。

我進了師大以後，一個月，我就覺得重考是非常無聊的事，那個學校沒有好學生？為什麼還要浪費一年讀那種無聊的書，所以，我就放棄重考，要留在師大念。後來又想，既然要念師大，與其做一個數學老師不如做一個國文老師，於是在這裡，開始有了對自我人生的規劃的一個自覺。我權衡輕重，覺得念數學系是沒有前途的，考量起來，念中文系比較有前途，所以，我就決定二年級轉到國文系。很多人很驚訝，怎麼不念熱門系念冷門系？我絕對不是因為數學系念不下去，相反的，大一是我唸數學念得最快樂的一年，因為沒有升學這些干擾，只是認真學數學，我的微積分，一整個學期每一次考試都是一百分，我成績最高的另外一門數學課是球面三角跟立體幾何，學期成績是九十五分，總而言之，我在數學系的成績排第二名。結果，我居然不要念數學系。我的考慮是，數學是個純粹科學，它不能念到大學畢業就算了，它一定要走到數學已知的、已開發的領域的邊緣，往未知再踏一步才有意義，也就是必須要進修。但當時候台灣只有四個數學系，沒有一個研究所，要進修必須出國，而我的環境不適合出國：家裡經濟環境不好，父母年老，我又沒有兄弟，出國擺明是一條坎坷的路。當然我們不應該畏懼坎坷，可那是指當坎坷來的時候，我們要勇敢的迎上前去，而不是故意選一條坎坷的路去走，因為那樣，我們所有的力氣都要花在消極的抗爭上，和命運抗爭，沒有餘力去做積極的創造，所以，我們還是應該走一條最適合自己的性情與條件、最順的路，才能有最多的、積極的

創造。比較起來，念中文系要順當得多了，在國內就可以念到博士，又免費、又可以就近照顧家裡的父母，多好呢！當我想清楚了以後，這個決定作下去，就非常堅定。

當時候我數學系的導師大吃一驚，把我叫到家裡去，曉以大義，論證我學國文絕對不可能比學數學更有出息，我不為所動。我的英文老師看到我的成績單（那時候轉系要主科老師簽字）說：開玩笑！叫我拿回去再考慮。下個禮拜我再拿給他，他只好嘆一口氣簽了。只有我國文老師很高興，趕快就簽，因為轉到他的系去了。這是我人生中所做的第一個重大的抉擇，我覺得人生要為自己做一兩次重要的抉擇與堅持，才能建立人走自己的路的根本自信。我的第一個重大抉擇就是轉系，第二個就是悔婚。

再說回來，人的自信，就是在自由的前提下走自己的路。自由是道德實踐、道德生活、創造性心靈的發抒的一個消極條件或先決條件。人總要先堅持自由自主，人才可能真的走出自己的路。除了自由意願的本質，同時要從自由意願中抒發出一種意志，再從而自然的浮現自我的智慧。所謂「智、仁、勇」——自我肯定是仁，從仁之中湧現出自信、意志是勇，才能夠為自己的存在做正確的抉擇是智。

在這裡，我要順便談我的兩次考試經驗，中間有它的堅持，也有它的智慧。這智慧不是天縱英明的智慧，而是誠實面對人生的必然，自然會出現的智慧。首先就是我考大學，剛才說我們遇到很奇怪的數學題目，那是第二天上午第二節考的，下午還有一堂，甲組就考化學科，很多人考完數學後灰心喪志，覺得完了！所以下午的就放棄。我首先感受到自己的意志——正因為數學考不好，一題都不會，所以更要在下午最後一門課把分數扳回

來。我在中午那三個小時裡，草草吃了兩口飯，聚精會神，把兩本化學書從頭到尾讀一遍，因為化學有很多是需要記憶的，如分子式啦、方程式啦，我印象猶新去考，結果，那一次聯考中，分數最高的就是化學和國文，很多人事後懊悔不已，為什麼就放棄呢？所以，我學到了人生永遠不要放棄。

後來在大學的時候，悠遊自在，讀我愛讀的書，結果畢業了、教書一年、當兵一年，當然也要考研究所。我過去幾年讀書是順自己的性情，覺得很自在，但考試不是這麼回事，就有很多無聊的書必須要讀，我唸著唸著就覺得深愧平生之志，為什麼為了功利、前途，要這麼委屈自己呢？最後我決定，我不考總可以吧！我就放棄不考。那個時候我一個學長，高我一班的易經專家徐芹庭先生，他家在苗栗，聽說我不考了，不知是不是專程，跑到台北我家來曉以大義：你這樣的人才怎麼可以不唸研究所呢？我有感於朋友的熱忱，只好說：好，我考。但他走了以後我就發愁，怎麼辦呢？又要忠於自我，又要俯順流俗。終於我決定，我不能夠為了考升學考試而唸書，這對不起良心，那麼，我得要改一個名義。有時候，行為一樣，名義不同就不一樣。例如孟子見梁惠王，王曰：「叟！不遠千里而來，亦將有以利吾國乎？」「王何必曰『利』，亦有『仁義』而已矣」！仁義不是客觀的教條，仁義就是忠於自己，所以我決定，我要藉這個考試的機緣，把我作為一個國文系畢業生應該要唸的書再唸一遍，要無忝於為一個中文系的畢業生。這時候唸書的動機不同，是為唸書而唸書，就自然唸出興趣來。各位也有過這種經驗，平常不唸書，到了期中考只好唸啊，可是這一唸也唸進去了，就想有興趣為怎麼不早念？現在還有別科要唸，就忍痛把它擱下，去念別科，這樣

是很糟糕的，因為等到期中考完，你也不會再念了。真有勇氣，就管他期中考，既然已經唸出興趣來就繼續唸，這一科考一百分，其他科當掉沒有關係，因為我知道我不是不唸它，只是今天來不及。你敢不敢這麼做？我當時就是為了唸書，結果唸出興致來，問題被發掘出來了，為了要解決這個問題，這本書裡沒有，只好讀別本書；解決了這個問題，又引伸出新的問題，這本書也沒有，只好再讀一本書，一門聲韻學我唸了十二本，十一本都不考。但這有什麼關係？有沒有浪費時間？沒有。反正我全念了，管你出什麼題目。縱然如此，還是有些題目你怎麼唸都不會唸到，比如說，那時候有一題每年都會考，四題中的一題，佔二十五分，就是出十個反切上下字，叫你說出它是那個聲類、那個韻類。很多人都放棄了，我不能丟掉這二十五分，又不能為了考試而唸書，怎麼辦呢？只好給自己另外一個名義──純粹為了堅持自己的意志，把它當成純粹形式訓練：連這樣的煩苦你都受不了，還能負擔什麼責任？所以硬把它唸了。意志一振作起來，我居然在一天就把五十一聲類每一類有哪些字，兩百零六韻每一韻有哪些字通通背起來。當然，也靠一點我的廣東話，用方言區分那些不用背都知道的，用方言無法辨別的部分，就把它編成有意義的句子，牽強附會也方便記憶，當然考完就忘光，反正是形式訓練。這兩次考試，我一方面激發自己的意志力，同時也沒有委屈自我，反而學習到最重要的忠於自我。

　　這是在「自由」這個前提下所說：包括自我的肯定、忠於自己的意願、激發自己人格上的意志力，你自然在這地方有了最佳的選擇。為了唸書而唸書，才是對的，不浪費時間，為了考試而唸書是白唸，尤其，它會引動我們內心的委屈感，那種心理的

抗拒，會導致生命的困擾。以上談的主要就是生命成長的消極條件。

參、生命成長的關鍵點──考驗與突破

1、「反身而誠，樂莫大焉」

因為自由，生命可以活過來，但自由只是生命成長的消極條件，它是一個空間，而還沒有內容，沒有具永恒意義的道德生命。這時候還需要第二步，生命成長的積極條件，就是道德創造。剛才王邦雄老師說：「所有的福報一定從德行來。」所謂的德行，就是自由無限心的創造，這要從自己生活的歷練中接受考驗，通過了考驗以後，對自己的命限的「限」有所突破，才能夠真正建立自己的人格內涵。

我可以跟各位提幾個要點。我們引了孟子的話：「反身而誠，樂莫大焉」，也就是「反求諸己」，找到自己內在的創造動力、根源，才能夠有自我的突破與成長，這才有生命存在之樂。

2、發現了我的自卑感

首先，我們會發現自己的自卑感，普遍的、沒有特殊對象的自卑感，不過，它常常因某個機緣而誘發。我很慶幸在很早的時候，發現這每一個人生命中無限性與有限性的接觸點。自卑感一方面是基於人的有限性，所以自卑，一方面又基於人的無限性，所以自卑。動物不會自卑，佛也不會自卑，就是人會。這是人生命成長的關鍵點。那個時候我大概唸高一，事件是學校裡正在選班上的籃球隊員，要參加全年級的班聯賽，選舉結果沒有選到我，我居然很難過，回家以後沈澱一下，忽然覺得這難過是非常荒謬的，問問自己：你是打籃球的才嗎？不是啊，那難過什麼

呢？如果選作文比賽、書法比賽、演講比賽的代表你沒有選到，你的難過有道理，因為不公平，我明明是最好的，為什麼不選我？但是籃球沒有選到你，你為什麼要難過？我在那個時候，發現了人的自卑感。此後，我至少花了十五年，密切注意自己自卑感的萌芽，要把它磨掉。大概花了十五年，快三十歲了，我才覺得我的自卑感大體上被我消化了，也就是說，慢慢地實踐了從內在建立起自己的自信，這是一個很重要的突破。

3、人際關係的本質考驗與存在體悟

當然，在突破之後，生命還需要有慢慢的沈潛，慢慢的醞釀，到有一個整體性的提升。這大概是在我二十五歲那一年。之前，在我進研究所之前，服役的時候，我已首度對我自己的生命、自己是一個什麼樣的人做過一個反思，寫了我此生第一篇嚴重的文章，題目叫做：試論平凡的人生觀。確定我整個人生觀是平凡的，最大的理想就是做個人，用不著飛黃騰達，用不著在任何地方優勝、成功、領先別人，因為那些都是把自己的榮譽，建立在失敗者的痛苦上。真正的成功，是每一個人都各不妨害的成就自己，如同唐君毅先生所說：道德最基本的簡別，就是此物的成就，不妨礙他物的完成。一個人有價值，不妨礙別人有價值；一個人誠實，不妨礙別人誠實。而不道德剛好相反，是你有了別人就沒有，如果你得到了，別人就不能得到。所以，做一個「人」才可以俯仰無愧。當時那一篇文章，真的，在心裡想很容易，寫下來每一個字都不安，每一句話都要斟酌，短短六七千字，寫了我十天，每天磨啊磨啊，一天幾百個字。從那之後，我的人生觀就再也沒有本質上的改變。

不過這只是「智及之」，要真能夠這麼實踐，還需要其他的

醞釀。

　　我從小接受的，比較是儒家的「教訓」，當然沒有經過生命內在的自覺與消化，它總有一個缺點，就是成為外在的教條。我在念研究所的時候，讀到梁漱溟先生的《東西文化及其哲學》，非常興奮，覺得他提供了一個以孔子為名的線索，足以將儒家義理貫串起來，給了我「一以貫之」的恍然，過去散散碎碎接受到的儒家概念，現在能夠把它統整起來。我很興奮，到處跟人苦口婆心、講道，自以為見道。沒想到過度的熱忱，導致我人際關係的緊張。我那時候也覺得很孤苦，有孤憤，我想救世人，世人不讓我救，讓我覺得「孺子不可教」。一直到一位朋友寫了一封信跟我絕交，他說你的眼中充滿批判。孟子說：「殺人以梃與刃，無以異也。」用政治殺人跟用棍子殺人是一樣的，而用道義殺人，與用棍杖殺人，也無以異也。他因此要跟我絕交。當時是我人生一個三岔點，如果我順著自己的固執、自我中心，就會覺得這就是不可教的人。但我那時候，很慶幸，突然間一念迴向自己，想到近些日子來，為什麼人際關係這麼惡劣？那麼緊張？難道都是別人有問題嗎？很可能是我自己的問題，這時，我才發現了知識份子的傲慢。

　　就在那時候，我讀到了唐君毅先生的《人生之體驗續編》，那本書專門是給有志行道，而在中間受到挫折的人看的，它專門安慰行道受阻的人。其中很重要的一點，就提到知識份子的我慢。你以為你有資格救人？這根本是不尊重別人的自由人格，那個時候我才發現了這一點，深深悔悟，不敢再去苦口婆心，不敢再跟人說道理，甚至不敢判決是非對錯。也就是說，我向來自以為是的那套儒家的價值觀，其實是會傷人的。我再也不敢評判是

非，因為我不知道是非的標準在哪裡？那個時候，我毅然把我長期辛苦搭建起來的，儒家型的人生價值觀這殿堂整個拆散。如同堆積木的人，堆很高的時候，才發現下面有一根錯了，怎麼辦？要拆掉重建呢？還是冒險把那一根抽出來，換一根？因為怕一不小心就塌了，很多人不捨得這心血，就擱著吧！從此，那一根錯的都是刺，永遠耿耿於懷。當時候我毅然的把這積木拆了，成為一地瓦礫。真的，我深深感受到修道與學哲學的危機，就是你的人生觀很可能因通不過質疑而碎裂。尤其，把自己的體系拆掉，很可能再搭建不起來，從此就可能成為瘋子。但是我很慶幸，對自己有起碼的自信，把它拆散以後，沒有急著趕快搭建，以免搭建起來的仍是假，我就讓長期壓抑的自我，鬆一鬆，療傷止痛，也把我的有色眼鏡扯掉。而非常奇異的，當我把那一套人生觀拆碎以後，我看到了前所未有的景象，看到陽光好像有腳會跳躍，看到每一個人的臉都是祥和的，我才懂得什麼叫「滿街都是聖人」，我才領略到什麼叫「看到事物的本來面目」。我想那就是所謂的頓悟，或者說見道的一個體驗。

我在那樣的情境中，大概徜徉了一個月之久。我也在那個時候，遇到我內人，有能力認識一個純粹的、純真的生命。我瞭解莊子是在認識她以後，因為她就是莊子，我覺得這是一個儒家跟一個道家的見面，那需要我把自己完全放下，才能夠認識。這樣經過了一個月，慢慢的，我才從這樣一個桃花源裡逐漸逐漸的恢復，回到人間，重新、慢慢地搭建我新的人生觀。這是真正由實踐搭起來的，平凡的人生觀，而且是一個開放的人生系統。所謂的開放，就是所有的人生觀，只要由語言構成的，都僅供參考，否則它就會有虛妄、有限制。生命是生生不息的，我們能貞

定的，只是人生觀的方向，而不是裡頭的定型結構。

從那個時候到現在，只有這樣一個方向的實踐與細部的研磨，整個方向已經從此確定，有這個確定以後，自立可以算是到一個段落。孔子說「三十而立，四十而不惑」，我大概介於「立」與「不惑」之間。此後的功夫，就是推己及人，就是所謂「知天命」，知道什麼該做，什麼我不能做。

3、自我與愛的釐清

人真正能做的，就是去愛人。也基於我的天性，我是個個性平均的人，從兩性關係來講，就是比較接近中性的，我覺得我自己是一個具有百分之五十一男性，加百分之四十九女性的人，我生命中有非常強的女性的成分。別人都誤會我，以為我老跟女生混在一起，那是因為我內心深處認同她們，不是一個男生追女生。我很高興的事是，很多女性朋友跟我相處的時候，都不覺得我是男人，所以沒有緊張、沒有防衛。在大學的時候，女同學多半跟我很好，有一天，一位女同學跟我說：「你知道為什麼女生都跟你很好嗎？因為大家都覺得你沒有心懷鬼胎。」補說一下，我最浪漫的感情經驗是在初二到高一那三年，我也因此深深瞭解，青春期是情竇初開，生命、感情教育最適合的時候。我當時就很自由，沒有升學壓力，父母也不管，所以那個時候，真感情自然發抒了，這是我第一次的感情教育，學會愛不是佔有，而是付出。是無私，是推己及人，是愛屋及烏。那時候我們班上都是男生，不管性別，只是一個人發現另外一個人，我們班不只有三角關係，還有五角關係，甲喜歡乙，乙不喜歡甲喜歡丙，丙不喜歡乙喜歡丁，丁不喜歡丙喜歡戊，戊最倒楣，可是經過一陣子，這些情懷都煙消雲散，我們都學會了什麼叫愛。比如說我喜歡

乙，乙不喜歡我，喜歡丙，那我怎麼對丙呢？我也善待丙，他不是我的情敵，因為我喜歡的人喜歡他，所以我對他好、讓他快樂，就是取悅我所喜歡的人，這才是愛。當然，到後來這些情懷都煙消雲散，我們五人都成為好朋友。等到我上大學，已過了我的浪漫期，覺得自己兒女情多，英雄氣短，開始不喜歡自己那麼富於感情，所以立志不追女朋友，開始學念些硬的書、理論的書，但因為我的性情是如此，所以還是一堆女同學圍繞我身邊，原來，原因是她們都覺得我沒有心懷鬼胎。因為這個緣故，我自然的就把生命、感情、兩性的關係當成我一生的志業。我覺得我可以作典型的男人和女人中間的橋樑，我大概比大多數男人要瞭解女人，當然也比大多數女人要瞭解男人，我也一直認為我是個邊緣人，是一個溝通者，也因此發展出我長於辯證的思路。

實踐的路上一定是辯證的，頭腦一定是分析的，只有通過辯證，才能具體的、實際的掌握生命的真理。而須要最強的辯證，去面對最嚴重的關卡，就是兩性關係。所以，當我自立到一個段落的時候，我生命的向外推擴，主要就放在兩性關係。

中間的一個很重要的關鍵，就在我基於傳統的命定或是緣分或是道義，幾乎跟一個和我的生命、性情、人生觀並不相合的人結婚。當然，如果我當時果真跟她結婚，我也會有不同的路，但那就不是今天的我了，我可能會成為一個專業學者，雖然我不喜歡做專業學者。還好，懸崖勒馬，悔婚。悔婚比轉系還不得別人的同情，轉系的時候，雖然我的爸爸媽媽，我的老師們反對，但還有高中同學支持我，很多同學聽說我轉系了，寫信來道賀，表示敬佩。什麼意思？就是他們其實也不愛念工學院、醫學院，只是不敢毅然轉系。我敢這樣轉，還有他們的支持。但是，在我

悔婚的時候，連我最好的朋友都只能保留、緘默，說：「他一定
有他的原因，什麼原因？我們不知道。」我以一個人，承擔所有
人的誤會、責備。人一生中總要為忠於自己，做一兩次嚴重的抉
擇，而且堅持下去。當然，每個人遇到的課題不同，王鎮華老師
毅然辭掉有薪水的大學教授，去開書院，當時我也勸他不要辭，
太危險了。長期以來，我一直放在內心中不敢問的一個問題是：
真不知道王鎮華老師、師母這些年來是怎麼撐過來的？這麼一個
無常的、沒有保障的家，怎麼支撐？王老師走過來了，是另外一
種艱苦。每個人都需要在他的人生中有所堅持，能夠成功地堅持
下去，自我才能建立起堅實的基礎。

四、結語：誠實是拯救這苦難人生的唯一靈藥

最後的結論是，所有這些話說起來好像多采多姿，其實孔
子說：「君子多乎哉，不多也。」又說：「吾道一以貫之。」
「一」是什麼？就是誠實，這是兩位王老師都提到的，真誠。我
因此造了一句名言，供各位參考：誠實是拯救這苦難人生的唯一
靈藥。唯一，沒有別的，只有靠真誠面對自我、忠於自我，盡人
之性，才有可能進一步盡物之性，才有可能參天地之化育，才有
可能成就一個人的人生、人格，才會有由德行所保障的福報。這
個福報不是錢，不是中樂透，所有中樂透大獎的，國外有研究，
六年以內財務歸零，也就是說，那不會給人真正的滿足，因為自
我沒有參與創造。儻來之福不是福，只有透過道德創造，忠於自
我的成就，才是人所能得到的唯一福報。至於其他外在的功業，
坦白說不是屬於我們自己的，是屬於這個社會的，我們只是參與
了它，這個福報就算有，也是大家一起共享，只有我們內在的、

生命人格的成就,是我們自己獨享,別人也無法分享的,真正的福報。

我的半生,到今天六十了,回顧前塵,覺得差堪告慰、無忝所生,也不過是自問還算誠實,讓我能夠一路走來,不至於有太多歧出,不至於繞太多的彎。我這一生可以說什麼過都犯過,但慶幸的是都不很嚴重,因為不嚴重,所以人生沒有那麼多浪費,但也因為什麼過都犯過,所以也比較能夠同情眾生。

以上所述,大抵重在三十之前,「而立」到「不惑」的階段。至於三十後的立人達人事業,主要是落在兩性關係、愛情、婚姻課題的思考與實踐。總想在禮壞樂崩,夫婦道苦的現代,為兩性關係摸索出一條真實而合理的新路;也就是捨棄男尊女卑、兩性分工的舊格局,而開啟以愛情為本,平等互動,相融為一體的新典範。在這事業上,我內人楊長文女士當然是我三十年來最重要的同修。但由於時間關係,這一段今天我就暫時不談了。且留到以後有機緣時再續罷!

引言人:

我跟各位一樣,第一次聽了曾教授這麼認真的剖析自己的成長經驗,儘管斷斷續續、片片段段我都聽過,但沒有這麼完整而且全面。聽他說成長的經驗,我在心中也和他對話,那個時候的我怎麼樣?我相信在座諸位跟我一樣,當曾教授講他的成長經驗的時候,我們的內心其實隨著他,走一趟回顧的旅程,看看自己是怎麼走過來的,我想一定有很多事情,值得我們好好去珍藏。

曾老師的成長經驗裡面,有些我也參與,比如說他悔婚,

這很革命性，老實說我自認做不到，我們兩個人的人間分界在這邊開始。但我儘管沒有走他的路，我還是分擔他所承受的一些壓力，我們那位同學後來在台北街頭碰到我，我陪她去咖啡廳聊天，幫曾昭旭承受她的責難，她足足罵了兩個鐘頭，我要有笑容，要點頭，還要說她很對，從那邊出來以後，我看她的氣大概消了一大半。人生歲月如何忠於自己？真實面對自己的人生旅程？你的抉擇恐怕就是你要付出的代價。我很高興聽到曾老師這麼真誠面對自己，我們就把他的成長經驗交給每一個人，我們可以回到自己的人生旅程，跟曾老師做一個很真誠很真誠的對話。這一場就到這邊結束，謝謝。

（本文由曾文瑩整理）

生命的機轉與昇華

主講人：鄭振煌
【慧炬雜誌社社長】

引言人：許宗興
【華梵大學中國文學系副教授】

引言人：

　　各位老師、各位女士、各位先生、各位同學：大家好！今天
很榮幸由我來擔任鄭教授的引言人，我想如果是有神通的人或者
是直覺力比較好的人，一定會發現華梵這個地方今天是光芒萬丈
的，因為很難得請到了四位各個領域中生命實踐的大師級人物到
來，相形之下，我覺得我是一個相當渺小的人。不論是這四位大
師或者是他們的引言人，個個都能言善道，也都是偶像中的偶
像、名嘴中的名嘴。我有這樣一個感覺在，那就是今天早上以及
剛才聽了一些大師級的演講，都深深觸動我們每一個人生命的心
弦。譬如說王鎮華老師要我們有一個主體性的建立，王邦雄老師
要我們認命，所以我只好自己勉為其難的承擔起來，我中午也和
系上老師發出求救的信號，但是他們好像都不太願意理會我，所
以我只好承擔起來充當引言人。現在我想言歸正傳做一個簡單的
介紹。

　　今天四場專題講演裡面，有兩場是儒家的大師，一場是道家
的，現在這一場是佛教大師級的人物。儒家先排兩場，實際上也

是有道理的，因為就比例代表制來說，儒家的人數要多得多，所以我們請了兩位，道家以及佛家的人口數較少了一點，所以我們今天這兩方面都各請一位大師。

鄭振煌老師目前在中華佛學研究所擔任副研究員，也在佛教力行學院和佛教解脫道研修所擔任副院長，又是慧炬雜誌社的發行人、慧炬出版社的社長、中華慧炬佛學會的副理事長、中華民國宗教與和平協進會的祕書長等公益慈善團體要職。慧炬這個社團實際上很早以前就成立了，在引導大專學生走入佛學研究上的貢獻非常大，我在讀大學的時候就接受了慧炬的獎學金資助，所以我非常感謝這樣的一個社團。

鄭老師在翻譯方面，要算是國內著名的翻譯大師，他最有名的譯作就是《西藏生死書》，目前在臺灣就已經有三百多版了，還不算在中國大陸等地區的出版數量。一般我們大概十幾版就算很多了，所以我想此書應該可以列入金氏記錄。他的翻譯因為有修辭做基礎，所以，非常有內涵，文筆典雅，就翻譯的這個領域來說，算是非常重量級的人物，其它的譯作還很多，譬如說《心靈神醫》這本書對於有心要修行的人幫助很大。在修持的部分，他非常客氣，事實上，我看他大概在淨土宗、禪宗、西藏四大教派都有相當程度的涉獵，並使用他們的法門，所以在這部份應該有非常深的修行體驗。現在我不想浪費時間，就請鄭教授為我們發表他的佛教修行體驗，讓我們以熱烈掌聲來歡迎他。

主講人：

一、命題的由來

　　首先要感謝許教授的介紹，他說今天請了四位大師級的人物，其實應該說是三位大師級的人物，再加上一位大輸級的人物。大輸指的是我輸掉很多，至少我輸掉了我五十幾年的光陰，我輸掉了很多很多我喜歡做的事情，我又輸掉了今天向這麼多大德請教的機會。今天的機會是林主任一兩個月前就給我的，我看到這一次演說的主題是生命觀、生命實踐這麼嚴肅的主題，因此大約兩個星期前主任交代要有講綱，我就不揣淺陋用了比較嚴肅的態度寫出講綱。但昨天晚上，主任又另外命令我跟大家分享一些生命的過程，我恍然大悟我所寫的這一些真的是大輸一場，我不想依照講綱來說，對在座的年輕朋友它會有一點沉重，所以我會穿插的做說明。

二、生命的形式與轉機

　　首先，我們知道生命是一種最寶貴的存在，這世間的存在太多了，比如說無生物的存在及有生物的存在，有生物的存在又包含了植物、動物，動物又有單細胞的動物、複細胞的動物，或低級生命、高級生命，乃至很多我們看不到的生命形式。這些生命形式存在於宇宙之中，只不過我們的位元、次元不一樣，人活在四維的空間裡面，是長、寬、高加上時間第四度的空間中，因此我們用感官所能夠接觸到的生命形式，也一定是四維空間的東

西。至於存在其他維度的東西,從一維、二維、三維、五維、六維、七維到無限維的空間,都有無數不同形式的存在,但我們都無法以功能有限的感官去認知。

依大乘佛教來說,菩薩的修行,亦即生命的昇華過程,有五十二個階位。修行圓滿的最高階位是佛,佛是無數維空間的生命形式,不是我們四維空間生命的凡夫所能夠認知,這種生命是不可思議的,因為他不住生死,不住涅槃,身雖有生住異滅、生老病死,心卻能夠超越四度空間,而不為人的心所可思議。

在六道眾生之中,人是最寶貴的,因為人可以透過修行而超越長、寬、高加上時間的四維空間,去探討比人還高層次的存在,這就是所謂解脫生死。

今天的報告主題是「生命的機轉與昇華」。機轉與昇華代表兩個存在的方式,生命的機轉是一種被動的存在,我們生下來是什麼樣子,長大是什麼樣子,老了是什麼樣子,將來死了又是什麼樣子,以個人來講就有很多不同的生命里程,若以整個民族、整個人類來看,更是千差萬別。這幾個月世界媒體上最轟動的消息,應是美國對恐怖份子發起無限制的戰爭,美國以強大的的經濟力量對付賓拉登,有人稱為基督教文明與伊斯蘭教文明之爭。從中我們就發現不同生命形式的存在,生命機轉的動力使得他們的存在產生了千差萬別。又如阿富汗的土地是臺灣的一、二十倍,人口大約是二千萬,比臺灣少一些,可是由於它的歷史背景、地理位置、天候、宗教及文化傳承,使得阿富汗人無法享有基本人權與生命尊嚴。兩千萬人口經過這幾年的戰爭以後,幾乎有七百五十萬人變成了難民,阿富汗的個人年平均國民所得,只有三十塊美金,諸位朋友想想看,臺灣這兩年來雖然經濟衰退,

退回到四年前的收入水平，但個人年平均國民所得還有一萬兩千
五百美元。又如阿富汗的嬰兒死亡率為千分之一百六十三，百分
之九十的女性、兒童是文盲，百分之六十的男生失學，即使是首
都喀布爾一個醫生的收入，一個月才美元五塊錢，在座的朋友尤
其是同學們，你們打工一個小時就不只五塊錢美元，而美國的年
平均國民所得是兩萬五千美元，北歐國家則是三萬美元。在這種
情況之下，不禁讓我們想到為什麼同樣是生命，尤其同樣是人，
而出生在阿富汗的人竟然是那麼辛苦？為什麼差別會那麼大呢？
這就引起宗教家、思想家的興趣，去探討生命的形式、生命的機
轉及生命要怎麼樣子推動讓它更好、更有機轉，也就是說，生命
在運作的時候，是否有一套完美的公式，是否有一個推動的力
量，使得生命變成更理想的形式。我們人比其他的動物來得高
級，因為我們會思想，我們有數字的能力，有記憶的能力，我們
四肢和生理的結構跟其他生命體不一樣，我們會思維，會記取教
訓，我們會將自己的思想用符號、文字、語言表達出來，因此使
我們生命昇華得比其他的動物來得快。而生命的機轉重心在那裡
呢？生命要昇華，生命要實踐，其圓滿又是以什麼為中介呢？

三、生命的所依——心地

《大乘本生心地觀經・觀心品》說：「三界之中，以心為
主。能觀心者，究竟解脫。不能觀心者，永處纏縛。」三界就是
我們的生存世界，包括欲界、色界、無色界。三界包含在座的諸
位，當然也包含更高級或更低級的生命存在，而這些生命的存在
皆以心為主。我們的生命如何轉機，不管是提昇或者墮落，一切

都是以心為主。「能觀心者,究竟解脫」,能觀心者就是能夠反
觀自己,能夠對自己的心多一分了解,就可以究竟解脫。解脫就
是昇華自己的生命,讓自己更自由、更快樂、更光明、更有愛
心,因而有智慧和慈悲來服務眾生、改善世間。能夠觀自己才能
夠救人,假如不能觀心,那是沒有辦法解脫的。解脫的方法很
多,比如說有人是藉著外在的財富、地位和物質條件,來解脫自
己的痛苦。沒有飯吃,就拼命賺錢找飯吃;日子不好過,就拼經
濟發展。但是我們發現,外在的東西沒有辦法讓人們真正解脫,
外在的東西只能夠解脫一部份,只能夠解決自己的食衣住行,卻
解脫不了心靈上的痛、心靈上的憂悲、心靈上的不安、心靈上的
焦慮。二十一世紀的人類所面臨的最大痛苦是憂鬱症,目前臺灣
罹患憂鬱症的人口節節上升,已經佔了全人口的百分之二十,比
起阿富汗或其他地區來說,我們的物質條件好多了,雖說這一、
兩年我們的經濟情況不怎麼好,但還不至於像阿富汗、孟加拉或
非洲若干地區一樣,多數人是生活在饑餓的邊緣之中,可是我們
臺灣竟然有高達百分之二十的人口是憂鬱症患者。為什麼我們的
物質條件比五十、六十年前好多了,但是我們的憂鬱症患者卻比
以前來得多,而尋求自殺解脫的人更多了呢?從這個角度來看,
物質越發達的國家人們,如果沒有觀心的話,終究是沒辦法解脫
的,頂多只能夠解脫貧困或滿足食色性也的最基本需求。唯有觀
心者才能夠究竟解脫,圓滿佛道,毫無牽掛地以平常心、平等
心、光明心、愛心來看待人世間的一切。如果不能觀己之心,就
永遠處在糾纏及束縛之中。即使我們不受食衣住行的束縛,但我
們還是會受自己的憂鬱所束縛,受自己的欲望所束縛,受自己的
執著所束縛。我們執著的層面太多了,執著吃的、穿的、住的、

行的、用的，執著自己的意識形態，執著自己的感覺，執著自己
的想法，執著自己的意願，執著過去，執著未來，有幾個人能夠
真正的安住在當下？想想看我們的念頭一起來，我們就開始憂鬱
了，因為絕大多數的人念頭一起來，就回到過去或期待未來，無
法活在當下，內心所想的可能是前天、上個月或甚至幾十年前的
一個快樂情境或痛苦遭遇，明明當下是在聽演講、讀書或做什麼
事，可是我們的心沒有過來，我們的心跑掉了，跑到過去了，跑
到未來了，跑到三點多鐘，跑到五點多鐘，跑到晚上，跑到明
天。我們在幹什麼？我們永遠都是在懊悔之中，因為我們沒有觀
心，因為我們沒有看到自己的心跑掉了，我們沒有看到自己的心
處在什麼境界。我們的心總是往外追求，總是往外抓取，在這種
情況之下，我們是沒有辦法究竟解脫的，唯有觀心才能得到究竟
解脫。

四、心地的提昇和沉淪

　　《大乘本生心地觀經·觀心品》接著說：「譬如萬物皆從地
生，如是心法生世、出世、善、惡、五趣、有學、無學、獨覺、
菩薩及於如來。」心為什麼稱為「心地」呢？因為我們的心就好
像大地一般，能夠生長一切萬物，植物也好，礦物也好，動物也
好，有形無形都是在這大地之中繁衍生殖，不管那一種生命存在
的形式，其高低完全依心理狀態而決定。以人來講，有些人成
功，有些人失敗，有些人考試一百分，有些人不及格，有些人積
極向上，有些人消極頹廢，全都因心而機轉。像在座的周爸爸，
他有周大觀這麼可愛聰明卻早逝的小孩子，一般父母必然會痛心

不已，但周爸爸能夠直下承擔，為了這個社會的提昇，而永無止境的貢獻。為什麼？這是因為他昇華了生命，這是因為他觀了自己的心，他知道要令世間的眾生永離纏縛，因此自己首先從喪子之痛的纏縛中解脫出來，成立基金會，推動社會文化教育工作。唯有觀照自己的心，看透自己的心，我們才能夠繼續生活下去，否則會被每一件不如意甚或如意的事情所羈絆，就往下墮落了。所謂六道，不是外在的形式不一樣，而是心的光明程度不一樣，生命的昇華程度不一樣。生命昇華得圓滿就是聖人，生命向下沉淪就是下三道，即使是人身，心也是禽獸不如，或像水深火熱的地獄，或與餓鬼沒有兩樣。其實如果沒有觀心，我們每一個人就都像餓鬼，我們一直在追求什麼，一直在抓什麼，一直不會感到滿足，我們像餓鬼般抓這個抓那個，沒有安心的時刻，一直到生命要結束、要離開世間時，我們還不曾滿足過。世間又有幾個人能夠很瀟灑的離開呢？國父孫中山先生在彌留之際，還充滿許多遺憾，仍浩嘆「革命尚未成功，同志仍須努力」。先總統蔣公九十餘歲的事業，到最後還是一樣有那麼多的遺憾，我相信即使他統一了整個中國，在他要離開人世時，還是會有很多的遺憾及未竟的志業。

所以，這個世間的生命存在都是從心地所生，你發了什麼樣子的心，你就會有什麼樣子的結果，就好像我們在大地中，要種蘋果樹、芒果樹，或者是讓它雜草叢生，或甚至要種毒草毒物，完全都是自己的發心。你在地上種了不同的東西，將來就會有不同的產物。一個生命形式的完成都是在這個心，你是發心從事中國文化的發揚？或是發賺大錢的心？還是像賓拉登一樣，想要恢復某種思想的基本教義？一個人的發心、觀念就決定了他的

人生、行為。

五、發心不可偏

　　文明的衝突、宗教的衝突其實是不應該發生的，只是因為有些人的心太狹隘了，狹隘到只有關注到自己的思想，只以為自己的意識型態是至高無上的，不能容納別人的思想。去年二千零一年的三月十號，阿富汗神學士政權就把一千六百多年前的兩尊古佛給毀滅掉，這兩尊古佛是世界上最高的石雕佛像，一尊是一百六十公尺高，一尊是一百一十四公尺高，這是人類文明的瑰寶，可是神學士政權的基本教義份子，只因為《可蘭經》裡面說不可以崇拜偶像，就使用炸藥轟掉了世界人類文化遺產的瑰寶。為了炸掉堅硬的花崗石雕像，他們找了很多無辜年輕人拿著炸藥爬到佛像上去安置再引爆，有人從一百多尺高的佛像上頭掉下來而受傷或死亡，用這種不可思議的狹隘心態來摧毀人類共有的文化遺產，只因為這是神學士基本教義政權的命令，這種以自我為中心的作為，是最恐怖的意識型態。所以，如果我們不能了解自己的起心動念，好好觀照自己的意識，就會做出瘋狂的行為。

　　去年的九一一事件也是一樣，賓拉登不能夠接受基督教文明，不能夠接受資本主義存在的事實，就把紐約兩座國際貿易大樓當作資本主義的象徵。他要讓資本主義垮掉，他一味在基本教義派的意識中來架構，認為人要過著非常清苦、清靜的生活，不可以有太多的物欲、太多的需求。這一種宗教觀使得賓拉登組織了「開打」的報復團體，要把雙子星的世界貿易大樓整個摧毀，竟狂妄地認為他的武力足以摧毀西方世界，他的財富足以對抗美

國,他的屬下勇猛得視死如歸。他只看到他畜生一般的心,他沒有好好觀照自己的心,他只看到自己,他不管別人的生存。他的心是那麼剛強僵化不可改變,他不能夠讓自己的心放鬆下來,他不能夠毫無罣礙地接受跟我族群不一樣的生命形式。

六、修心得證正覺

《大乘本生心地觀經‧觀心品》接著說:「以是因緣,三界唯心,心名為地。一切凡夫親近善友,聞心地法,如理觀察,如說修行,自作,教他,讚勵,慶慰,如是之人,能斷二障,速圓眾行,疾得阿耨多羅三藐三菩提。」整個宇宙的存在都是以心為原動力,心怎麼想,就創造出什麼樣的世間來,就呈現什麼樣的世間。這個世間在每一眾生心上所呈現的影像完全不一樣。比如說同樣的一朵花,在不同人心中所呈現的影像不一樣,價值不一樣。又比如佛像在佛教徒心中是很神聖的,但是在伊斯蘭教的教徒心中,偶像就是魔鬼,偶像就是邪惡的象徵,因此伊斯蘭教教徒要摧毀偶像是有道理的。世界所有宗教裡面,唯一沒有偶像崇拜、唯一絕對不著外相但觀自心的,只有伊斯蘭教。伊斯蘭教沒有任何偶像,沒有任何符號,伊斯蘭教堅定要求信徒每一天向著麥加的方向祈禱五次,每一個人一生要朝拜麥加一次,它是要讓信徒回歸自己心靈的故鄉,回到自己的原鄉。可是一些基本教義派教徒看不懂《可蘭經》,如同很多基督徒看不懂《聖經》,很多佛教徒看不懂佛經。「三界唯心」,有什麼樣的心,就有什麼樣的三界。如果我們只是觀象而不觀心的話,就會讓狂望的心,創造出狂望的三界,那是非常恐怖的。

世間人應該親近善知識，親近有智慧的大修行者，聽聞心地法，知道世間是由心所創的，一切萬法的原動力是來自心識，如理觀察。如什麼理？如心地的理，好好的觀察。我們所要觀的再也不是這座山，再也不是某一個人事物是否合我的意，而是要看自己的心是不是安詳，自己的心是不是光明，自己的心是不是有空性，要如理的觀察同樣一個人事物，為什麼對不同的人會有不同的價值。同時要如佛法所說的去修行，不僅自己修，還要發菩提心教別人修，讚勵慶慰。如是之人，一定能斷煩惱和所知二障，快速證得無上正等正覺。

懂得心地法門，不見得就可以讓生命圓滿。懂得心地法門，還要實踐，這樣子就可以超越一切不同的境界。舉例說，可以吃三百塊的大餐，也可以吃三十塊的陽春麵；可以住五星級的大飯店，也可以在火車站過夜。心超越了人間的不同境遇，超越了種種不同的現象。只要心安定下來，什麼事情都沒有問題，即使是遭遇生老病死的變化，即使是眼看他高樓起，眼看他高樓塌，都如空花水月無二無別。看到了這些因緣的變化，我們就會知道一切萬法自性空，都可以隨著自己的發心而改變。

七、生命總是緣

林主任要我報告個人的生命過程，希望對年輕朋友有點幫助。我是生長在臺南縣白河鎮鄉下的農村子弟，當時正當第二次世界大戰末期，不久臺灣就脫離了日本的統治，國民政府來到臺灣。當時在鄉下要接受教育是非常困難的，尤其臺灣沒有工業，所有的經濟都仰賴農業，家父也繼承了少許土地。先祖在明末從

福建來到臺灣，根據老人家的描述，為著逃避盜匪，也可能是姓鄭的關係，所以被清朝逼迫而躲到深山裡面去了，到我祖父那代才從深山遷出，定居中央山脈腳下的嘉南平原邊緣。

　　我的二個哥哥讀書還滿認真，他們都上了中學，因此輪到我這個男孩子的老么時，家父就認為三個男孩子總要留下一個克紹箕裘，去耕種家裡那兩三甲土地，所以我根本不可能有機會多讀書，更不可能接觸高深的佛法、現代的文明或西洋文學種種。我的生涯規畫不是由我來規畫，而是家中長輩規畫的，我是準備要種田的，也許是前世的業力因緣，我就出生在這麼一個佃農的家庭，生命往往不是我們所能夠想像的。

八、我的恩師

　　我小時候寫了很多的志願，要當蔣總統，要當愛迪生，要當文學家，可是這些都沒有實現。到了小學五年級，當時的教育制度讀初中要參加入學考，我從家裡到鎮上讀書，距離有三公里多，大約要走一個小時。當時既沒有路燈，道路也都是碎石子路，途中要經過二座墳場和一條溪。我不可能去補習，尤其是我的長輩是要我種田，不是要我讀書的，所以我一直都沒有讀書的好環境，雖然進了小學，卻沒有規畫升學，但我卻是很喜歡讀書，所以我在牽著牛去吃草的時候，或是趕著鵝到外面去吃草的時候、工作的時候，我都是拿著一本書在讀。那個時候沒有什麼書可讀，所謂書，只不過是哥哥他們留下來的教科書，或是好不容易撿到的一張舊報紙。我也很想讀書，很想升學，但沒有人理我。到了五年級結束的時候，我的班導師，騎著腳踏車到我家

去，對我祖父和父親說，你們這個小孩不讓他讀書太可惜了，你們就試試看，讓他考個試，能夠考得上就讓他讀，如果有經濟問題我可以盡力幫忙，如果他考不上初中，那就算了，就讓他種田好了。老師來了好幾次，最後我的家人終於同意了，就算放牛吃草，讓我在六年級時參加課後輔導。那時候流行補習，督學抓得很嚴。我家住在離學校很遠的鄉下，父母親每天都要下田工作，晚餐時不可能送便當來，別人在吃飯時，我沒有東西可吃，父母親也有沒有零錢給我，我只好溜到校園讀書。就這樣，我考上了最好的初中、高中、大學。

諸位年輕朋友，我可能是化石時代、侏儸紀時代的人。怎麼說呢？我一直到高中畢業，都還沒有看過一場電影，不曉得電影是什麼樣子，也根本沒有什麼零用錢，在上大學之前，一毛零錢都沒花過，一場電影都沒看過，連電話都不會打，這就是我的成長歷程。小學六年級好不容易能補習，別人考初中一定要補習個兩、三年，我沒有機會，我家更沒有那種經濟能力，但只要有書報被我看到，我就抓來讀。六年級第一次月考，我就已經跑到全班的第三名，但我連一本參考書都沒有。諸位年輕朋友，我從小學一直到高中都沒有買過一本字典、參考書或課外讀物，但在六年級第一次月考，我就已經考到班上前三名，在學期結束時我幾乎已經是班上第一名了，老師和同學都覺得很奇怪。

有一次上課，我因早出晚歸就打瞌睡了，臨座的同學用手肘推我，老師阻止同學叫醒我，只說「讓他睡吧」，這四個字很簡單，卻給我很大的衝擊。我當時聽了老師這麼體貼的話，反而不好意思醒來，因為我醒來反讓老師很難堪，所以我就假裝繼續睡覺，過了幾分鐘才醒來。在我們的生長過程當中，長輩、老

師、朋友、同事都扮演著很重要的角色。我如果沒有遇上充滿愛心的老師，這樣子的一路提攜，我不可能是今天的樣子。師長們從來沒有打過我，在數學或國文課上，最難的題目，往往只有我能夠答得出來。從小我的心就很平靜，就曉得我要幹什麼，雖然長輩給我的生涯規畫是當農夫，可是就因為老師的愛心和用心，我的人生完全有了轉變。

八、業精於勤

前面講過我在上大學之前，沒有買過一本字典、參考書或課外讀物，又怎麼增長知識呢？我是在嘉義讀初、高中的，嘉義有一個美國文化新聞處，我常常在放學之後，到那兒借英文書來看，一本一本地背，我的英文是這樣苦讀來的。早自習或午休時間，翻過牆到學校後面的天龍寺去讀佛書，讀的佛書不是很深，但是種下菩提種子。

好不容易嘉義中學讀了六年初、高中，畢業就到臺北讀書，當時到臺北讀書也很不容易，從嘉義搭火車來到臺北要七、八個小時，普通車從一大早出發，到達臺北已經是晚上了。鄉巴佬進城，事事都新鮮，彷彿進入夢幻世界，不敢相信是真的。

九、生命的轉折

我記得考上大學之前，還有一次出國的機會，那是高三下學期的時候，當時中華民國和利比亞還有邦交，利比亞政府提供一筆優渥的留學獎學金，我抱著姑且一試的念頭赴考。應考生多

達二百多人，大部分是大學生，還有大學畢業的，我一個高三的
學生好不容易通過筆試了，這並不是我很厲害，而是說生命裡面
有很多無法想像的事。如果當時我跑到利比亞留學，我今天可能
是外交官、《可蘭經》的學者，或中東問題的專家。四十年前的
臺灣社會還是非常封閉，尤其是鄉下人從來沒到過臺北，更沒聽
過出國是什麼回事，出國要搭船，搭船要遠渡汪洋大海，如果好
命的話還可以坐飛機，飛機從天空飛掉下來怎麼辦，家中老人家
就說不要跑那麼遠，因此我就沒有出國留學。我很聽老人家的
話，老人家說不要去，我就不會去，老人家說要讓我耕田，我就
準備種田，老人家說你就姑且試之去考試吧，我就去考試。人生
充滿轉折和機會，端視自己準備好了沒有，並在每一個當下如何
做抉擇。

十、北上驚險記

考上大學要到臺北唸書更是好事多磨，在高中畢業之前，
我只搭過一次火車到臺北參加獎學金留學考試，所以要從嘉義跑
到臺北讀書，還真是大事一椿。天未亮就背著棉被、蚊帳、臉
盆、衣物出門，當時外出讀書工作都是這樣子，因為家裡比較
窮，不可能來臺北買新棉被、新蚊帳、新臉盆、新衣物。那天正
逢強烈颱風來襲，我搭的那一班火車，咚咚咚咚好不容易開到大
甲溪的橋頭就停下來了，因為洪水沖斷橋墩，而我們前面那班火
車的車頭掉下去了，我們這班火車沒有辦法過去，就這樣子拉不
隆冬又從大甲溪那邊回到嘉義，等回到家裡已經是半夜了。當我
扣扣敲門時，家人問你怎麼又回來了？我說我沒有辦法去臺北，

所以就回來了。這個鄉下的小孩子從來沒有見過世面，等颱風過去，折騰了十來天才到臺北，補辦新生註冊，但「新生訓練」結束了，也早就開學，糊裡糊塗進教室上課，什麼都不懂，有如外星人一般。

十一、杜鵑花城夢猶存

我讀的是外文系，為著要了解西方的文化、宗教、文學、歷史、哲學。我很喜歡文史哲學，可是我覺得做為一個東方人，除了了解西方的東西以外，也應該了解一點東方的東西。因為小時候也讀了一些中國的文化思想，我想應該也可以自己讀，可是佛教我還不太懂，因此我加入了晨曦佛學社，這個因緣讓我一腳踏進佛學天地，終身無法自拔。

小時候我是非常害羞的，老師要我當班長我會拒絕，當班長可是很光榮的事情，但我一站到眾人面前就膽怯，講不出話來。讀大學的時候，我想我一定要對自己的生命進行改造，我愈是不敢講話，就愈要找機會練習講話。這樣做並不是為了出風頭，而是不放棄任何因緣自我成長。年輕的朋友請聽清楚，任何的因緣都不要放棄，我們應該不忮不求，不拒不留。當因緣來的時候，我們不拒絕，當因緣去的時候，我們不強留。不拒不留就是安分守己，好好觀照自己的心。換句話說，我要做自己的主人，我要挑戰自己的弱點，我既然很害羞，上了大學就要磨鍊自己，克服害羞。

參加佛學社團之後，因為我很熱愛佛學，學長就讓我當幹部，寒暑假就去臺中蓮社、慈光圖書館參加「大專佛學講座」。

在兩個星期的佛學講座之後，我發現生命的存在意義並不是自己要得到什麼，也不是自己要建立多偉大的事業或多高的名位，而是要讓自己的生命圓滿。

讓生命圓滿有兩個層次。第一個層次就是充分發揮自己的潛能，多方嘗試生命經驗，多了解世間事，多認識自己的生命存在，多讀書，多做事。除此之外，還有一個更高的層次，稱為出世間法。所謂出世間法，就是不應該以物質、現世、有限的時空為奮鬥目標，我們要超越人世間，超越這一輩子短短幾十年的有限生命，在生命過程中留下一點對眾生有益的事。我們要了解我們的過去，了解我們的未來，我們要超越過去、現在、未來的時間限制，發展自己的存在，昇華自己的生命。如果不了解自己生命的存在意義，我們將渾渾噩噩，與禽獸沒有兩樣，只是滿足食色性也的基本需要而已，其他什麼都沒有了。

十二、自我超越的需求

心理學家馬斯洛說人的需求有六個層次：生理需求、安全需求、社會需求、自尊需求、自我實現的需求、自我超越的需求。自我實現就是利用我們有限的幾十年生命，來成就自己的才華，從藝術上、科技上、哲學上去盡一己之力，奉獻身命於全體眾生。這是第一個昇華生命的法門。第二個法門是自我超越，我們的關注點不只是在自己而已，還要超越自我。我們難道只是為自己的存在而努力就夠了嗎？我們如果只為自己存在的話，吃飽三餐並不難，得到好的衣食住行其實不難。或者我們的存在難道只是為著家人嗎？只為著這麼一些有限的人嗎？我們的存在，難

道還要在愛恨情仇裡面糾纏嗎？我們的存在，難道還要在情緒的大海中打滾嗎？

兩個星期的佛學講座，打開我了的心胸，告訴我這一輩子不管活多少年，我要關注的範圍，不只是我個人，也不只是我的家人親友而已，我應該關懷所有的同胞、所有的人類、所有的生命。一切生命包含比我們高的存在形式及比我們低的存在形式，我們都要去關懷。所以，我也對自己有了一個要求，凡是我不會的，一定要去學習，我一定要將生命能量整個發揮出來。雖然我是那麼害羞內向，可是我不拒絕任何因緣，當別人要我當幹部，我就當幹部，當別人要我當學員長，我就當學員長，當別人要我當社長，我就當社長，當別人要我做什麼，我就做什麼。雖然我還是充滿恐懼不安，但是我知道我的生命能量是無限的，從佛法裡面所得到的智慧告訴我，只要自己的心能夠開放出來，只要自己能夠放下執著，放下自己有限的生命存在，就可以發揮無限的能量，能量是無形的，所以是無限的。接受自我挑戰，就能成就自我。

中學六年我沒有補過習，也沒有什麼書可讀，但只要拿到書，不管是中文或英文，一定一字不漏地從頭背到尾，我的功夫是這樣練來的。我拼命讀書，因為我知道我本來是被安排種田的，若有任何讀書的機會，都不應該錯過。

十三、種心地的農夫

我要當心地的農夫，我要在自己的心地上好好播種，好好耕耘，更期待自己能在眾生的心地上好好播種，好好耕耘。我不

拒不留任何因緣，別人要我做的，我一定盡力做，要我寫文章，我就寫文章，要我翻譯，我就翻譯。我從讀大學到現在，每一個月都寫或翻譯佛學文章，一直沒有停過，讀書、寫作、思維的時間每天都長達十七、八個小時，這就是在磨練自己。我不是一個很聰明的人，但卻是一個很老實的人，我從佛法裡面知道，我們不應該把自己的生命侷限在有限的時間、空間中，人生一場空，短短幾十年一轉眼就過去了，難道要讓幾十年限定我們的活動空間嗎？

任何因緣都不要放過，好的因緣要掌握，壞的因緣更要掌握。好的因緣可以促使我們成長，可以讓我們安樂，壞的因緣卻能夠挑戰我們，如果沒有這些壞的因緣，我們怎麼能夠成長？曾昭旭教授在他的講綱裡面說，逆境是提煉生命的憑藉。確確實實，所有的壞因緣，正是我們成長的資源，壞因緣讓我們反省。臺灣東海岸為什麼出現那麼雄偉的峭壁、那麼漂亮的海岸，那是因為有太平洋的驚濤駭浪一直不斷的在沖蝕，岩石禁得起考驗，才能雕刻出鬼斧神工的自然景觀，如果海岸抵擋不住侵蝕，就會腐蝕變成沙灘。

壞的因緣，其實是我們最好的老師，幫助我們最大。達賴喇嘛在他的書中寫過這麼一句話，他最好的老師是中共，是迫害他的人，是讓他流落異鄉、顛沛流離、讓他從一九五九年到現在二千零二年還不能回鄉的人。正因為達賴喇嘛能直下承擔，藏傳佛教才能因禍得福，傳遍全世界。

達賴喇嘛書中還提到一位老喇嘛被紅衛兵抓去勞改十五年，卻絲毫沒有怨恨，反而感激紅衛兵給他修行的機會。這位老喇嘛後來好不容易跑到印度，達賴喇嘛問他說被紅衛兵抓去勞改

有沒有不快樂、傷心過？以下這句話可以看出一位大修行者是怎麼處理橫逆的。那位老喇嘛就跟達賴喇嘛說：我被關了十五年，我當時最擔心的一件事情是我會不會對中共喪失慈悲心。各位朋友想想看，一位受盡折磨、壓迫、剝削的人，失掉了自己的家鄉，失掉了自己的宗教信仰，失掉了自己的生活憑藉，被關進勞改營去養豬、去做苦工，這樣子被鞭打十五年，竟然還說我最擔心的事情並不是會被折磨而死，並不是沒有辦法回到自己的家鄉，而是會不會對迫害我的人失掉慈悲心。

十四、慈悲智慧

如果我們不能這樣觀心，不能在心地播下智慧慈悲的種子，一定很怨恨，千方百計想報復，好像基本教義派分子，凡不合乎我理念的，就要報復，就要趕盡殺絕，佛像再大再莊嚴，在我看來就很礙眼，我就用大炮把你炸掉。

慈悲心這個三個字多重要，為什麼？我們一般人只要你稍微對我一點不好，我就罵你，就像毒蛇、蟒蛇、眼鏡蛇一樣跳出來跟你搏鬥，做口舌的鬥爭、武力的衝突。但是這位老喇嘛修行工夫很好，他的慈悲心沒有喪失掉，他仍然對他的敵人慈悲以待、寬容以待。他接受現況以後，使得他的修行工夫更加高深，也就提昇了自己的生命。這位老喇嘛上個月曾來臺灣，我還親聆他的開示。他已經體悟生命的圓融之道。

為什麼他能夠用慈悲心來觀照眾生呢？那是因為他對自己的心照顧得非常好，戒定慧具足，慈悲自然不斷湧出。而我們對自己的心卻沒有好好照顧，我們的心總是散亂不堪，像毒蛇一

般，動不動就生氣，經常生起傷害人家的念頭。

十五、心性空寂

　　修行者一而再、再而三地調整自己狂亂的心，《大乘本生心地觀經‧觀心品》對於心的描述有二十六種，非常精彩：「心如幻法，由遍計生，種種心想受苦樂故。」幻法像魔術一般變過來變過去，一下子喜歡這個人，一下子又討厭這個人，因為我們的心安定不下來，心猿意馬，故苦樂變化不已。第二個譬喻說「心如流水，念念生滅，於前後世不暫住故。」指心像流水般滔滔不絕，流過了一世又一世。「心如大風，一剎那間歷方所故。」我們的心總是像颱風，想東想西，想到過去，想到未來，想到地球的另外一端，就像迅疾的大風很快遍歷各方所。又說「心如燈燄，眾緣和合得生故。」心就好像燈燄，燈燄閃爍，緣生則合，緣滅則寂。又說「心如電光，須臾之頃，不久住故。心如虛空，客塵煩惱所覆障故。」我們的心剎那遷滅，又讓貪瞋痴慢疑種種煩惱所覆罩，但對我們的真心其實並沒有傷害。所以，各位年輕朋友，當我們遇到不如意的人、事、物，就要觀自己的心如虛空，為什麼？那個罵我的人，那個對我不好的人，那個傷害我的人，其實不是他的真心，那是他的假心、幻化心、煩惱心、妄想心在對我不好，他的真心並沒有對我不好，你這麼一思維就可以超越人生的各種現象。人的心就像虛空，可以容納山河大地，也可以容納烏雲，任何的好好壞壞都在虛空裡面存在，可是並不會損害到虛空的一切。人生不如意的事十有八九，我們都要能夠包容。

經中又講：「心如猿猴，遊五欲樹不暫住故。」心追逐五欲，須臾不停。往下還有比方：「心如畫師，能畫世間種種色故。」好像畫家拿起五顏六色在彩繪人生。又「心如童僕，為諸煩惱所策役故。心如獨行，無第二故。心如國王，起種種事得自在故。心如怨家，能令自身受大苦故。心如埃塵，坌污自身生雜穢故。心如影像，於無常法執為常故。心如幻夢，於我法相執為我故。心如夜叉，能噉種種功德法故。心如青蠅，好穢惡故。心如殺者，能害身故。心如敵對，常伺過故。心如盜賊，竊功德故。心如大鼓，起鬥戰故。心如飛蛾，愛燈色故。心如野鹿，逐假聲故。心如群豬，樂雜穢故。心如眾蜂，集蜜味故。心如醉象，耽牝觸故。」

我們要從這二十六種角度去檢驗自己的心，我的心現在是像猿猴嗎？像醉象嗎？還是像閃電嗎？像狂風暴雨嗎？像恐怖蛇嗎？還是像惡鬼？我們要觀察自己的心，等到把自己的心觀透了，就可以參破我們的妄想心。我們的妄想心都是不如意的、虛妄的，我們要找回自己的心。我一直在努力做一件事情，就是時時刻刻不忘失我的心，時時刻刻我都在思維，想辦法去實踐這個理想的狀態，別的不管，只觀自己的心夠慈悲嗎？有沒有恨任何一個人？有沒有恨任何一件事情？心夠平靜嗎？情緒起來了沒有？心穩定嗎？心光明嗎？心夠寬嗎？用這樣子的方式去觀察，當自己任何一個不怎麼對勁的心生起時，一覺察就立刻安了下來。什麼叫安了下來？我是在呼應前一段話，當別人對我不好時，我曉得這個不是他的真心，他本來對我很好，只是現在他的情緒不好，所以是他的妄心作用，不是他真正的自己在作用。

十六、生命周大觀

遭遇任何境界，我們都要觀自己的心，這個境界是因緣所生，我今天之所以有這個果，是因為我過去做得不夠好，我現在要轉它，怎麼轉？在於自己的心超越一切事物，讓自己的心能夠觀到真正的實相。

周先生在這裡，他兒子的名字叫大觀，大哉觀也，怎麼觀？這種大觀不是跟小對待的大，如果是與小相對待的觀，還是有瑕疵、有污點、有煩惱的觀，因為這種小觀不是智慧的觀。真正的大觀，是「周」的大觀，是絕待的、全面的、周延的、沒有任何遺漏的觀，任何一個眾生都是我關懷的對象，任何一個眾生都是我的親人，都是我的恩人，都是我的兄弟姊妹父母親，都是跟我累世有因緣的。任何環境、任何遭遇都是跟我相關的，我是生存在這個無盡的宇宙裡面的一粒沙，我是這一件衣服裡面的一條線、一條絲，只要稍微一抽動，整件衣服就鬆動了，這才是真正的周。我的生命不僅僅是短短的幾十年而已，我是周遍的大，那周遍的大是一種絕對的大，一種超越思想、語言、符號、眼耳鼻舌身意所能夠領會的境界，超越時空，超越我們有限的肉體，超越人的思議，超越文化，超越文明，超越世間及真正的宇宙概念，從佛法裡面去體會人生的昇華，去體會無盡的光明，發出無盡的智慧，這就是所謂的大。

我很感激在座的朋友給我這麼寶貴的時間，雖然我的生命不是昇華得很好，可是很高興能親近林主任、許教授，更高興能夠認識周大觀的爸爸，周大觀就當做我今天報告的結語。

諸位年輕朋友，生命很快就會過去了，重要的是自己的心，要好好的觀，不要觀別人的臉色，不要觀這個世間好不好，要觀自己的心有沒有起伏，有沒有散亂。而且觀自己的心，不只是小觀而已，要大觀，那種大觀不是跟小相對待的大，而是周大的觀，謝謝大家。

引言人：

大師就是大師，昨天我們系主任才臨時安排鄭教授談較生活化的命題，而原來準備的是比較學術性的演講，可是對他來說一夜之間馬上做調動，卻順手拈來全不費工夫。

我們剛才聽鄭教授談到他的一些生命經驗，其實與我心有戚戚焉，我也是農家子弟，也是大概相同的處境，因為我們年齡層比較近，所以他的一些生命經驗我都有，唯一的不同就是他的用心、努力及所他下的功夫和成就，都是我沒有的。在這個演講裡面主要談到生命所依的心地，這一個下手的重要工夫就是觀心法門，就佛教來說是非常重要的，今天鄭教授用很生活化的、很親切的語言做說明，讓我很感動且很有感受，非常謝謝鄭教授對於心地法門的說明，讓我們以熱烈掌聲謝謝鄭教授。

迴響

堅守中國文化的母體，
沒身不殆

李文珍
【中國音樂學院音樂學系副教授】

　　有幸聆聽四位文化人的講座，它將我的思緒帶回到十四年前的一個夏日。

　　在西安音樂學院的大禮堂裡，有近百名中國傳統音樂學院五屆年會的代表，靜聽著王鎮華先生所演講的「中國藝術的特質」。他是用自己的生命與藝術的實踐心得來講的，以周易為主線，也涉及儒、道、釋。講的實為中國文化的特質。這種將文化傳統與大自然、與藝術、與生活繫在一起的講座，真實、生動、可信，我是第一次聽到，無疑，為我的人生和「民間歌曲」課的教學，敞開了一扇大門。之後，王先生創辦了德簡書院，我便利用三次來台灣的機會抓緊聽課，在北京時也聽過錄音。我感到王先生所講的中國文化原典對我認識自己，認識民眾以及各種文化現象，都有一定的指導意義。

　　我1977年至今的民歌教學，1983年至今一年一兩次的采風，期間尚有「中國民間歌曲集成」總編輯部的六年兼職，這些都是我與民歌，與民間歌手，與民歌研究者交往交友的極好緣分，漫長的機緣讓我懂得了民歌是大自然和人類結合的孩子，它繼承了父母親的博大；我也曾多次仰視過民歌身邊的「有情有信，無為無形」的人，他們真的具備了真善美的品格。我逐步意

識到中國民間歌曲與易經、儒、道、釋等中國文化原典的關係，非常近，可以說兩者在本質上是一樣的，都可謂傳統文化的母體之一，所以人們對其精神都易學易從。然而民歌是最基礎的；原典則是經提煉的，即把文化整合出來的原型。正是中國文化的母體支撐著中華民族走了幾千年。

當我觸到中國傳統文化母體的兩極以後，便將自己紮根於中國文化的土壤中，雖還不深，卻活了起來，因為得到了源頭活水，明確了人生的起點與歸宿正在這兩極之間；我也能夠以一種自由活潑的心態來接受、來參與宇宙的全體了。

中國文化的厚度是歷代諸多民族生命實踐的累積，是以生命實踐為課題的，她能夠引導人們把心沉向大地，緊緊貼住民族的根基。一個人，一個社會，一個民族，只有堅守母體，方可「沒身不殆」。

王先生在西安講座後，我曾在兩岸尋找以「生命實踐與中國文化」為課題的系列講座。十四年過去，終於在華梵大學中國文學系聽到了。我欽佩主辦人的識與膽，並向兩岸堅持走這條路的人深表敬意。

生命就是修行

周進華

【周大觀文教基金會創辦人】

當慧日照滿大地，
在此聖節，
我們獻上鮮花；
我們所喜悅的，
怎能禁他不消逝？
即使是無價之珍；
亦剎那幻滅！

一德國．比丘

　　沒有例外，外在的一切，總是剎那幻滅；但是，只要我們懂得尊重、懂得關懷、懂得修行，生命即日日如對聖節－每天都見鮮花明亮，任陽光照進心頭。

　　那二天，我們躬逢其盛，攀越華梵的生命大山，參加「第一屆生命實踐學術研討會」，場內不是儒、佛、道的學理探討，就是生命機轉與昇華的經驗分享，學理的探討有交會，也有火花；經驗的分享有眼淚，也有笑聲。這是一個生命道場，給愛心予智慧，給關懷以磨鍊，給現實以理想，給剎那以永恆。場外，野櫻一樹百花盛開，招蜂引蝶好不熱鬧，這也是一門生命功課，給浮囂以寧靜，給躁急以清冽，給高蹈以平實，給粗獷以明麗。

　　不管生命的場內或場外，相信只要願意去學習，一定能改變我們的生命。何必在乎世俗的煩囂？何必在乎命運的滴答計時？何必在乎生死的拔河？何必在乎名利的得失？當您參加生命實踐的研討會，您已延續了真善美的生命。

　　恭喜華梵大學，秉持「覺之教育」的創校理念，並落實中國學問之本質－生命實踐，同時不憂不懼散播「生命實踐的種子」到世界每個角落，將來一定能長成一座座希望的森林：和自己好－熱愛自己的生命、和別人好－尊重別人的生命、和地球好－維護地球的生命。

「終極價值」與「生命實踐」

林彥宏

【淡江大學中國文學研究所碩士班研究生】

　　「終極價值」與「生命實踐」，這是華梵中文系學子最熟悉的標題。在課堂上、生活中，不間斷的以問題形式向自我扣問：「終極價值為何？」、「如何生命實踐？」起初面對這樣的問題，往往提不出一個至少令自己安心的答案。然而，在扣問的過程中，因生命歷程的轉換，透過實踐工夫而發現答案早已呈現。弔詭的是，經由思維而提出的問題竟無法因思維而得解！華梵中文系學子便在這樣的生命功課中不斷的用功，逐漸的成長。

　　在華梵中文系邁入第十年之際，舉辦了第一屆「生命實踐」學術研討會，這是構想已久的學術呈現。常常聽聞師長們對於這場研討會的討論，希望能針對「生命實踐」此一課題，設計出完善的會議形式，讓生命實踐之學得到重視與發展。

　　因此會議形式的設計可分成兩大類：第一天是「生命實踐」學理的探究，會中邀請學者依主題發表相關論文，針對中國以「生命實踐」的學問為特質，作學理探究。第二天則是「生命實踐」心得的分享與回饋，以專題演講的方式，由關注中國「生命實踐」之學的學者，作個人生命中實踐工夫的心得分享。

　　在第一天的議程中，除了華梵中文系的老師們之外，也邀請到淡江大學高柏園教授、東華大學吳冠宏教授、華梵大學王惠雯教授以及台北大學侯迺慧教授作論文的發表，不同於一般學術研討會的殺戮戰場氛圍，會議中除了精采豐富的論文內容發表之

外，更充滿了輕鬆愉快的和諧氣氛。當然，由於每位發表人關心課題的面向之不同，而引發了熱烈精彩的討論。然而「生命實踐」的學術種子正在這樣的討論中滋長，會議雖然沒有你來我往的「熱鬧」景象，卻進行得很有「生命力」，很有「成長感」！

第二天的會議內容則由華梵大學王鎮華教授、中央大學王邦雄教授、淡江大學曾昭旭教授以及中華佛學研究所鄭振煌教授作個人的生命實踐工夫體驗分享。王鎮華老師主講「生命的澄清，主體的建立」，老師一上台即散發儉樸敦厚的儒者氣質，起初在場眾人莫不屏氣凝神，不敢「造次」。然而，隨著老師經過生命的粹練而展現的溫文語調、柔和眼神，我們都被這樣的生命情境感動了，老師就在講台上「生命實踐」了。緊接著，是兩位「太老師」王邦雄老師與曾昭旭老師的心得分享。兩位老師是當代中國哲學界著名的「朋友檔」，這次更互為引言人，幽默的談吐及風趣的對話，讓現場歡笑聲不斷。王邦雄老師修改傳統觀念「一命、二運、三風水」成為「一命、二運、三緣分」來說明老子《道德經》的人生智慧，其中更強調緣分關係中人的主體性，主張「心生善緣，緣造好命」，讓人的地位從命運關係中得到挺立。曾昭旭老師則以「六十自述」為題，敘述個人的成長體驗。在老師的成長過程中，病痛、苦難似乎總無法由人生中輕易消解，而老師卻領悟出了「誠實是拯救苦難人生的唯一良藥」的結論，或許因此之故，老師也「誠實」的自陳了許多屬於自己的「八卦」，讓現場氣氛輕鬆而歡愉。最後由鄭振煌老師主講「生命的機轉與昇華」，老師由自己生命歷程中所發生的種種衝擊以及如何面對衝擊並將之化為轉機為例，提示了生命品質提升的關鍵。並且以一位西藏僧人的故事作為勉勵，這位僧人遭受政治迫

害，在受盡數十年牢獄之災後，達賴喇嘛探問他如何度過這樣的難關？僧人回答：「我最擔心的是，我是否對迫害我的人喪失了慈悲心！」，這是何等的生命境界啊！在場眾人聞之無不動容。

　　人生不是只有吃飯、理財與男女，更不是只有統獨、政治等議題值得關懷。人作為萬物之靈，本質上就不只是追求實用功利的經濟動物而已，人還要探求意義與理想，並以之作為人生的出發點與依歸。人會對自己及周圍的一切存在發出疑問並渴望答案。哲學家海德格指出：「人是一種向死的存在」生只是偶然，死卻是必然。無明的人將偶然視為理所當然，又把必然當作偶然，於是其生活態度就如同假設了人生沒有死亡一般。然而，人可以忘記生命的課題，生命的課題卻不會忘記人。九二一地震所彰顯的生命無常教人發現：一分鐘不到的時間裡，一輩子所累積的財產可以化為烏有；完全料想不到的時刻，最親愛的家人竟會天人永隔…面對這樣無常的人生，人們要去問：「生命的意義是什麼？人生的目標又在哪裡？怎麼樣的目標與理想能具有超越無常的永恆意義？」這類攸關每個人最深層的存在問題，可以說是生命教育最終極的課題。不答覆這些問題，人無法真正安身立命。

　　一套學問的完成與否在於是否能夠知行合一。現今社會環境似乎對於生命實踐的議題充耳不聞、茫然不知，壓抑了萬物之靈對人生價值的探問。學校教育方面，「重理工，輕人文」的教育體系多半只提供技術性的實用知識，而忽視啟發生命智慧的「生命教育」。學生在這樣的教育環境下，接受各種各樣的教育，唯獨對於瞭解生命意義，以及與之息息相關的主題，一無所知。正如華梵中文系學子最熟悉的標題：「終極價值」與「生命實踐」

一為形上的終極信念，一為形下的實踐原則，彼此環環相扣，緊密相連。事實上，任何人的行為實踐最終都反映他的終極信念，也都必須以他的終極信念為基礎。我們今天很慶幸有這樣的關於生命教育的「生命實踐」學術研討會產生，在短利價值取向的茫然苦海中尋獲了準備充氣的救生艇，這樣的「機轉」是否能帶領出生命的「昇華」？拭目以待！

第一屆「生命實踐」
學術研討會有感

王楚文

【華梵大學東方人文思想研究所碩士班研究生】

　　生命的過程裏，總是難免會遇到現實中的困頓、人事上的不順遂與無常的變遷，這種種外在的苦難，卻時而衝擊著我們，造成吾人生命的瑟縮與不安，人世間的痛苦也因此終日紛擾。宋代淨圓禪師曾賦詞曰：「娑婆苦，終日走塵寰。不覺年光隨逝水，那堪白髮換朱顏。六趣任循環。　今與古，誰肯死前閒。危脆利名纏入手，虛華財色便追攀。榮辱片時間。」人生苦難的原因來自「集」諦的欲求，苦由愛欲所生，苦便是從「集」就是招聚、招感而來的。由於人的執著與蒙昧，進而產生了種種的煩惱，這些對於外在事物、情感的渴求，就造成了人生的一切痛苦及生死相續的原因。每當我們汲汲於身外之物的追趕，常容易不知不覺地浪費了生命，如流光逝水一去不返。但佇足回首，才知白了頭、昔日光景不堪回首。只由得六道輪迴循環其中。從古至今，那個人到命終之前不都是營營於名利、富貴的攀求嗎？多數人多把外在榮辱，作為生命的終極關懷，而又有誰知道，這榮華、這名位，都只是片刻的時間罷了。

　　人生的痛苦莫過於無常，身邊的人事物總是不能夠相隨永續，包括自己的身體亦是如此，面對生老病死的苦痛，吾人只能任其左右。然而，除了這身體上的折損之外，心靈上的煎熬更是

倍甚於此，青春失偶、老年喪子，固然悲痛萬分，即使不是死別，或為謀求衣食，或因迫於形勢，與相親相愛的人分離，又何嘗不感到痛苦呢？隆升師所撰一文談及東坡先生的生命抉擇，蘇東坡雖遭貶降，但因受釋、道思想的影響，每多「物來順應、心胸曠達」處之，關於物質的缺乏倒還可以泰然自若，但當面對愛妻的逝世，也不免「相顧無言，惟有淚千行。」深受「愛別離」之苦。但生死有數、人生難免聚散無常，如果內心沒有自適之養，又有幾人真能「回首向來蕭瑟處，歸去，也無風雨也無晴。」的那樣平靜坦蕩。蘇東坡在文學創作中實踐了生命，他以平淺的語言作詞與追求自由生活，展現了一種身處真實塵世之中的深刻感受，在現實生活中的關注與理想目標的追求下，煩惱與菩提、凡俗與超脫這兩種心理交融在一起，便產生了撼人心魄、專屬於詩詞之中的生命魅力。

一切學問的根本來自於人類活動的需要，人類除了飲食男女的感官欲求之外，也需要人文思想的導正及關懷，食色名利並非惡事，只是一個人如果順著其經驗之性與生理現象而行，就會如同荀子所擔憂的，順此情性，則爭奪生、殘賊生、淫亂生、而禮義文理亡焉。人文主義生命實踐思想的陶冶，是涵育人文素養與提昇精神生活的重要內涵。近代知識科學的發展雖已推致極端，但關於覺性思想、心智科學的啟蒙卻是十分的缺乏。「生命實踐」的學術關懷所益於人類之處，的確和物質世界所給予我們的天文、數理、自然等等知識理論不同，這些外在的知識是需要向外界事物去探索學習的。與其相反，人類的道德關懷、人文素養是內在顯現於我們的文化、文學創作等等文化產物，透過對於人文精神的嚮往，便可以達到自我價值實現的可能性，讓每個生

命經由文化的淬鍊，充實內心信念、淨化個體道德品質，這是孔子時代，提倡「人文化成」所強調，重於道德人格的完成、實踐，使「人」能夠更表現出身為「人」之獨特意義與價值。

　　除了身處在台灣社會，相對於其它國家，也是漸以「生命關懷」的覺性思想為其教育中心主軸，以此其根基，隨著時代背景的不同，因應出許多適用於當時環境的教育理念。既然「覺之教育」是以生命實踐為題，是要對現實人生的困頓、日常生活的一切人事，提出一合理的說明，進而對生命中不圓滿之處給予關懷及安頓，那麼這樣的一套系統，就不只是一種對於知識的需求與認知而已，我們更應藉由這樣的理念，在實際生活中加以體會、探索，使自我生命更臻於至善、圓滿。而做為中國人覺性思想主流的儒家思想與佛家思想，便負起這樣的使命，提供一生命思考方向、以安頓個人生命、建立理想世界為先，以完成圓滿的人格為最高要求。

華梵中文的第一次

張素香
【華梵大學中國文學系學生】

踏著清晨微濕的晨露，嗅著空氣中微漾的清新，整裝待發，準備好擔任工作人員的一切事務，今天學校的文愉劇坊中有著一場場精彩絕倫的論文發表，這是華梵中文的第一次，第一屆生命實踐學術研討會就此展開。

第一天，安排的是論文發表，看著流程上一位位的論文發表人，大多數都是熟悉的師長，論文題目更是縱觀儒釋道三家，每個人可以依自我生命性情之差異，選擇有興趣的場次聆聽，看著台上的老師們滔滔不絕闡述其研究精義，學習之心油然而生，心想：要多少的努力不懈才有上台發表論文的水準？台下的與會學者與同學也摒氣凝神的聽著，到了意見交流的時刻，紛紛發表個人的觀點，兩方互動不已，討論熱烈。

第二天，安排的是心得分享，四位對生命實踐別有心得的師長——王鎮華教授、王邦雄教授、曾昭旭教授以及鄭振煌教授，分別和我們分享其生命實踐的心得與歷程，許多都是人生最珍貴的經驗，許多是書上讀不到的，要自己走過才能有所體驗。

其中令我印象最深刻的是曾昭旭教授的那一場演講，曾教授的演說題目是六十自述，用其自身的生命歷程和我們分享生命旅程中的酸甜苦辣。其中勉勵我們要做自己生命的主人，是啊！路是自己走出來的，只有自己能決定方向，要忠於自己的選擇，不要委屈自己，也不要傷害別人。對於命，我們要認命，但不是

屈服命運，而是面對不能改變的生命考驗要接受他，而不是逃避，要學習認真過生活，因為生命是很嚴肅的事。人總有身在困厄環境的時候，如果此時仍能保持規律的生活，才能逐漸踏出難關，正如曾教授生命歷程中的許多考驗，正因為其自信與自我要求，才得以在苦難中昂揚不屈。其中有許多的考驗也曾在我們的生命中留下浮光掠影，當時的我們用什麼心情及方法面對？在這次的演說中我找到另一種處理生命情境的智慧。

這麼多師長的生命歷程分享，使我們充分體會到生命的多變性，也看到生命的精彩處，人生旅程是非常值得好好品味與經營，仔細欣賞沿途的風景，許多時候，單純的禍與福的背後，或許又有另外一番境界。生命並非直線式的進行，也非單行道，其中總有許許多多的岔路，或許每一個分岔點都是每一個轉捩點的機緣，把握住每一個生活片刻，或許生命便別有一番氣象。

除了聆聽師長們的論文發表及生命實踐心得分享，身為工作人員的我們，得到更多不同的心得領會，事前的準備工作，會場當日的時間控制及接待事宜，會後演講者的錄音帶整理，每一個部分都充滿前所未曾接觸的新鮮學習。由於這是我第一次參與學術研討會，由中瞭解不少流程及規則，感受到學術的莊嚴及嚴謹，也親身經歷學術討論的熱絡氣氛及享受知識相激盪的美麗火花瀰漫整個會場。

第一屆生命實踐學術研討會就在兩天的緊湊行程中劃下句點，其中有許多值得令人讚賞的地方，也有一些小小的缺失，但其中最美中不足的部分莫過於參與的同學太過稀疏，很難得有這樣一個機會，在大崙山上有這麼一場豐盛學術饗宴，雖然在課堂上、在閒談中，我們也可以分享這麼一場震撼的心靈饗宴，但許

多的感動卻是無法訴諸語言文字，多少如人飲水的生命情調交流，需要個人真誠的敞開心胸融入，這樣形式的學術活動，在未來的日子裡，或許還有許多機會接觸，期盼未來能在會場中看見更多的同學參與其中，共同探尋分享生命實踐路上的奇特風光。

最眞實的生命刻畫

生命實踐研討會

黃瓊儀

【華梵大學中國文學系學生】

　　三月十日，在眾人的掌聲與肯定之下，生命實踐研討會圓滿的落幕了，辛苦已久的老師及同學們卸下多日來的疲累換上欣慰的笑容，送著每位與會的學者及來賓，連日的辛勞，至此總算有了代價。而我也在此次的研討會中，得到相當豐富的體驗與心得。

　　在此之前，我對自己到底能掌握多少中國學問的能力，感到十分懷疑與恐慌。雖然唸到大三，但總覺得這些學問與我是呈現一種分離的狀態，所學的每一門功課，都只從身邊繞過，在我身上似乎沒看到一絲絲痕跡，面對這樣的情況，我不止一次問自己，這二年來真的有學到東西嗎？但當我看到老師們把學問化為力量，將其落實到生活中並與自身生命結合時，讓我體驗到中國學問並非是空中閣樓，它是一門具有實踐性且真實不虛的學問。這個新體驗，使我在面對家人及外界的質疑時，能更有自信的說出它對我的影響與價值。

　　研討會中，王鎮華教授精彩演說更是深深觸動了我的心。王教授言談舉止之間流露出一種對中華文化的關懷及熱忱，當他

發覺專業並沒有辦法解決文化、思想上所遭遇到的問題時，他便捨棄了穩定的教職工作決定由文化入手，於是創設了德簡書院，透過中國經典中尋找解決之方，並將其心得推廣、深耕到整個社會之中。王教授真正的把經典的內涵化用在自己的生命中，並且用自己的生命去做實踐，為社會文化做無私的奉獻，這種淑世的精神與情懷讓我相當的感動。老師充滿文化熱忱的一席話中，有著如此深的生命體驗與實踐，而那股熱情帶動了我沈靜已久的心，令我也開始去思考、尋找自己生命中的鑽石究竟為何，依著老師所分享的經典研讀心得，我也期使自己透過經典的閱讀，能從中得到屬於自己的體會，並且加以落實在生活之中，真正的使自己的生命與經典產生結合，藉由這樣的實踐工夫，讓我從中獲得面對人世的挑戰的心靈力量。經過這二天的思想與心靈的激盪，我對自己在中文系所學的學問有了初步的自信與體証，我不再惶惶不安，因為中國經典中所蘊含的內涵的確對我產生相當程度的潛移默化，我只要敞開心胸，便能真實的領會它的存在。

這次的生命實踐研討會除了帶給我思想上的衝擊外，整個籌備過程也給我一個全新的體驗。為了使華梵中文第一個的研討會能有個好的開始，各組工作人員不斷的開會確認流程與執行進度，仔細地檢察每一個小細節，深怕有所遺漏或有不周到處，然而這樣的工作是非常繁瑣而累人的，但只要想到這個活動是華梵中文的一個全新出發，那些準備工作好像就不那麼累人。雖然活動實際執行時仍有一些小缺失，但與會的學者及同學仍然給予我們高度的肯定，他們的建議也成為明年再次舉辦相同活動的參考，我們期望這場深具意義的研討會在眾人的支持下，能漸漸走

出屬於它的特色，也為華梵中文生命實踐與覺知教育做一個見
證。

生命強度與生命力度

龐燕妮

【華梵大學中國文學系學生】

第一屆「生命實踐」學術研討會正式展開了！

二〇〇二年，三月九日、十日這兩天的華梵校園，真可謂是冠蓋雲集、菁英薈萃！除了本校中文系的教授之外，系上更邀請了多位享譽學界的大師級人物，共襄盛舉，參與這次研討會。

本次研討會，是由華梵大學中國文學系主辦，在「生命實踐」的主題之下，又有「中國文化的生命觀」作為子題，由儒、釋、道各家義理思想，及哲學、文學、美學的眼光切入，釐清中華文化各層面對生命的看法。華梵大學中文系，自創系以來，即本著對生命的關懷及人性的開展，大力倡導「覺之教育」理念，並以「生命實踐」為創系宗旨，舉辦本次研討會，即是期盼藉由對中華文化的認識，更進一步的對生命有所體悟。

研討會共分二個部分進行，第一部分是以論文發表的方式，由學理研究入手，探討中國文化的生命觀；第二部分則是邀請長久以來，關注於生命實踐的學者現身說法，以他們親身對生命的體悟、開展的歷程與經驗，與參與的師生、來賓及後學分享。

在第一部份的會程中，共有包括：高柏園老師「生命實踐的理論性與實踐性」、鄭錠堅老師「作夢與說謊－論修行之道的虛妄與真實」、林素玟老師「原型之人－先秦哲人對生命型態的終極嚮往」、林碧玲老師「《詩經·周頌》的生命觀」、吳冠宏老

師「支配與觀照－解讀老子思想的生命反思」、邱棨鐊老師「莊子對性命之體悟與道德實踐」、曾文瑩老師「論船山易學與道德生活的開展」、許宗興老師「寂滅與普照－談《圓覺經》的佛性論」、陳秀慧老師「地藏願行對生命實踐的啟示」、王惠雯老師「理想的生命實踐－以菩薩戒的自律精神為基礎之探討」、胡健財老師「《楞嚴經》二十五圓通述義」、王隆升老師「苦難與超越－由〈定風波〉一詞談蘇東坡的生命抉擇與意境」、侯迺慧「迷失與回歸－《紅樓夢》空幻主題與寶玉的生命省思和實踐」，等十三篇論文發表，讓我們除了客觀知識的了解外，更能感受到它們與我們生命主體的深刻關係。

在第二部分的會程中，則邀請到了王鎮華教授、王邦雄教授、曾昭旭教授、鄭振煌教授，分別就自身體悟，為我們做專題演講、分享心得。

生命主體的掌握及明覺之心的發用，是有相當的困難度。然而，探求生命最高的意義，尋找人生的價值，卻也是身而為人最深層的需求與渴望。

中國五千年的文化洪流中，經由一再淘洗、選鍊的歷程，累積了許許多多古聖先賢探索真實生命的智慧，有如一顆顆溫潤明淨的珍珠，在那廣闊、有情的土地上，兀自散發著溫柔蘊藉的光芒，指引著世世代代迷惘的靈魂。

當我們帶著崇敬的心情，昂首仰望著古人智慧的同時，是否也能頓首省視自己的生命，用最真實的生命狀態與聖賢相應？個人在生活中的種種舉止、抉擇，是否是通過主體明覺之心的發用、智慧的開展，真正理性判斷的落實？抑或隨波逐流、人云亦云的盲動、躁動？

「人是理性的動物！」這句箴言乍看之下，似乎足以說服人們相信，自己可以輕易的做出理性判斷及正確決定。的確，上天是賦予了人類明覺之心的秉賦，所以說：「人為萬物之靈。」但是，要持續開展、落實這樣理念，絕對不是一件簡單的事，這需要個人堅強的心智，下貫至實際日常生活，展現出生命的強度與力度！

這樣的生命強度與生命力度，我在與會教授的身上看到了！

王鎮華老師，起初致力於釐清生命的定位，追求對生命的終極了解。在中國文化的陶冶、知識的學習、生活的經驗⋯王老師歷經了一番摸索與思考的掙扎，終於澄清自我生命、建立主體。然而，順著這個明覺的本心，老師開始尋覓真正能拯救人心之路，甚至為了推廣這樣的理念，毅然辭去了令人稱羨的教職工作，全心創立德簡書院。在無穩定收入、資源匱乏、艱難的草創時期，老師面對了種種強大的壓力及各界質疑的眼光，但老師依舊不改其志，一頭栽入了這樣助人淨化靈魂、開展人心的工作。老師充分展現了一位仁者的氣度及淑世情懷！

當溫柔緬覥的師母，在台上被問及，如何能接受老師辭去教職、創辦前景無法預期的書院時，師母怯怯地看了看老師，老師在一旁投以鼓勵的眼神，師母才輕輕說道：「從他身上所發散而出的場域氣氛，是會感染人的。」就這麼一句簡單的話，卻是滿載著深厚的信任與一路相伴的感情。

在老師與師母無言、含蓄、卻情意無限的目光交會中，相信師母是懂老師的！懂老師的執著、懂老師的理想，並且默默地在老師身後支持著他，成就老師壯闊的生命！

　　一派逍遙、自在的曾昭旭老師，則大方地與我們分享他的成長體驗，主題為「六十自述」。聽了老師對於自己成長環境的介紹，終於了解老師一路走來的艱辛。驚覺老師逍遙、自在的生命態度，原來是在這樣艱苦的生活歷練下，通過一番深刻的思索與堅持，不斷地修正、轉化、調和，如此方能成就的。老師提示我們：「誠實是拯救這苦難人生的唯一靈藥。」不但誠實地面對外在事物，更要向內探求，對自己誠實。誠實地面對自己的生命，真正面對自己的需求、渴望及缺陷，探求內在真實自我並忠於自我！唯有通過自我的創造，生命才有價值，進而擁有真正的自由！

　　忠於自我是需要勇氣的。老師提到他的逃婚經驗，儘管一再受到親朋好友的責難與非議，但老師依舊選擇誠實地面對自我、忠於自我。

　　我們要拿出勇氣，為自己的生命負責！自己的生命狀態、生命情境，是自己最清楚的，若是連自己都無法掌握自我的生命狀態，無法為自己而堅持，那旁人也只能徒然感嘆了。

　　這些大師們，不斷地鍛鍊堅強的心智，經由明覺心的發用，堅持著自己選擇的道路，將學問、知識融入自己的生命中，真正在生活中實踐，令人敬佩！當然，要到達他們那樣的境界，絕非一年半載就能成功；事實上，生命實踐的課題，是永無止境的，直到個人生命終結那一刻，這樣的功課才能輕輕放下，無愧天地、也無愧自己。在我們這樣年輕的年紀，雖不一定能有如此深刻的體悟，但必須要立定腳跟，努力學習，朝著這個方向前進！

華梵大學中國文學系
第一屆「生命實踐」學術研討會工作人員名單

總　召　集　人：林素玟　主任

論文組召集人：韓子峯、林碧玲、陳秀慧

論文組幹部：梁　燕、李松峰

議事組召集人：邱棨鐊、吳幸姬

議事組幹部：蔡克辰

公關組召集人：胡健財、陳光裕

公關組幹部：陳銘杰、周志偉、范志雄

會場組召集人：許宗興、王隆升

會場組幹部：張素香、黃瓊儀

器材組召集人：劉爵郡

器材組幹部：陳慶維、顏暐航

膳食組召集人：陳光裕

膳食組幹部：洪政良、陳奇瑋

財務組召集人：陳光裕

財務組幹部：游千儀

特　約　美　編：張志瑋

工　作　人　員：陳雅方、謝一滄、吳亞澤、曾冠勛、陳劭孛、
　　　　　　　　黃立森、陳志豪、吳明諭、林益祥

國家圖書館出版品預行編目資料

第一屆「生命實踐」學術研討會論文集／華梵
大學中國文學系主編.--初版.--臺北市：萬卷樓,
民91
面；　　公分

ISBN 957-739-404-3(平裝)

1 人生哲學－論文,講詞等　2.生命教育－論文,
講詞等

191.07　　　　　　　　　　91014399

第一屆「生命實踐」學術研討會論文集

主　　　編：華梵大學中國文學系
發　行　人：楊愛民
出　版　者：萬卷樓圖書股份有限公司
　　　　　　臺北市羅斯福路二段41號6樓之3
　　　　　　電話(02)23216565・23952992
　　　　　　FAX(02)23944113
　　　　　　劃撥帳號 15624015
出版登記證：新聞局局版臺業字第 5655 號
網　　　址：http://www.wanjuan.com.tw
E‐mail：wanjuan@tpts5.seed.net.tw
經 銷 代 理：紅螞蟻圖書有限公司
　　　　　　臺北市內湖區舊宗路二段 121 巷 28 號 4F
　　　　　　電話(02)27953656(代表號)　傳真 (02)27954100
E‐mail：red0511@ms51.hinet.net
承 印 廠 商：晟齊實業有限公司
定　　　價：500 元
出 版 日 期：民國 91 年 10 月初版